创新
智能检索

让专利检索更具效率

主 编◎闫 娜　　副主编◎朱晓琳　田　虹
国家知识产权局专利局专利审查协作北京中心◎组织编写

知识产权出版社
全国百佳图书出版单位
—北 京—

图书在版编目（CIP）数据

创新智能检索：让专利检索更具效率/国家知识产权局专利局专利审查协作北京中心组织编写．—北京：知识产权出版社，2021.11

ISBN 978 - 7 - 5130 - 7781 - 1

Ⅰ.①创… Ⅱ.①国… Ⅲ.①专利—信息检索 Ⅳ.①G254.97

中国版本图书馆 CIP 数据核字（2021）第 206400 号

内容提要

本书立足于助力用户高效使用智能检索系统，详细分析了智能检索系统的功能、常规检索策略、机械、电学和化学三大领域的特色检索策略。常规检索策略主要涵盖数据库的选择、语义检索、布尔检索、布尔结合语义融合检索、浏览等方面。特色检索策略包括附图标记检索、方剂检索、生物序列检索、3GPP 标准数据检索等。本书重点阐述基于语义原理的语义分词和权重调整、语义基准的选择和改写，探索人机交互的原理，实现布尔和语义的相互补强。

读者对象：创新研究人员、专利审查员、专利信息分析人员，从事语义检索系统的开发人员等。

责任编辑：黄清明　张利萍		责任校对：王　岩	
封面设计：杨杨工作室·张冀		责任印制：刘译文	

创新智能检索

——让专利检索更具效率

国家知识产权局专利局专利审查协作北京中心　组织编写

主　编　闫　娜

副主编　朱晓琳　田　虹

出版发行：知识产权出版社有限责任公司	网　　址：http://www.ipph.cn
社　　址：北京市海淀区气象路 50 号院	邮　　编：100081
责编电话：010 - 82000860 转 8117	责编邮箱：hqm@ cnipr.com
发行电话：010 - 82000860 转 8101/8102	发行传真：010 - 82000893/82005070/82000270
印　　刷：天津嘉恒印务有限公司	经　　销：各大网上书店、新华书店及相关专业书店
开　　本：787mm × 1092mm　1/16	印　　张：22
版　　次：2021 年 11 月第 1 版	印　　次：2021 年 11 月第 1 次印刷
字　　数：500 千字	
ISBN 978 - 7 - 5130 - 7781 - 1	定　　价：96.00 元

编 委 会

撰写分工

本书编写团队来自国家知识产权局专利局专利审查协作北京中心。具体分工如下：

谢文静： 第一章，第四章第二节（三）、第三节

赵　良： 第二章第一节至第三节，附录1

王　东： 第二章第四节至第五节，附录2～4

陈文瑞： 第三章第一节，第六章第一节

刘　昶： 第三章第四节（四）、第六节，第五章第一节，附录5

李学毅： 第三章第二节（二），第六章第二节

欧晓丹： 第三章第二节（三），第五章第三节

高晓丽： 第三章第二节（四）、第三节（一、二）

葛加伍： 第三章第四节（二、三），第四章第四节，第五章第二节

梁素平： 第三章第三节（三）

马艳林： 第三章第三节（四）、第四节（一），第六章第五节

朱晶莹： 第三章第五节（一、二），第六章第三节（一、二）

邵　文： 第三章第二节（一）、第五节（三）

沈金峰： 第四章第一节、第二节（一、二）

万　光： 第六章第三节（三、四）、第四节

前　　言

当今世界新一轮科技革命和产业变革加速演进，以信息技术、人工智能、生物技术、新材料为代表的新兴科技快速发展，科技自立自强成为国家发展的战略支撑。我国正在从知识产权引进大国向知识产权创造大国转变，创新作为引领发展的第一动力，已在我国现代化建设全局中位居核心地位。保护知识产权就是保护创新，对发明创造授予专利权是强化知识产权全链条保护的重要环节，在新形势下对专利审查工作提出了更高的要求。

为落实习近平总书记关于"提高知识产权审查质量和审查效率"重要指示，有力支撑知识产权强国建设，加大人工智能、大数据等在技术信息检索和专利审查中的应用，实现知识产权提质增效的战略目标，国家知识产权局对检索系统进行全面升级，开发出智能检索系统，并已上线运行。

该系统充分运用智能化技术搭建形成全新的基础架构平台，引入语义检索引擎，并嵌入人工智能和大数据分析技术，融合传统检索模型与新兴语义检索引擎，对数据进行多维度整合，实现外文专利中文检索，建成智能、便捷的检索业务系统。在检索资源集约化、检索功能智能化及检索流程标准化方面为用户带来了全新体验。

本书秉承让技术创新更具价值、让专利检索更具效率的理念，凝聚审查员多年的检索和审查经验，解析智能检索系统的原理和功能，从基本检索要素出发，结合案例揭开语义检索黑匣子的神秘面纱，展示布尔检索与语义检索的相互补强，形成全新的检索模式，传授如何高效用好智能检索系统的经验。本书作为科研工作者和知识产权界从业人员高效利用智能检索系统的指南，增强技术情报获取和利用能力，为专利查新、专利分析、侵权与无效诉讼、专利预警和布局等提供帮助，对其他语义检索系统的利用和开发也具有一定的借鉴作用。

谨以此书献给国家知识产权局专利局专利审查协作北京中心成立二十周年。

目　录

第一章 智能检索概述

信息检索是从需求出发利用计算机自动从信息源、信息集合、存储的数据中查询和提取与检索主题有关信息的方法和过程①。信息检索技术主要包括传统的信息检索模型和新兴的智能检索。传统的信息检索模型包括布尔检索模型、概率检索模型和向量空间检索模型②。新兴的智能检索包括跨语言检索、自然语言检索、基于语义分析的信息检索等。信息检索的发展方向是智能检索，其运用的综合性检索模型也是未来的发展趋势。

专利检索是根据需求，在特定的专利信息数据库中，通过一定的检索策略或技术，获取所需的专利信息集合③。专利检索技术以信息检索技术为基础，随着新兴智能检索技术的发展而不断进步。专利检索在传统的布尔检索模型基础上，充分运用了智能化技术，包括云计算、大数据分析、自然语言处理等前沿技术，能够发挥智能语义检索技术的优势，提高专利检索的全面性、充分性和有效性。

第一节 布尔检索概述

一、布尔检索原理

布尔检索是最早提出的一种比较简单的信息检索模式，其数学理论基础是经典集合论和布尔代数④。它将文献看成由词组成的集合，如果词典中的某个词在文献中出现，标识为1，否则标识为0，这样词典中的词和所有文献就构成了一个关联矩阵。布尔检索是指利用检索要素和布尔检索算符组成布尔表达式，由计算机进行相应逻辑运算，并根据运算的结果来决定是否将文献作为检索结果返回。布尔检索的使用面最广，使用频率最高。

布尔检索的实现比较简单，也是专利检索中最常用的检索方式。例如，关键词检索、分类号检索、日期检索或申请人检索等都是基于布尔逻辑运算进行字段匹配，在

---

① 李广建，等. 新中国 70 年现代图书情报技术研究与实践 [J]. 图书馆杂志，2019，38 (11).
② 王娟琴. 三种检索模型的比较分析研究——布尔、概率、向量空间模型 [J]. 情报科学，1998 (3).
③ "云南光电行业专利信息应用实践" 课题组. 企业专利工作应用手册 [M]. 北京：知识产权出版社，2018.
④ 孟凡淇. 信息检索模型研究综述 [J]. 信息通信，2013 (3).

专利数据库将匹配到的结果返回用户的检索方式。布尔检索常用的算符主要包括逻辑算符、同在算符、非同在算符、邻近算符和关系算符等。

二、布尔检索优劣势

布尔检索最显著的优点是将复杂的检索过程简单化，将复杂的检索主题按照其概念里面的逻辑关系描述出来，使机器根据事先确定的程序进行自动匹配，简化了运算，检索速度快，实现简单。

尽管布尔检索有着种种优点，但也存在明显的局限性和不足，主要表现在构造布尔表达式进行检索，其检索命中的结果和结果的输出方式不能全面满足检索需求。首先，使用布尔表达式检索时，由于布尔检索方式缺乏知识表示和语义推理能力，不能有效地解决同义词、多义词、词间语义关系等问题，导致检索的查全率不高，无法获得满意的检索结果。如果要进行高效率、高质量的检索，就要求用户具备扎实深厚的专业知识，熟悉检索的主题并能够准确地进行扩展、表达。其次，布尔检索基于布尔表达式的真假对文献进行检索，每个文献要么和检索相关，要么和检索不相关，无法量化地表示文献和检索内容的相关程度，因此无法按照相关性对检索命中的文档进行排序。布尔检索还存在某些不合理的地方，例如检索"计算机"这一关键词，包含一个该关键词的文献与包含多个该关键词的文献视为同样重要。另外，检索结果完全依赖于布尔表达式与文献的匹配情况，很难控制检索结果量的大小。最后，布尔检索没有动态学习功能，用户的检索过程和检索结果对布尔检索的逻辑运算并无影响。

第二节　语义检索概述

语义检索是信息检索的发展趋势，早在20世纪80年代，语义检索的思想就已经出现，并且信息检索领域已经开展了大量的研究工作[①]。语义检索基于含义而不是通过关键词匹配寻找检索的结果，用以实现实体检索、概念检索、分类检索、关系查询等知识检索方式来满足用户的多种信息需求，使得搜索智能化。

一、语义检索原理

语义检索的核心在于借助云计算、大数据分析、语义网、自然语言处理等前沿技术来实现对信息资源的语义处理并最终实现高效检索。现有专利检索工具的语义检索功能一般是从信息检索原理和技术实现原理两个角度界定专利数据库的语义检索。

从信息检索原理出发，语义检索是对检索内容进行分析以获得用户真正的检索意图，从而精准匹配用户需求，试图改进传统检索方式带来的误检和漏检，其最大特点

---

① 王颖，等. 面向科技文献的语义检索系统研究综述［J］. 现代图书情报技术，2015，31（5）.

是不再局限于用户输入的检索词本身。

从技术实现原理出发，语义检索结合大数据统计和机器学习模型，将大规模语料库、本体、知识图谱等应用在专利检索过程，试图精确返回符合用户需求的检索结果，提高检索效率。目前专利数据库的语义检索可划分为基于统计模型的语义检索和基于知识图谱的语义检索[1]。

1. 统计模型的语义检索

统计模型是以概率论为基础，采用数学统计方法建立的模型，一般是经过数理统计法获得各变量之间的函数关系。常用的数理统计分析方法有最大事后概率估算法、最大似然率辨识法等。统计模型的特点在对大量随机事件的规律性做推断时仍然具有统计性。

统计模型的语义检索核心在于统计语言模型的应用，统计语言模型是一种自然语言处理的工具，被广泛应用在词形标注、音字转换等领域。常用的统计语言模型有 N 元语法、隐马尔可夫模型、概率上下文无关语法和概率链语法[2]。统计模型的语义检索以用户输入为基础，使用模型或预训练模型对输入文本进行扩展和优化，通过输入文本与目标文本间的相关度排序返回检索结果。

统计模型的语义检索过程可以运用自然语言处理中的概率统计模型（Word2vec、PLSI、LDA 等）、向量或矩阵运算等技术，商用专利智能检索工具中如 Patentics、inco-Pat 等语义检索和扩展检索，Innojoy 等智能检索、概念检索，虽然检索功能的名称不同，但都是运用了统计模型将输入文本和目标文本转化为高维空间向量，计算二者相关度，按照相关度高低排序并输出检索结果。

2. 知识图谱的语义检索

知识图谱用于检索的关键是从传统的文本信息中提取实体信息和实体属性信息，并通过关系关联相关实体。其本质上是一个通过实体和属性之间关系构建的巨大网络，该网络由节点和边组成，节点既是实体又可以是实体属性值，边则是实体之间的关系或实体属性，任何节点间都有明确的语义关系。可见，知识图谱是一种能够揭示实体之间关系的语义网络。

知识图谱的语义检索源于本体技术的发展，本体是语义网的核心，基于本体层进行语义挖掘能有效挖掘隐含的语义信息。例如，当用户检索某一篇期刊文献的时候，还希望检索出与这篇文献作者同一导师的其他作者的文献，在基于本体的语义检索中，用户可以定义作者和导师之间的关系，根据定义的关系找到同一导师的其他作者，然后对这些作者进行检索。

以领域知识图谱为基础的语义距离计算（语义相似性、信息熵等）是基于知识图谱的语义检索中常用的方法。知识图谱构建过程主要包括收集数据、抽取知识、知识融合和知识存储[3]。具体构建流程如图 1 - 2 - 1 所示。收集数据主要包括结构化数据、

---

① 许景龙，等. 面向专利分析流程的专利情报分析工具功能比较研究 [J]. 情报理论与实践，2020（8）.
② 王志勇. 基于统计语言学模型的中文文本信息检索 [D]. 上海：第二军医大学，2004.
③ 黄金来. 基于知识图谱的专利领域文本分类算法研究与应用 [D]. 吉林：吉林大学，2020.

半结构化数据和非结构化数据，已有的结构化数据不能直接作为知识图谱使用，需要将其定义到本体模型之间的语义映射，再通过编写语义翻译工具实现结构化数据到知识图谱的转化。抽取知识包括 3 部分，分别是关系抽取、属性抽取和实体抽取，可以利用机器学习算法抽取知识。知识融合指的是实体、属性和关系的融合，将 3 种在不同知识库中相同含义不同的表现形式进行词对齐，以及对于不同数据源带来的未知含义，需要对这些实体进行合并对齐。实体消歧专门用于解决同名实体产生的歧义问题。最后进行知识图谱的存储。

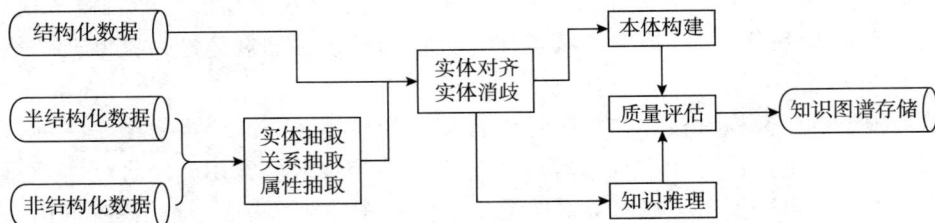

图 1 - 2 - 1　知识图谱构建过程

二、语义检索优劣势

语义检索能系统地表达和处理文字信息的语义内容，从而实现基于语义的匹配和推理，具有可以实现知识检索的优势。在专利文献检索时，语义检索能有效降低检索结果中的噪声，减少专利检索过程中的人工参与，提高检索效率，使专利检索结果更加全面准确。例如，当用"计算机"进行检索时，语义检索引擎不但会使用"计算机"去搜索结果，还会扩展到"显示器""鼠标""键盘"等术语，使检索结果更加全面准确。另外，语义检索还能使检索过程更加智能，例如使用"汽车板轧制"进行检索，目的是检索"汽车表面用钢板在轧制过程中所使用的工艺"，语义检索引擎根据语义网中"汽车板"和"轧制"之间的关系，能够顺利检索出所需要的结果，这也是传统检索无法实现的。

但是，受技术发展的制约，当前语义检索的实际效果还远未达到真正人工智能的程度，其原因既有算法设计本身的缺陷，亦有处理对象的复杂性过高。算法设计的缺陷，处理对象的复杂性过高是目前人工智能在专利检索领域很难逾越的鸿沟，导致语义检索的直接检出率现在仍然处于较低水平。

第三节　专利智能检索系统介绍

一、智能检索系统

智能化升级检索系统（以下简称智能检索系统）是国家知识产权局在 S 系统基础

上升级换代后的新检索系统，它采用先进的智能语义引擎支持全部整合数据库的纯语义检索，同时支持先布尔检索后语义排序、先语义检索后布尔筛选、语义分词权重调整等多种类型的人机交互式智能检索功能，充分发挥"机器智能＋人工智慧"的效能，大大地提高检索的质量和效率。

智能检索系统执行语义检索时，语义引擎对每篇文献都进行自然语言处理，即根据词典对文本进行语义分词处理。然后，根据语义分词构建该文献的文本特征向量，再计算待检索的文本特征向量与每篇文献的文本特征向量之间的夹角余弦值，再根据计算结果获得的相关度高低进行降序排列，最后推送前若干篇文献。

智能检索系统基于原始国和地区检索库、原始综合检索库、各类非专利文献数据库等进行专利和非专利文献数据的全面整合，并对外文文献进行中文翻译，最终实现跨库（跨越全文与文摘库）、跨语言（跨越中文与外文库）、跨类型（跨越专利与非专利库）的检索，提高检索全面性，减少重复性操作。

智能检索系统提供富有专利审查特色的文献浏览智能化功能，其智能检索系统在传统的概览和详览基础上新增了多视图浏览，可以提高电路、机械等结构类检索主题的文献浏览和筛选效率。通过高亮特别是新增邻近算符关联高亮，可以提高文本的浏览效率。

此外，智能检索系统的一站式浏览还针对智能检索获得的检索结果集，以技术特征画像为基础，执行特征统计、特征排序、高亮高密和 Y 类文献匹配等筛选功能，可以提高材料、多组分化合物等领域的文献浏览效率。

二、商用智能检索系统

Patentics 是集专利信息检索、分析与管理的平台系统，除了可进行传统的布尔检索外，特色在于语义检索功能。Patentics 语义检索是通过词向量模型将文献中的技术词转化为高维空间向量并将词向量综合成表示文献的文本向量，通过检索文本向量与专利文献向量之间的夹角余弦值计算来判断检索文本和专利文献之间的技术相关度并返回检索结果。

incoPat 专利数据库在传统的布尔检索基础上还能够进行语义检索、AI 检索、扩展检索和图形检索。语义检索可以通过在 incoPat 中输入专利公开号或者一段技术文本，系统自动提取文本或者专利标题、摘要、权利要求中的关键词，然后使用语义算法模型自动匹配相关性较高的专利文献并按相关度大小进行排序。AI 检索功能能够实现基于知识图谱的语义检索，它利用自然语言处理、知识图谱、人工智能技术并借鉴 DNA 识别的理念和算法进行专利深度挖掘，研发了专利 DNA 图谱技术，然后基于 DNA 图谱评价专利的新颖性，进行专利无效和查新检索等。

Innography 专利检索平台除专利文献的检索外，可以检索专利诉讼及专利权人财务数据，也具有语义检索功能。语义检索是基于检索文本的上下文检索，而非拘泥于关键词匹配，使用专利的标题、摘要或其他字段作为输入内容并为每个字段添加 1 ~ 10 的加权因子，然后进行检索。

　　智慧芽全球专利数据库提供 9 种专利检索方式，包括语义检索、图像搜索、法律搜索等，通过机器学习、计算机视觉、自然语言处理等人工智能技术助力智能检索的实现。在智慧芽中可对中英文文档进行搜索，并按照相关性排序返回 1000 条最相关的专利文献。

第二章　智能检索系统功能

第一节　智能检索系统

一、设计思路

智能检索系统按照"平台＋模块"的总体建设思路，广泛吸纳创新理念，充分运用智能化技术，包括云计算、大数据分析、自然语言处理等前沿技术，搭建形成全新的基础架构平台，致力于建设智能、便捷的全新检索业务系统。如图2-1-1所示，智能系统在S系统建设经验的基础上，沿着检索资源集约化、检索功能智能化及检索流程标准化的设计思路，建成智能化的检索系统，实现文献查快、查全和查准。

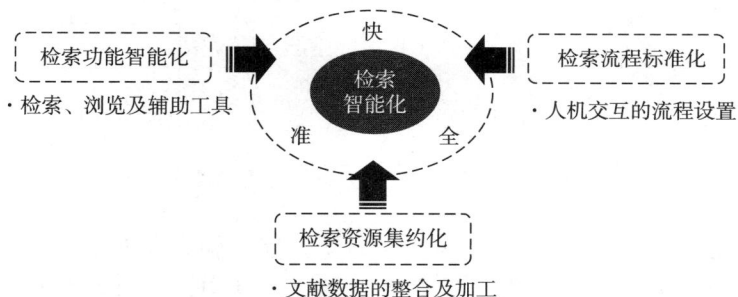

图2-1-1　智能检索系统的设计思路

检索资源集约化以文献数据的整合及加工为基础，实现内外网专利和非专利数据资源的全面整合，并完成对数据资源进行加工、标引、机器翻译等工作，提供统一的检索平台，实现数据资源的有效交互和调用，文摘及全文数据的联合检索，专题数据库与通用数据库的衔接与交互。

检索功能智能化在于实现检索功能、浏览功能及辅助工具的智能化；实现语义检索、布尔检索多种检索功能的融合，支持中英文数据库的智能检索、智能检索基础上的布尔筛选以及布尔检索基础上的语义排序功能；提供概览、快览、详览、一站式浏览等多种浏览方式，以及利用大数据分析实现检索要素的辅助推荐、关键词及分类号的辅助扩展等功能。

检索流程标准化在于设置合理的人机交互及标准化操作功能，促使机器智能与人工智慧的融合，包括开发多种检索界面、浏览界面，提升系统的易用性。

二、功能模块

在云平台的数据基础上，智能检索系统主要包括数据模块和功能模块，如图 2-1-2 所示。数据模块的核心是文献数据的整合及字段加工，充分利用文献数据的加工、标引、机器翻译等成果，为检索功能的智能化提供数据基础。文献数据按照专利、非专利两种类型整合了中外文摘和全文数据资源，并对外文文献进行了中文翻译。以世界专利中文全文数据库为例，其整合了中文专利文献和机器翻译的外文专利文献。以非专利数据为例，系统收录了万方文摘数据库，通信领域的 3GPP、IEEE、IETF 等本地数据。通过该检索资源的集约化，减少重复性检索操作。

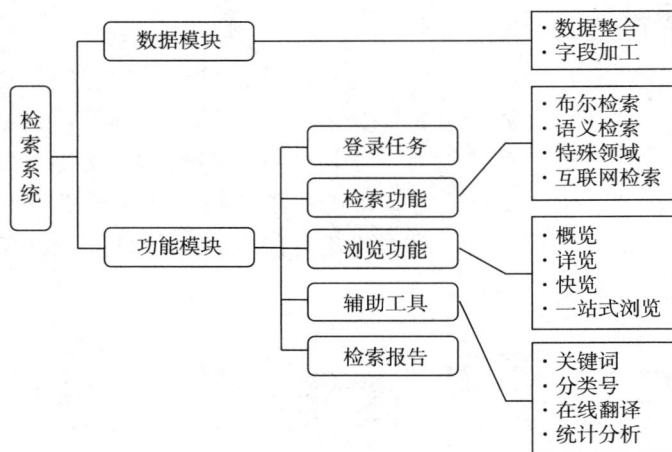

图 2-1-2　智能检索系统的功能模块

功能模块包括登录任务、检索功能、浏览功能、辅助工具、检索报告等，其核心为检索功能、浏览功能及辅助工具等的智能化。其中，登录及任务模块采用统一的账号及密码，从审查系统或用户中心登录。检索任务以申请号为标识，检索模块包括布尔检索、语义检索、特殊领域检索、互联网检索等多个子模块；浏览模块包括概览、详览、快览、一站式浏览等多个子模块；辅助工具包括关键词、分类号、在线翻译、统计分析等多个子模块，统计分析子模块针对检索结果提供关键词、分类号、申请人、国别等多种分析功能；检索报告模块自动提取专利和非专利文献检索记录信息、对比文件类型和具体段落等浏览中标记的信息，并推送至检索报告。

三、操作界面

智能检索系统提供友好、便捷的检索界面，主要包括融合检索界面和命令行检索界面。如图 2-1-3 所示，登录智能检索系统后，默认显示的是融合检索界面，该操作界面实现选库、检索、浏览及辅助工具等的一体化。最上方为菜单栏，可以在融合检索、命令行检索、特殊领域检索、详细浏览、一站式浏览、检索报告、互联网检索平台、辅助工具等操作界面之间切换。融合检索界面包括选库区、检索区、浏览区和筛选区。选库区是选择数据库的区域，其中，数据库为本地专利及本地非专利数据库。检索区可以执行语义检索、布尔检索及二者联用操作，输入方式包括命令行和表格两种方式。概览区是对检索结果进行概要性浏览的区域，浏览方式包括列表、图形和图文混排 3 种方式，图形包括单视图和多视图。用户可单击某篇文献快览或将单篇、多篇及全部文献推送至详览和一站式浏览。筛选区是针对检索结果进行统计和筛选，例如可只显示某些数据库下的结果或者只显示某些国家的专利文献等。

图 2-1-3 融合检索界面

单击融合检索界面菜单栏的"命令行检索"，进入如图 2-1-4 所示的命令行检索界面。该检索界面支持输入检索命令、索引及运算符，实现选库、布尔检索、语义检索及二者联用，也支持简单的浏览操作，其特点在于输入方式灵活，适合复杂检索过程的构建。用户在命令行检索界面获得检索结果集后，使用 . . view 命令可将检索结果推送到融合检索界面进行概览、快览、详览及一站式浏览等操作。

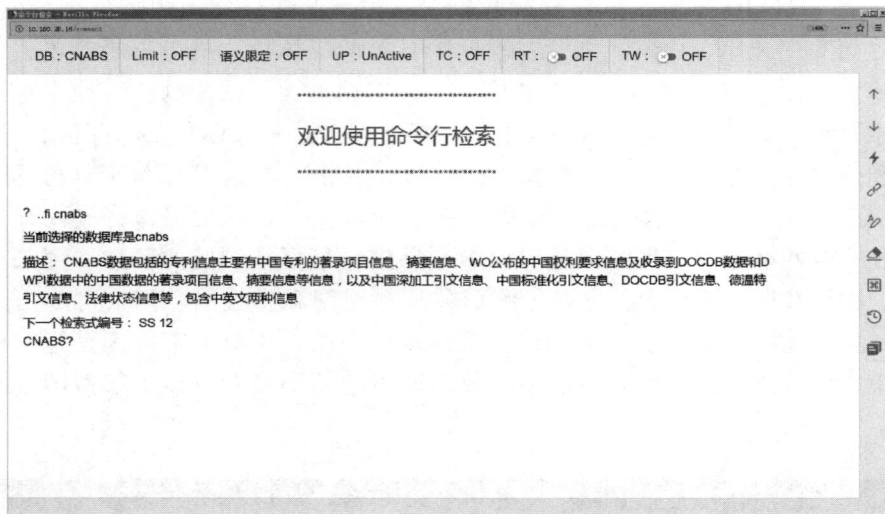

图 2 - 1 - 4　命令行检索界面

第二节　数据库及主要字段

一、数据整合原则

数据是智能化的基础。通过文献数据的全面整合，智能检索系统实现跨库（跨越全文与文摘库）、跨语言（跨越中文与外文库）、跨类型（跨越专利与非专利库）的检索，提高检索全面性，减少重复性操作。数据整合的原则如下：

（1）优化数据库。智能检索系统重构了检索数据库，包括文献数据优化、同族整合、文摘全文整合。例如，数据表明，CNABS 和 CNTXT 是 S 系统最常用的数据库，二者总计访问次数占全部数据库的 72%。智能检索系统将两个数据库合并，预计能减少一半的访问次数，大幅度减少重复检索。

（2）翻译数据库。机器翻译技术将外文数据库文献全部翻译成中文形式，支持中文直接检索外文文献，也支持原文检索后以中文浏览。例如，对于美国专利文献库 USTXT，将其翻译为中文库之后，就能采用中文关键词直接检索美国文献。或者，仍然采用英文关键词检索 USTXT，但可使用中文浏览检索结果。机器翻译帮助用户跨越语言障碍，改善外文对比文件的检索速度及检出率。

（3）合并数据库。按照语言类型对数据库进行合并，将原文为英文的数据库如 USTXT、EPTXT 等进行合并。特别地，机器翻译能将不同语言的文献翻译为中文形式，也支持不同语言的中文翻译数据库进行合并，例如，JPTXT、KRTXT 等经翻译为中文之后，与 CNTXT 合并成整合数据库。

智能检索系统数据库及释义表参见附录1。

二、专利数据库

如图2-2-1所示，专利数据库保留了S系统原有数据库并进行了优化，同时进行了数据库的充分整合。

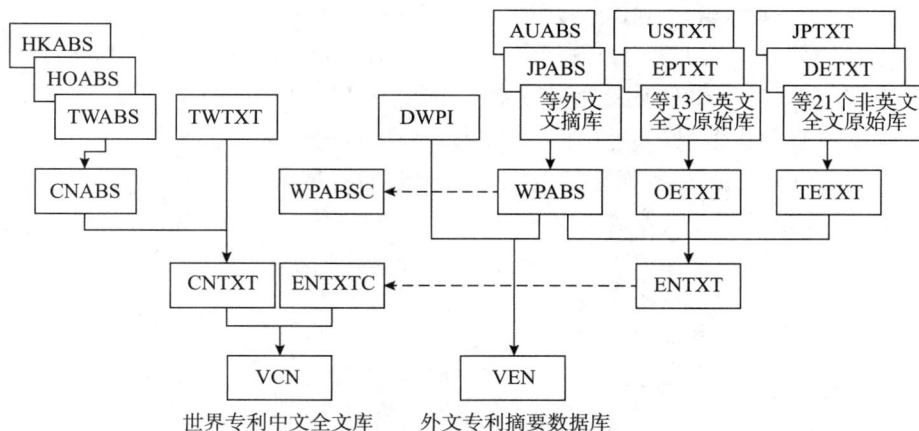

图2-2-1　专利数据库的结构

（1）CNABS库是按申请整合的中国专利文摘数据库，是在S系统CNABS库的中国中文专利文献的基础上，补充中国台湾、中国香港、中国澳门和世界知识产权组织（WIPO）中文公布的专利文献，形成包括全部中文专利文摘信息的数据库。其中，对于繁体中文数据进行简体转化。

（2）CNTXT库提供更为全面的中文专利信息，包括CNABS库的全部著录项目信息，以及专利全文说明书、权利要求书的信息。

（3）WPABS库是在S系统SIPOABS数据库基础上，按照申请进行整合优化的世界专利文摘数据库，且补充了原始国和地区数据及律商联讯文献数据，覆盖世界范围内105个国家、地区及组织的专利，其主要检索语种为英文。

（4）WPABSC库是WPABS库的中文翻译库，通过对发明名称、摘要信息进行中文翻译，实现使用中文检索世界专利文摘数据。

（5）OETXT是按照申请整合、原始公布语言为英文的专利数据库，该数据库标题、摘要、全文选取最早公开信息，其他信息按申请整合去重，提供原始英文文献的全文检索。

（6）TETXT是按照申请整合的将公布语言为非英文及非中文的专利翻译为英文形式的数据库，该库标题、摘要、全文选取最早公开信息，其他信息按申请整合去重，为小语种专利文献的英文检索提供便利。

（7）ENTXT是将国外专利文献按照简单同族进行整合，包括全文及著录项目信息，对于标题、摘要、全文内容保留同族中的族代表文献的相应信息，其他相关信息按族整合去重，其中，对于日、韩、德等非英文信息进行了英文翻译。值得注意的是，ENTXT 涵盖 WPABS 的全部信息。

（8）ENTXTC 是 ENTXT 库的中文翻译库，通过对发明名称、摘要、全文信息进行中文翻译，实现使用中文检索国外专利的全文数据。

（9）原始综合检索库包括 DWPI 和 LEXTXT，DWPI 为德温特族形式组织的多国文摘检索库，LEXTXT 为按公开组织的包括文摘著录项目及全文的综合检索库。

（10）逻辑库（或虚拟库）包括 VCN 和 VEN，VCN 为 CNTXT 和 ENTXTC 的逻辑整合库，可实现世界专利的中文全文检索。VEN 为 WPABS 和 DWPI 的进一步整合库，以申请/德温特族形式组织，提供英文摘要及著录项目的检索。

（11）原始国和地区检索库包括发明和实用新型数据的澳大利亚专利文摘数据库、日本专利全文数据库、美国专利全文中文翻译数据库等，以及外观设计数据的美国外观设计数据库，可实现以各国文献原始语言进行的检索。

三、非专利数据库

1. 内网本地非专利数据库

智能检索系统扩充了非专利数据库，支持与专利数据完全相同的本地检索方式，如图 2-2-2 所示。具体包括：引进万方文摘、3GPP 等非专利数据库，逐步补充中文书籍文献资源。其中，万方文摘数据库包含国内、国外期刊、学位、会议等 10 种数据的文摘信息，相当于非专利文献中的 SIPOABS 数据库，提升了非专利文献检索的全面性和准确性。

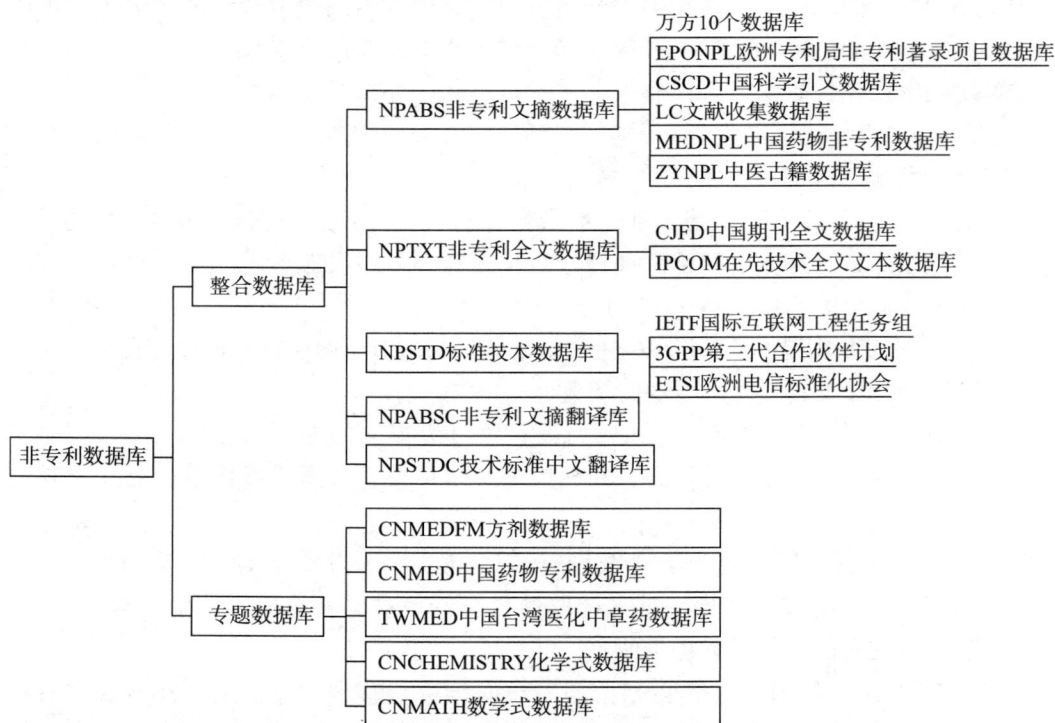

图 2-2-2　内网本地非专利数据库

2. 内网镜像非专利数据资源

提供统一的检索界面实现一并检索，包括 CNKI 期刊、CNKI 硕博论文等 15 个资源。

3. 外网非专利数据资源

提供统一入口链接互联网文献资源，例如 STN、ELSEVIER、ISI 等。

四、字段及索引

智能检索系统保留了 S 系统已有的检索字段及索引，并进行了字段加工和优化，新增了附图标记 FM 字段。不同数据库的字段有所不同，字段中的内容标引情况也不同。字段、索引及释义表（CNTXT）见附录 2。

1. 查看字段及索引

采用 .. fiel 命令查看数据库的字段、索引、字段类型和字段说明情况。

使用 .. ind 命令查看数据库索引、检索内容标引情况；也可以使用 .. ind/ < 索引名 > < 要查看的内容 > 显示要检索的内容在数据库中任何索引中的标引情况。

2. 重点字段及索引

（1）BI 与 BA

BI 为联合索引（Basic Index），在不同数据库中为默认缺省。例如，在文摘数据库 CNABS 中，BI 为 TI、AB、KW、GK_CLMS、SQ_CLMS、SD_CLMS 的复合索引；在全文数据库中，BI 还包括索引 DESC。

BA 为文摘联合索引（Basic Index for Abstract），只对全文数据库有效，相当于在全文数据库中检索文摘内容，即全文库的 TI、AB、KW、GK_CLMS、SQ_CLMS、SD_CLMS 的复合索引。

BI 和 BA 对于全文数据库的检索非常有意义，用户既可单独检索文摘和全文字段，也可以针对不同的应用场景联合 BI 和 BA。

（2）FM 附图标记

系统对于部分中文文献进行了附图标记加工，形成可检索的 FM 字段，可利用 "AND" 逻辑运算符在同一篇文献全部附图的附图标记 FM 字段中进行检索，命中包含这些附图标记的文献，也可以利用 "P" 算符实现在单幅附图的附图标记 FM 字段中进行检索，命中在同一幅附图中包含这些附图标记的文献。

第三节 检索功能

检索功能是检索业务的核心，智能检索系统在改进 S 系统现有检索功能的同时，重点突出智能化应用。它以智能语义检索为重要支撑，支持语义检索、布尔检索及二者的联合运用，并支持化学式检索、数学公式检索、生物序列检索、药物领域等特殊领域的检索等。

一、语义检索

智能检索系统采用先进的智能语义引擎支持全部整合数据库的纯语义检索，同时支持先布尔检索后语义排序、先语义检索后布尔筛选、语义分词权重调整等多类型的人机交互式智能检索功能，充分发挥"机器智能＋人工智慧"的效能。

语义检索是预先把数据库每篇文献进行语义分词处理，提取关键词信息，并采用智能算法将关键词信息转化为向量值，进而求出向量值之间的余弦夹角，用于表示两两文献之间的相似度。当用户输入待检索的文献号或一段自由文本时，语义引擎将在数据库中搜索并按照相似度高低给出文本语义最接近的文献。与传统的布尔逻辑运算相比，语义检索不再拘泥于文字信息的匹配，而是寻求获得文本语义最相关的文献。语义检索的范围可以是整个数据库，也可以是用户圈定的某个检索结果集，后者通常称为检索结果集的语义排序。

智能检索系统默认推送在 CNTXT 数据库下与本检索主题语义最相关的 400 篇文献，也可更换数据库并执行语义检索。系统构建了中文、英文语义模型，不仅支持同种语言，也支持跨语言文献的语义检索。当语义排序基准与勾选的目标数据库语种不同时，系统自动选择语义模型，并将语义排序基准进行机器翻译后完成目标数据库的语义检索。例如，采用中文语义排序基准并勾选了英文数据库，系统自动将该中文语义排序基准机器翻译为英文语义排序基准，并采用英文语义模型执行语义检索。

用户在同一检索任务下，可根据检索的需要改变语义排序基准，如图 2－3－1 所示。例如，用户希望以关联申请作为语义排序基准进行语义检索，则输入关联申请的案件号之后，执行语义检索。此外，语义排序基准也可以为一段自由文本，例如，用户提取体现检索主题发明构思的技术方案，或者改写一段自由文本作为语义排序基准，执行语义检索。

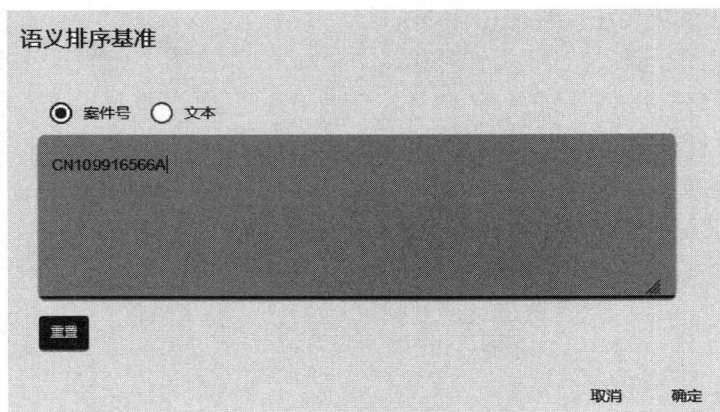

语义排序基准

◉ 案件号　○ 文本

CN109916566A

重置

取消　确定

图 2－3－1　调整语义排序基准界面

除调整语义排序基准之外，智能检索系统还提供了语义分词及权重的入口，用户可对语义检索模型进行人工干预，如图 2－3－2 所示。语义分词是将文本或句子拆分成相互独立、含义完整的关键词，即"切词"。然后，采用词频统计、词向量分析等技术，抽取一定数量的重要关键词，即"提词"。切词和提词得到的关键词作为特征关键词，用于构建语义检索模型。其中，系统展示 20 个最重要的特征关键词，并赋予初始权重值，权重值分为 5 个等级，5 为最高级别。用户可查看语义分词，了解系统是基于哪些重要语义分词进行文本比对排序的，也可以调整语义分词及权重，例如，增加体现发明点的分词，删除无实际意义、噪声较大的语义分词。系统将基于调整后的语义分词及权重值重新构建本检索主题的词向量集合与数据库文献的词进行相关度计算。

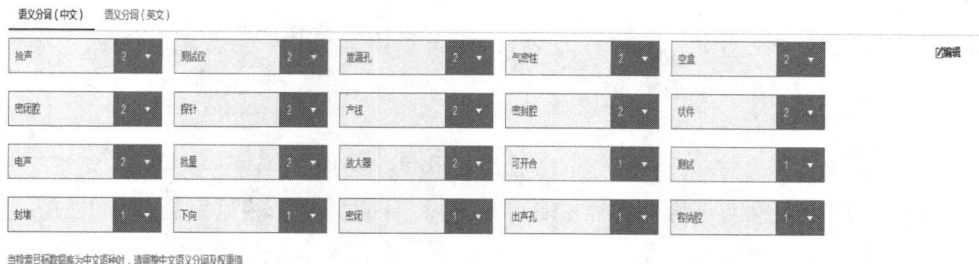

图 2 - 3 - 2 调整语义分词界面

此外，智能检索系统默认显示并提供调整的语义分词个数为 20 个，但对于整个语义检索模型来说，参与相似度计算的关键词远超过 20 个，某些文本内容较多的申请甚至多达上千个语义分词。因此，小幅度调整个别语义分词及权重，对于语义检索结果的影响可能不明显。

二、布尔检索

布尔检索被视为最基本、最成熟的检索方式，利用检索运算符连接各个检索要素，然后由计算机程序执行相应的逻辑运算，以找出所需信息。下面的布尔检索泛指利用检索命令、运算符、索引等组成的表达式进行检索。智能检索系统对检索命令、运算符及索引进行全面的优化升级，包括：改进 CT 被引证文献的索引、改进频率算符、数值范围运算符、统一同段 P 和同句 S 运算符的规则优化通配符、设置 BA（文摘）索引、支持文摘与全文数据协同、设置附图标记等索引。检索命令及释义表参见附录 3，检索运算符及释义表参见附录 4。

1. 检索命令

智能检索系统提供了 S 系统的布尔检索命令，并新增了语义检索相关的检索命令，使得命令行检索界面同样可实现纯布尔、纯语义、先布尔后语义以及先语义后布尔等 4 种检索方式。

（1）纯语义检索命令

..LI /RP——基于当前案件号进行纯语义检索；

..LI /RP /SD：申请号——基于输入的案件号进行纯语义检索。

上述检索命令仅支持基于案件号的语义检索，不支持基于文本的语义检索。

（2）先布尔后语义检索

先执行布尔检索操作，然后执行．．LI /R——针对布尔检索结果，基于当前案件号进行语义排序；

先执行布尔检索操作，然后执行．．LI /R /SD：申请号——针对布尔检索结果，基于输入的案件号进行语义排序。

（3）先语义后布尔检索

先执行．．LIM /RP，然后执行布尔检索操作——先基于当前案件号进行语义限定，然后进行布尔筛选；

先执行．．LIM /RP/SD：案件号，然后执行布尔检索操作——先基于输入的案件号进行语义限定，然后进行布尔筛选。

（4）内置批处理命令

CTTRACE 命令为综合引文追踪，具体规则为先在 DWPI 库和 WPABS 库进行同族扩展合并去重，并在这两个数据库中追踪引证和被引证文献，然后跳转至 WPABS 数据库中显示结果，默认对最后一条检索式结果进行引证和被引证追踪检索，CTTRACE 命令也可以指定某条历史检索式结果。

COMBI 命令与 CTTRACE 命令不同，为本数据库内同族引文追踪，追踪结果也在本数据库中显示，默认对最后一条检索式结果进行引证和被引证追踪检索，COMBI 命令也可以指定某条历史检索式结果。

TODB 命令为转库命令，在命令行检索界面中输入 TODB TO 转库目标，默认得到当前库的最后一条检索式的结果集转库到转库目标中的命中结果，TODB 命令也可以指定某条历史检索式结果转库。

STAT 命令为检索统计命令，统计检索式结果中某字段或索引的统计结果，例如，在命令行检索界面中输入．．STAT /IC，可以得到当前库最后一条检索式结果中所有 IC 字段内容的统计结果。

2. 运算符

（1）邻近算符

W 和 D 是邻近算符，二者均在同句中进行计算，终止于句号、分号、问号、叹号的句子范围。W 有先后顺序，D 无先后顺序。检索式运算时，一个表意字符占一个位置（表意字符指汉字、彝文、东巴文、格巴文等），一个英文单词占一个位置，一个数字串占一个位置，其他符号占一个位置。此外，所有的空白符被忽略，不占位置。

（2）同在算符

S 为同句算符，服从于段落标记，同句运算规则不会超出段落标记划定的段落范围。句号、分号、问号、叹号均作为句子的终止，四者不分先后。P 为同段算符，对于权利要求书，以权利要求的编号作为段落标记并进行同段检索；对于说明书，按照自然段进行同段检索；对于摘要，德温特公司对 DWPI 数据库中的摘要进行了人工改写，摘要信息较为丰富，DWPI 数据库中的摘要按不同的数据来源作为不同的分段进行同段检索，而其他数据库的摘要整体视为一段；对于其他内容，连续的换行符或换行符后面的空白符视为段落标记。

（3）频率算符

频率算符 Frec 的作用在于降低检索噪声，提高检索的准确性，这对于应对文献量快速增长意义重大。特别地，智能检索系统进行了文献的整合，数据库涵盖的文献量成倍增长。频率算符支持同义词的频次计算，例如，（酸奶 OR 酸乳）/Frec ＞3 意味着"酸奶"或"酸乳"出现次数大于 3 的文献均会被命中。

（4）数值范围算符

对于中文文本，Range 算符使用的规则与 S 系统相同，与计量单位联用，且连词符号选择"～"。例如，水泥 5D RANGE［50～200kg］，系统会自动扩展检索 kg、千克、公斤等。

对于英文文本，Range 算符为纯数值的检索，例如，cement 5D RANGE［50～200］，不支持 cement 5D RANGE［50～200kg］。

3. 检索方式

（1）直接检索

采用运算符或其组合将检索要素的表达形式（分类号、关键词、特殊符号等）关联起来，形成检索式并执行检索，获得检索结果集。

（2）二次检索

二次检索是对检索结果集的再次检索。二次检索的结果是上一个检索结果的子集。通过二次检索，用户可以根据需要逐步缩小结果集，最终获取所需的检索结果。二次检索集成于检索和浏览相关的各模块中，为其提供必要的扩展支持。

（3）限定范围检索

限定范围检索是指将后续的检索操作限定在一个指定检索结果集中，后续检索结果集是已选定的检索结果集的子集。系统在检索历史中显示限定范围检索的结果信息，并支持取消限定范围检索。

（4）转库检索

用户使用指定检索结果在其他数据库中检索，从而了解到不同数据库中的收录情况，系统在检索历史列表中显示转库检索的检索历史记录。

（5）批处理检索

批处理检索主要用于将稳定的检索流程以检索命令的方式编写成批处理文件进行管理。通过批处理检索的功能，用户可将一组相关的检索式编写成批处理文件执行。

（6）检索历史应用

检索历史区实时展现每次检索命令执行的数据库、检索式编号、检索式内容、检索命中数、检索时间等信息，可方便浏览和应用在当前检索任务下执行过的检索式及其相关信息。通过检索历史提供的功能，用户能直观、快速地了解当前检索任务下使用过的检索式及其执行效果，并可根据执行效果调整检索策略。

检索历史不仅可以显示多库混排历史，也可以选择某一个单独的数据库显示检索历史，并且对于每一条检索历史可再次执行浏览操作和检索操作等。检索历史中的检索结果可推送概览、详览和一站式浏览，检索操作可执行二次检索、限定检索、转库操作以及追踪检索，还可以针对某一条检索历史记录备注信息作为备忘。每条检索历史显示提示信息，例如执行了限定检索操作后会进行标记提示，对于某一条检索历史执行了限定检索操作，解除限定后也将进行提示。

为了方便使用检索历史的功能，智能检索系统在融合检索界面和命令行检索界面均提供了"检索历史"功能按钮，避免频繁使用 . . HI 命令查看。

三、布尔与语义融合

布尔检索侧重于人工构建检索策略的能力，语义检索侧重于发挥机器自动检索的能力。二者的融合能充分发挥各自优势，实现机器检索和人工智慧的结合，实现文献的查全、查准和查快。布尔与语义检索的交互分为两种情形，先布尔后语义检索和先语义后布尔检索，分别适用于不同的检索场景。

1. 先布尔后语义检索

用户先执行布尔检索，获得检索结果集之后，单击"语义排序"，系统按照文献的相关度由高至低地返回检索结果信息。例如，在检索输入框中输入"手机 and 解锁"执行检索，然后单击"语义排序"按钮，显示出布尔检索结果中相关度排前 400 篇的文献，如图 2 - 3 - 3 所示。这种检索方式最大的优点是，突破了检索结果数量的限制。传统检索策略需要运用多种检索要素的组合，使得检索结果文献数量足够少时，才能着手浏览文献。智能检索系统获得的布尔检索结果文献数量即使多达数十万条，仍然可利用语义排序进行文献浏览和筛选，且优先浏览相关度较高的文献。具体到使用方式上，用户可先用单个或部分检索要素，例如检索主题的主分类号、重要关键词，先进行布尔检索，经语义排序后浏览相关文献，从而提高检索和浏览的效率。

图 2 - 3 - 3　先布尔后语义检索界面

2. 先语义后布尔检索

用户先执行语义检索，推送出语义最相关的检索结果集，然后在语义检索结果集中进行布尔筛选并返回检索结果信息。如图 2-3-4 所示，具体操作为：点开"检索历史"界面，单击"语义限定"按钮，系统生成一条检索历史，后续的检索操作都将限定在该语义检索结果集内。然后，在布尔检索输入框中输入检索式，单击"布尔检索"执行检索操作，系统将从语义检索结果集中筛选出布尔检索式相关的文献。由于先语义后布尔检索实现的逻辑类似于限定范围检索，即先限定在语义检索结果范围内，然后进行布尔筛选，因此系统将先语义后布尔检索功能和限定检索进行了整合，统一设置在"检索历史"界面下。这种检索方式宜与纯语义检索功能联合运用。例如，经浏览，纯语义检索推送的前 20~60 篇文献中未发现相关对比文件时，可以用先语义后布尔检索操作整体查看后续 60~400 篇中是否存在与布尔检索表达式相关的对比文件。为了获得更全面的结果，也可适当扩大语义检索的检索条数，例如设置为 2000 篇，即适当扩大语义检索的结果集后，再进行布尔筛选，有助于提高文献的查全率。

图 2-3-4　先语义后布尔检索界面

四、特殊领域检索

智能检索系统增强了特殊领域的检索功能，包括数学公式检索、附图标记检索、医药领域的方剂检索、生物序列检索、通信领域的标准数据检索等。

1. 数学公式检索

数学公式检索是一种基于专利文献中的数学公式单元进行的检索，如图 2-3-5 所示。系统提供数学公式编辑和检索入口，允许用户编辑数学公式，执行检索，并可以和其他检索字段联合使用。在使用检索主页面的"数学公式检索"功能时，单击进入数学公式检索页面。在数学公式编辑区中，可编辑数学公式，并支持数学公式清空、复制、粘贴、撤销、重做功能的操作，编辑数学公式完成后，执行数学公式的检索并返回检索结果。

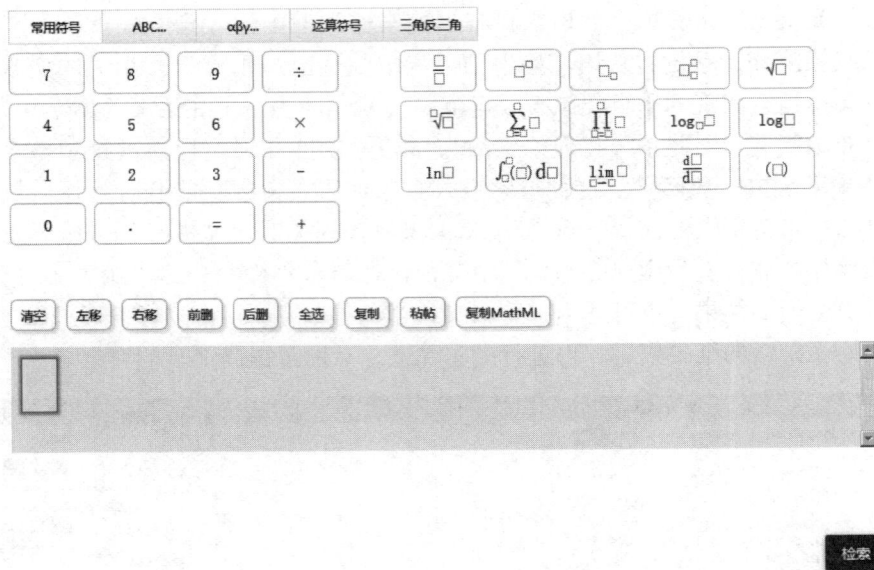

图 2 - 3 - 5　数学公式检索界面

2. 化学式检索

化学式检索基于用户编辑的结构式，检索出对应的专利文献。如图 2 - 3 - 6 所示，用户使用系统集成的绘图插件，绘制好化合物结构后，可执行精确结构检索、子结构

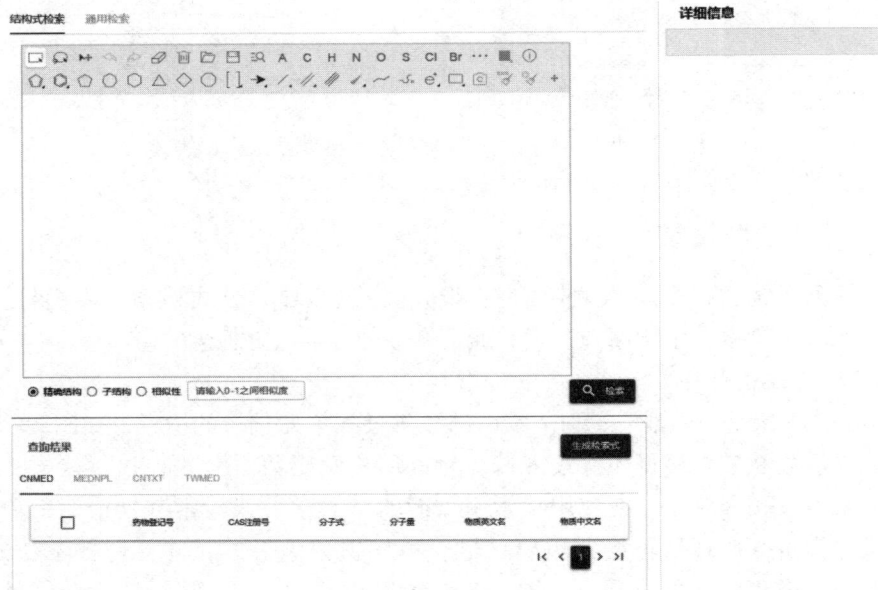

图 2 - 3 - 6　化学式检索界面

检索、相似性检索。其中，通用检索提供 CAS 注册号、药物登记号、国际 IUPAC 命名、SMILES 串、InChI 标识、InChI Key、分子式等检索条件，执行相应的检索操作。根据结构式检索和通用检索返回的化合物检索的列表，用户可选择列表中的目标化合物，进行药物智能选择，命中检索条件对应的文献。结构式检索可以检索一些通过化合物名称不能实现或较难实现的检索，或检索一些仅有结构式而没有通用名称的化合物信息。

3. 生物序列检索

智能检索系统提供中国生物序列数据的检索，支持编辑生物序列，并在序列库中完成检索与浏览。如图 2-3-7 所示，系统提供 NCBI、EBI、GenomeQuest、uniprot、miRBase 访问链接，用户可以通过链接访问外部系统，使用外部系统提供的序列检索功能，页面内提供序列整理和比对工具，其中包含氨基酸序列三字母和单字母转换、核苷酸和氨基酸相互翻译、序列比对功能。

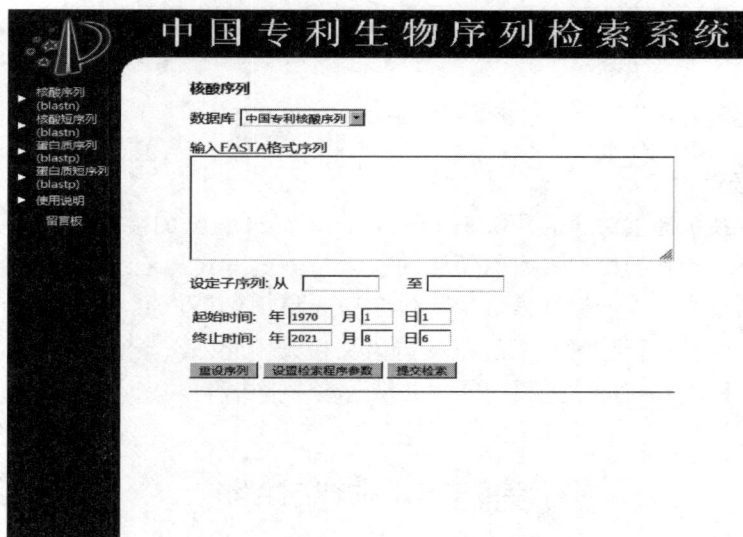

图 2-3-7　生物序列检索界面

4. 药物领域检索

药物领域检索功能主要指中药方剂的检索，根据中药文献数据特点设定了专题检索方式，针对专利、期刊、中医古籍等文献进行检索，用户可根据需要配置检索数据库。如图 2-3-8 所示，智能检索系统提供方剂检索界面，包括药物的数量、必含药物名称、可选包含药物、可选药味百分比、范围限制条件（治疗应用、IPC 分类、PHC 分类）等检索条件，同时，系统提供检索历史列表，便于查看检索结果，以及概览和详览等。

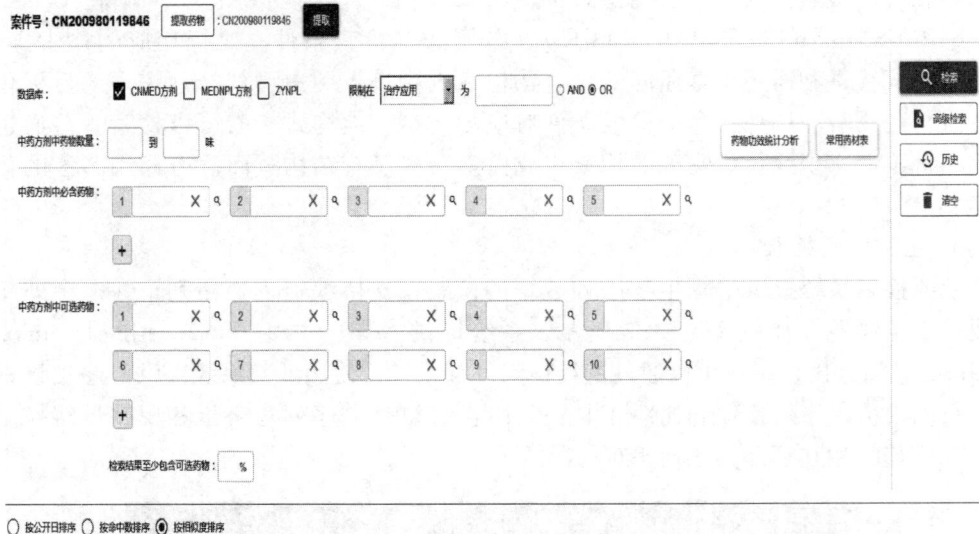

图 2 – 3 – 8　方剂检索界面

5. 通信领域检索

智能检索系统提供对通信领域 3GPP、IETF、ETSI 数据的检索支持，支持 3GPP 数据提案、标准、专利的检索，通信领域的检索与浏览方式与系统中非专利库的实现方式保持一致。系统在通信领域检索中提供字段表格项供用户参考使用，可以在指定字段中输入检索要素进行检索，系统也支持语义检索。此外，系统也支持将检索结果加入备选库、对比库并与检索过程记录一并推送检索报告。

第四节　浏览功能

文献浏览是用户在检索过程中耗时费力的一个工作环节，其目的在于充分了解与当前检索主题相关的技术，并从中获得相关文献，智能检索系统提供概览、详览和快览，支持列表、图文混排、单视图和多视图展示，以及提供一站式浏览，支持技术特征识别、高亮、统计及排序，实现文献快速筛选。

一、概览

概览方式主要用于获取和浏览文献的著录项目、摘要和摘要附图内容。通过概览中提供的功能，可快速了解文献与检索主题的相似度和相关度，并选择是否加入备选库/对比库，提升对比文件选择的准确率。如图 2 – 4 – 1 所示，概览位于融合检索界面下半区域，主要包括显示区和筛选区。其中，显示区为主要界面，支持文献的列表、图文混排、单视图、多视图等多种展示方式，列表浏览先展示概要信息，展开后进一步显示摘要、权利要求 1 等详细信息，筛选区执行当前浏览结果的统计分析。

图 2 - 4 - 1　概览界面

1. 显示区

（1）列表模式

列表模式显示内容为文献的著录项目等文字类结构化信息，如图 2 - 4 - 1 所示。默认每页显示 20 篇文献，也可修改为每页显示 40 篇、80 篇、100 篇文献，单击某一篇文献展开显示该文献的详细信息。

当选择专利数据库时，列表显示的信息包含公开号、发明名称、申请人、公开日期、IPC 分类号、相关度，可通过单击发明名称，执行当前文献详细信息的展开功能。对于 IPC 分类号，中文文献显示主分类号，其他文献显示第一个分类号；对于 CPC 主分类，默认显示第一个 CPC 分类号。通过单击发明名称展开显示详细信息，包括专利的摘要、权利要求、著录项目、IPC、CPC、引文信息、同族信息、法律状态、语义分词。

显示的详细信息与检索数据库相对应，显示的是该数据库下收录的相关字段信息。由于不是所有数据库中均包括同族信息，同族信息页签按照 WPABS 同族整合规则整合的同族显示。

语义分词页签显示的是该文献的语义分词，也可编辑修改，但是调整的词汇及权重不影响语义排序的结果，每次调整操作将被系统记录，作为语义引擎后续优化的参考依据。

当选择非专利数据库时，列表显示的信息包括文献号、标题、作者/机构、领域、日期、相关度。可通过单击标题，执行当前文献详细信息的展开功能，包括摘要、著录项目、语义分词等信息。

（2）图文混排模式

图文混排模式以图文形式显示，包括文献的著录项目、摘要等文字类信息和摘要附图信息，如图2-4-2所示。默认每页显示20篇文献，也可修改为每页显示40篇文献，单击某一篇文献展开显示该文献的详细信息。

图2-4-2　图文混排模式界面

每篇专利文献显示的信息同样包括公开号、发明名称、申请人、公开日期、IPC分类号、相关度，并默认展开显示每篇文献的摘要，也可在权利要求、著录项目、IPC、CPC、引文信息、同族信息、法律状态、语义分词间切换显示。

若选择了非专利数据库，列表显示的信息包括文献号、标题、作者/机构、领域、日期、相关度，并默认展开显示每篇文献的摘要，也可在著录项目、语义分词等信息之间切换显示。

图文混排模式支持对摘要附图的操作，单击相关文献的摘要附图，弹窗显示附图操作界面，可对该摘要附图进行图片缩放，也可进行自适应显示。附图支持0~360°角度设定，也支持向左、向右旋转，每次旋转90°。

（3）单视图模式

每篇文献展示一幅附图，默认从摘要附图开始展示，单击翻页控制按钮可查看"上一幅""下一幅"的其他附图。对于专利文献在附图上方显示公开号，对于非专利文献显示文献号，如图2-4-3所示。

（4）多视图模式

展示每篇文献的基本信息和所有附图，每篇专利文献显示公开号、发明名称、申请人、公开日期、IPC分类号、相关度，如图2-4-4所示。其中摘要信息可通过"显

图 2 - 4 - 3　单视图模式界面

示摘要"开关控制是否显示。当打开"显示摘要"时，默认显示摘要信息，且可以在权利要求、著录项目、IPC、CPC、引文信息、同族信息、法律状态、语义分词间切换显示。附图大小勾选为"中"模式时，默认每篇文献显示前 6 幅附图，并可单击查看"上六幅""下六幅"附图。当附图大小勾选为"大"模式时，每篇文献显示前 4 幅附图，勾选为"小"模式，每篇文献显示前 8 幅附图。对于非专利数据库，列表显示的信息包括文献号、标题、作者/机构、领域、日期、相关度。

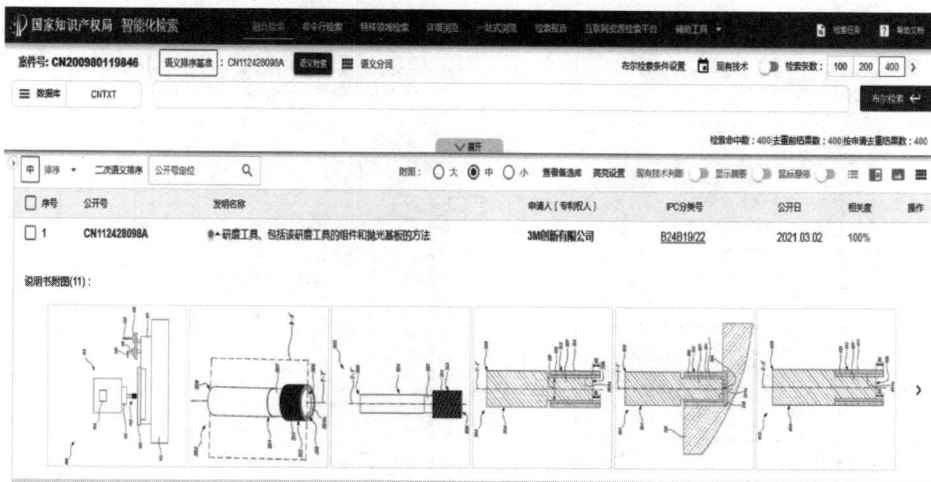

图 2 - 4 - 4　多视图模式界面

针对附图的基本操作包括鼠标操作缩放按钮，图片放大显示，大图可悬浮展现，鼠标框选图片局部时，以该局部为中心点进行图片放大，图片显示支持向左、向右旋转，每次旋转 90°，说明书附图提供的鼠标触发附图标记显示该标记名称的功能。在显示说明书附图时，同时将附图说明也进行显示。

当选择图文混排模式、单视图模式以及多附图模式时，可打开鼠标悬停开关，鼠标悬停于某幅附图，该附图的放大图即可悬浮展现。

当选择图文混排模式、单视图模式以及多附图模式时，支持附图"大、中、小"3种形式，对应显示的附图大小可以调整，在同一界面显示的文献数量相应调整。

2. 筛选区

筛选区包括数据库筛选和字段筛选两部分，数据库筛选支持专利数据库和非专利数据的筛选，切换数据库时，显示不同数据库的检索结果。

字段筛选包括 19 个筛选字段，包括 IPC、CPC、申请人、专利权人、发明人、代理机构、代理人、申请号国家地区、申请人国家地区、优先权国家地区、申请年、公开年、最早优先权年、法律状态、是否为 PCT、被引证次数、被引证国家地区数量、提案人（通信领域）、会议（通信领域）等。

智能检索系统根据筛选字段对当前检索结果展示的文献（例如 400 篇）进行统计分析，并提供统计数量最多的字段。

二、详览

对于在融合检索界面的概览、检索历史，通过单击"推送详览"按钮，将选中的结果集推送到详览列表，执行文献详览操作。详览主要用于获取和浏览文献的著录信息和具体内容。通过详览中提供的功能，用户可结合当前检索主题把详览文献中的有效内容进行标记，并将与检索主题高度相关的文献加入对比库/备选库中，用于之后生成检索报告，如图 2 - 4 - 5 所示。

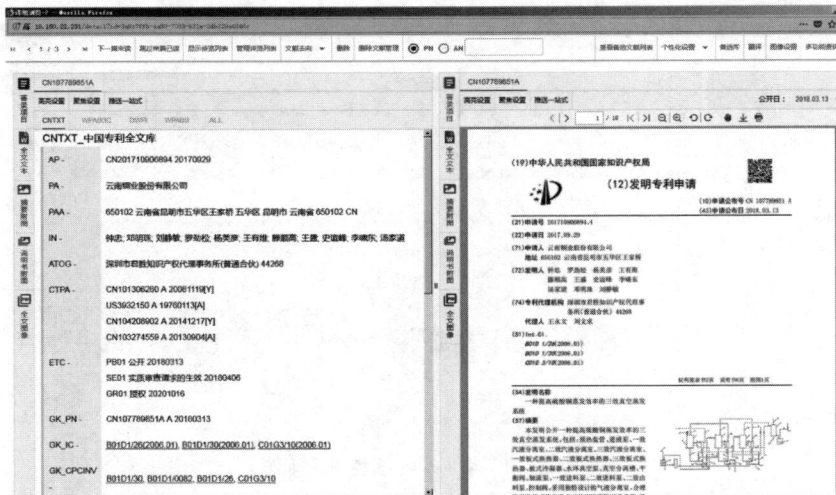

图 2 - 4 - 5　详览界面

三、快览

在概览、详览、一站式浏览等界面通过单击文献的公开号链接，调用快览服务，快速浏览文献。快览为详细浏览的简化版，可方便用户快速浏览被发送快览的文献的著录项目、全文文本以及附图，如图2-4-6所示。

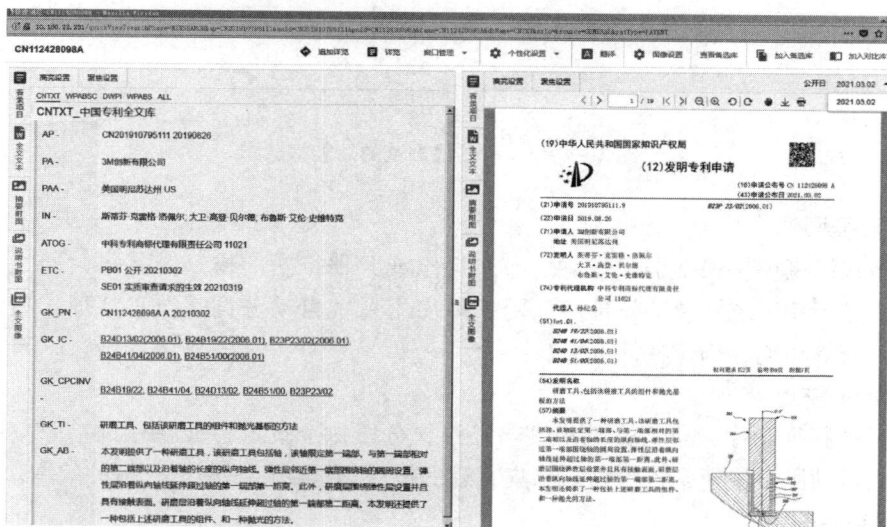

图2-4-6 快览界面

四、一站式浏览

1. 浏览原理

一站式浏览系统是在智能检索结果的基础上，通过"特征画像"解析待检索主题的技术方案，多层次地自动筛选和分析检索结果中各个技术特征的公开情况，帮助用户快速掌握检索结果集的文献概貌，以及识别和定位相关对比文件，解决检索"最后一公里"的浏览问题。

从整体上讲，一站式浏览针对智能检索推送的检索结果集，以特征画像为基础，根据用户的选择分层次地执行特征统计、特征排序、高亮高密和Y类文献匹配等筛选功能，并将筛选结果以优化的方式呈现给用户，提高文献浏览的效率，其功能性框架如图2-4-7所示。

基于上述功能性框架，一站式浏览功能主要包括：①接收智能检索结果集；②特征画像，用户利用关键词、关系式、短句或短文本对检索主题进行画像，刻画成机器可识别的"特征画像"；③文献筛选，依照特征画像进行高亮高密显示的基础功能，以及利用特征排序规则在检索结果集中遴选最优对比文件和匹配Y类文献；④结果呈现，提供响应快速、友好的浏览文献的方式，包括特征高亮高密显示和快览等方式；⑤统计分析，根据检索的结果进行统计分析并展示结果。

图 2 - 4 - 7　一站式浏览的功能框架

2. 特征画像

一站式浏览模块根据语义检索、布尔检索或其他推送的检索结果集，通过输入特征画像，进行特征统计及特征排序。用户可使用系统自动分词、技术特征扩展、关系式辅助生成等功能，构建特征画像。

3. 特征统计

基于"特征画像"进行文献识别与筛选，分析每个技术特征在检索结果集中出现的频次，帮助用户快速掌握检索结果集文献的概貌，提高用户浏览文献的效率。

4. 特征排序

特征排序功能按照技术特征公开数量的多少降序重排检索结果集的文献，即特征公开最多的文献优先被浏览，利于用户快速筛选相关文件。

5. 其他功能

在概览、详览界面，通过一站式浏览入口，可将单篇或多篇文献推送至一站式浏览，查看文献的特征公开情况，公开特征数量，以及特征累计公开次数等信息，如图 2 - 4 - 8 所示。

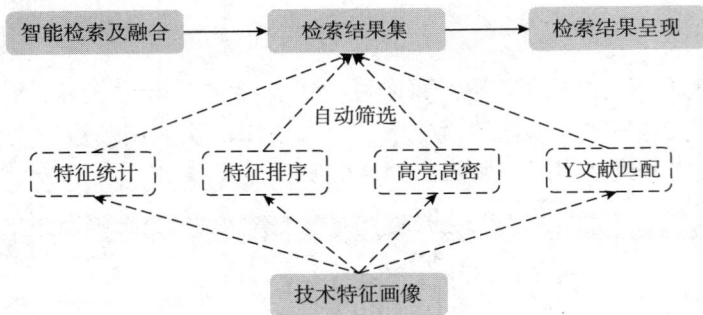

图 2 - 4 - 8　一站式浏览界面

第五节　辅助工具

辅助功能模块是系统所要使用的内部工具集，能够辅助用户快速高效地完成检索任务，具体功能包括关键词工具、分类号工具、在线翻译、统计分析、高亮功能、多功能查询、文献提取、右键快捷功能（OCR 识别等）、界面布局、帮助文档、数据下载等。

一、关键词工具

智能检索系统基于语义检索引擎提供检索要素推荐功能，根据检索主题的案件号，推荐相关的关键词。另外，系统基于检索历史大数据及关联文献数据实现关键词的扩展。

1. 关键词推荐

系统自动进行语义检索，将相关度前 100 篇的文献中重要语义分词进行提取，然后进行统计，推荐出最多 100 个最重要的关键词，并用蓝色框标识出存在于检索主题权利要求 1 中的关键词。

2. 关键词扩展

传统关键词的扩展取决于用户的个人经验和技术储备，包括同义词、近义词及上位、下位关键词的扩展。智能检索系统为了弥补用户个体的差异，提供了基于大数据分析的关键词扩展工具。

例如，打开辅助工具页签，单击"关键词扩展"，输入"电话"，第一类根据近义词库得到"近义词"例如"电话机"；第二类"扩展词"根据检索历史大数据库得到扩展词，系统根据全部用户的检索历史数据分析得到的关键词列表，包括"智能终端""移动装置"等与"电话"相关的表达方式；第三类"简繁体"是由简繁体科技词汇数据得到的结果。选中所需的扩展词，词条进入右侧待选区，单击"词条确认"。

除了单独使用，关键词扩展工具可以在融合检索界面中用于构建检索式，打开"要素推荐"功能，右键单击某个关键词，直接调取关键词扩展工具进行扩展，从而实现关键词的系统推荐和扩展的全流程辅助。

此外，"关键词扩展"工具还可以在一站式浏览的特征画像中联用。一站式浏览界面提供了"关键词扩展"功能，调用方式为左键选中关键词，右键弹出关键词扩展工具。

二、分类号工具

1. 分类号推荐

与关键词推荐功能类似，"要素推荐"提供的分类号可以供构建检索式参考。系统自动进行语义检索，对相关度前 100 篇的文献中分类号进行提取，然后进行统计，推荐出 20 个最重要的分类号，其中，蓝色框表示该分类号是存在于检索主题中的分类号。

2. 分类号查询

系统提供分类号查询以及分类号关联工具。

分类号查询分为常规查询和高级查询两种方式。常规查询主要用于查询指定分类体系的信息，支持 IPC、CPC、CPCCN、FI、FT（即 F-term）查询，还可以单击"其他体系基本查询"查询其他体系。IPC 国际专利分类提供各版本的分类号查询；CPC 联合专利分类是由美欧开发的联合专利分类体系，以欧洲专利分类 ECLA 作为基础结合了美国的专利分类，分类释义为英文；CPCCN 是 CPC 联合专利分类的翻译，可以使用中文来查询和浏览；FI、FT 是日本专利的分类体系。打开"其他体系查询"页签，可以选择 ECLA 欧洲分类体系、UC 美国分类体系、DC 德温特专利分类等分类体系。

以 IPC 查询为例，可以输入一个具体的分类号，输入框中包含分类号的检索历史，也可单击选择进行查询。查询结果显示该分类号及其上级、下级和同级分类号的树状结构，通过上下级关系可以了解分类号的确切含义，还可以了解相邻的分类号。分类号右侧括号中的数字显示的是该分类号下在 CNTXT 中的案件数量，提示分类号覆盖文献的范围。除支持使用分类号直接查询之外，系统也支持输入关键词进行分类号的查询。

通过"高级查询"，可以将分类号和中文含义、英文含义通过构建检索式的方式来进行联合查询，支持 CLA（分类号）、TICN（中文解释）和 TIEN（英文解释）3 个字段。例如输入"H01R13+/CLA AND 接触/TICN"，可以查询到在 H01R13 大组下，且中文含义中包括"接触"这一关键词的所有小组分类号。

由于分类体系很多，对于某个分类号在其他分类体系下有哪些相关联的分类号，可以进行"关联查询"。例如输入 IPC 分类号 H01R13/02，可得到在其他分类体系（例如 ECLA、DC、UC、FI、CPC）与之相关联的分类号，例如在 ECLA 下还有细分的分类号 H01R13/02B。而且，根据 CPC、DC 或 UC 也可以反向查询 IPC 关联分类号，根据 FI 可以查询 IPC 或 FT 关联分类号，根据 FT 可以查询 FI 关联分类号，根据 ECLA 可以查询 IPC 和 CPC 关联分类号。

此外，还可以在检索界面、浏览界面使用超链接调用分类号查询工具。例如，"要素推荐"工具给出了 IPC、CPC，则可使用右键单击，弹窗显示对应分类号的查询结果，并可继续执行其他查询操作。

三、在线翻译

智能检索系统提供机器在线翻译功能，用户可以选择待翻译的源语言输入待翻译内容进行在线翻译，系统以目标语言输出翻译后的内容予以展示。系统支持将中、英、俄、德、法、日、韩翻译为中文或者英文，而且自动识别原语种。为了降低翻译负载量，系统设置了 5000 字的上限。若输入的文本超过 5000 字，则默认截断显示前 5000 字的翻译结果。

对于一些目前还没有机器翻译完成的文献，可通过打开快览或者详览界面，单击"全文翻译"进行实时翻译，此时不受5000字的数量限制，而自动进行全文的翻译。

四、统计分析

统计分析系统主要针对检索结果、语义排序文献集合及其他文献集合进行分析，利用该数据完成基于检索过程的数据统计，并借助图、表的形式加以展现，进而帮助用户对检索结果集进行快速、有效的理解，为后续的检索和审查提供帮助。

区域分析主要用于了解某一技术主题的地域性保护情况，进一步分析出某种产品或技术的地域性市场保护特征，包括：区域分布分析、区域技术趋势分析、区域技术分类分析、区域申请人分析、区域发明人分析。

分类号分析主要用于了解某一技术主题的技术保护情况，进一步分析出某种产品或技术的技术性保护策略，具体包括：分类号趋势分析、分类号区域分析、分类号申请人分析、分类号发明人分析、分类号统计。

申请人分析主要用于了解某一技术主题的申请人保护情况，进一步分析出某种产品或技术的申请人保护策略，具体包括：申请人数量统计、申请人申请趋势分析、申请人技术分类分析、申请人区域分布分析、申请人与发明人相关性分析。

发明人分析主要用于了解某一技术主题的发明人活动情况，包括：发明人数量统计、发明人发明趋势分析、发明人技术分类分析、发明人区域分布分析、发明人与申请人相关性分析。

五、多功能查询器

1. 引证与被引证

使用文献号可以查询文献的引证信息和被引证信息。引证被引证查询器的数据来源于引文库，引文库是将各数据源的引文信息进行整合去重后形成的辅助检索库，整合了德温特专利引文索引数据库（DPCI）、SIPOCT引文数据、中国标准化引文数据、日本标准化引文数据、韩国标准化引文数据、德国引文数据、DOCDB标准化引文数据、中国专利深加工引文数据的专利引文信息等。

引证信息查询分为专利、非专利两个页签显示，可单击向下的小箭头展开显示对应文献的具体信息、文献的相关类型，例如作为X、Y、A类文献等。针对查询到的引证和被引证文献，可直接单击快览，也可推送详览。

被引证文献是指将查询的这篇专利作为对比文件的专利文献，只涉及专利文献，支持快览、详览。

2. 同族查询

用户在输入框中输入案件号，检索引擎通过检索后将同族信息返回给系统，并以列表的方式进行页面展现。

通过"同族查询器"，可选择WPABS同族和DWPI同族两种同族整合规则，WPABS同族是整合了国家知识产权局的各种数据资源后形成的同族文献，DWPI同族按德温特同族规则整合，不仅将优先权完全一致的视为同族，也通过人工手段将没有优先权但发明主题也相同的进行了整合。"同族查询器"支持申请号和公开号的查询，查询后以列表的形式展示，且支持按公开日的升序或降序排序，可以优先查看属于现有技术的同族文献。

3. 法律状态查询

智能检索系统支持通过检索主题案件号查询专利的法律状态信息。用户可一次输入单个或多个案件号，不同号码间以分隔符（如分号）隔开，系统基于用户输入的文献号输出相应专利的法律状态信息。

通过"法律状态查询器"可以查询中、外文专利的法律状态，文献号包括申请号和公开号两种形式，查询结果按时间排列显示该文献全部过程的法律状态信息，不仅可以查看当前法律状态，也可以查看法律状态的变化过程。

六、特殊领域辅助工具

1. STN 工具

智能检索系统将 STN 系统的专利文献检索结果识别转化为本系统数据库中的检索主题案件号，对于非专利文献检索结果识别出标题作者，并将转换结果按照特定规则进行拼接执行检索。

2. 化学结构转换工具

智能检索系统支持将化学式（包括英文化学式、中文化学式）转化为结构式，在浏览时对化学式对应的结构式进行显示，帮助用户快速了解化合物的结构式。

七、其他辅助工具

1. 文献提取

在智能检索系统中未获得的文献，用户可通过"文献提取工具"向专利局文献部提出需求，全文提取工具包括专利文献提取输入区、非专利文献提取输入区、处理状态提示框、信息提交按钮。全文提取后的文献全文，经审核后自动实时进入过档提交单文献数据库，用于过档提交单文献的检索。

2. 文献资源需求反馈

智能检索系统提供文献资源需求反馈入口，可填写资源需求的详细信息清单，包括文献名称/数据库名称（必填项）、申请号/ISBN/ISSN/DOI 等出版物的表示代码、所属出版物/数据库、作者/机构（必填项）/国别（必填项）、资源类型（必填项）、文献出版年代、审查相关性/需求迫切性（分为 5 个等级）等。

3. 百科查询

系统提供公知常识查询入口，例如百度百科链接，可以通过链接跳转到百度百科页面，查询技术术语定义。

4. 鼠标右键

在系统不同操作界面中，右键菜单提供不同功能，并进行了功能分区，主要包括：

①剪切、复制、粘贴、OCR 识别；②调取检索要素工具、调取关键词扩展工具、调取分类号查询工具；③在线翻译工具英译汉、汉译英、检索式翻译为英文、其他语言的翻译；④检索主题案件信息，且附带专利审查自始至终的标注信息、专利审查信息查询；⑤对于选定的文献，加入备选库、对比库；⑥调取索引/字段说明、调取帮助文档；⑦数学公式、著录项目自动分析展示、推送等功能。

5. 数据下载

可选择单篇或多篇文献的下载，下载内容包括文献的著录项目、全文图像、说明书等内容。

6. 界面布局

系统提供页面布局调整功能和小应用窗口管理功能，可根据个人的需求调整页面布局，更换系统主题颜色、调整系统字体。同时还提供小应用窗口功能，可以对小应用窗口进行管理。系统提供定制化布局设计、默认布局设计以及强化交互功能。

第三章　智能检索系统检索

智能检索系统对 S 系统进行智能化的全面升级，在传统布尔检索的基础上增加了语义检索功能。然而检索系统的智能化并不能替代用户在检索工作中投入的智慧，相反，通过人的智慧对机器检索智慧加以引导，使两种智慧相辅相成，真正融合布尔和语义两种检索方式，才能使检索变得更快、更准、更全。为了帮助用户使用好智能检索系统，本章将从数据库的选择、语义检索、布尔检索、融合检索和浏览 5 个方面介绍智能检索系统的通用检索策略，最后给出智能检索系统的一般检索流程。

第一节　数据库的选择

智能检索系统的检索数据库资源非常丰富，整合了多种类型的数据库，例如中文全文数据库、文摘数据库、外文原文数据库、中文翻译数据库、非专利数据库等。对于专利数据库而言，智能检索系统还进一步进行了数据整合，形成世界专利中文全文数据库 VCN 和外文专利文摘数据库 VEN，可分别实现世界专利的中文检索和外文专利的英文检索。

选择 VCN 或 VEN 数据库，可使检索在最为广泛的文献范围内进行，能获得较为全面的检索结果，但在实际检索过程中，由于宽泛的检索往往伴随着较大的噪声，并且不同的数据库涵盖的文献范围、特点不同，因此同样需要对未整合前的原始数据库进行检索。对于中国专利数据库而言，常用的是 CNABS 和 CNTXT。对于外文专利数据库而言，常用的是文摘数据库 WPABS、WPABSC、DWPI 和全文数据库 OETXT、USTXT、USTXTC、EPTXT、WOTXT、ENTXTC。

不同数据库的特点和检索技巧各不相同，在实际检索过程中，为了平衡检索准确性和检索效率，需要根据检索主题的特点灵活选择合适的数据库。

下面通过案例分别介绍智能检索系统数据库的选择策略。

一、单库和多库

理想中的智能检索模式是"一键式检索"，即使用某一语义排序基准一键同步实现在所有数据库的语义排序，或使用某一检索式一键同步实现在所有数据库的布尔检索，以避免重复输入复杂的检索式、频繁的转库操作等，进而有效提高检索效率。

智能检索系统通过文献数据整合和机器翻译对检索数据库进行了大幅度的改进，

对于中文数据库而言，显著的变化是将 CNABS 数据库的文献、字段等信息全部整合到 CNTXT 数据库中。对于外文数据库而言，显著的变化是增加了相应的中文翻译数据库，支持中文直接检索外文文献，同时还将所有外文全文数据库进行了重新整合，可以方便地采用"一键式检索"实现跨库、跨语言检索。

但由于各个数据库涵盖的文献范围、特点不同以及外文文献机器翻译的效果可能不理想，未整合前的原始数据库依然是实际检索工作中经常使用的数据库，当选择原始数据库进行检索时，能否通过选择多库实现"一键式检索"呢？

【案例 3 - 1 - 1】

申请号： 201420501095.0

发明名称： 可拆卸式皮划艇

权利要求 1： 一种可拆卸式皮划艇，其特征在于，包括艇体（1），所述的艇体（1）中部开有船舱容纳槽（2），所述的船舱容纳槽（2）内设有船舱（3）且船舱（3）通过可拆卸结构（4）固定在艇体（1）上。

检索策略： 直接采用申请号为语义排序基准进行语义检索，在各个数据库的检索结果如表 3 - 1 - 1 所示。

表 3 - 1 - 1　在不同数据库下的相关对比文件位次

对比文件	排序基准	数据库	对比文件位次
US4727821A	申请号	USTXTC	2
		USTXTC + WPABSC	32
		USTXTC + WPABSC + CNTXT	32

由以上检索结果可以看出，当选择 USTXTC 单库检索时，对比文件排在第 2 位，当选择多库同时检索时，对比文件的排序显著下降，选择单库检索的效果比多库更好，并且由图 3 - 1 - 1 的检索结果可见，当选择 USTXTC 和 WPABSC 多库检索时，排在前面的文献以中文文献为主。

图 3 - 1 - 1　多库检索结果

实际上，智能检索系统在进行语义排序时存在中文排序模型和英文排序模型两种排序方式，如图 3－1－2 所示。

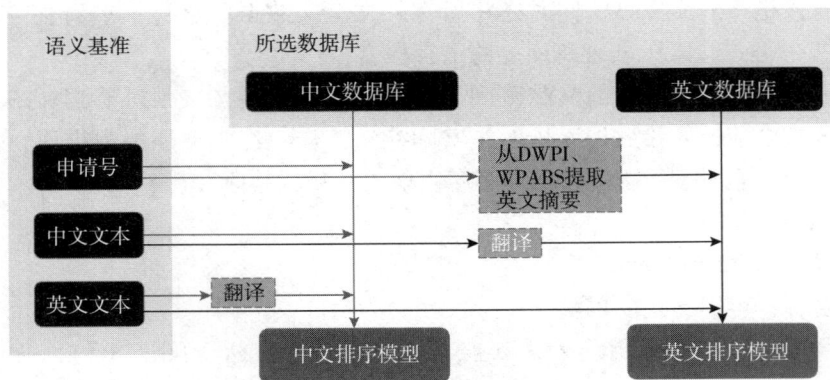

图 3－1－2　智能检索系统中英文排序模型示意

当语义排序基准的语言与选择的数据库不匹配时，系统会先将语义排序基准进行翻译，使其与所选的数据库语言相匹配。例如，当语义排序基准为申请号时，语义排序基准为中文，如果要在英文数据库中检索，系统会从 DWPI 和 WPABS 数据库中提取相应的英文摘要，然后进行语义检索。当语义排序基准为中文文本时，系统会使用内置翻译引擎将其翻译成英文，然后在英文数据库中进行语义检索。当语义排序基准为英文文本时，例如英文 PCT，内置的翻译引擎会将其翻译成中文，然后在中文数据库中检索，从而实现中文、英文语义排序基准分别在中文、英文数据库里的语义检索。

从图 3－1－2 中可以看出，如果同时选择多个数据库，在进行语义排序时系统会执行并发检索，之后再将多个数据库的排序结果混排，得到最终排序结果。一方面，并发检索和混排会导致系统运行负荷较大；另一方面，由于各个数据库之间的差异，采用同一基准进行语义排序得到的文献相似度也会存在差别，之后再进行混排可能会导致实际很相关的文献排序靠后。例如，当同时选择英文数据库和中文数据库进行检索时，语义检索结果排序靠前的往往是中文文献，当同时选择文摘数据库和全文数据库进行检索时，语义检索结果排序靠前的往往是全文文献。因此，当在多个数据库进行检索时，为了降低系统负荷以及充分利用各个数据库的优势，推荐选择单一数据库分别检索，分别浏览每个数据库的检索结果。

二、中文专利数据库

智能检索系统的中文专利数据库包括文摘数据库 CNABS 和全文数据库 CNTXT。与文摘数据库 CNABS 相比，全文数据库 CNTXT 包括权利要求书和说明书的全文，涵盖技术方案、技术效果以及实施例等更为丰富的信息，在传统的布尔检索模式下，采用全文数据库进行检索可能获得更高的检全率，但同时也会带来更多的检索噪声，增加筛选文献的难度。

智能检索系统的语义检索能够实现文献按照相关度排序，突破了检索结果数的限制，在实际检索中可与全文数据库的布尔检索配合，既能获得较高的检全率，又能快速高效地浏览和筛选文献。

【案例 3 - 1 - 2】

申请号： 201711205926.4

发明名称： 一种含有调环酸钙和硝酸稀土的水稻生长调节剂组合物

权利要求 1： 一种含有调环酸钙和硝酸稀土的水稻生长调节剂组合物，其特征在于，所述组合物的有效成分为调环酸钙和硝酸稀土，调环酸钙和硝酸稀土的质量比为 1 : 1 ~ 1 : 100。

检索策略： 直接采用申请号或权利要求 1 作为语义排序基准进行语义检索，在 CNABS 数据库和 CNTXT 数据库的检索结果如表 3 - 1 - 2 所示。

表 3 - 1 - 2　相关对比文件位次

对比文件	排序基准	数据库	对比文件位次
CN102273460A	申请号	CNTXT	8
		CNABS	8
	权利要求 1	CNTXT	90
		CNABS	90

【案例 3 - 1 - 3】

申请号： 201810110850.5

发明名称： 一种缸体及其加工方法

权利要求 1： 一种缸体，包括缸体本体，所述缸体本体上设置有若干个缸孔，其特征在于，所述缸体本体在紧固状态时，所述缸孔呈圆形；所述缸体本体在未紧固状态时，所述缸孔呈非圆形。

检索策略： 直接采用申请号或权利要求 1 为语义排序基准进行语义检索，在 CNABS 数据库和 CNTXT 数据库中均未检索到对比文件。

本案例发明点为缸体可发生变形，因此构建检索式"圆 S（变形 OR 形变）"先进行布尔检索再进行语义排序，检索结果如表 3 - 1 - 3 所示。

表 3 - 1 - 3　相关对比文件位次

对比文件	排序基准	数据库	布尔检索式	对比文件位次
CN106862965A	申请号	CNTXT	无	前 400 篇未检到
		CNABS	无	前 400 篇未检到
		CNTXT	圆 S（变形 OR 形变）	10
		CNABS	圆 S（变形 OR 形变）	前 400 篇未检到

由以上两个案例可以看出，在纯语义检索模式下，无论是采用申请号还是采用文本作为语义排序基准，选择 CNABS 和 CNTXT 作为检索数据库的检索效果基本相当，但当使用关键词构建检索式进行布尔检索之后再进行语义排序时，选择 CNTXT 作为检

索数据库的检索效果显著优于 CNABS。

上述结果可以从原理上进行解释：由于 CNTXT 数据库包括了 CNABS 数据库的所有文献和字段，标引信息更丰富，所以当引入布尔检索时，可供检索的字段以及技术内容更丰富，检全率也会更高，再与语义排序相结合，能快速高效地获得对比文件。

综上所述，在实际检索过程中推荐使用的中文专利数据库为 CNTXT 数据库。

三、英文专利数据库

从语种来分类，智能检索系统中的外文专利数据库包括 WPABS、USTXT 等英文专利库和 JPTXT、DETXT 等非英文专利库，其中，非英文专利库将进一步翻译整合为英文专利库 TETXT，因此在实际检索过程中可使用英文对所有外文专利数据库进行检索。

对于外文专利数据库而言，目前常用的是文摘数据库 WPABS、WPABSC、DWPI 和全文数据库 OETXT、USTXT、USTXTC、EPTXT、WOTXT 等，其中 WPABSC 和 USTX-TC 分别是 WPABS 和 USTXT 对应的中文翻译数据库，在实际使用过程中，需根据检索主题的技术方案和检索要素的特点灵活选择合适的数据库。

1. 英文原文数据库和中文翻译数据库的选择

智能检索系统的英文专利数据库不但包括英文原文数据库，还新增加了它们的中文全文翻译数据库。选择翻译数据库在检索过程中可以直接利用中文关键词进行检索，由于跨越了语言障碍，可以大幅度提高外文文献的检索和浏览效率。

【案例 3 - 1 - 4】

申请号： PCT/CN2020/099564

发明名称： 音频处理方法、装置和电子设备

权利要求 1： 一种音频处理方法，其特征在于，所述方法包括：

获取待处理音频信号，所述待处理音频信号包括处于不同频段的多个音频分量；

音频分量的幅值与幅值阈值比较；

所述幅值阈值是根据用于播放所述目标音频信号的扬声器的振膜的可振动范围设置的。

检索策略： 本案例为 PCT 国际检索案件，不能采用申请号为语义排序基准进行语义检索。通过阅读申请文件发现本案例说明书撰写较为规范，技术内容与待检索技术方案较为相关，干扰信息较少，因此可采用说明书作为基准进行语义检索。分别选择 USTXT 和 USTXTC 作为检索数据库，检索结果如表 3 - 1 - 4 所示。

表 3 - 1 - 4　相关对比文件位次

对比文件	排序基准	数据库	布尔检索式	对比文件位次
US2019305741A1	说明书	USTXT	无	前 400 篇未检到
		USTXTC	无	51

根据图 3 - 1 - 2 所示的排序模型，当语义排序基准为中文文本、数据库为英文数据库时，系统会使用内置翻译引擎将其翻译成英文，然后在英文数据库中进行语义检

索，因此当某一重要关键词的英文表述方式较多的情况下，英文的翻译质量对于排序结果可能会产生较大影响。

具体到本案例，发明构思涉及幅值阈值，并且是通过扬声器的振膜的可振动范围设置的，对于关键词"振膜"而言，英文表述较多，例如 diaphragm、membrane、film 等，而中文表述方式相对固定统一，因此采用说明书为基准在中文翻译数据库 USTXTC 中的检索结果更好。

【案例 3 – 1 – 5】

发明名称： 一种制备 β – 苯乙醇的方法

权利要求 1： 一种制备 β – 苯乙醇的方法，包括使环氧乙基苯与氢化试剂在催化剂的作用下一步反应，所述催化剂为载体负载或络合的过渡金属催化剂，所述过渡金属选自 Ti、Hf 或 Pd，当使用 Pd 时，该催化剂为载体负载的催化剂，所述载体选择层状双金属氢氧化物（LDH）、氢氧化铝、氧化钡或介孔泡沫材料（MCF），任选地该催化剂中还含有氧化铁或钴组分。

检索策略： 本案例说明书撰写较为规范，技术内容与检索内容相关，可采用说明书作为语义排序基准，分别选择 USTXT 和 USTXTC 作为检索数据库，检索结果如表 3 – 1 – 5 所示。

表 3 – 1 – 5　相关对比文件位次

对比文件	排序基准	数据库	布尔检索式	对比文件位次
US2014330047A1	说明书	USTXT	无	26
		USTXTC	无	前 400 篇未检到

本案例采用环氧乙基苯为原料制备 β – 苯乙醇，检索要素之一为原料环氧乙基苯，"环氧乙基苯"的中文表述较多，例如环氧乙苯、环氧苯乙烷、苯基环氧乙烷、氧化苯乙烯等，而英文表述相对统一，常用的是"styrene oxide"，因此采用说明书为基准在原文数据库 USTXT 中的检索结果更好。

【案例 3 – 1 – 6】

申请号： 201710099624.7

发明名称： Y 纱置入棒及 Y 型纱布置入组合

权利要求 1： 一种 Y 纱置入棒，适于穿设在 Y 型纱布内，其特征在于，所述 Y 纱置入棒包括：Y 型可挠本体，包括握持柄以及两支撑支部，其中所述两支撑支部连接于所述握持柄且彼此分离。

发明解读： 当患者因为呼吸困难而需要在颈部与锁骨交会处附近放置人工气切管时，通常需要使用 Y 型纱布（Y 纱）来将医疗处置管路隔离于皮肤以吸收分泌物及避免皮肤摩擦受损，并且一般每日至少需要更换一次以上的 Y 型纱布，更换时容易引起患者不适并且较为费时。本发明提供一种 Y 纱置入棒，可辅助 Y 型纱布轻易地放置到患部，Y 纱置入棒具有 Y 形结构，分为两个分离的支撑支部和一个握持柄，使用时，手握握持柄，两个支撑部分别置入 Y 纱内两端，从而推动 Y 纱至患部。

检索策略： 直接采用申请号为语义排序基准在 CNTXT、WPABS、USTXT、WPAB-SC、USTXTC 中进行语义检索，未获得可用对比文件。

先布尔检索再语义排序：在纯语义检索未获得对比文件的情况下，考虑调整检索模式，引入常规的布尔检索，首先是提取检索要素，本案例涉及一种 Y 纱置入棒，直接采用关键词"Y 纱"和"置入"或者结合置入棒的结构特征"本体""挠""握持柄"在 CNTXT 和 WPABSC 数据库中进行检索，都只检索到本案例。

进一步分析技术方案的特点，由于 Y 纱置入棒的结构简单，分类号、关键词均难以描述，因此考虑以 Y 纱和应用领域人工气切管为检索重点，以关键词"Y 纱"和"气切"进行检索，在 CNTXT 数据库中仅获得本案例，在 WPABSC 和 USTXTC 数据库中未获得任何结果。因此需要对上述关键词进行扩展，使用智能检索系统中的辅助工具"关键词扩展工具"对关键词"纱布"进行扩展，通过百度检索获得"气切"的专业英文翻译为 tracheostomy，经扩展后的中英文关键词如表 3 – 1 – 6 所示。

表 3 – 1 – 6 关键词扩展

检索要素	扩展中文关键词	扩展英文关键词
Y 纱	纱布、布料、海绵、敷料	gauze?、dress +、sponge?
气切	气切、气管切开、气管切口	tracheostomy +

采用扩展后的英文关键词构建检索式"tracheostomy + AND（gauze? OR dress + OR sponge?）"在 USTXT 数据库中检索，经过语义排序，在第 24 位获得 X 类对比文件[①] US7093598B1。但是，采用相应的中文检索式"（气切 OR 气管切开 OR 气管切口）AND（纱布 OR 海绵 OR 敷料 OR 布料）"在 USTXTC 数据库中检索，在前 400 篇文献中未获得上述 X 类对比文件。

经过分析发现，上述 X 类对比文件原文中的专业术语"tracheostomy"在 USTXTC 数据库中翻译为"气管造口术"，而本案例中并未出现"造口"这一表述，利用辅助工具"关键词扩展工具"对"切口"进行扩展也并不能获得"造口"这一关键词。

进一步对关键词进行扩展，尝试多种组合的布尔检索式在 USTXT 和 USTXTC 中检索，并对检索结果进行研究，具体检索式与结果如表 3 – 1 – 7 所示。

表 3 – 1 – 7 在不同数据库下的相关对比文件位次

对比文件	基准	数据库	布尔检索式	对比文件位次
US7093598B1	申请号	USTXT	tracheostomy + AND（gauze? OR dress + OR sponge?）	24
		USTXTC	（气切 OR 气管切开 OR 气管切口）AND（纱布 OR 海绵 OR 敷料 OR 布料）	前 400 篇未检到

---

① 本书中的"X 类对比文件"是指单独影响全部主题的新颖性或创造性的文件。

续表

对比文件	基准	数据库	布尔检索式	对比文件位次
US7093598B1	申请号	USTXTC	（气管 10D 切）AND（纱布 OR 海绵 OR 敷料 OR 布料）	6
		USTXTC	气管造口 AND（纱布 OR 海绵 OR 敷料 OR 布料）	3

对于本案例中的关键词"气切"而言，中文的表述方式很多，例如气管切口、气管切开、切开气管、气管开口、气管造口等，而英文的表述方式较为单一，均为"tracheostomy"，因此检索时采用英文关键词在 USTXT 数据库中的检索效果更好。另外，对于不易扩展充分的关键词"气切"而言，可采用邻近算符将其扩展为"气管 10D 切"，在 USTXTC 数据库中同样可快速命中对比文件。

综上所述，由于体现发明构思的关键词的中英文表述方式是否固定统一、专业技术术语翻译是否准确规范等会对中文翻译数据库的检索结果产生较大影响，因此检索过程中需要根据技术领域、技术术语的特点灵活选用相应的数据库，如果某一技术术语的英文表述方式较多，而中文表述相对统一，应优先考虑使用中文翻译数据库。相反地，如果某一技术术语的中文表述方式较多，而英文表述较统一，则优先考虑使用英文原文数据库。另外，中文翻译数据库具有易于检索和浏览的优点，实际检索中可能更为常用，在使用中文翻译数据库的过程中如果不确定某一技术术语是否有多种中文表述形式，应尽可能对其进行扩展，或者将该技术术语进行拆分，利用邻近算符或同在算符表达该技术术语，以获得更高的中文翻译数据库检全率。

2. 文摘数据库和全文数据库的选择

智能检索系统的英文专利数据库主要可分为文摘数据库和全文数据库。专利文摘是专利全文的高度概括和浓缩，通常简洁、精炼，因此在文摘数据库中检索通常噪声较低。全文数据库与文摘数据库相比，在检索内容上更加细化、丰富，检索手段也较全面，不过，也正是由于全文数据库中的技术信息丰富，采用摘要检索的检索策略，使用相同的检索式进行检索，通常会存在较大的噪声。如何根据技术方案和检索要素的特点选择合适的文摘数据库或全文数据库对于检索结果至关重要。

【案例 3-1-7】

申请号： 201910579659.X

发明名称： 一种燃煤电厂烟气脱硫脱硝处理系统

权利要求 1： 一种燃煤电厂烟气脱硫脱硝处理系统，包括底座（1）、降温箱（2）、储液箱（3）、喷淋装置（4）和出烟口（5），其特征在于：所述降温箱（2）的底部与底座（1）顶部的左侧固定连接，所述储液箱（3）的底部与底座（1）的顶部固定连接，所述喷淋装置（4）的底部与储液箱（3）的顶部固定连接，所述出烟口（5）位于喷淋装置（4）顶部的右侧，所述喷淋装置（4）的内部包括有第一导液板（7）、第一喷头（8）、第二导液板（9）和第二喷头（10），所述第一导液板（7）和第二导液板（9）的左右两侧分别与喷淋装置（4）左侧和右侧的内壁固定连接，所述第一喷头

（8）的顶部与第一导液板（7）的底部连通，所述第二导液板（9）位于第一导液板（7）的上方，所述第二喷头（10）的顶部与第二导液板（9）的底部连通，所述喷淋装置（4）的右侧包括输气管（12）、安装座（13）、反应器（14）和电子束发生装置（15），所述输气管（12）的左端与出烟口（5）的右侧连通，所述安装座（13）的底部与底座（1）的顶部固定连接，所述反应器（14）的底部与安装座（13）的顶部固定连接，所述输气管（12）的右端与反应器（14）的左端连通，所述电子束发生装置（15）的底部与反应器（14）的顶部固定连接。

发明解读：本案例涉及一种烟气脱硫脱硝处理系统（见图3-1-3），发明构思在于在喷淋装置（4）右侧设置电子束发生装置（15），通过电子束发生装置（15）发射电子束，能够同时除去烟气中的硫化物和氮氧化物，从而使得该装置达到脱硫脱硝的效果，且使得装置的脱硫脱硝效果更彻底。

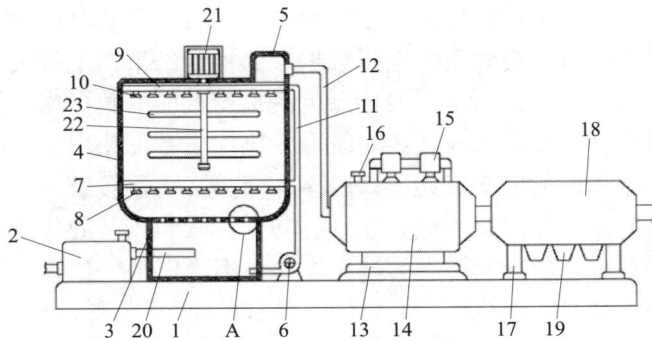

图3-1-3 结构示意

检索策略：选择 CNTXT 数据库，直接以申请号为基准进行纯语义检索，通过浏览附图，很快获得相关对比文件 CN208097785U，但该对比文件没有公开本案例的发明构思——电子束发生装置除去烟气中的硫化物和氮氧化物，因此需要进一步针对上述特征进行检索。

关键词和分类号的提取：根据本案例的发明构思可提取得到关键词：电子束、脱硫、脱硝，另外，通过浏览本案例在智能检索系统中的标引情况，如图3-1-4所示，获得非常相关的 CPC 分类号 B01D2259/812（使用电子处理实现分离）。

图3-1-4 标引情况

先布尔检索再语义排序：采用上述关键词和 CPC 分类号分别在文摘数据库 WPAB-SC 和全文数据库 USTXTC 中检索，再结合申请号进行语义排序，可快速获得相关对比文件 US4595569A。

数据库 WPABSC 和 USTXTC 的检索结果如表 3 – 1 – 8 所示。

表 3 – 1 – 8　相关对比文件位次

对比文件	基准	数据库	布尔检索式	对比文件位次
US4595569A	申请号	WPABSC	电子束 P 脱硫 P 脱硝	43
			B01D2259/812/CPC	1
		USTXTC	电子束 P 脱硫 P 脱硝	2
			B01D2259/812/CPC	无

由以上结果可以看出，当使用涉及发明构思的关键词进行检索时，在全文数据库 USTXTC 中的检索结果明显优于文摘数据库 WPABSC。而当使用涉及发明构思的 CPC 分类号进行检索时，在文摘数据库 WPABSC 中的检索结果更优。

在实际检索中，需要分析检索主题和检索要素的特点，当检索重点在于整体技术方案、检索要素易于用分类号表达时，推荐选择文摘数据库。而当检索重点在于技术方案的次要部分、下位的技术细节、具体参数，或者检索要素难以用分类号表达时，推荐选择全文数据库。

四、非专利数据库

除了专利文献之外，非专利文献同样是非常重要的现有技术来源。在实际检索中，需根据检索主题的特点制定灵活的非专利文献检索策略。

（1）申请人为高校、科研院所的专利申请。一般而言，高校和研究院所都注重学术研究，其研究成果往往会以学术论文的形式发表在国内外期刊或会议论文集上，并且通常会对技术内容的背景、研究思路等进行详细的阐释，有时发表时间甚至会早于专利申请日（优先权日），因此，对于高校及科研院所的专利申请应首先考虑检索非专利数据库。

（2）理论性较强的方法类专利申请或前沿技术的专利申请。对于某些理论性较强、涉及的计算公式较多，或者涉及前沿技术的学科，例如通信技术领域和生物技术领域等，相关技术以学术论文或者标准提案的形式发表的概率也较大，因此，对于此类检索主题也应首先考虑非专利数据库。

【案例 3 – 1 – 8】

申请号：201911219004.8

发明名称：一种城市路网短期交通运行状态估计与预测方法

权利要求 1：一种城市路网短期交通运行状态估计与预测方法，包括以下步骤：

（1）获取城市出租车 GPS 数据和城市道路测速卡口数据，对异构数据进行预处理；

（2）以两个交叉口之间的路段作为研究单元，通过利用 GASM 也就是广义自适应平滑算法融合出租车 GPS 速度和卡口速度，重构研究单元的实际交通状态；（3）根据融合后的交通状态求路段的平均速度；（4）建立城市路网空间权重矩阵；（5）计算路段之间的时空相关性；（6）基于 TOPSIS 方法也就是逼近理想点排序法识别并量化脆弱路段；（7）生成输入数据，即城市路网的时空矩阵，一个 $N*D$ 的特征矩阵，其描述了道路上交通速度随时间的变化。其中 N 为脆弱路段数，D 为时间间隔；（8）基于 Bi – LSTM 和 CNN 模型各自优势并进行结合；

其中步骤（6）的实现方法为：采用 TOPSIS 方法实现脆弱路段识别，其计算步骤如下：

① 定义正理想方案 A + 和负理想方案 A –

$$A + (s) = \{ \max Cor_i(s) | s \in (1, 2, \cdots, S), 1 \leq i \leq R \}$$

② 计算每个时间延迟下的权重，公式 $Ed(s) = \dfrac{\sum\limits_{t=1}^{T-s} \sqrt{\sum\limits_{i=1}^{R} (x_i^{t+s} - x_i^t)^2}}{T - s}$

③ 计算距离，公式

$$D_i^+ = \sqrt{\sum_s Ed(s) \cdot (Cor_i(s) - A^+(s))^2}, 1 \leq i \leq R$$

$$D_i^- = \sqrt{\sum_s Ed(s) \cdot (Cor_i(s) - A^-(s))^2}, 1 \leq i \leq R$$

④ 计算相似度，公式 $C_i = \dfrac{D_i^-}{D_i^- + D_i^+}, 1 \leq i \leq R$

发明解读： 本案例涉及一种预测方法，权利要求包含 8 个步骤，撰写很长，步骤 6 "基于 TOPSIS 方法也就是逼近理想点排序法识别并量化脆弱路段" 是本案例的发明点，涉及非常详细复杂的公式和算法，要提取能表达出公式算法的关键词有一定的难度，可用于检索的关键词有 "TOPSIS" "逼近理想点" "脆弱路段"。

检索策略：

专利数据库检索：本案例为高校申请，并且由技术方案可以看出，其包含了大量的公式，理论性较强。首先对申请人和发明人进行追踪检索，但并未获得相关现有技术。进而尝试智能语义检索，直接采用申请号作为排序基准进行纯语义检索，在中文专利数据库和外文专利数据库中均未获得公开了上述发明点的相关文件，进一步采用关键词 "TOPSIS" "逼近理想点" "脆弱路段" 进行布尔检索，在专利数据库中仍然未获得相关文件。

非专利数据库 CNKI 检索：由于本案例为高校申请，因此非专利数据库的检索非常重要，但在 CNKI 数据库中无论采用发明人还是采用关键词 "TOPSIS" 等进行检索，均未获得公开上述发明点的现有技术。

非专利数据库 CJFD 检索：选择 CJFD 作为检索数据库，直接采用申请号作为排序基准进行纯语义检索，在第 1 位获得相关文件："基于时空相关性的城市交通路网关键路段识别"，苏飞等，《交通运输系统工程与信息》，第 213 – 220 页，2017 年 6 月 30 日，公开了与本案例基本相同的 TOPSIS 计算公式和方法。

使用非专利数据库 CNKI 检索时，如果使用某一关键词检索获得几百篇以上文献是无法浏览的，必须调整检索策略将文献量缩限到可浏览的范围内，这一方面对关键词的提取要求更高，另一方面为了进一步缩减文献量而使用更多关键词还会导致漏检。

　　智能检索系统将 CJFD 非专利数据库与语义排序结合使用，不受检索结果数量的限制，检索中可以仅使用纯语义检索，也可以仅使用一个或几个确定的关键词进行布尔检索结合语义排序，能大幅度提高检索和浏览效率。在实际检索中，对于高校、科研院所作为申请人的专利申请以及理论性较强的方法类专利申请或涉及前沿技术的专利申请，可优先使用 CJFD 数据库进行检索，但同时需要注意的是，智能检索系统中的 CJFD 数据库虽然收录了大部分中国期刊的全文，但并不完全，至少不包含硕博士论文，更新可能也不及时，所以，在未检索到理想的检索结果时，仍需使用 CNKI、万方、百度等进行补充检索。

第二节　语义检索

一、语义排序原理

　　智能检索系统采用粗选、细选和精选 3 个阶段对文献进行语义排序。针对文献的摘要、说明书和权利要求采用不同的方法进行语义建模，能够更好地基于专利文献的特点进行文献的匹配和排序。

　　以申请号作为排序基准，智能检索系统采用包括如图 3 - 2 - 1 所示的 5 个步骤完成对文献的智能匹配和排序。第 1 步，对于中文文献，需要把中文语句中有意义的词汇提取出来，即分词；第 2 步，通过汇总之前的分词，并将分词赋予数值化信息，建立专利领域的词典；第 3 步，针对每篇文献提取文献的关键词，以及该文献的 IPC 分类号，用于模型训练；第 4 步，模型训练，为了让系统智能识别词典中每个关键词相互之间是否有关联，需要在提取每篇文献的关键词的同时，给词典中对应的关键词赋予属性，属性以一个数字向量来表示，数字向量构成模型的主要部分；第 5 步，模型调用，用户输入案件号，对系统中的文献执行语义排序。

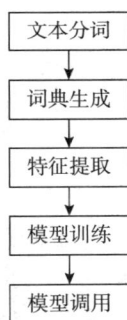

图 3 - 2 - 1　智能检索系统的语义排序流程

　　图 3 - 2 - 2 显示了文本分词和词典生成的过程，也就是智能检索系统的语义排序流程中的第 1 步和第 2 步。根据图 3 - 2 - 2 的流程，从专利文献中提取的语句经过系统的语义分词模块，将其中的词汇提取出来形成图 3 - 2 - 2 中左下方的切词，然后系统会将其加工统计到词表中，形成专利文献的词典。这个词典后续用于词向量的生成和文献的排序。

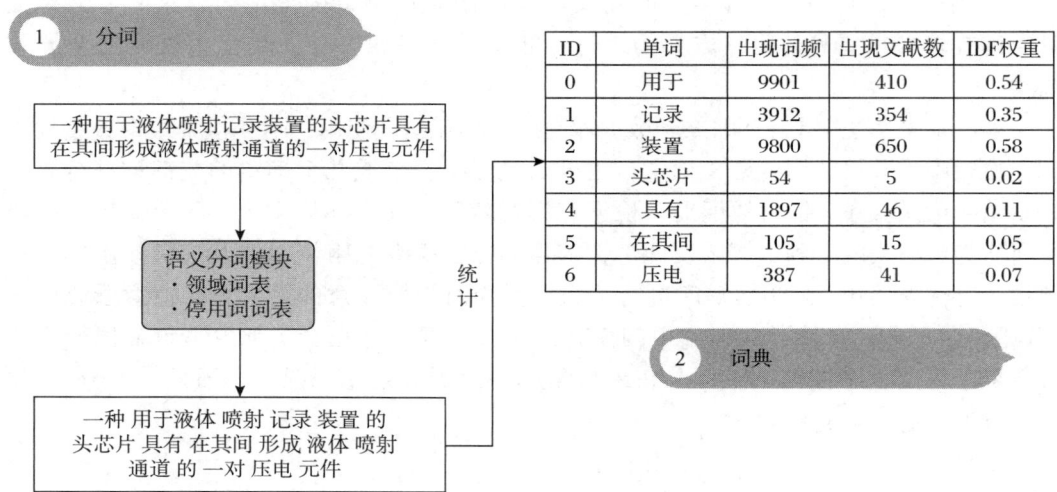

图 3 - 2 - 2　智能检索系统的文本分词和词典生成示意

智能检索系统的语义排序流程的第 3 步是对每一篇专利文献进行特征提取，每篇文献提取出的特征包括关键词和 IPC 分类号，如图 3 - 2 - 3 所示。系统会针对说明书、权利要求、摘要分别提取关键词及其出现的词频，并记录在各自的关键词集合中。

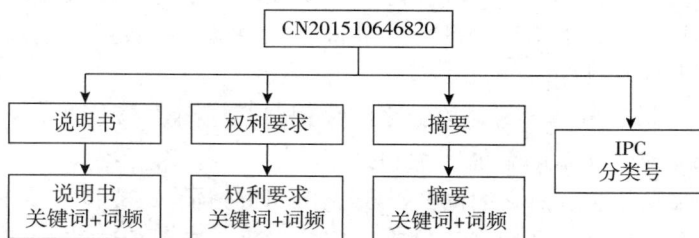

图 3 - 2 - 3　智能检索系统的专利文献特征提取

在智能检索系统的语义排序流程的第 4 步中，为了让系统智能识别词典中每个关键词相互之间是否有关联，需要在提取每篇文献关键词的同时，给词典中对应的关键词赋予属性，属性采用数字向量的形式，例如图 3 - 2 - 4 给出了手机和移动电话的词向量。有了词向量，就可以通过向量运算得到词与词之前的相互关系，例如，将国王、王后、男性、女性等词汇表示成向量形式，通过运算能得到王后与女性这个词汇比较接近。在后续的排序阶段，通过词向量能够帮助系统识别出不同文献之间的同义词汇。

智能检索系统的语义排序流程的第 5 步涉及语义排序。如图 3 - 2 - 5 所示，输入一个案件号进行语义检索时，系统会根据输入专利的分类号进行文献筛选，将所有与检索主题的分类号相关领域的专利文献筛选出来。然后对摘要、权利要求、说明书 3 个部分独立使用三阶段排序模型（即粗选算法、细选算法和精选算法）进行文献排序，得到摘要、权利要求、说明书 3 个部分各自的排序结果，将各自的排序结果进行融合生成最终排序结果。

手机 0.62734 -0.054933 0.15907 -0.038203 -0.44277 -0.31261 -0.672
41 0.16188 0.109 0.069273 -0.15427 0.2376 -0.31591 -0.033308 -0.0387
7 0.41052 -0.29527 0.2535 -0.69828 -0.019505 -0.083882 0.18604 0.253
93 -0.093207 0.10885 -0.065351 0.046321 -0.6349 -0.047442 -0.21343 0.
38382 -0.049788 0.54534 0.45276 0.27535 -0.17758 0.27473 -0.3791 -0.

移动电话 0.64491 0.1876 0.47819 -0.10249 -0.29057 -0.3271 -0.9068
0.24801 -0.12422 -0.22423 -0.44084 0.11733 -0.40208 0.16384 0.13372
0.38294 -0.31092 0.31887 -0.71205 -0.24189 -0.17551 0.10493 0.1621
0.015154 -0.20347 0.12882 -0.35404 -0.75616 -0.15634 -0.94272 0.7649

图 3 - 2 - 4　智能检索系统的词向量

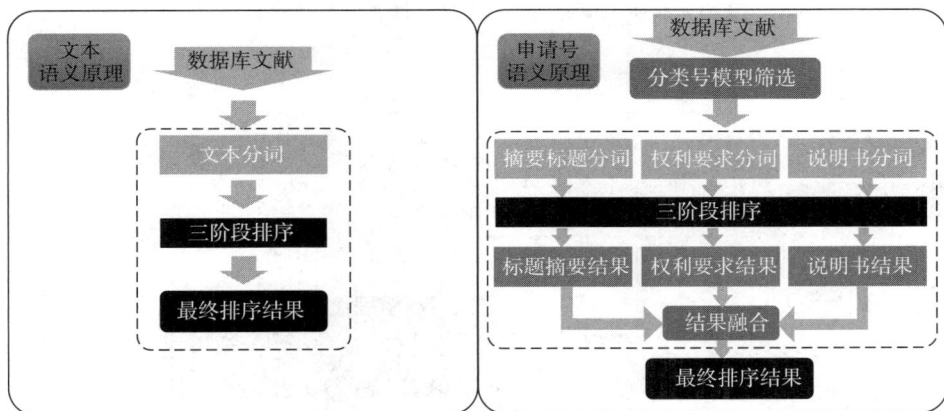

图 3 - 2 - 5　智能检索系统的语义排序算法

图 3 - 2 - 6 展示了智能检索系统的三阶段排序模型。从文献筛选数量上看，如果选定数据库中的所有专利文献数为 3200 万篇，那么，经过粗选算法进行排序和过滤得到 8000 ~ 10000 篇文献，之后进入细选算法，会对剩下的 8000 ~ 10000 篇文献使用细选算法再次排序和过滤得到 400 篇文献，之后精选算法会对这 400 篇文献使用更复杂的精选算法进行排序的优化。

图 3 - 2 - 7 详细展示了智能检索系统的粗选算法。从图中可以看出，从申请文件提取出来的关键词集合显示在图 3 - 2 - 7 的左上方框中，而现有技术提取出来的关键词集合则显示在图 3 - 2 - 7 的右上方框中，粗选算法搜寻两个关键词集合中完全相同的词，通过完全相同的词及该词对应的权重来计算现有技术与本检索主题的技术方案的粗选相似度，以这个相似度排序，如果排名进入前 8000 篇或前 10000 篇，这篇对比文件则海选成功进入下一关——细选算法。

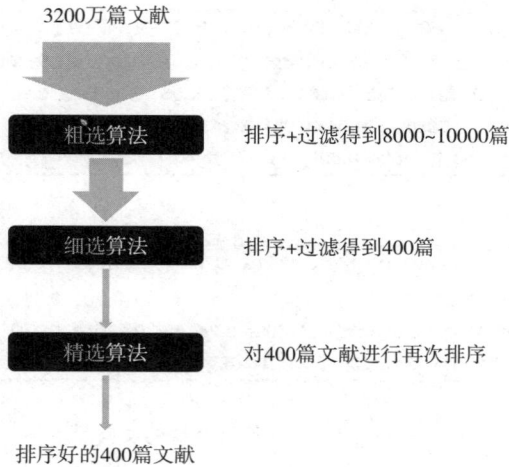

图3-2-6 智能检索系统的三阶段语义排序算法

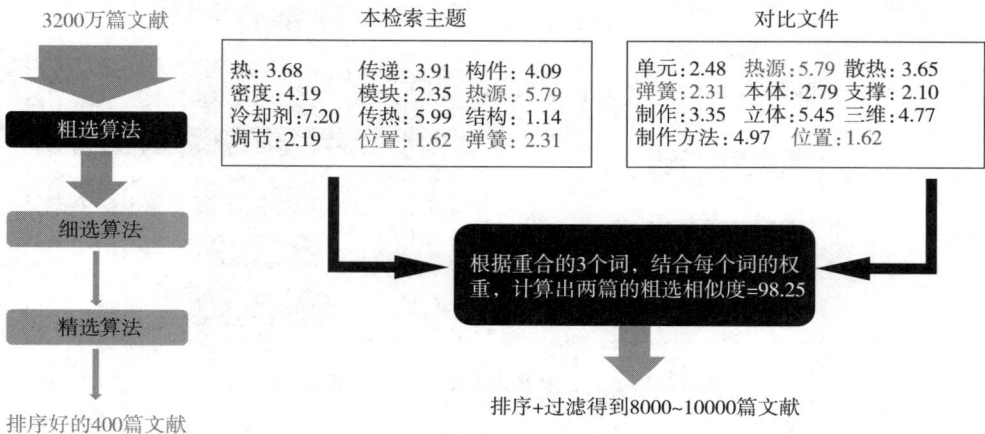

图3-2-7 智能检索系统的粗选算法

图3-2-8详细展示了智能检索系统的细选算法。对于海选成功的8000篇或10000篇文献进行下一轮筛选，由于粗选只考虑了完全相同的词，没有使用同义词扩展，为了弥补这个不足，精选算法中，将检索主题和对比文件的关键词进行了一一比对，通过之前得到的词向量在对比文件的关键词集合搜寻与本检索主题中各个关键词最接近的对比文件关键词。之后根据搜寻到的关键词，结合每个关键词的权重，计算对比文件与检索主题的相似度，得到海选出的8000～10000篇文献中与检索主题最接近的文献，选取排序在前的400篇文献作为细选算法的结果。

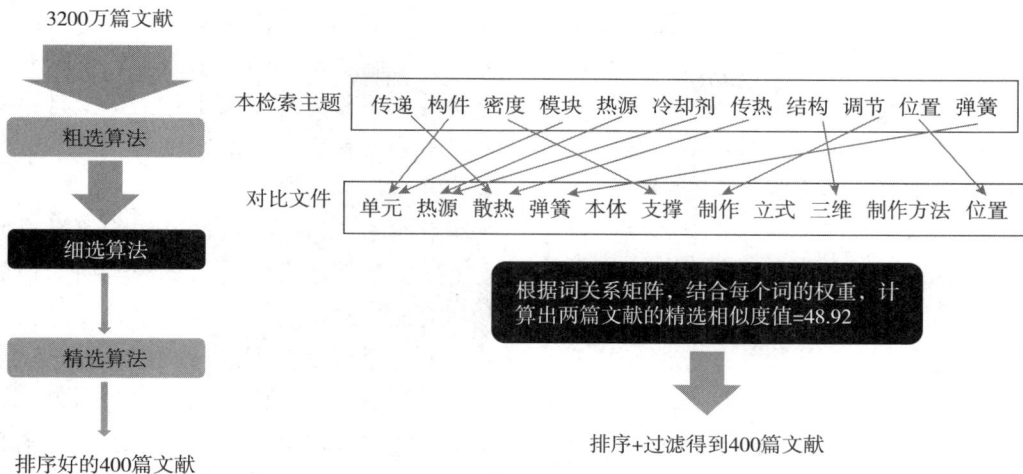

图 3 – 2 – 8 智能检索系统的细选算法

二、语义排序基准选择

在智能检索系统使用过程中，语义排序基准是语义检索非常重要的内容。语义排序基准影响的系统功能包括：纯语义检索、语义分词、概览列表中的语义排序、详览列表中的语义排序、一站式分词提取等，选择合适的语义排序基准有助于提升检索效能。一般来说，常见的语义排序基准包括案件号（包括申请号或公开号）、说明书、权利要求书、摘要和改写文本等。

1. 常见的语义排序基准及其语义排序原理

在智能检索系统中，语义排序基准是可以进行选择的。单击"语义排序基准"输入框，弹出语义排序基准输入页面，可以设置语义排序基准，有案件号/文本两种设置方式，如图 3 – 2 – 9 所示。

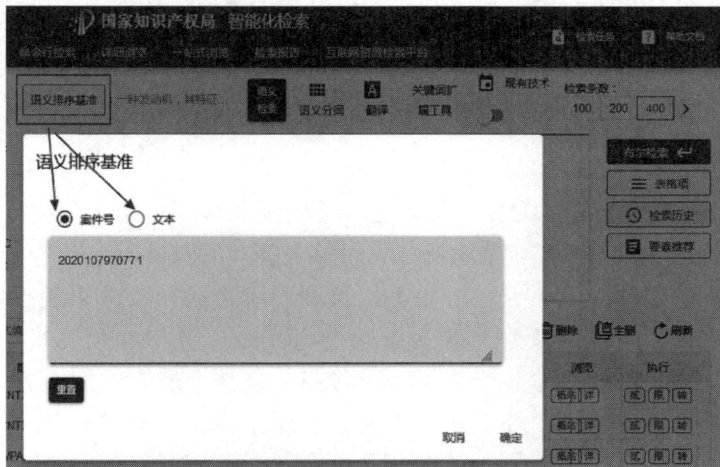

图 3 – 2 – 9 语义排序基准操作界面

用户携带案件信息进入智能检索系统，以当前案件为语义排序基准自动执行纯语义检索。文本内容部分初始状态是空白的，需要手动输入相关的文本内容，系统对于文本长度有要求，至少为 20 位字符。不管是选择检索案件号还是文本作为语义排序基准，都可以单击重置按钮重置，案件号的语义排序基准重置为当前案件的案件号，文本的语义排序基准重置为空白。

不同语义排序基准形式下的语义排序原理是不同的。当输入案件号作为语义排序基准进行语义检索时，首先会启动分类号筛选模型，基于该案件的 IPC 分类所对应的分类号，圈定初步的语义检索范围。然后将检索主题的发明名称、说明书摘要、权利要求、说明书 4 个部分独立分词，接着利用三阶段排序模型分别进行文献排序，得到发明名称、说明书摘要、权利要求、说明书 4 个部分各自的排序结果，并将结果融合生成最终排序结果。当输入自由文本为语义排序基准进行语义检索时，系统会将语义排序基准的自由文本整体分词，利用三阶段排序模型进行文献排序，生成最终的排序结果。常见的自由文本包括说明书、权利要求书、说明书摘要和改写文本等。

对于常见的语义排序基准，即案件号、说明书、权利要求、说明书摘要和改写文本，根据其语义排序基准的丰富程度，大致可以将其分为两类：第一类是多信息的全面表达，包括申请号和说明书等；第二类是特定信息的精准表达，包括权利要求、说明书摘要和改写文本等。多信息的全面表达一般是优先的，相关的分词更多，便于更好地容错。在多信息全面表达存在较多干扰信息、不能突显主要检索要素时，也可以使用含有主要检索要素的精准表达。

2. 申请号作为语义排序基准

（1）申请号作为语义排序基准简介

申请号作为语义排序基准是使用较多的语义排序基准，也是系统默认的语义排序基准。申请号作为语义排序基准的特点是首先进行分类号模型筛选，语义排序基准非常丰富，对发明名称、说明书摘要、权利要求和说明书分别排序，最后将排序结果融合。因此，对于存在申请号的检索主题，都可以使用申请号作为语义排序基准。

【案例 3-2-1】

申请号： 201320504575.8

发明名称： 灯管张力保护罩

分类号： B65D85/42

权利要求 1： 一种灯管张力保护罩，包括罩体和卡环，其特征在于：所述的卡环为开有缺口的环状，卡环的内环卡在灯头上，外环与罩体内壁连接。

发明解读： 快速地将卡环卡在灯头上，再利用张力的作用效果使卡环的外环牢牢地塞在罩体的内部，可以使灯头卡环塞到位，包装牢固，拆装方便、快捷，而且美观。

检索策略： 本案例的主分类号为 B65D85/42，分类准确。发明点在于卡环上有一个具有张力的缺口快速地将卡环卡在灯头上，利用张力使卡环的外环牢牢地塞在罩体的内部，可以使灯头卡环塞到位，包装牢固，拆装方便、快捷，而且美观。

使用申请号作为语义排序基准，在 CNTXT 中语义检索，在第 2 位即可获得 X 类的对比文件 CN201437447U。作为对比，分别采用不同的语义排序基准执行语义检索，对比文件的位次如表 3 - 2 - 1 所示。

表 3 - 2 - 1　不同语义排序基准下的对比文件位次

对比文件	数据库	排序基准	对比文件位次
X（CN201437447U）	CNTXT	申请号	2
		说明书 + 权利要求书	20
		说明书	23
		权利要求书	120
		权利要求 1	前 400 篇未检到

通过表 3 - 2 - 1 可以看出，在分类号非常准确的情况下，申请号作为语义排序基准，由于包括 IPC 模型筛选，检索结果也相对较好。当选择文本作为语义排序基准时，由于不存在 IPC 模型筛选，语义检索效果也相对有所下降。在文本为语义排序基准中，语义排序基准的丰富程度也与目标对比文件的目标位次正相关，选择说明书 + 权利要求书作为语义排序基准时，对比文件的排位为第 20 位。仅选择说明书作为语义排序基准时，对比文件的排位为第 23 位。仅选择权利要求书作为语义排序基准时，对比文件的排位为第 120 位。而仅选择权利要求 1 作为语义排序基准时，前 400 篇未检到。

申请号作为语义排序基准的语义分词如图 3 - 2 - 10 所示，通过语义分词可以预判内容丰富的申请号作为语义排序基准效果较好，在以申请号作为语义排序基准时，其语义分词最丰富，系统展示权重比较大的前 20 个分词，可能还有大量的分词没有被展示。本案例权重较大的分词例如张力、到位和卡位，聚焦本案例的发明点。

图 3 - 2 - 10　申请号作为语义排序基准的语义分词列表

权利要求 1 作为语义排序基准语义分词如图 3 - 2 - 11 所示，以权利要求 1 作为语义排序基准时，其分词数量较少，只有 11 个。同时权重较大的分词为灯头、罩体、灯管、内环等，均未体现本案例的发明点。

图 3 - 2 - 11　权利要求 1 作为语义排序基准的语义分词列表

可见，针对本案例，从分词数量和语义分词及其权重的准确性来看，申请号作为语义排序基准是优于权利要求作为语义排序基准的。

（2）申请号作为语义排序基准的作用

申请号作为语义排序基准，最重要的作用是快速且简捷地进行语义检索获取对比文件。在没有检索到对比文件时，关注申请号作为语义排序基准的检索结果也可以获得其他有用信息。通过浏览相关度较高的现有技术有助于理解背景技术及扩展分类号或关键词，以提高后续布尔检索的检索效率。

【案例3-2-2】

申请号： 202010887042.7

发明名称： 一种汽车发动机智能消声装置及其方法

分类号： F16F15/02，F02B77/13，F01N1/06，F16F15/00，F01N1/24，F02B77/00

权利要求1： 一种汽车发动机智能消声装置，其特征在于，包括箱体（1），所述箱体为六面体结构，所述箱体（1）包裹在汽车发动机外部；

所述箱体（1）内部设有若干个用于接收发动机噪声信号的麦克风（5），所述的若干个麦克风（5）分别电性连接中央处理器（6）；

所述中央处理器（6）用于对收集噪声信号处理，使信号发生器发出干扰波，干涉发动机的噪声；

所述箱体（1）的6个外表面中间位置分别安装有压电制动器（2）和振动信号识别装置（3）；

所述的压电制动器（2）和振动信号识别装置（3）均分别电性连接中央处理器（6）；

所述振动信号识别装置（3）用于随箱体（1）振动，所述振动信号识别装置（3）内部的质量块随之振动对压电片产生挤压，激发电信号，电信号通过电极传输至中央处理器（6）进行处理，中央处理器（6）将抑制信号反馈到压电制动器（2），用于对箱体振动进行抑制。

发明解读： 信号发生器主动发出与发动机噪声反相对称的声波用来抑制噪声，箱体被动吸音后，利用压电制动器主动抑制箱体振动，主动、被动消音相结合方式进行消声，最大限度抑制发动机噪声，提高行车舒适性。

检索策略： 以申请号作为语义排序基准，检索结果如图3-2-12所示。

图3-2-12 申请号作为语义排序基准的检索结果

从图 3 - 2 - 12 可见排名靠前的对比文件的分类号与本案例所有的分类号均不相同。本案例的分类号主要涉及应用分类的分类号，而语义检索结果的分类号 G10K11/175 属于功能分类的分类号。

G10K11/16 · 用于防止或减小噪声或其他声波的一般方法或装置（G10K11/36 优先）

G10K11/172 · · 利用共振效应

G10K11/175 · · 利用干涉效应；掩蔽声音

G10K11/178 · · · 通过电声方法再生反相的原始声波

将分类号扩展至 G10K11/175，构造如下检索式：

WPABSC G10K11/175/low/ic/cpc AND F02B77/13/ic/cpc

以申请号作为语义排序基准进行语义排序，在第 14 位获得 Y 类对比文件① JP082-32677A。

CNTXT G10K11/175/low/ic/cpc AND F16F15/ic/cpc

以申请号作为语义排序基准进行语义排序，在第 12 位获得 Y 类对比文件 CN11138-3625A。

在机械领域，分类号涉及应用分类和功能分类。在化学领域，分类号也涉及关于产物的分类、原料的分类以及制备方法的分类。检索主题可能会存在分类号覆盖不全的情况，由于智能检索中的语义检索是基于语义模型推荐的专利文献，综合考虑关键词和分类号等多种因素，在一定程度上可以弥补分类号的不全面、不准确。当语义检索发现检索结果的分类号与检索主题的分类号不一致时，这些不同的分类号可能是需要扩展的分类号。

【案例 3 -2 -3】

申请号：201610122316.7

发明名称：一种设置对象特征参数的方法和装置

分类号：G06Q30/02，G06F17/30，G06Q50/00

权利要求 1：一种设置对象特征参数的方法，包括：

响应于第一对象对已发布消息的评论操作，获取并显示所述第一对象对所述已发布消息做出的评论消息；

响应于多个第二对象对所述第一对象做出的评论消息的反馈操作，获取并统计所述第二对象对所述第一对象的评论消息做出的反馈消息；

根据所述第二对象做出的反馈消息，设置所述第一对象的特征参数。

发明解读：设置对象特征参数的方法允许用户能够更加积极主动地发起评论，促使用户提供更加高质量、可靠性高的评论消息，避免片面、不准确的信息。

检索策略：本案例涉及一种设置对象特征参数的方法，根据其所记载的内容，很难从中提炼准确的关键词。以申请号作为语义排序基准，没有得到相关的对比文件，但是可以发现，排名比较靠前的对比文件的摘要中出现"点赞"的频率较高。由于本

---

① 本书中的"Y 类对比文件"是指与其他 Y 类对比文件组合影响权利要求的创造性的文献。

案例的发明构思是为了促使用户提供更加高质量、可靠性高的评论消息，点赞正好是其中的一种特别具体的技术手段，因此，可以选择关键词"点赞"。

以"评论 S 点赞"作为关键词，进行先布尔检索后语义排序，可以在第 5 位获得 X 类对比文件 CN104536980A。

对于难以提取基本检索要素的专利申请，可以使用申请号作为语义排序基准进行语义检索，通过阅读排序比较靠前的相关文件，基于出现频率较高的表达方式，确定关键词，提高检索效率。

（3）申请号作为语义排序基准的分类号模型筛选

申请号作为语义排序基准，存在分类号模型筛选机制，其基于语义排序基准的 IPC 主分类所确定的对应分类号，在该对应分类号的文献中进行语义检索。以语义排序基准 IPC 主分类为 F16H 和 G06T 为例，对应分类号如表 3 - 2 - 2 所示。

表 3 - 2 - 2　主分类 F16H 和 G06T 的对应分类号分布

语义排序基准	对 应 分 类 号
F16H	F16H, B60K, F16D, H02K, F16C, F03D, B60W, B62M, B65G, B23Q, F16J, F15B, E21B, F16F, F16K, F02B, F16N, B60T, G01M, B62D, B23P, B66D, B25J, A01B, F04B, A01D, F04D, B60R, F16B, B60B, B21D, B02C, B60L, F02D, E02F, G01B, B21B, B29C, E21C, B23B, F04C, F16G, B24B, F01M, B66F, H01H, C22B, B66C, B23F, B66B, F01L, B63H, A01C, F02N, B30B, B01D, B65H, B25B, C23C, G01N, B22F, E05F, F03G, B23K, F03B, B23D, A47J, G01D, B60N, F01P, H02P, A47B, F16M, F24F, F16L, B22D, G05B, G01L, B32B, B64C, B61C, H02N, G05D, F02F, B60Q, D03D, E01C, B25F, F28D, C08L, B28C, A01G, E06B, G01F, E02B
G06T	G06T, H04N, G06F, G06K, A61B, G01B, G01N, G01C, H04L, G06Q, G09G, G01S, G03B, G08G, H04M, G02B, G09B, G08B, G01R, G05B, G01J, H04W, G05D, B60R, H04Q

对应分类号是基于检索历史数据生成的，并且是持续学习和动态调整的，这也是分类号信息在语义引擎中的唯一应用。

分类号模型筛选在以下 3 种情况下失效：第一，语义排序基准为自由文本；第二，语义排序基准为申请号，但是语义分词不是系统默认的语义分词，例如在以申请号为语义排序基准进行语义检索时，修改语义分词及其权重，智能检索系统将不进行分类号模型筛选；第三，语义排序基准为申请号，但存在布尔检索，例如先进行布尔检索，再以申请号作为语义排序基准进行语义排序，对于布尔检索的结果，智能检索系统不会进行分类号模型筛选。

由此可见，当检索主题的分类号不准确或者不全面，不希望进行分类号模型筛选时，可以选择说明书等自由文本作为语义排序基准，也可以在申请号作为语义排序基准时，调整语义分词及权重或先进行布尔检索再进行语义排序。需要提醒的是，对于以申请号作为语义排序基准的语义检索，如果选择不进行 IPC 模型圈定，可能会引入噪声，对于检索结果也是一把双刃剑。

3. 说明书作为语义排序基准

一般来说，说明书包括发明名称、具体技术方案、背景技术、技术问题和技术效果等，说明书作为文本模式的语义排序基准，语义排序基准相对丰富且不涉及 IPC 模型的筛选。

【案例 3 -2 -4】

申请号： 202022188920.4

发明名称： 曝气增氧管

分类号： C02F7/00

权利要求 1： 曝气增氧管，其特征在于：所述曝气增氧管为采用弹性材料制成的柔性软管，柔性软管在拉伸状态下其管壁上开设曝气孔。

发明解读： 曝气管的曝气孔在管身弹性作用下，增氧时，管内气体量增加，气压增大，经过曝气管的气体将曝气孔撑开，堵在曝气孔的异物会被具有一定气压的空气吹走，不增氧时，曝气管由于弹性回复，曝气孔缩小，同时在水压的作用下，曝气孔会进一步缩小，在一定程度上可以避免大量的水流的污物进入管内，保持管内清洁。

检索策略： 该案例为一个实用新型初审案例，没有同日发明。因此，智能检索系统并不能识别本案例的案件号，本案例说明书的内容与检索主题比较相关，并且噪声较少，因此，优先使用内容更为丰富的说明书作为语义排序基准，结果如表 3 -2 -3 所示。在 CNTXT 数据库中直接进行语义检索，使用说明书为语义排序基准，X 类对比文件 CN2669590Y 出现在第 5 位。而以权利要求 1 为语义排序基准，该对比文件出现在第 24 位。

表 3 -2 -3　不同语义排序基准下的对比文件位次

对比文件	数据库	排序基准	对比文件位次
X （CN2669590Y）	CNTXT	说明书	5
		权利要求 1	24

对于需要检索的实用新型初审案件，说明书内容与检索主题相关度高且与发明无关信息较少时，可以使用说明书作为语义排序基准，其语义排序基准内容更丰富，语义排序效果相对较好。同理，针对 PCT 国际检索案例，优先权申请没有公开时，没有智能检索系统可识别的申请号，如果说明书内容与检索主题比较相关，语义排序基准同样优先选择说明书。

需要提醒的是，PCT 国际申请可能会存在已经公开的在先申请，实用新型申请也可能会存在同日的已经公开的发明专利申请，在这种情况下，还可以使用相应的智能检索系统能够识别的案件号作为语义排序基准。

4. 说明书摘要作为语义排序基准

说明书摘要记载了发明的名称和技术领域，清楚反映所要解决的技术问题，还记载了解决该问题的技术方案要点及主要用途。在预判多信息全面表达作为语义排序基准存在较多干扰信息时，可以考虑以说明书摘要作为语义排序基准。

【案例 3 - 2 - 5】

申请号：201710610401.2

发明名称：锅炉水冷壁高温防腐抗沾污防结渣陶瓷涂料

分类号：C04B35/626，F23M5/08，C04B35/66

权利要求 1：一种锅炉水冷壁高温防腐抗沾污防结渣陶瓷涂料，其特征在于，按质量百分含量计的组分：填料 45.6% ~ 51.2%，黏结剂 35%，添加剂 5.22%，助剂1.22% 和余量的水；其中填料包括合成莫来石 27.5%、刚玉粉 9.9%、纯铝酸钙微粉1.5% ~ 2.7%、活性氧化铝微粉 1.9% ~ 4.5%、硅微粉 1.8% ~ 3.6%、稀土氧化物 3%。

发明解读：提供一种锅炉水冷壁高温防腐抗沾污防结渣陶瓷涂料，该涂料用于石油石化加热炉及电站锅炉炉管等领域。

检索策略：本案例说明书摘要的内容为，提供一种锅炉水冷壁高温防腐抗沾污防结渣陶瓷涂料及其制备方法和应用，属于特殊涂料技术领域。该陶瓷涂料包括按质量百分含量计的组分：填料 45% ~ 51.2%，黏结剂 35%，添加剂 5.22%，助剂 1.22% 和余量的水；其中填料包括合成莫来石 27.5%、刚玉粉 9.9%、纯铝酸钙微粉 1.5% ~2.7%、活性氧化铝微粉 1.9% ~ 4.5%、硅微粉 1.8% ~ 3.6%、稀土氧化物 3%。其制备方法是将黏结剂加水混合得黏结剂液体，然后将研磨细化处理至粒度≤5μm 的填料加入黏结剂液体中，再加入助剂搅拌均匀，过滤封装。该涂料可以涂覆于锅炉水冷壁炉管及加热炉炉管外表面形成陶瓷涂层。

可见，该说明书摘要不仅包含检索主题的技术方案，还包括具体的应用领域，即特殊涂料，以及相关的制备方法，属于比较简短但是涵盖信息较丰富的语义排序基准。使用说明书摘要作为语义排序基准，在第 1 位和第 44 位可以检索到两篇 Y 类对比文件CN105152631A 和 CN101240125A。

分别采用不同的语义排序基准，对比文件的位次如表 3 - 2 - 4 所示。

表 3 - 2 - 4   不同语义排序基准下的对比文件位次

对比文件	数据库	排序基准	对比文件位次
Y1（CN101240125A）	CNTXT	申请号	90
		说明书	217
		权利要求书	48
		摘要	44
Y2（CN105152631A）	CNTXT	申请号	1
		说明书	7
		权利要求书	1
		摘要	1

说明书摘要一般包括技术方案、技术领域以及技术效果等丰富的技术信息。在选择语义排序基准时，选择说明书摘要尤其是化学领域的说明书摘要作为语义排序基准，

可以获得不错的语义效果。

5. 权利要求作为语义排序基准

当选择特定信息精准表达时，权利要求作为语义排序基准是常见的选择，权利要求作为待检索的内容，也是最直接的语义排序基准。在具体的语义排序基准选择中，可以根据具体的检索目标，例如检索的是全部权利要求、独立权利要求还是从属权利要求，选择相应的权利要求作为语义排序基准。

【案例 3 - 2 - 6】

申请号： 201610223041.6

发明名称： 一种车对车充电机

分类号： H02J7/00

权利要求 1： 一种车对车充电机，其特征在于，包括低压控制系统和高压连接系统，高压连接系统包括：用于连接充电车的充电高压接口，用于连接受电车的受电高压接口，充电高压接口与受电高压接口之间设有一个用于转换电压的匹配 DC/DC 模块。

发明解读： 一种车对车充电机，在充电机上设置有双向接口，可以同时连接两辆电动汽车，通过该车对车充电机的使用可以实现任意两辆电动汽车之间的充电，而不用在电动汽车上专门设置特殊的充电装置。

检索策略： 该案例为一个涉及车对车充电机的案例，存在申请号，但是说明书的内容关于电动汽车充电的描述比较多，而关于车对车的充电的表达比较少，可见，多信息的全面表达存在较多干扰，可以尝试精准表达，使用权利要求作为语义排序基准。

直接选择权利要求 1 作为语义排序基准，在 CNTXT 数据库中进行语义检索，X 类对比文件 CN103915866A 排在第 20 位。采用其他的语义排序基准，对比文件的位次如表 3 - 2 - 5 所示，从表中可以看出，以精准表达的权利要求 1 作为语义排序基准优于以信息较丰富的申请号或说明书作为语义排序基准。

表 3 - 2 - 5　不同语义排序基准下的对比文件位次

对比文件	数据库	排序基准	对比文件位次
X（CN103915866A）	CNTXT	申请号	前 400 篇未检到
		说明书	67
		权利要求 1	20

通过这个案例可以看出：在说明书内容干扰信息较多时，不推荐使用申请号和说明书作为语义排序基准，以权利要求作为语义排序基准，也可以获得较好的检索效果。

【案例 3 - 2 - 7】

申请号： 201810897978.0

发明名称： 一种耐高温陶瓷材料及其制备方法

分类号： C04B35/565，C04B35/584，C04B35/622，C04B35/80

权利要求：

1. 一种耐高温陶瓷材料，其特征在于，包括以下按照重量份的原料：氮化硅粉 20 ～

45 份、改性碳化硅微粉 20~45 份、改性氮化硅纤维 10~25 份、去离子水 45~75 份、硫酸钡 0.2~1.2 份、硅溶胶 5~18 份、甲基丙烯酰胺 1~5 份、双甲基丙烯酸乙二醇酯 0.1~0.6 份、聚乙烯醇 0.3~1.5 份。

4. 根据权利要求 1 所述的耐高温陶瓷材料，其特征在于，所述改性碳化硅微粉的制备方法为称取适量的碳化硅微粉加入至 10~16 倍重量的浓度为 2%~4% 的聚乙烯醇水溶液中，送入超声波微波组合反应仪中在 60~80℃ 条件下处理 10~20min，然后过滤，真空干燥后置于真空罐中，抽真空至 20~60Pa，真空吸入氧化铝气凝胶进行浸渍，在 40~180℃ 的温度下使其凝胶化，反复浸渍和凝胶化 8~12 次，置于高温炉中在 500~1000℃ 下进行热处理 40~150min，即得所述改性碳化硅微粉。

5. 根据权利要求 4 所述的耐高温陶瓷材料，其特征在于，所述超声波微波组合反应仪的处理条件为：超声波频率为 45kHz，超声功率为 25~65W，微波频率为 2000MHz，微波功率为 25~65W。

发明解读：通过改性碳化硅微粉和改性氮化硅纤维的相互配合，起到了协同增效的作用，能够有效提高材料的耐高温性能，同时弯曲强度得到提高，减少了耐高温陶瓷材料的易碎风险。

检索策略：该案例涉及一种耐高温陶瓷材料及其制备方法，权利要求 1 为具体的陶瓷原料各组分，从属权利要求 4 和 5 进一步限定了改性碳化硅微粉的具体制备方法。在检索从属权利要求 4 和 5 时发现：说明书的内容与该从属权利要求的相关度并不大，干扰信息非常多。因此，直接选择从属权利要求 4 和 5 的内容作为语义排序基准。在 CNTXT 数据库中直接进行语义检索，Y 类对比文件 CN104098128A 排在第 2 位。采用其他的语义排序基准，对比文件的位次如表 3-2-6 所示。从表中可以看出，多信息的全面表达，其检索效果都不是很好，例如以申请号和说明书作为语义排序基准，前 400 篇都没有检索到对比文件。

表 3-2-6　不同语义排序基准下的对比文件位次

对比文件	数据库	排序基准	对比文件位次
Y（CN104098128A）	CNTXT	申请号	前 400 篇未检到
		说明书	前 400 篇未检到
		全部权利要求	前 400 篇未检到
		权利要求 4 和 5	2

从该案例可以看出，在检索从属权利要求 Y 类对比文件时，不推荐使用申请号、说明书和全部权利要求等作为语义排序基准，推荐采用相关权利要求内容为语义排序基准。

6. 改写文本作为语义排序基准

在语义检索过程中，也会遇到以申请号、说明书、说明书摘要和权利要求等作为语义排序基准，检索效果都不理想的情况，可能的原因在于上述语义排序基准不能全面、准确地体现基本检索要素。对于这种情况，可以基于对比文件的预期，采用改写文本作为语义排序基准，从而提高语义检索效率。

本案例可以将文本改写的方式分为 4 种方法，包括删除不相关信息、替换非常规表达、增加基本检索要素和综合调整基本检索要素。

（1）删除不相关信息

基于智能检索系统的排序原理，当语义排序基准中存在较多的干扰或无用信息时，会使得一些不相关的文献排序提前，从而使得对比文件排序降低。因此，在改写语义排序基准时，为了更好地突出基本检索要素，有必要将干扰或无用信息删除。

【案例 3-2-8】

申请号：201711380415.6

发明名称：防翘曲双色成型模具及成型方法

分类号：B29C45/16，B29C45/26

权利要求 1：一种防翘曲双色注塑成型模具，包括后模、第一前模和第二前模；所述后模和第一前模合模后形成用于注塑第一材料的第一型腔，所述第一材料在第一型腔内冷却固化后形成第一成型产品；所述后模和第二前模合模后，后模、第一成型产品和第二前模之间可形成用于注塑第二材料的第二型腔，所述第二材料在第一成型产品上冷却固化后形成第二成型产品；其特征在于，所述后模上设有多个凹槽，所述凹槽位于所述第一型腔内，用于使所述第一成型产品上形成多个朝其侧壁方向凸出的倒扣。

发明解读：通过设置多个凹槽，使第一成型产品边缘形成卡设在后模凹槽内的倒扣，从而能够有效对抗第一成型产品冷却固化时产生的收缩应力，避免了由于第一成型产品和后模之间出现孔隙导致第二材料注塑时向孔隙内溢料。

检索策略：由于本案例的发明点在于设置凹槽形成倒扣，权利要求 1 的语义分词如图 3-2-13 所示。本案例的发明点都有对应的分词，且权重设置比较合理，例如防翘曲，权重为 4，倒扣权重为 3。但是语义分词还存在由于系统错误截词导致的错误分词（内冷却）以及与发明点并不直接相关的分词（前模、合模等），其中部分分词权重还比较大，例如前模的权重为 4，错误分词内冷却的权重为 3，通过查看语义分词，可以初步判断直接以权利要求 1 作为语义排序基准语义检索的效果不好，需要进行改写。

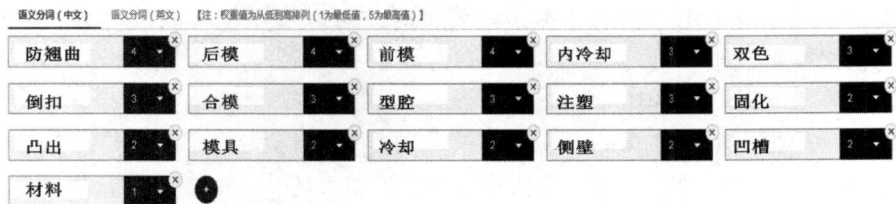

图 3-2-13 权利要求 1 作为语义排序基准的语义分词列表

改写时考虑因素为：删除例如"一种""第一""第二"等停用词，以及删除与发明点不直接相关的技术特征，例如前序部分的技术特征等，保留与发明点有关的信息，如凹槽、倒扣等。

语义排序基准改写为：防翘曲双色注塑成型模具，后模设有凹槽，凹槽位于型腔内，形成朝侧壁凸出的倒扣。

改写文本的语义分词如图 3 - 2 - 14 所示，上述不相关的分词和错误分词没有出现在改写后的语义分词中，保留下来的分词比较好地体现了发明构思。

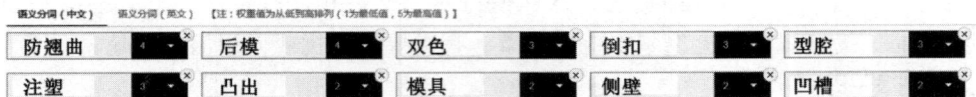

图 3 - 2 - 14　改写文本作为语义排序基准的语义分词列表

表 3 - 2 - 7 是各种不同语义排序基准的检索结果。可以发现，当使用权利要求作为语义排序基准时，对比文件的位次为第 124 位，而以改写文本作为语义排序基准时，对比文件上升至第 16 位。

表 3 - 2 - 7　不同语义排序基准下的对比文件位次

对比文件	数据库	排序基准	对比文件位次
X（CN104098128A）	CNTXT	申请号	423
		说明书	193
		权利要求	124
		改写语义排序基准	16

以权利要求等较短文本作为语义排序基准，如果存在较多不相关或错误语义分词，可通过删除文本中包括停用词以及与发明点不直接相关的信息，保留与发明点有关的信息，以获得较好的语义检索效果。

（2）替换非常规表达的基本检索要素

检索主题的技术方案中可能会出现非常规表达的词语，例如自定义词、非专业用语等。另外，智能检索系统对于长分词的识别效果较差，常常将长分词截词为词典中的短分词。这些非常规表达和长分词出现在语义词典中的可能性较小。因此，当语义排序基准中出现系统不能识别的基本检索要素时，可以采用替换的改写方式，从而获得较好的语义检索效果。

【案例 3 - 2 - 9】

申请号：202010706263. X

发明名称：一种脉冲除尘装置及脉冲除尘袋拆装方法

分类号：B01D46/04，B01D46/02

权利要求 1：一种脉冲除尘装置，其特征在于：包括安装架以及安装在所述安装架上的若干脉冲除尘袋，所述安装架包括框架和设在框架一侧的安装面板，所述脉冲除尘袋的开口端安装在安装面板上，所述脉冲除尘装置的底部形成进风端，脉冲除尘袋的开口端形成出风端，所述脉冲除尘袋的开口端的外侧设有脉冲喷嘴；

所述脉冲除尘袋包括袋体和设在袋体内并支撑袋体的所述支架，所述袋体包括过滤层，所述支架包括可相互分离的第一支架体和第二支架体，所述第二支架体设在靠近脉冲除尘袋开口端一侧并在分离后可移出到开口端的外侧。

发明解读：脉冲除尘袋的支架采用分段式的形式，在更换时，先拆除第二支架体，并从袋体内部取出，翻折袋体后，可以直接将脉冲除尘袋从安装架的下方或者上方移出，不需要横向移出，减少移出所需的操作空间，方便脉冲除尘袋的更换。

检索策略：本案例中的一些关键技术术语表达不专业，例如："布袋支架"在本领域中更为专业的术语表达为"袋笼、龙骨、笼骨"，"安装面板"在本领域中更为专业的术语表达为"花板"。

当以权利要求 1 为语义排序基准时，分词内容如图 3 - 2 - 15 所示。

图 3 - 2 - 15　权利要求 1 作为语义排序基准的语义分词列表

从图 3 - 2 - 15 中可以看出，对于非常规的长分词表达，系统也进行分词，但将这些长分词截词为短分词表达，例如安装面板分词为面板，布袋支架分词为支架，这些短分词与原义相差较远。

考虑到检索主题中一些非常规或长分词表达的关键技术术语不能正确分词，因此用申请号或者权利要求书作为语义排序基准可能效果不理想。因此，将非专业术语替换为专业术语以保证正确分词是必要的。

语义排序基准改写如下：

脉冲除尘装置，包括花板、布袋和支撑布袋的袋笼，所述袋笼包括可相互分离的第一龙骨和第二龙骨。

改写后的语义排序基准的语义分词如图 3 - 2 - 16 所示。通过该分词可以看出，大权重分词体现本领域的专业术语——袋笼、花板、龙骨等。

图 3 - 2 - 16　改写文本为语义排序基准的语义分词列表

以改写文本为语义排序基准，Y 类对比文件 CN203436962Y 出现在第 19 位。采用其他的语义排序基准，对比文件的位次如表 3 - 2 - 8 所示。从表中可以看出，以申请号、说明书和权利要求作为语义排序基准，对比文件在前 400 篇中均未出现，因此采用改写文本作为语义排序基准时对比文件的排序位次大幅度提升。

表3-2-8　不同语义排序基准下的对比文件位次

对比文件	数据库	排序基准	对比文件位次
Y（CN203436962Y）	CNTXT	申请号	前400篇未检到
		说明书	前400篇未检到
		权利要求1	前400篇未检到
		改写文本	19

　　由此可见，在权利要求的分词包括非常规表达或长分词时，可考虑进行改写，将非常规表达修改为常规表达并用含义接近的短分词替换长分词，可以获得较好的检索效果。

　　（3）增加基本检索要素

　　在特定信息精准表达的语义排序基准，例如权利要求中，一般不会出现技术领域、技术效果等相关信息，在检索中，技术领域以及技术效果等内容也可能是非常重要的检索要素。因此，在预判技术领域以及技术效果为关键检索要素时，可以在改写时将其增加至作为语义排序基准的文本中。

　　【案例3-2-10】

　　申请号：201910347182.2

　　发明名称：一种气动挠曲波纹管

　　分类号：F16L11/11，B25J17/00，F16L11/15，B25J15/00

　　权利要求1：一种气动挠曲波纹管，其特征在于：所述的波纹管在一侧沿着母线方向在内部波纹中填充填料，填充填料的一侧为弯曲时的关节内侧；所述的填料填充区域以波纹管横截面圆心为中心，填充区域两端至中心的连线成一定夹角范围，夹角为 α。

　　发明解读：气动挠曲波纹管用于精密工件的抓取需求，在内腔气压作用下实现接近90°的弯曲，并且在气压卸载后可以恢复原状，可用于仿生机械手手指关节结构，动作灵活性、柔韧性好。

　　检索策略：本案例的波纹管用作机械手的手指，填料用于手指的弯曲以拾取工件。说明书仅在发明内容和具体实施方式部分记载了与波纹管相关的技术特征，说明书中干扰信息较多。权利要求书中并未记载波纹管作为机械手的用途，即权利要求不能体现关键检索要素。因此，可以加入体现用途的"机械手手指"的改写文本作为语义排序基准。

　　改写文本的内容如下：用于机械手手指的波纹管内部空腔或中空波纹中填充填料。

　　从语义检索的结果可以看出，通过全面表达，前400篇都不能检索到相关对比文件。直接通过精准表达，选择权利要求书作为语义排序基准，前400篇也不能检索到对比文件，而采用改写文本，加入用途限定"机械手手指"，在第11位就能获得X类对比文件JPH10249773A。

　　分别采用不同的语义排序基准，对比文件的位次如表3-2-9所示。

表 3 - 2 - 9　不同语义排序基准下的对比文件位次

对比文件	数据库	排序基准	对比文件位次
X（JPH10249773A）	WPABSC	申请号	前 400 篇未检到
		说明书	前 400 篇未检到
		权利要求书	前 400 篇未检到
		改写文本	11

在说明书干扰信息较多时，不推荐使用申请号和说明书作为语义排序基准。在权利要求不能体现关键检索要素时，有针对性地改写，增加应用领域类的基本检索要素，可以获得较好的检索效果。

（4）综合调整基本检索要素

语义排序基准改写的方法包括：删除不相关信息、替换非常规表达以及增加基本检索要素。在实际检索中，由于案情复杂，更多的情况是上述 3 种方法的综合使用。

【案例 3 - 2 - 11】

申请号：202010429711.6

发明名称：膜法天然气提氦方法和设备

分类号：C01B23/00，B01D53/22，C10L3/10

权利要求：

1. 一种膜法天然气提氦方法，其特征在于，用于提取天然气中的氦气，包括：

使用第一脱氢器对原料气进行脱氢预处理，得到第一气体；

将所述第一气体依次通过多级渗透膜，由多级所述渗透膜对所述第一气体依次进行氦气分离，得到粗氦气体；

将所述粗氦气体输送至第二脱氢器，由所述第二脱氢器对所述粗氦气体进行脱氢后处理，得到第二气体；

对所述第二气体进行提纯处理，得到所述氦气。

3. 根据权利要求 1 所述的方法，其特征在于，所述渗透膜包括第一渗透膜、第二渗透膜和第三渗透膜；将所述第一气体依次通过多级渗透膜，由多级所述渗透膜对所述第一气体依次进行氦气分离，得到粗氦气体，包括：将所述第一气体输送至所述第一渗透膜，由所述第一渗透膜将所述第一气体分离为第一富氦渗透气和第一贫氦渗余气；将所述第一富氦渗透气输送至所述第三渗透膜，通过所述第三渗透膜由所述第一富氦渗透气中分离出所述粗氦气体；将所述第一贫氦渗余气输送至所述第二渗透膜，由所述第二渗透膜将所述第一贫氦渗余气分离为第二富氦渗透气和第二贫氦渗余气；将所述第二富氦渗透气输送至所述第一渗透膜，进行所述第二富氦渗透气的回收再提取，将所述第二贫氦渗余气输送至天然气回收装置进行回收。

4. 根据权利要求 3 所述的方法，其特征在于，将所述第一富氦渗透气输送至所述第三渗透膜，通过所述第三渗透膜由所述第一富氦渗透气中分离出所述粗氦气体时，还包括：通过所述第三渗透膜对所述第一富氦渗透气进行再次分离，得到第三富氦渗透气，并将所述第三富氦渗透气输送回所述第三渗透膜进行再次分离；其中，在所述第三渗透膜对所述第一富氦渗透气进行分离时所剩余的渗余气输送至所述第一渗透膜进行再次回收提取。

发明解读： 提氦方法，使用第一脱氢器对原料气进行脱氢预处理，得到第一气体。将第一气体依次通过多级渗透膜，由多级渗透膜进行氦气分离，得到粗氦气体。将粗氦气体输送至第二脱氢器，对粗氦气体进行脱氢后处理，得到第二气体。对第二气体进行提纯处理，得到氦气。从属权利要求4的技术方案进一步限定了通过多级渗透膜的依次渗透分离及回收后进行循环再次渗透分离的处理工艺，有效提高了氦气提取率，粗氦浓度可达95%以上。

检索策略： 通过申请号作为语义排序基准直接获得影响权利要求1～3的X类对比文件CN110844893A。从属权利要求4涉及本案例的发明点，且该附加技术特征的方法步骤很难使用关键词和分类号进行表达。因此，在检索权利要求4时，可以以权利要求4的附加技术特征作为语义排序基准，语义分词如图3-2-17所示。

图3-2-17　权利要求4作为语义排序基准的语义分词列表

由图3-2-17可以发现：由于方法步骤的聚焦性差，大权重分词没有体现发明点，且存在由于系统错误截词导致的错误分词（气中）以及较多不相关的分词。因此，改写考虑因素如下：

删除不相关的信息，用凝练的专业术语"自循环"替换分散的方法步骤，以及增加技术效果类信息。

语义排序基准改写为：将渗透分离的气体自循环至渗透膜再次分离以提高分离效果。

改写文本的语义分词如图3-2-18所示。

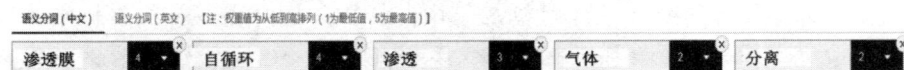

图3-2-18　改写文本作为语义排序基准的语义分词列表

从图3-2-18可以看出：大权重分词体现本领域的专业术语"自循环"。没有不相关的分词，包含技术效果类分词"分离"。

表3-2-10是分别采用不同的语义排序基准时Y类对比文件CN206646081U的位次。其中，当使用改写文本作为语义排序基准时，对比文件位次从前400篇未检到上升为第4位，检索效率大幅度提升。

表 3 – 2 – 10　不同语义排序基准下的对比文件位次

对比文件	数据库	排序基准	对比文件位次
Y（CN206646081U）	CNTXT	申请号	前 400 篇未检到
		说明书	前 400 篇未检到
		权利要求	前 400 篇未检到
		改写文本	4

在权利要求不能集中体现关键检索要素时，通过删除不相关信息，用凝练的专业术语代替分散的技术信息以及增加基本检索要素，例如应用领域、技术问题、有益效果以及技术原理等，可以获得较好的检索效果。

一般来说，可以通过查看权利要求等语义排序基准的语义分词，结合语义分词的内容以及对比文件的预期，来预判是否需要启动改写语义排序基准。当出现以下几种情况时，可以考虑启动改写语义排序基准：①检索主题的语义分词不能聚焦发明点，还存在与发明点不相关的内容；②语义分词不能很好地识别基本检索要素，包括基本检索要素为长分词、自定义词，或无法直接从分散的语义排序基准中提炼基本检索要素；③语义分词没有包括基本检索要素。

当需要改写作为语义排序基准的文本时，首先基于对比文件的预期，或者删除该文本中不相关的信息，或者增加基本检索要素或者替换非常规表达或分散表达，使得语义排序基准与对比文件的预期更为接近，从而提高对比文件的排序。

改写语义排序基准时还应注意：充分理解发明，站位本领域技术人员，聚焦发明构思，是预判是否需要启动改写语义排序基准以及如何改写语义排序基准的基础。改写语义排序基准是试图通过人的智慧，让机器更好地明白人的意图，因此可能需要根据分词的情况多次调整。在改写语义排序基准的过程中，也要通过查看语义分词，预判改写后的语义排序基准是否合适。

7. 语义排序基准的选择及判断方法

各种不同的语义排序基准具有不同的特点，在具体检索时可根据检索主题选择合适的语义排序基准。

申请号作为语义排序基准，基准内容最为丰富，可以实现多信息全面表达，当存在申请号时，优先使用申请号作为语义排序基准。使用申请号作为语义排序基准时，还可以调整是否选择 IPC 模型圈定范围。说明书作为语义排序基准，基准内容相对丰富，也可以实现多信息全面表达。不存在申请号或申请号为语义排序基准结果不理想或不希望 IPC 模型圈定范围时，使用说明书作为语义排序基准。说明书存在较多的干扰信息时，使用权利要求或说明书摘要作为语义排序基准。权利要求/摘要不能体现关键检索要素时，使用改写文本作为语义排序基准。申请号和说明书作为语义排序基准属于多信息的全面表达，说明书摘要、权利要求和改写文本作为语义排序基准属于特定信息的精准表达。

基于各语义排序基准的特点，一般的语义排序基准选择的流程如图3-2-19所示。

智能检索也并不完全是"黑匣子"，语义引擎对语义排序基准的提取和识别，在智能检索系统中是通过语义分词的分词内容及权重实现的，故可通过查看该语义排序基准的语义分词是否体现基本检索要素，判断该语义排序基准是否合适，从而选择合适的语义排序基准提高智能检索的检索效率。

三、分词和权重调整

1. 分词的原理

（1）系统的分词原理

分词是指计算机基于分词模型自动提取文本中的词，去除停用词后，得到的词集合。常规的分词模型在进行分词提取时会使用到一个核心的数据库——领域词表，将文本中的词与领域词表中的词进行匹配，匹配成功时该词就会被提取出来，作为分词。智能检索系统中的分词模型除了使用领域词表进行分词匹配外，还加入了基于概率的联想以及短语挖掘等算法（见图3-2-20）。对于不在领域词表中的词，根据统计数据也有可能被提取出来。

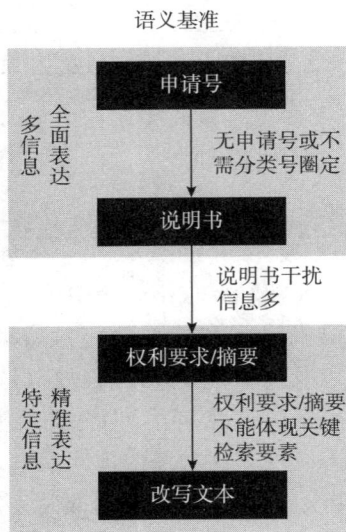

图3-2-19　语义排序基准选择流程

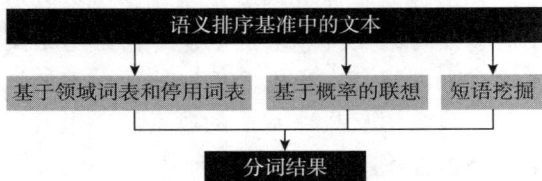

图3-2-20　系统的分词原理

系统的停用词表设计除了常规停用词表（包含：的、是、地等词的停用词表）外，还包含一个用户提供的领域停用词表，该停用词表中的词是用户认为在该领域中出现过于频繁，从而对检索结果没有区分性的词。常规停用词表中的词不会显示在系统自动提取的语义分词列表中，且对语义排序结果没有影响，但是用户提供的领域停用词表中的词虽然不会显示在系统自动提取的语义分词列表中，但是会参与语义相关度计算，从而对排序结果产生影响。

另外，系统中的每个分词还具有一个权重，初始给出的分词权重与该分词在整个文本中出现的频率，以及该分词在领域词表中的原始权重等因素有关。

（2）系统分词功能的使用

通过单击界面中的"语义分词"按钮可以进入分词调整界面，如图3-2-21所示。分词分为中文分词和英文分词，根据检索时的目标数据库进行选择，即检索中文库时，调整中文分词，检索英文库时，调整英文分词。

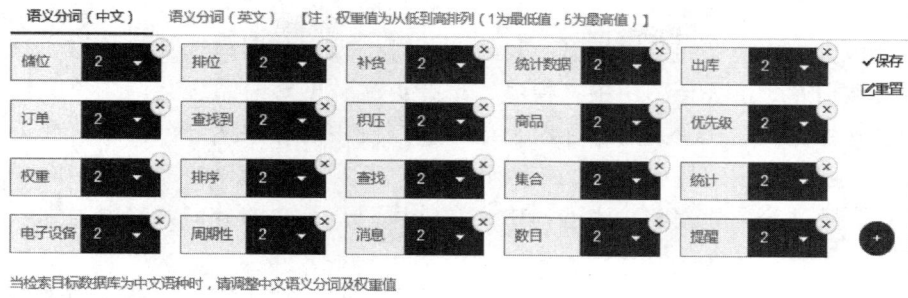

图 3 - 2 - 21　语义分词的分词列表

用户可以通过单击"编辑"进行分词编辑，包括分词的添加、删除、权重调整，保存后，调整的分词在下一次检索时生效。分词权重分为 1 ~ 5 级。对于删除的分词，还可以从"已删除的语义分词"中找回。

当系统基于语义排序基准得到的分词数量较多时，页面展示的分词仅仅是权重最大的前 20 个，并不展示所有分词。

（3）分词与对比文件排序的关系

在智能检索系统中，分词及其权重会影响文献的排序结果。如图 3 - 2 - 22 所示，其中分词会影响检索主题的词向量集合的内容，而分词权重会影响到排序时的匹配度计算结果。尤其是当排序基准的文本数量不多的时候，分词及其权重就是语义排序基准的画像，系统直接根据该分词及其权重进行对比文件相关度的计算。对分词进行调整就是一个重新画像的过程，在进行匹配度计算时，权重越大的分词对排序结果的影响性越大，并且权重对排序的影响性是呈指数级上升的。当排序基准的文本数量不多时，大权重（4 ~ 5 级）的分词调整会大幅度地改变文献的相关度值，也就是说当文献中出现与大权重分词相同或相关的词时，该文献会具有较大相关度。由此可知，当检索主题的分词集合与对比文件的分词集合越相近，尤其是权重大的分词越相近，则对比文件排序越靠前。

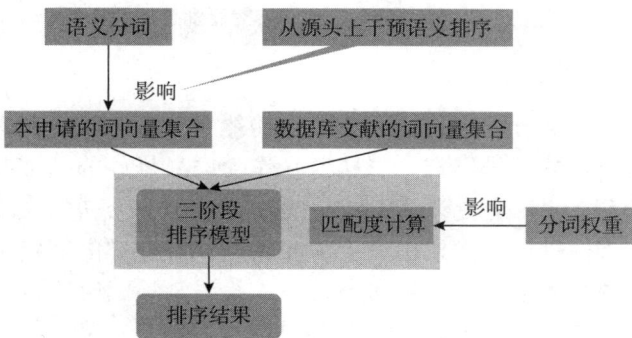

图 3 - 2 - 22　分词和权重对排序结果的影响

（4）中英文语义分词的使用

当输入语义排序基准时，在语义分词处会自动生成中文分词和英文分词，由于语义引擎中包含中文模型和英文模型，具体调用哪个模型与用户选择的数据库有关，当选择中文数据库时系统会调用中文模型，选择英文数据库时系统会调用英文模型。语义分词也一样，当选择中文数据库时，语义引擎使用的是中文分词。当选择英文数据库时，语义引擎使用的是英文分词。因此，用户需要根据选择的检索数据库来选择进行中文或者英文分词的调整，当选择中文数据库时，英文的分词调整就是无效的，反之亦然。

当语义排序基准文本为中文，并且包含英文词时，默认的中文分词列表中不会显示英文词，但是该英文词有可能包含在中文的领域词表中，因此选择中文数据库进行语义排序时，该英文词如果添加到中文分词列表中，有可能参与相关度计算。例如语义排序基准为"建立车架三维实体模型；利用有限元分析软件 ANSYS 对车架模型进行各种工况下的静态分析"，查看中文分词会发现"ANSYS"未显示在列表中，但是如果人工添加分词"ANSYS"并设置相应的权重，此时排序结果会改变，因此，该案例的"ANSYS"参与了相关度计算。

另外，英文分词调整时应注意，在识别语义排序基准时，系统会调用词形还原的接口，即无论语义排序基准中的英文单词是何种词形（时态、单复数等），语义引擎在进行相关度计算时都会还原成原始形态，从而在进行语义排序时兼容各种词形。但是在用户人工添加英文分词时，针对添加的分词，系统不会调用词形还原的接口进行词形还原，因此用户在人工添加英文分词时，应该添加该词的原始形态，例如，当添加"reducing"时，应当添加分词"reduce"，如图 3 - 2 - 23 所示。

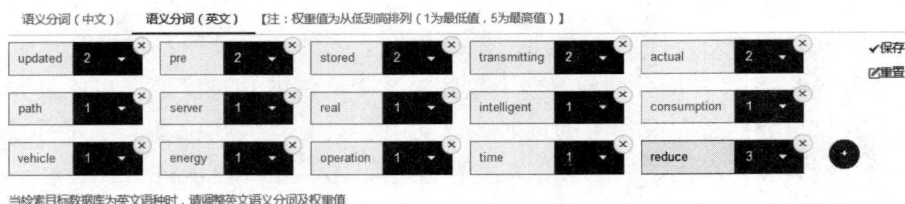

图 3 - 2 - 23　英文分词调整时添加原始词形

（5）语义分词的隐藏功能

智能检索系统的语义分词还包括两个隐藏功能：第一，通过调整分词告知系统在语义检索时不进行 IPC 分类号圈定。当申请号作为语义排序的基准时，为了提高查找效率，降低系统负荷，系统会先调用 IPC 分类模型圈定一个初始文献范围，之后的文献筛选都在这个范围内进行。如果用户不需要系统执行这样的圈定，可以进行任意的分词调整并保存，该操作会告知系统在进行下一段语义检索时不调用 IPC 分类模型圈定初始文献范围。第二，新增分词可以帮助领域词表更新、完善。分词调整后，系统在进行语义排序时，首先查询领域词表，只有当调整后的分词出现在领域词表中时，该分词才会参与到相关度计算中，如果新增的分词在领域词表中未出现，则该新增分词对排序是无效的。但是，系统日志会记录用户的分词调整情况，并且在数据到达一定量时，根据收集的日志数据更新语义引擎，其中包括领域词表的更新以及排序模型的更新。领域词表的完善有助于提高语义引擎的排序效果，因此即使新增的分词不在领域词表中，从而对当前案例的排序无效时，仍然鼓励将其添加到分词列表中，以促进领域词表的完善。

2. 分词调整策略

（1）分词的调整

根据分词的原理可知，当检索主题的分词集合与对比文件的分词集合越接近，尤其是权重大的分词越接近，对比文件的相关度值就越高。因此在进行分词调整时，需要综合考虑检索主题的发明构思和对比文件的预期，并且有意识地通过分词调整帮助系统完善领域词表。因此，在进行分词调整时可以参考以下几个原则：分词尽量体现所有基本检索要素，分词的表达形式尽量规范，选择在对比文件中出现概率较高的关键词作为分词，尽量删除不相关分词和错误分词，添加未被系统自动分词但用户认为在检索主题中较为重要的分词。

【案例 3 -2 -12】

申请号：202010306954.0

发明名称：非接触式充电系统及方法

权利要求 1：一种非接触式充电系统，其特征在于，所述充电系统包括云服务器、多个充电设备及自动行走设备，各个充电设备位于不同的地理位置，所述充电设备设置有原边线圈和原边铁芯，所述自动行走设备设置有副边线圈和副边铁芯，其中：所述自动行走设备用于根据充电参数在所述云服务器中查询距离最近的目标充电设备，在查询到符合所述充电参数的目标充电设备时，根据所述云服务器传来的目标充电站的地址信息自动行走至所述目标充电设备，并将所述副边线圈与所述目标充电设备的原边线圈对齐；所述目标充电设备用于在检测到原边线圈与所述自动行走设备的副边线圈对齐时，闭合所述原边铁芯，对所述自动行走设备进行充电，在充电时间达到预设时长或充电电量达到预设电量时，停止充电，在所述自动行走设备确认完成充电，并以预定付费方式完成付费后，抬起所述原边铁芯，所述自动行走设备还用于在感应到所述目标充电设备的原边铁芯抬起时，离开目标充电设备。

发明解读：包括自动行走设备（见图 3 -2 -24），该自动行走设备可以在云服务器中查询与自身充电参数匹配的距离最近的目标充电设备，并自动行走至目标充电设备与之对接，进行无线充电，以提高充电效率。

检索策略：在以权利要求 1 作为语义排序基准时，在 CNTXT 中进行语义检索，从排序结果可知，对比文件 1（CN108964288）位于第 55 位，对比文件 2（CN109164497）在400 位以外。查看语义分词，如图 3 -2 -25 所示。

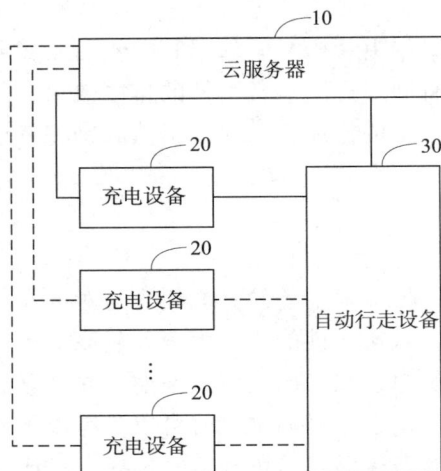

图 3 - 2 - 24　案例 3 - 2 - 12 的附图

图 3 - 2 - 25　原始的语义分词列表

本案例的发明点"自动行走设备"并未体现在分词列表中，并且分词列表中还包括"预定""时长"等一些含义宽泛并与发明构思无关的噪声词，并且"非接触式"被分词成"接触式"。因此基于上述调整原则，将含义宽泛的噪声词删除，并添加"非接触式"至分词列表中。另外，用户基于对本领域常规术语的了解，在本领域中"自动行走设备"并非常规表达，更加常见的表述形式是"机器人"，于是将"机器人"和"自动行走"都添加到分词列表中，并设置较大权重。调整后的分词列表如图 3 - 2 - 26 所示。

图 3 - 2 - 26　调整后的语义分词列表

完成上述修改后，再单击"语义检索"，此时对比文件 1 的排位从第 55 位提高到了第 2 位，对比文件 2 的排位从 400 位以外提高到了第 131 位。

上述案例表明：分词设置得合适，能够大幅度提高对比文件的排位，其中分词列表中的分词数量越少，分词调整的影响越大。分词尽量使用常规表达。另外，分词调整有助于领域词表的更新。就该案例来看，语义排序基准文本中的"非接触式"被分词为"接触式"，是由于"非"为停用词，并且领域词表中并未包括"非接触式"。同样地，"自动行走"也未被系统分词出来，说明"自动行走"也不在领域词表中。因此添加的分词"非接触式"与"自动行走"实质上对排序没有影响。但是这两个分词并非自定义词汇，在本领域中有一定的使用概率，因此建议将其添加到分词列表中，以使后台日志能够记录该词，并且在系统更新时将其加入领域词表中，帮助语义引擎进一步完善。

（2）权重的调整

在分词的原理部分提到，分词的权重会影响文献的相关度值的计算，且影响程度随着权重的增加呈指数递增，因此大权重（4~5 级）的分词调整会很大程度地影响文献的相关度值。根据该原理，在调整分词的权重时可以参考以下几个原则：在对比文件中预期出现概率高的词可以设置较大权重，分词表达形式较为固定且体现基本检索要素的词设置较大权重，表达形式不确定或者与发明构思无关的词可以设置较小权重。

在案例 3-2-12 中，由于"自动行走"和"机器人"体现出本案例的发明点，因此将其设置较大的权重 4，如果将其权重降低到 3，可以发现，此时对比文件 1 的排位从第 2 位降低到了第 76 位，对比文件 2 的排位也从第 131 位降低到了 400 位以上。浏览两篇对比文件发现，该两篇对比文件中都出现了关键词"机器人"。可见对于表述规范又体现发明点的分词，可以相对于其他分词给予较大权重。

但是也要注意，由于大权重对排序结果的影响较大，对于其他含义宽泛或者没有体现发明点的分词，若使用较大权重可能存在漏检风险。例如，将上述案例中与发明点不直接相关的分词"地址"的权重增加到 4，会发现此时对比文件 1 的排位从第 2 位降低到了第 33 位，对比文件 2 的排位也从第 131 位降低到了第 279 位。

由此可知，大权重（4~5 级）的分词是把双刃剑，建议仅将表达规范且体现发明点的分词设置为较大权重。

（3）分词调整的其他使用场景

在了解分词的原理后，可以更加灵活和巧妙地使用分词调整功能，以下给出 3 种灵活使用分词功能的场景。

1）避免分类号差异大导致的漏检

对于案例 3-2-12，若使用申请号作为语义排序基准，选择 CNTXT 数据库进行纯语义检索，此时，对比文件 1 位于第 141 位，而对比文件 2 在前 400 篇、前 1000 篇甚至前 2000 篇文献中都没有出现。本案例的分类号为 H02J7/00、H02J50/10、H02J50/90、H02J50/70，主要涉及充电系统，对比文件 1 的分类号为 H02J50/90、H02J50/12、

H02J7/02，与本案例的分类号相同或相关。而对比文件 2 的分类号为 G01N33/22、G01V9/00、H04W4/38，涉及燃料、爆炸物的测试或分析。可见对比文件 2 的分类号与本案例关联性较低，所以很有可能是因为以申请号作为语义排序基准时，在语义排序的第 1 步——IPC 分类号的圈定中就将该对比文件排除。由于分词调整可以使系统不根据 IPC 分类号圈定文献范围，因此在以申请号作为语义排序基准时，对分词进行微小调整，例如调整一个不涉及发明点的分词的权重，再进行语义检索，此时发现对比文件 2 出现在了第 213 位。

因此，在使用申请号作为语义排序基准进行纯语义检索或者先语义检索后布尔筛选时，若初次检索结果不理想，可以对分词进行微小调整，再进行一次纯语义检索或者先语义后布尔检索，以避免当对比文件的分类号与本案例的分类号关联度低时，由于系统使用 IPC 分类号圈定文献范围而导致漏检。

2）分词的识别与调整

一方面，识别本领域不常用分词并降低权重。当使用某一关键词进行布尔检索时，如果在全部的结果中均无对比文件，则很可能这个关键词在本领域并不常见。此时，若分词列表中存在该关键词，则可以降低该关键词在分词列表中的权重。

另一方面，如果判定添加的分词不属于领域词典中的分词，该分词可用于构建布尔检索式。当用户需要添加新的分词时，若不确定该分词是否能够被语义引擎识别，则可以将该分词添加到作为语义排序基准的简短文本中，若系统自动生成的分词列表中出现该分词，则表明添加的分词能够被系统识别，若分词列表未出现该分词，则表明添加的分词不在系统的领域词典中，此时添加该分词对排序结果并无影响，可以改用布尔检索式来检索该分词。同时需要注意，该方法仅适用于选择中文数据库时添加中文分词，或者选择英文数据库时添加英文分词。当要添加的分词是英文词时，自动生成的中文分词列表中是不会显示英文分词的。

3）分词的容错性

当关键词不准确时，如果使用该关键词进行布尔检索，则对比文件会直接被过滤掉，再怎么排序也没有用。但是语义相关度的计算综合考虑了若干分词及其权重，当分词中的个别关键词不准确时，虽然会降低对比文件的排位，但是对比文件可能仍然在选择的前 400 篇、1000 篇、2000 篇的范围内，还有机会使用其他干预手段获得对比文件。并且排序算法中使用的细选算法和精选算法的原理是计算词之间的相似性，即含义相近但表达不完全相同的词也有机会获取较高相关度值，可以理解为分词的模糊匹配。基于上述多个分词的综合考虑和分词的模糊匹配原理，分词具有一定的容错性。所以分词列表中与发明点相关但表述不够准确的分词不建议删除，只要注意不给予太大的权重即可。

四、先语义后布尔检索

先语义后布尔检索是指在智能检索系统中先进行语义检索，在语义限定的范围内进行布尔检索。先语义后布尔检索实现了先机器检索圈定范围，在该范围内进一步进行人工检索。

先语义后布尔检索的语义检索部分可以选择中、英文专利数据库、非专利数据库等，可以使用各种语义排序基准进行语义检索，如申请号、说明书、权利要求书、说明书摘要、改写文本等。先语义后布尔检索的布尔检索部分可以使用全部的常规布尔检索手段。

1. 先语义后布尔检索的流程

如图 3 – 2 – 27 所示，先语义后布尔检索的总体流程是：首先根据检索主题选择合适的数据库，然后进行语义检索，在语义限定范围内再进行布尔筛选，如果获得可以使用的对比文件，则可以视情况中止检索。如果未获得可以使用的对比文件，可以进行数据库调整，语义检索中的语义排序基准更换、检索条数的重新设定、分词调整等，也可以进行布尔检索式的更换。

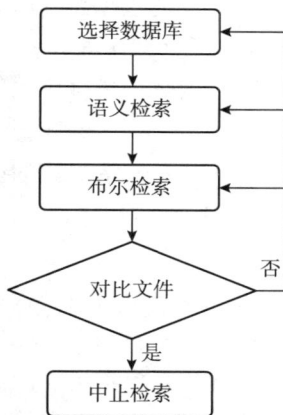

图 3 – 2 – 27 先语义后布尔检索的总体流程

在智能检索系统的融合界面和命令行界面都可以实现先语义后布尔检索。需要注意的是，在命令行界面进行布尔检索时，需要选择与语义检索相同的数据库。

（1）融合界面操作流程

先语义后布尔检索的融合界面操作流程比较复杂，在智能检索系统的融合界面，总共需要操作 9 步来完成整个先语义后布尔的检索流程，如图 3 – 2 – 28 所示。

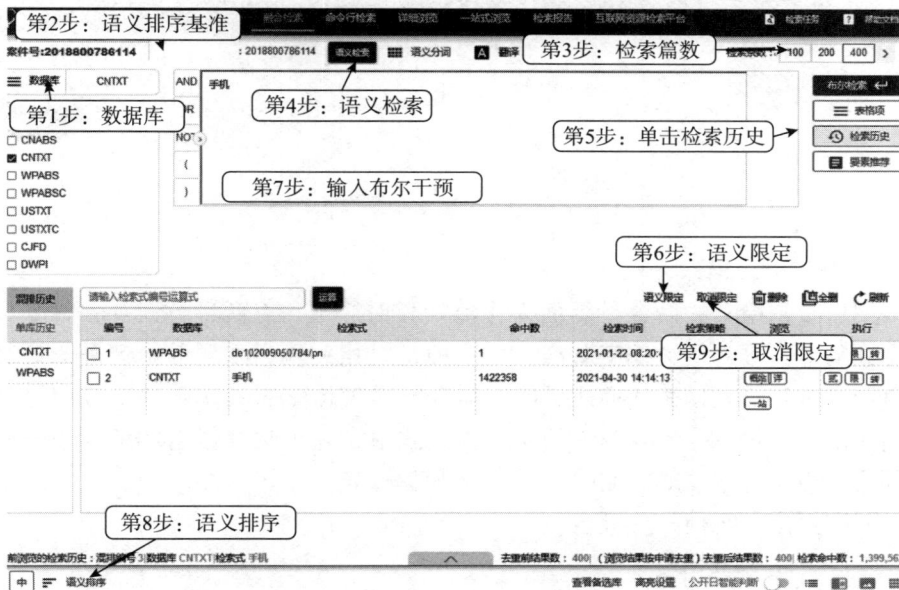

图 3 – 2 – 28 先语义后布尔检索的融合界面操作流程

第 1 步是选择数据库，可以在数据库的下拉菜单中选择中、英文专利数据库、非专利数据库 CJFD 等或者特色数据库如 3GPP 等；

第 2 步是语义排序基准的选择，单击语义排序基准，出现语义排序基准对话框，可根据检索主题的具体情况选择合适的语义排序基准，如案件号或文本；

第 3 步是检索篇数的设定，如图 3 - 2 - 29 所示，检索篇数系统设定为 100、200、400、1000 和 2000，系统默认检索篇数为 400，最大可修改至 2000，如果要更改检索篇数，需要在检索前完成设定；

第 4 步是单击语义检索按钮；

第 5 步是在融合界面单击展开小箭头，找到检索历史按钮并单击；

第 6 步是单击语义限定按钮；

第 7 步是输入布尔检索式进行布尔筛选，布尔检索式可以在融合界面的布尔输入框和表格项中输入，也可以在命令行界面输入；

第 8 步，如果是在融合界面的布尔输入框和表格项中输入的布尔检索式，则直接单击语义排序，如果是在命令行界面输入的布尔检索式，则需要先找到该布尔检索式的检索历史，单击概览后进行语义排序，命令行界面检索式的浏览方式包括命令行界面检索历史和融合界面检索历史，单击语义排序按钮后会对检索结果中的文献按照相关度排序；

第 9 步是完成当前检索后单击取消限定按钮，终止当前检索。

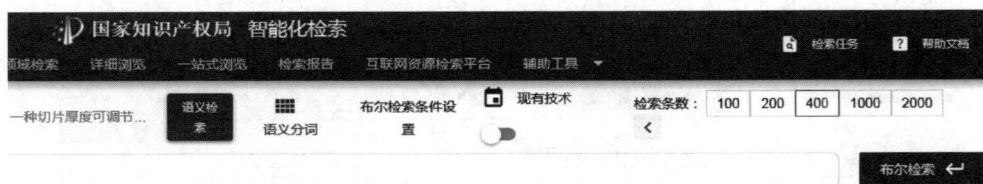

图 3 - 2 - 29　语义检索条数设定界面

（2）命令行界面操作流程

先语义后布尔检索的命令行界面操作流程相对简单，有两种方式：一种是以默认的检索主题的申请号为语义排序基准；另一种是以相关检索主题的申请号为语义排序基准。目前文本为语义排序基准还不能在命令行实现检索。具体步骤是使用 .. LIM 命令进行语义限定，将下一步要输入的布尔检索式限定在申请号或者相关申请号的语义检索范围内，当前检索完成后使用 .. UNLIM 解除限定。

1）申请号作为语义排序基准：

第 1 步　　.. LIM/RP

第 2 步　　布尔检索式

第 3 步　　.. UNLIM

2）相关申请号作为语义排序基准：

第 1 步　　.. LIM/RP/SD/相关申请号

第 2 步　　布尔检索式

第 3 步　　．．UNLIM

2. 先语义后布尔检索

先语义后布尔检索的数据范围包括两个层次：首先是语义检索数据范围，智能检索系统在选定的数据库中通过语义圈定一个文献范围，这个范围也就是当前设定的检索篇数，最大可以是 2000 篇检索结果；其次是布尔筛选数据范围，在语义检索圈定的文献范围内，用布尔检索式进行二次筛选，进一步缩小文献范围，如图 3 - 2 - 30 所示的先语义后布尔检索的数据范围。

（1）语义检索

语义排序基准可以为任何信息，如申请号、公开号、说明书、权利要求书、说明书摘要或改写文本等，根据具体的检索主题选择合适的语义排序基准。为了避免明显漏检，

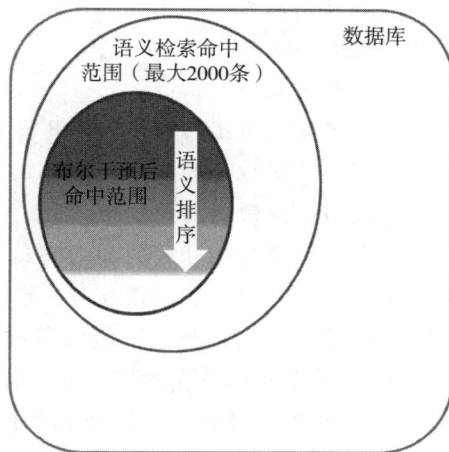

图 3 - 2 - 30　先语义后
布尔检索的数据范围

可扩大检索篇数，使语义检索的范围尽可能扩大，例如把智能检索系统默认检索篇数由 400 调到 1000 甚至 2000。

（2）布尔筛选

由于语义检索圈定的文献范围较小，所以在布尔筛选时，不适合采用复杂的检索式进行检索，通常采用简单检索的方式。简单检索的原则是采用准确的分类号和关键词进行布尔筛选。

1）准确分类号筛选

分类号通常包括了较为丰富的信息，分类号检索是检索专利文献最重要、最基础的检索手段之一。当前检索的主题具有能够准确体现发明构思的分类号时，优先使用分类号进行布尔筛选，可以避免关键词表达形式多样、不能准确扩展导致的漏检。实际检索时，可以根据实际选择的数据库以及检索主题，选择合适的分类号。

【案例 3 - 2 - 13】

申请号： 201710158316.7

发明名称： 用于内燃机的气门正时调节装置的控制阀

分类号： F01L1/344，F01L1/348

权利要求 1： 一种用于内燃机的气门正时调节装置的液压控制阀，用于选择性地将工作流体供应到所述气门正时调节装置或者将工作流体从其中排出，所述气门正时调节装置包括：

具有内部空间的壳体；

安装在所述壳体的内部空间中并被配置成与凸轮轴协同工作的转子，所述转子具

有多个叶片，所述多个叶片分别形成沿调节提前相位角方向的提前室和沿调节延迟相位角方向的延迟室；以及

锁定销部件，其弹性安装在形成于多个叶片上的锁定室，以便将气门正时调节到所述转子的最大提前位置与最大延迟位置之间的中间位置，从而抑制或防止所述转子相对于所述壳体旋转；

所述液压控制阀包括：

阀体，连接到所述凸轮轴上，具有多个口，且所述阀体中形成有阀芯空间；

外阀芯，其弹性安装在所述阀体的阀芯空间中，并且在其外周贯通形成有多个分配口，所述多个分配口选择性地与所述阀体的多个口连通或断开；以及

内阀芯，其与所述外阀芯的内部结合成一体，并被配置成与所述外阀芯分别形成与工作流体泵连接的供应通道和与排水箱连接的排出通道。

发明解读：气门正时调节装置通过连接到曲轴上的凸轮轴的位移或旋转来改变相位角，从而调节进气门或排气门的正时，如图 3 - 2 - 31 所示，外阀芯 61，其弹性安装在阀体的阀芯空间中，并且在其外周贯通形成有多个分配口，多个分配口选择性地与阀体的多个口连通或断开；以及内阀芯 62，其与外阀芯的内部结合成一体，并被配置成与外阀芯分别形成与工作流体泵连接的供应通道和与排水箱连接的排出通道。

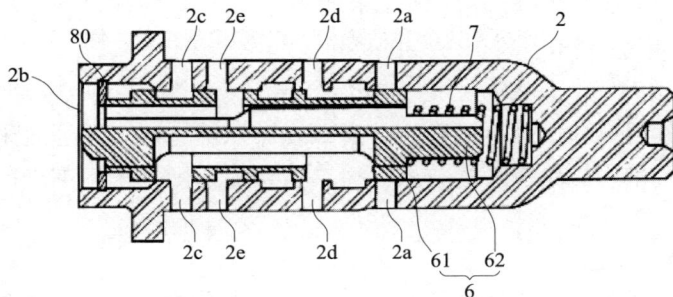

图 3 - 2 - 31　案例 3 - 2 - 13 的附图

检索策略：查询准确的分类号是检索的必要步骤，本案例给出的 IPC 分类号为 F01L1/344，这是一个比较准确的 IPC 分类号，通过智能检索系统辅助工具中的分类号查询器，进一步查询细分的 CPC 分类号，F01L2001/34426 与本案例更加相关，是体现本案例发明构思的分类号，如图 3 - 2 - 32 所示。

如表 3 - 2 - 11 所示，选择 USTXTC 数据库，如果直接使用申请号进行语义检索，2000 篇文献中 X 类对比文件 US2016024978A1 排在第 128 位。申请号进行语义检索后再使用检索式"F01L2001/34426/cpc"限定，能够获得 69 篇文献，以申请号为语义排序基准进行语义排序后，X 类对比文件 US2016024978A1 出现在第 15 位。

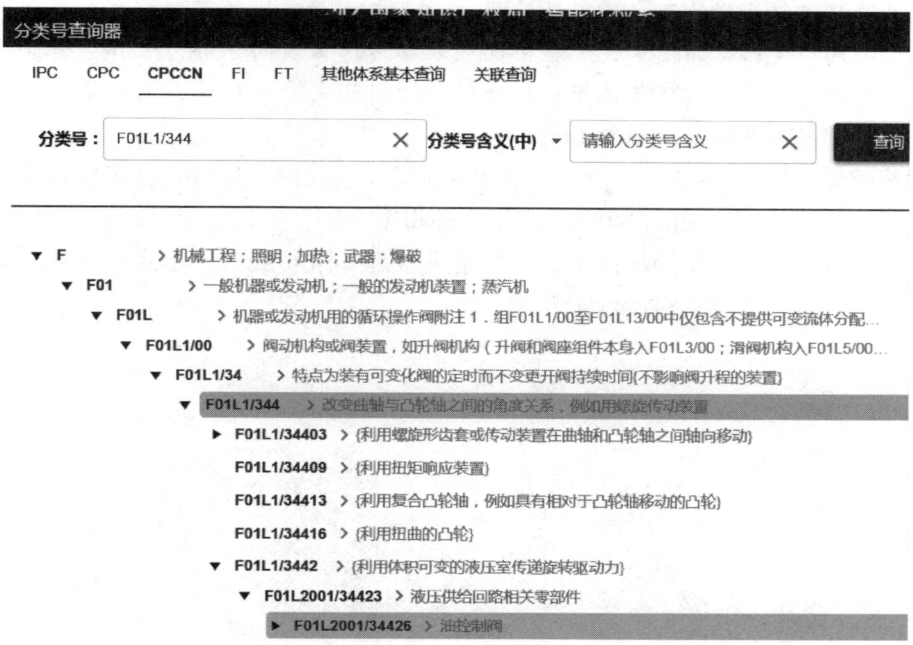

分类号查询器

IPC　CPC　**CPCCN**　FI　FT　其他体系基本查询　关联查询

分类号：　F01L1/344　　　　　　×　分类号含义(中) ▼　请输入分类号含义　　　　×　　**查询**

▼ F　　　 > 机械工程；照明；加热；武器；爆破
　▼ F01　　 > 一般机器或发动机；一般的发动机装置；蒸汽机
　　▼ F01L　　 > 机器或发动机用的循环操作阀附注1．组F01L1/00至F01L13/00中仅包含不提供可变流体分配...
　　　▼ F01L1/00　 > 阀动机构或阀装置，如升阀机构(升阀和阀座组件本身入F01L3/00；滑阀机构入F01L5/00...
　　　　▼ F01L1/34　 > 特点为装有可变化阀的定时而不变更开阀持续时间(不影响阀升程的装置)
　　　　　▼ F01L1/344　 > 改变曲轴与凸轮轴之间的角度关系，例如用螺旋传动装置
　　　　　　▶ F01L1/34403 > {利用螺旋形齿套或传动装置在曲轴和凸轮轴之间轴向移动}
　　　　　　　 F01L1/34409 > {利用扭矩响应装置}
　　　　　　　 F01L1/34413 > {利用复合凸轮轴，例如具有相对于凸轮轴移动的凸轮}
　　　　　　　 F01L1/34416 > {利用扭曲的凸轮}
　　　　　▼ F01L1/3442　 > {利用体积可变的液压室传递旋转驱动力}
　　　　　　▼ F01L2001/34423 > 液压供给回路相关零部件
　　　　　　　▶ F01L2001/34426 > 油控制阀

图3-2-32　分类号查询

表3-2-11　对比文件位次

对比文件	数据库	排序基准	布尔限定	对比文件位次
X（US2016024978A1）	USTXTC	申请号（2000篇）	—	128/2000
		申请号（2000篇）	F01L2001/34426/cpc	15/69

　　如果存在准确的分类号，则优先使用分类号进行布尔筛选。如果存在比IPC更合适的细分CPC分类号，在语义检索后使用合适的CPC分类号进行布尔筛选，能够快速获得相关对比文件。

　　2）规范关键词筛选

　　使用关键词进行布尔限定的优点是关键词直观，获取容易。在先语义后布尔检索的简单布尔筛选中，通常采用关键词，特别是能够体现发明构思、表述规范的关键词进行检索。关键词通常存在多种表达形式的情况，在语义检索后进行布尔筛选时，关键词通常选择本领域表达较为固定的词语。

　　【案例3-2-14】

　　申请号：202010483506.8

　　发明名称：一种适用于城市十字交叉路口的临时性快速通行装置

　　分类号：E01C1/04

　　权利要求1：一种适用于城市十字交叉路口的临时性快速通行装置，其特征在于：包括桥面模块、坡道模块、升降模块、临时路面模块和控制器，坡道模块分别设置在桥面模块两边，桥面模块和坡道模块相互配合，通过铰链连接，构成了本装置的上层

通道，为直行车辆提供快速通道；升降模块设置在桥面模块的下部，主要用于本装置的开启和关闭；临时路面模块设置在桥面模块和坡道模块的下部，填补快速通行装置布放到位后的地坑空间，便于地面车辆通行；控制器采用 PLC 控制器，安装在桥面模块下部，控制器与升降模块相连。

发明解读： 如图 3 – 2 –33 所示，该装置预置于交叉路口区域，在车流较小的情况下，它处于关闭状态，并沉没于路面以下，使得整个交叉路口仍然呈现平面交叉形式。在车流较大以致发生堵车的情况下，它从地下升起并进行展开，起到一种类似立交桥的功能，能大幅度提升道路通行能力。

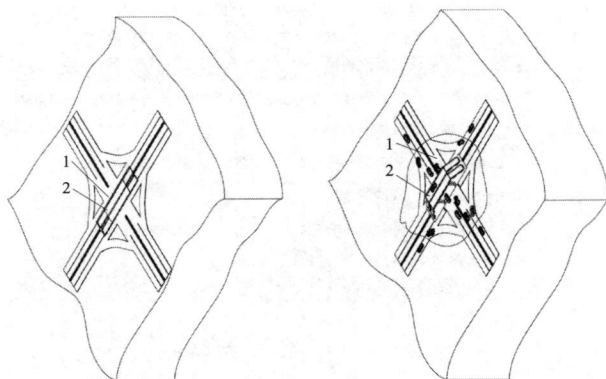

图 3 – 2 –33　案例 3 – 2 –14 的附图

检索策略： 根据本案例的发明构思，可以提取必要关键词"升降"。"升降"表述较为统一，且体现本案例发明构思。如表 3 – 2 –12 所示，在 CNTXT 数据库中，当仅使用申请号进行纯语义检索时，X 类对比文件 CN102182140A 排在第 397 位，浏览时用时较长。如果使用关键词"升降"在 BA 字段中进一步限定时，能够获得 161 篇文献，进一步以申请号为语义排序基准进行语义排序后，X 类对比文件 CN102182140A 出现在第 29 位。

表 3 – 2 –12　纯语义和布尔限定下的对比文件位次

对比文件	数据库	排序基准	布尔限定	对比文件位次
X（CN102182140A）	CNTXT	申请号（2000 篇）	—	397/2000
		申请号（2000 篇）	升降/BA	29/161

如果检索主题存在能够体现发明点的关键词，且关键词是本领域通用撰写方式，表达形式较统一时，可直接使用该关键词在语义检索后进行布尔筛选，能够使相关对比文件的位次提前。

3）构建语境筛选

智能检索系统的语义引擎主要涉及独立的分词，对上下文的关联程度的体现较弱，布尔筛选时可采用构建语境的方式对语义引擎进行补充。构建语境可以采用在多个关键词之间使用邻近算符（D，W）或同在算符（S，P，F）实现，以便将关键词之间的相互关系表达出来。

【案例 3 – 2 – 15】

申请号： 202010246686.8

发明名称： 获取人工智能模型的方法、装置、设备及存储介质

分类号： G06K9/62

权利要求 1： 一种用于获取人工智能模型的方法，其特征在于，所述方法包括：

客户端接收所述服务端发送的第一人工智能 AI 模型，所述第一 AI 模型包括多个神经元；

所述客户端在所述多个神经元中确定参与本轮训练的目标神经元，本轮训练为非首轮训练，所述目标神经元的数量小于所述多个神经元的总数量；

所述客户端基于本地数据对所述目标神经元进行训练；

所述客户端向所述服务端返回所述目标神经元对应的参数数据，所述目标神经元对应的参数数据用于所述服务端获取收敛的目标 AI 模型。

发明解读： 客户端在多个神经元中确定参与本轮训练的目标神经元，目标神经元的数量小于多个神经元的总数量。

检索策略： 本案例的发明构思可以用"部分 3D 神经元"的语境来体现。如表 3 – 2 – 13 所示，选择 USTXTC 数据库，当使用权利要求 1～10 作为语义排序基准进行语义检索时，X 类对比文件 US2017116520A1 出现在第 106 位，而进一步地，使用构建的语境"部分 3D 神经元"执行布尔筛选后，能够获得 298 篇文献，进一步地使用权利要求 1～10 作为语义排序基准执行语义排序后，X 类对比文件 US2017116520A1 出现在第 22 位。

表 3 – 2 – 13　纯语义和布尔限定下的对比文件位次

对比文件	数据库	排序基准	布尔限定	对比文件位次
X（US2017116520A1）	USTXTC	权利要求 1～10	—	106/400
		权利要求 1～10	部分 3D 神经元	22/298

发明构思可以使用邻近或同在算符构建语境的方式体现，对语义引擎进行补充，使得相关对比文件出现的位置提前。

4）使用频率算符筛选

对检索主题中出现频率较高的关键词使用频率算符检索，可以快速获得合适的对比文件。例如：关键词 a/frec >3、关键词 a/frec >3 or 关键词 b/frec >3 等。

【案例 3 – 2 – 16】

申请号： 201711222220.9

发明名称： 一种天然气切割金属板装置

分类号： B23K7/00

权利要求 1： 一种天然气切割金属板装置，包括火焰切割嘴（5）和与火焰切割嘴连通的多条气路，多条气路分别与切割氧进气管（12）、预热氧进气管（11）、丙烷进气管（10）和天然气进气管（8）对应连接；丙烷进气管和天然气进气管连接至同一个

气体缓存仓，再与对应的气路连接；切割氧进气管、预热氧进气管、丙烷进气管和天然气进气管均设置有电磁阀。

发明解读： 一种天然气切割金属板装置，如图 3-2-34 所示，包括多条气路，切割氧进气管、预热氧进气管、丙烷进气管和天然气进气管。天然气切割金属板时，存在不能穿孔切割厚金属板和穿孔时间长的问题，本案例利用天然气和丙烷转换原理实现快速穿孔切割。

检索策略： 本案例关键词为氧、丙烷、天然气。考虑到天然气是一种上位概念，有多个具体的下位表述，所以使用氧和丙烷这种表述单一的关键词进行布尔筛选，进一步考虑到关键词"氧"涉及了切割氧进气管和预热氧进气管两处进气管，使用频率算符构建布尔检索式：氧/frec > 5 AND

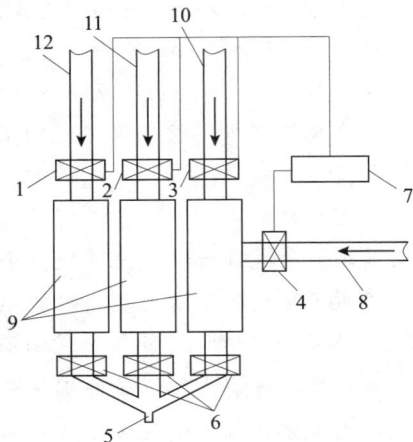

图 3-2-34　案例 3-2-16 的附图

丙烷/frec > 3。在实际检索时，如表 3-2-14 所示，在 CNTXT 数据库中，以申请号为语义排序基准检索时，X 类对比文件 CN102149498A 出现在第 30 位，对语义检索结果使用"氧/frec > 5 AND 丙烷/frec > 3"进行布尔筛选获得 50 篇文献，以申请号为语义排序基准进一步语义排序后，对比文件提前到了第 6 位。

表 3-2-14　纯语义和布尔限定下的对比文件位次

对比文件	数据库	排序基准	布尔限定	对比文件位次
X（CN102149498A）	CNTXT	申请号	—	30/400
		申请号	氧/frec > 5 AND 丙烷/frec > 3	6/50

由此可见，发明点涉及的关键词预期会出现多次时，可以使用频率算符，根据重要程度设定频次，以期使相关对比文件位次提前。

第三节　布尔检索

布尔检索式的构建是人机交互最核心、最关键的环节，属于人工智慧的集中体现。构建布尔检索式之前，基于检索主题和对比文件的预期，在智能检索系统中，灵活地利用索引和算符，并且根据检索的主题获取最准确、全面的分类号、关键词，有利于精准地圈定检索范围，提高检索效率。下面详细介绍有利于精确检索的索引、算符以及获取或扩展分类号、关键词的手段。

一、常规及特色索引/字段

关键词和分类号是检索时常用的检索入口，智能检索系统关键词和分类号具有丰富的索引/字段，其中不乏一些有特色的索引/字段。

1. 关键词的索引/字段

智能检索系统设置有可以使用关键词检索的索引/字段，常规索引/字段包括 BI、BA、TI、KW、AB、CLMS、DESC 等，特色的索引/字段包括 FM、DEBA、DETP、DEST、DEUT 等。通过这些索引/字段，可以突破传统的在全文数据库中只能检索全文的模式，实现在全文数据库中可以检索全文、摘要、附图和说明书的一个或多个组成部分。检索过程中可以根据关键词的特点，选择不同的索引/字段，以达到检准、检全的目标。

（1）针对全文检索的 BI 索引

BI 索引是各数据库最基本的索引，就 CNTXT 库的 BI 索引而言，可以同时检索 TI 字段、KW 字段、AB 字段、CLMS 字段、DESC 字段。

可见，在 CNTXT 库中 BI 检索范围最全面，覆盖了除附图之外的大部分申请文件，还包括数据加工后的 KW 字段，使用 BI 索引进行检索，更加有利于全面地检索。下面介绍使用 BI 索引进行检索的案例。

【案例 3 - 3 - 1】

申请号： 202110089911.6

发明名称： 一种混合电能治理装置和方法

分类号： H02J3/01

权利要求 1： 一种混合电能治理装置，其特征在于，包括谐波控制模块和混合有源滤波单元，所述混合有源滤波单元包括并联的 IGBT 逆变器和 MOSFET 逆变器，其中，IGBT 逆变器和 MOSFET 逆变器直流输入侧并联，共用同一个直流电容；IGBT 逆变器和 MOSFET 逆变器交流输出侧并联，交流输出侧滤波电感分开接入；所述谐波控制模块包括 IGBT 谐波控制单元和 MOSFET 谐波控制单元，分别用于控制 IGBT 逆变器去除电网电流中的低次谐波电流以及控制 MOSFET 逆变器去除电网电流中的剩余谐波电流。

发明解读： 并联的 IGBT 逆变器和 MOSFET 逆变器，分别用于去除电网电流中的低次谐波电流和电网电流中的剩余谐波电流，如图 3 - 3 - 1 所示。

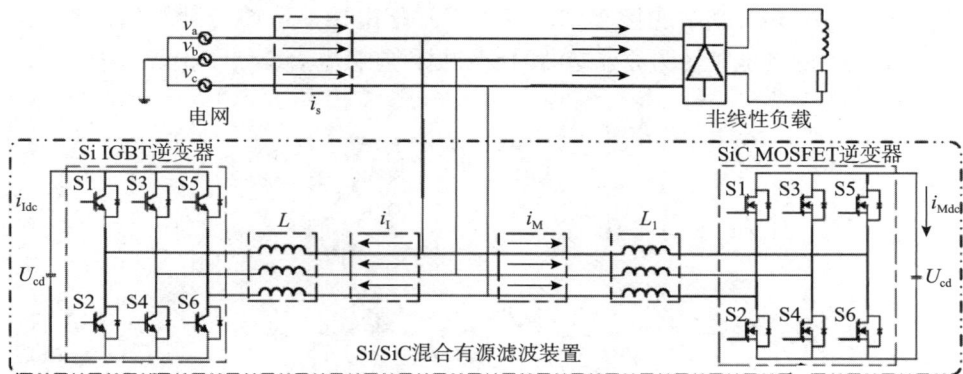

图 3 - 3 - 1　混合电能治理装置的结构框图

检索策略： 本案例的技术主题为电能治理，然而电能治理包括无功、谐波、不平衡电压治理等，本案例仅涉及谐波的治理，因此，从技术主题中获得了检索要素"谐波"，从发明点可以获取的检索要素还有"IGBT""MOSFET""并联"。对于检索要素IGBT 和 MOSFET，其描述的是开关的具体类型，而开关的具体类型通常记载在全文中，对于检索要素"并联"，描述的是一种具体的连接方式，通常也记载在全文中。

选择 CNTXT 全文库，使用 BI 索引构建如下检索式：

((谐波 AND 并联 AND IGBT AND MOSFET)/BI) AND PD<2021.01.22

得到 2176 篇检索结果，以申请号作为语义排序基准进行语义排序，第 20 位可以得到 X 类对比文件 CN211183424U。

如果不使用 BI 索引，使用 BA 索引构建如下检索式：

(谐波 AND 并联 AND IGBT AND MOSFET)/BA AND PD<2021.01.22

得到 150 篇检索结果，浏览以后发现，检索结果集中无上述 X 类对比文件。

在 CNTXT 库中，BI 索引检索范围最广，得到的检索结果最多，特别适合检索一些细节特征。

（2）针对文摘检索的 BA 索引

虽然 CNTXT 库中 BI 索引检索范围最广，然而不可避免地带来了过多的噪声。为了解决噪声过多的问题，CNTXT 库设置有 BA 索引（文摘联合索引），可以同时检索 TI 字段、KW 字段、AB 字段和 CLMS 字段。CNTXT 库 BA 索引相比 BI 索引，检索范围变小，有效地减少了噪声文献的数量。

【案例 3-3-2】

申请号： 201710964025.7

发明名称： 一种基站应急供电方法、装置及系统、设备、存储介质

分类号： H02J9/00，H02J3/06，H02J3/28

权利要求 1： 一种基站应急供电方法，所述方法包括：在监测范围内监测到有基站需要供电，或者接收到供电指令；控制本分组中全部或部分基站将其储能电池放电至基站配电网，由基站配电网为需要供电的基站供电。

发明解读： 将多个基站连接起来，组成基站配电网，从而当某基站出现故障时，由基站配电网中的其他基站为故障基站的设备提供应急电力，如图 3-3-2 所示。

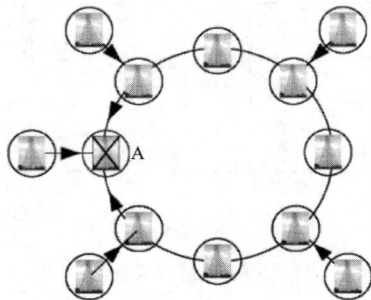

图 3-3-2 基站 A 需要应急供电时的基站应急供电架构拓扑图

检索策略：从技术主题中获得检索要素"基站应急供电"，从发明点获取检索要素"配网"。

首先对检索要素进行扩展，使用全要素构建检索式：

（基站 AND（紧急 OR 应急 OR 备用 OR 备份）AND（电力 OR 供电 OR 电源）AND（配网 OR 配电网））/BA

得到 29 篇检索结果，未检索到相关的对比文件，考虑舍去检索要素"配网"，使用部分检索要素构建检索式：

（基站 AND（紧急 OR 应急 OR 备用 OR 备份）AND（电力 OR 供电 OR 电源））/BA

得到 2518 篇检索结果，以申请号作为语义排序基准进行语义排序，第 25 位可以得到 X 类对比文件 CN103248038A。

如果使用 BI 索引进行检索，构建如下检索式：

（基站 AND（紧急 OR 应急 OR 备用 OR 备份）AND（电力 OR 供电 OR 电源））/BI

得到 27320 篇检索结果，以申请号作为语义排序基准进行语义排序，该对比文件 CN103248038A 排在第 53 位，如表 3 - 3 - 1 所示。

表 3 - 3 - 1　不同检索方式下对比文件位次

检 索 式	检索命中篇数	对比文件排序
（基站 AND（紧急 OR 应急 OR 备用 OR 备份）AND（电力 OR 供电 OR 电源））/BI	27320	53
（基站 AND（紧急 OR 应急 OR 备用 OR 备份）AND（电力 OR 供电 OR 电源））/BA	2518	25

使用关键词进行检索时，不同索引检索的范围不同，得到的检索结果数量也不相同，检索命中数量越多，越不容易漏检，但执行语义排序后，对比文件排序可能靠后，而检索命中数量越少，语义排序后对比文件越靠前。使用 BI 索引，检索范围最广，得到的文献量多，对比文件的排序可能比较靠后。使用 BA 索引，检索范围变小，相应地检索结果的文献量也减少，对比文件的排序提前，但容易造成漏检。

（3）针对附图检索的 FM 索引

结构类主题占据了专利文献量的很大比重，结构类主题通常使用附图标记简单明了地描述技术方案，重要零部件通常都有附图标记，如果能有效利用附图标记所对应部件的名称，对检索会有很大的帮助。智能检索系统实现了针对附图部件的检索，也就是说如果相关对比文件的相应部件具有附图标记，就可以检出该对比文件。

具有附图标记的附图部件检索是采用附图标记 FM 索引进行检索，实现了针对具有附图标记的结构部件的检索，FM 检索的使用场合是结构类具有附图标记且附图标记对应的部件涉及检索要素的主题。另外，仅中文文献可用附图标记 FM 索引进行检索，外文文献不能使用。

1）附图标记 FM 字段

能够实现 FM 字段检索的数据库是 CNTXT 数据库，CNTXT 数据库包括重新加工了的 FM 字段，包含了所有具有附图标记部件的名称，如图 3 – 3 – 3 所示，不同部件的名称以分号隔开存储在 FM 字段中，存储在 FM 字段中的部件名称在申请文件中都是以"部件名称＋附图标记"的方式存在。FM 字段加工时包括了出现在权利要求和说明书全文中的全部具有附图标记的部件名称，但不包括出现在摘要中的具有附图标记的部件名称。

FM -	连杆;缸体;管件夹具;活塞杆;进出口
	气动驱动装置;驱动装置;工作台;送料驱动部分;管件夹持部分;部分;切割驱动部分;卸料部分;切割部分
	夹紧件;活塞杆;缸体;进出口;管件夹具;连杆

图 3 – 3 – 3　CNTXT 数据库中的 FM 字段

2）附图标记 FM 索引

FM 索引使用时同其他索引一样，可以使用同在、邻近和布尔算符构建布尔检索式。截词符?、#、＋等都可以参与构建检索式。智能检索系统中关于附图部件的检索还设置了两种检索方式——在全部附图中检索和在单个附图中检索。

① 在全部附图中检索

在全部附图中检索的时候可以使用"AND"运算符，将两个或多个表示部件名称的关键词进行与运算。具体检索式为：（关键词 A AND 关键词 B）/FM，表示：部件 A 和部件 B 在说明书全部附图中出现，部件 A 和部件 B 可以在同一副附图中，也可以在不同的附图中。

例如，检索式：（夹紧件 AND 连杆）/FM，表示"夹紧件"与"连杆"这两个部件出现在同一文献记录中，出现位置可以为相同或不同的附图。采用上述检索式检索到的文献 CN202002796U，如图 3 – 3 – 4 所示，连杆 5 和夹紧件 7 同时出现在该文献的附图 2 中。

检索式：（框架 AND 齿轮）/FM，表示"框架"与"齿轮"这两个部件出现在同一文献记录中，出现位置可以为相同或不同的附图。图 3 – 3 – 5 是使用该检索式实际检索出的文献 CN101654105A 的附图，在附图 4 中出现了框架 323，在附图 6 中出现了齿

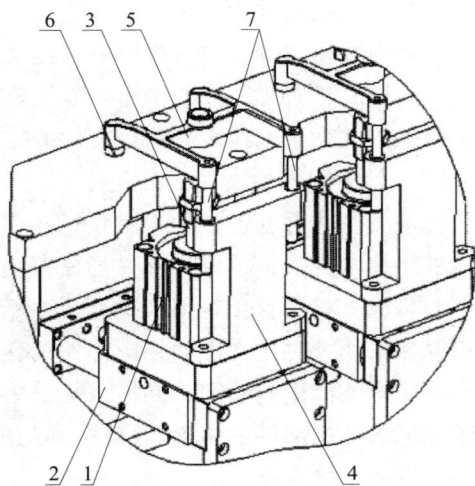

图 3 – 3 – 4　CN202002796U 的附图 2

轮 236。"框架"与"齿轮"出现在了不同的附图中。

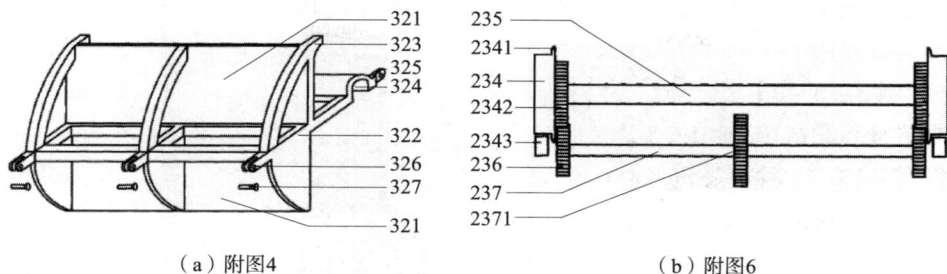

（a）附图4　　　　　　　　　　（b）附图6

图 3 - 3 - 5　CN101654105A 的附图

② 在单个附图中检索

在单个附图中检索的时候可以使用"P"运算符，将两个或多个表示部件名称的关键词执行 P 运算，即可以将两个或多个部件限定在同一附图中。具体检索式为：（关键词 A P 关键词 B）/FM，表示部件 A 和部件 B 在同一附图中出现。

例如检索式：（齿轮 P 齿条）/FM，表示"齿轮"与"齿条"这两个部件出现在同一附图中。使用这个检索式实际检索出的文献 CN101915218A，如图 3 - 3 - 6 所示，在该文献的附图 3 中同时出现了"齿轮 12"和"齿条 14"。

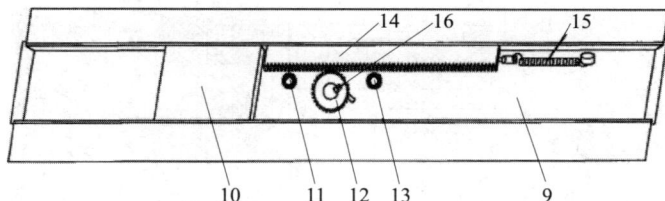

图 3 - 3 - 6　CN101915218A 附图 3

③ FM 的自动截断功能

FM 检索具有自动截断的作用，检索时可以使用核心词检索，避免漏检。自动截断作用具体为：

检索式 1：（框架 AND 按钮）/FM AND CN200980102384/AP，检索结果为 1。表示"框架"与"按钮"出现在该文献的 FM 字段中。

检索式 2：（框架 AND 按）/FM AND CN200980102384/AP，将"按钮"截断为"按"时，检索结果也为 1，也能检到这篇文献。

3）使用 FM 索引检索

① 在全部附图中检索

关键词 A/FM 和（关键词 A AND 关键词 B）/FM 都可以实现在全部附图中检索。

关键词 A/FM 的检索方式适用于具有单个必要部件，其名称对应的关键词能够表达检索要素的情形。在先语义后布尔的关键词筛选和先布尔后语义的单要素检索时都可以使用。

（关键词 A AND 关键词 B）/FM 的方式，适用于具有两个必要部件，但部件之间关联程度不高的情形。在先语义后布尔的多个关键词筛选和先布尔后语义的部分要素检索时均可以使用。

【案例 3 - 3 - 3】

申请号： 201410209012.5

发明名称： 一种离心机

分类号： B04B1/00

权利要求 1： 一种离心机，包括底板（1）和旋转座（2），其特征在于：所述的旋转座上设置有旋转导杆（3），旋转导杆通过皮带连接在位于旋转座侧面的电机一（4）上，所述的旋转导杆一边末端设置有配重块（5），配重块的底部设置有支撑结构（6），所述的旋转导杆另一边末端设置有转鼓（8），所述的转鼓连接在位于旋转导杆上面的电机二（9）上，所述的旋转导杆另一边设有支撑结构（6）。

发明解读： 本案例涉及一种离心机，如图 3 - 3 - 7 所示，发明构思是采用两级离心，一级离心是中间的旋转座旋转，二级离心是右侧的转鼓 8 旋转，由于转鼓 8 位于边缘上，导致转鼓 8 一侧重量偏大，因此在左侧设置了配重块 5 保持系统整体平衡。

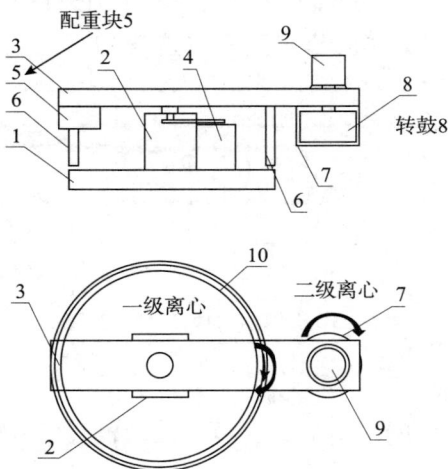

图 3 - 3 - 7　案例 3 - 3 - 3 的附图

检索策略： 配重块 5 是体现发明构思的关键词，本案例必要部件为配重块。FM 检索时，检索式按字识别，具有自动截断功能。本领域通常撰写为配重块、配重等，截取必然要出现的关键词"配重"可以避免漏检。如表 3 - 3 - 2 所示，在 CNTXT 数据库中使用"配重/FM"检索后有 13489 篇文献，用申请号作为语义排序基准执行语义排序后，X 类对比文件 CN102989595A 出现在第 2 位。

表 3 - 3 - 2　对比文件位次

对比文件	数据库	布尔检索式	排序基准	对比文件位次
X（CN102989595A）	CNTXT	配重/FM	申请号	2/13489

如图 3-3-8 所示，X 类对比文件 CN102989595A 在 CNTXT 数据库中的 FM 字段中包括了关键词"配重块"。

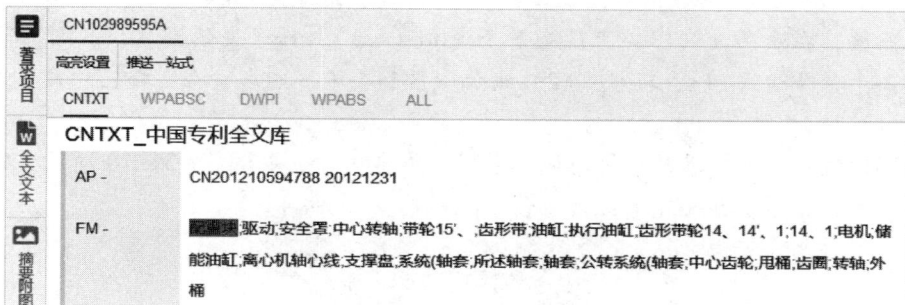

图 3-3-8 对比文件在 CNTXT 数据库中的 FM 字段

图 3-3-9 是 X 类对比文件 CN102989595A 的附图，其中出现了附图标记 2，代表的是配重块。

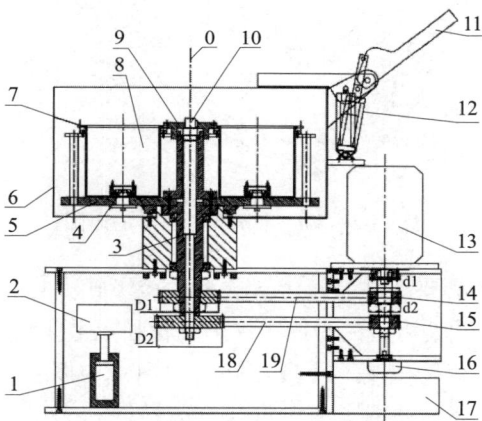

图 3-3-9 对比文件的附图

该案例表明，关键词使用 FM 检索也能快速命中相关对比文件。利用 FM 的自动截断功能，使用核心词检索可以避免漏检。

② 在单个附图中检索

使用（关键词 A P 关键词 B）/FM 可以检索关键词 A 和 B 代表的部件出现在同一附图中，适用于两个或多个必要部件在同一附图中存在位置关系或相互关联的情形。在先语义后布尔的构建语境筛选和先布尔后语义的部分要素检索时都可以使用。

【案例 3-3-4】

申请号： 201910974180.6

发明名称： 一种带偏心质量的组合飞轮

分类号： F16F15/30

权利要求1：一种带偏心质量的组合飞轮，其特征在于：包括一体成型的飞轮主体（1），飞轮主体（1）包括转子安装圈（11）、辐板（12）和法兰盘（13），转子安装圈（11）圈内设有辐板（12），辐板（12）中心部设有法兰盘（13），法兰盘（13）呈空心圆柱结构，在法兰盘（13）上设有若干通孔（131），转子安装圈（11）外部圆周表面设有若干信号齿（14），辐板（12）由偏心区和去重区组成，在去重区均匀设有若干去重孔（121）。

发明解读：本案例涉及一种带偏心质量的组合飞轮，如图3-3-10所示，发明构思是为了减轻重量，在飞轮上设置了若干减重孔。

图3-3-10 案例3-3-4的附图

检索策略：本案例的必要部件及其位置关系为：飞轮上具有去重孔。飞轮和去重孔都是本案例的关键部件，预期可能的对比文件中飞轮和减重孔会出现在附图标记FM字段中，飞轮和去重孔关联程度较高，出现在同一附图中的概率较大。另外，有可能出现去重孔、去重槽等多种表述，截取了两者重合的关键词"去重"。在CNTXT数据库，采用"（飞轮P去重）/FM"检索，得到4篇结果，得到X类对比文件CN102338149A。

如图3-3-11所示，X类对比文件CN102338149A在CNTXT数据库的FM字段中，包括了去重孔和飞轮这两个词。

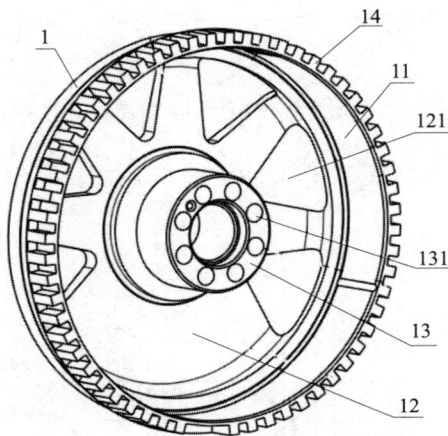

图3-3-11 对比文件在CNTXT数据库中的FM字段

图 3 - 3 - 12 是 X 类对比文件 CN102338149A 的附图 5，在附图 5 中同时出现了去重孔 1 - 1 和飞轮 1。

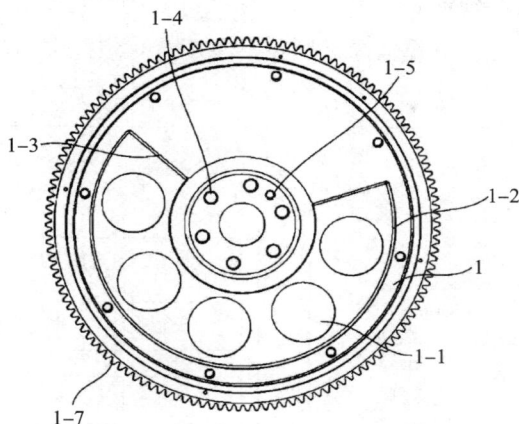

图 3 - 3 - 12　对比文件的附图 5

对关键部件且关联程度较高的部件使用 P 算符检索，可以获得多个部件同时出现在同一附图中的相关对比文件。

③ 多功能模块主题的检索

在电学领域包括多个功能模块的技术主题通常也会在功能模块后紧跟附图标记表示。该类主题也适合采用 FM 检索。多功能模块技术主题一般有两种表达方式，一种是直接以 "××模块" 的术语表示，另一种是虽然没有直接以 "××模块" 的技术术语表示，但实质上也是一种多功能模块的隐蔽式表示。

对于直接以 "××模块" 的术语表示的多功能模块的技术主题，由于各个模块通常都存在附图标记，因此在检索时可选择体现发明构思的模块，使用 FM 检索。

【案例 3 - 3 - 5】

申请号： 201110105141.6

发明名称： 表面多点对焦系统及方法

分类号： G02B7/34

权利要求 1： 一种表面多点对焦系统，运用于影像测量仪，该影像测量仪包括位于该影像测量仪 Z 轴的电荷耦合器件 CCD 以及位于 XY 平面的测量台面，其特征在于，该系统包括：

选择模块，用于确定对焦点选择方式；

计算模块，用于在该 CCD 从预设对焦范围的上对焦范围至下对焦范围的移动过程中，计算该 CCD 获取的工件的每个影像中每个对焦点的第一位置坐标，并根据所有对焦点的 Z 坐标确定一个调整对焦范围；

所述的计算模块，还用于在该 CCD 从调整对焦范围的下对焦范围至上对焦范围的移动过程中，计算该 CCD 获取的工件的每个影像中每个对焦点的第二位置坐标；及

输出模块，用于输出在调整对焦范围内的对焦点的第二位置坐标。

发明解读：运用于影像测量仪的表面多点对焦系统，如图 3-3-13 所示，包括了选择模块、计算模块、输出模块，其中计算模块首先获得一个调整对焦范围，其次在调整对焦范围的下对焦范围至上对焦范围的移动过程中，计算该 CCD 获取的工件的每个影像中每个对焦点的第二位置坐标，剔除不在调整对焦范围内的对焦点。

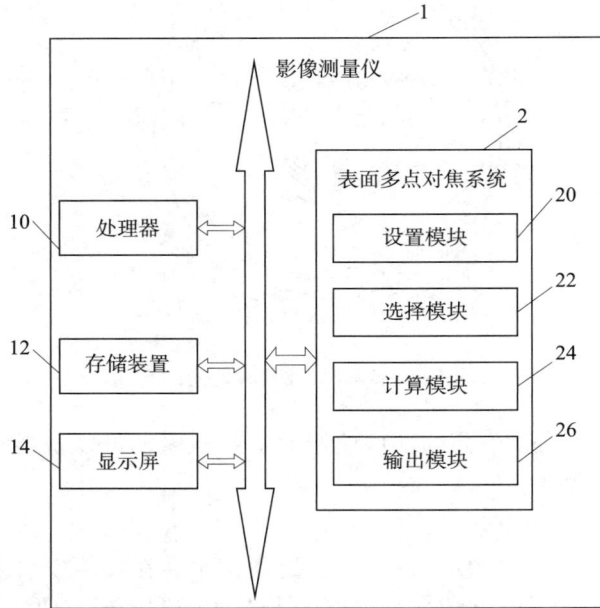

图 3-3-13　案例 3-3-5 的附图

检索策略：本案例包括多个功能模块，其中选择模块和计算模块为必不可少的模块，其中，选择模块术语撰写准确，适于 FM 检索，计算模块表达方式多样，不宜采用该关键词进行布尔检索。提取体现计算模块的核心构思的技术特征"对焦"，在 CNTXT 数据库中，采用布尔检索式"选择模块/FM AND 对焦"进行检索后可得到 18 篇文献，得到 X 类的对比文件 CN101762232A。

包含多功能模块的检索主题通常采用附图标记表示各个模块，可以采用 FM 索引结合体现发明点的关键词来实现精准检索。

对于隐蔽式表示多功能模块的检索主题，表示各个模块的关键词通常都存在附图标记，因此在检索时可针对体现发明构思的关键词使用 FM 检索。

【案例 3-3-6】

申请号：201310106573.8

发明名称：在存储云中由租户驱动的安全系统与方法

分类号：G06F21/78

权利要求 1：一种由租户驱动的安全方法，包括：

确定租户是否把物理密钥放到与由服务提供者提供的硬盘相关的槽中；及

在确定租户已经把物理密钥放到槽中之后允许租户访问硬盘。

发明解读： 一种由租户驱动的安全方法，如图 3 - 3 - 14 所示，当确定租户把物理密钥放到与由服务提供者提供的硬盘相关的槽中之后，生成软密钥以允许租户访问硬盘。

检索策略： 本案例包括物理密钥、硬盘密钥槽和生成软密钥 3 个功能模块。权利要求 1 中仅涉及物理密钥和硬盘密钥槽，如图 3 - 3 - 15 所示，在本案例中硬盘和密钥都具有附图标记。预期对比文件中上述特征也具有附图标记，可以选择 FM 检索。

如表 3 - 3 - 3 所示，将硬盘扩展为"存储 OR 硬盘 OR flash"，密钥扩展为"密钥 OR 密码"，使用检索式"（（存储 OR 硬盘 OR flash）AND（密钥 OR 密码））/FM"在 CNTXT 数据库中检索，得到 3251 篇结果，然后用申请号作为语义排序基准进行语义排序，X 类对比文件 CN102292732A 排在第 17 位。而采用常规检索方式使用检索式"（存储 OR 硬盘 OR flash）AND（密钥 OR 密码）AND pd = 2010：2013"得到 45847 篇文献，用申请号作为语义排序基准进行语义排序，X 类对比文件 CN102292732A 排在第 47 位。

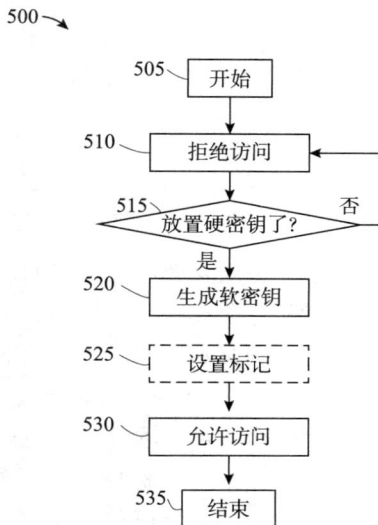

图 3 - 3 - 14　案例 3 - 3 - 6 的附图

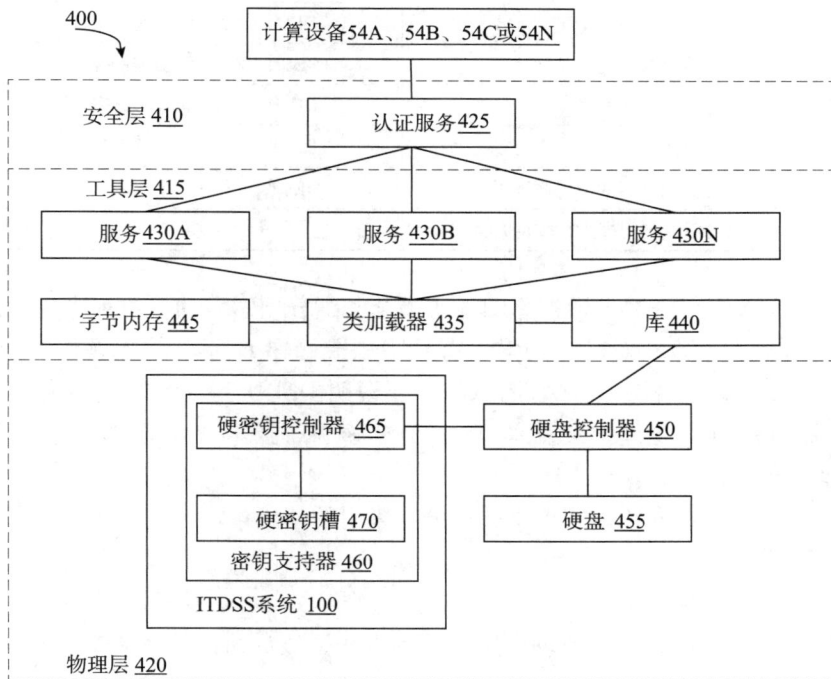

图 3 - 3 - 15　案例 3 - 3 - 6 的附图

表 3 - 3 - 3　对比文件位次

对比文件	数据库	布尔检索式	排序基准	对比文件位次
X（CN102292732A）	CNTXT	（（存储 OR 硬盘 OR flash）AND（密钥 OR 密码））/FM	申请号	17/3251
		（存储 OR 硬盘 OR flash）AND（密钥 OR 密码）AND pd＝2010：2013	申请号	47/45847

电学和通信领域涉及多功能模块的检索主题通常采用附图标记表示各个功能模块，采用 FM 索引检索相对于常规检索文献量少，对比文件排位靠前，采用 FM 索引构建检索式时可利用布尔检索式中常用的各种算符。

（4）针对说明书构成部分检索的说明书细分项索引

说明书全文细分项索引是由说明书全文 DESC 的内容拆分而来的。具体而言，就是将说明书全文细分为标题、技术领域、背景技术、发明详述、发明概述、图像简要说明、发明应用模式、最佳应用模式、工业实用性、实施例、技术方案、有益效果以及用途等项目，分别形成单独的索引。

说明书全文细分项索引名称及含义如表 3 - 3 - 4 所示。

表 3 - 3 - 4　说明书全文细分项索引

索引（字段）名	含　义	索引（字段）名	含　义
DEIT	发明创造标题	DEBM	最佳应用模式或应用方法
DETF	技术领域	DEIA	工业实用性
DEBA	发明的背景技术	DEED	实施例描述
DEDI	发明的详细说明	DETP	技术方案
DEIS	发明概述	DEST	有益效果
DEDD	说明书中"图像的简要说明"	DEUT	用途
DEIM	发明的应用模式或应用方法		

通过对 CNTXT 和 USTXT 数据库的说明书全文细分项索引的覆盖率进行统计，目前 CNTXT 数据库中覆盖率相对较高的索引有发明创造标题 DEIT、技术领域 DETF、背景技术 DEBA、发明详细说明 DEDI、图像的简要说明 DEDD 和发明的应用模式或应用方法 DEIM，而 USTXT 数据库中覆盖率相对较高的索引有技术领域 DETF、发明的详细说明 DEDI 和图像的简要说明 DEDD。

下面结合案例详细介绍说明书全文细分项索引的使用策略。

【案例 3 - 3 - 7】

申请号： 201810272415.2

发明名称： AMOLED 像素驱动电路、驱动方法、显示面板及终端

分类号： G09G3/3233

权利要求 1： 一种 AMOLED 像素驱动电路，其特征在于：

包括第一薄膜晶体管（T1）、第二薄膜晶体管（T2）、第三薄膜晶体管（T3）、第

四薄膜晶体管（T4）、第五薄膜晶体管（T5）、第六薄膜晶体管（T6）、存储电容（C）及有机发光二极管（D），其中所述第一薄膜晶体管（T1）为驱动薄膜晶体管；所述第一薄膜晶体管（T1）的栅极（g）电性连接第一节点（A1），源极（s）电性连接第二节点（A2），漏极（d）电性连接第三节点（A3）；所述第二薄膜晶体管（T2）的栅极接入第二发光控制信号（EM2），源极接入电源正电压（VDD），漏极电性连接所述第二节点（A2）；所述第三薄膜晶体管（T3）的栅极接入扫描信号（Scan），源极接入参考电压（Vref），漏极电性连接所述第四节点（A4）；所述第四薄膜晶体管（T4）的栅极接入扫描信号（Scan），源极接入数据信号（Data），漏极电性连接所述第一节点（A1）；所述第五薄膜晶体管（T5）的栅极接入第一发光控制信号（EM1），源极电性连接所述第四节点（A4），漏极电性连接所述第一节点（A1）；所述第六薄膜晶体管（T6）的栅极接入扫描信号（Scan），源极接入低电压（VI），漏极电性连接所述第三节点（A3）；所述电容（C）的一端电性连接所述第四节点（A4），另一端电性连接所述第二节点（A2）；所述有机发光二极管（D）的阳极电性连接所述第三节点（A3），阴极接入电源负电压（VSS）；所述AMOLED像素驱动电路具有复位阶段（B1）、补偿阶段（B2）以及发光阶段（B3）；当所述AMOLED像素驱动电路处于复位阶段（B1）时，所述第二薄膜晶体管（T2）、第三薄膜晶体管（T3）、第四薄膜晶体管（T4）与第六薄膜晶体管（T6）导通，第五薄膜晶体管（T5）截止；当所述AMOLED像素驱动电路处于补偿阶段（B2）时，所述第三薄膜晶体管（T3）、第四薄膜晶体管（T4）与第六薄膜晶体管（T6）导通，第二薄膜晶体管（T2）与第五薄膜晶体管（T5）截止；当所述AMOLED像素驱动电路处于发光阶段（B3）时，所述第二薄膜晶体管（T2）与第五薄膜晶体管（T5）导通，所述第三薄膜晶体管（T3）、第四薄膜晶体管（T4）与第六薄膜晶体管（T6）截止。

发明解读： 本案例技术方案比较复杂，细节也比较多，并且一些关键词，例如像素驱动电路、晶体管等都是本领域很常见的，直接在全文数据库中检索噪声比较大，可采用说明书全文细分项索引进行检索。

检索策略：

1）技术领域关键词检索：本案例的技术领域涉及像素驱动电路显示技术，采用关键词"像素驱动电路"在技术领域DETF中检索，以申请号作为语义排序基准执行语义排序，在第38位获得相关对比文件CN103021331A，此外，还尝试了其他几个细分项索引，结果如表3-3-5所示。

表3-3-5　采用技术领域关键词检索时的对比文件位次

对比文件	基准	数据库	布尔检索式	对比文件位次
CN103021331A	申请号	CNTXT	无	前400篇未检到
			像素驱动电路/BI	357
			像素驱动电路/DETF	38
			像素驱动电路/DEBA	33
			像素驱动电路/DEDI	38
			像素驱动电路/DEIM	45

对于涉及技术领域的关键词，推荐首选索引（字段）为技术领域 DETF 和背景技术 DEBA，也可以根据检索文献量的多少选择使用发明详述 DEDI、应用模式或应用方法 DEIM。

2）技术手段、技术效果关键词检索：本案例采用的技术手段是采用所述结构的驱动电路，控制各个阶段部件的连接方式，例如多个晶体管栅极的连接方式，最终使得流过有机发光二极管的驱动电流与驱动薄膜晶体管的阈值电压及电源正电压均无关。可以从中提取到两类关键词，第一类是涉及技术细节的关键词"晶体管""栅极""电容"和"扫描信号"，第二类是与技术效果相关的关键词"驱动电流"和"阈值电压"，分别构建检索式进行检索，结果如表3－3－6所示。

表3－3－6　采用技术手段关键词检索时的对比文件位次

对比文件	基准	数据库	布尔检索式	对比文件位次
CN103021331A	申请号	CNTXT	晶体管 AND 栅极 AND 电容 AND 扫描信号	前400篇未检到
			（晶体管 AND 栅极 AND 电容 AND 扫描信号）/DEDI	49
			（晶体管 AND 栅极 AND 电容 AND 扫描信号）/DEIM	59
			驱动电流 S 阈值电压	306
			（驱动电流 S 阈值电压）/DETF	无
			（驱动电流 S 阈值电压）/DEDI	38
			（驱动电流 S 阈值电压）/DEIM	53

由以上检索结果可以看出，对于技术方案中的细节特征的关键词，为了尽可能全面检索，首选索引为全文检索，如噪声较大，可选择使用发明的详细说明 DEDI 和应用模式或应用方法 DEIM 进行检索。

3）技术问题、技术缺陷类关键词检索：本案例是为了克服现有技术中有机发光二极管 OLED 驱动薄膜晶体管阈值电压不稳定，导致显示面板的亮度不均匀的缺点。可以从中提取到关键词 OLED、显示、不均匀，构建检索式进行检索，结果如表3－3－7所示。

表3－3－7　采用技术问题关键词检索时的对比文件位次

对比文件	基准	数据库	布尔检索式	对比文件位次
CN103021331A	申请号	CNTXT	OLED AND 显示 AND （不均匀 OR 不良 OR 不匀）	前400篇未检到
			（OLED AND 显示 AND （不均匀 OR 不良 OR 不匀））/DEBA	42
			（OLED AND 显示 AND （不均匀 OR 不良 OR 不匀））/DEIM	前400篇未检到
			（OLED AND 显示 AND （不均匀 OR 不良 OR 不匀））/DEDI	无

应用领域和要解决的技术问题关键词通常涉及案例所要解决的技术问题，尤其技术问题关键词一般是否定性的词语，目前首选索引（字段）为背景技术 DEBA。

4）附图说明关键词检索：经过阅读本案例说明书中的附图说明，可以提取得到关键词"像素驱动电路"和"时序"，构建检索式进行检索，结果如表 3-3-8 所示。

表 3-3-8　采用附图说明关键词检索时的对比文件位次

对比文件	基准	数据库	布尔检索式	对比文件位次
CN103021331A	申请号	CNTXT	像素驱动电路 AND 时序	335
			（像素驱动电路 AND 时序）/DEDD	38

对于从附图说明中提取到的关键词，首选索引（字段）为图像的简要说明 DEDD。

由以上几种检索方式以及检索结果可见，检索过程中可根据说明书全文的构成特点，分析检索主题的相关对比文件中关键词可能出现的位置，从技术领域、背景技术、技术方案、技术效果、解决的技术问题等方面采用关键词有针对性地使用说明书全文细分项索引进行映射检索，打破固有的仅采用摘要和全文检索的模式。但需要注意的是，目前智能检索系统的数据库并未实现所有文献的完整标引，通常仍需结合使用常规检索索引（字段）。

2. 分类号的索引/字段

智能检索系统设置有可以使用分类号进行检索的索引/字段，主要包括 IPC、CPC、CPC1、CPCALL、FI、FT 等。

其中 IPC、FI、FT 的使用规则基本没有变化，这里重点介绍 CPC 的使用。

CNTXT 库设置有 CPC 字段，可以使用准确的 CPC 检索得到一个合适的文献范围，然后结合语义排序快速命中对比文件。

【案例 3-3-8】

申请号：201810873680.6

发明名称：乳酸乳球菌 MG1363 的构建及其应用

分类号：C12N15/74，C12N1/21，A61K35/744，A61P31/04，A61P15/02

权利要求 1：乳酸乳球菌 MG1363 的构建，其特征在于，由以下步骤组成：

（1）pMG36e-CXCL12 重组质粒构建：PstI-SPusp45-CXCL12-HindIII 全序列化学合成获得 pUC57-CXCL12 重组质粒；

（2）构建 pMG36e-CXCL12 重组质粒：

A：采用 OMEGA 质粒小提试剂盒，提取 pMG36e，pUC57-CXCL12 质粒；

B：酶切，pMG36e，pUC57-CXCL12 酶切体系如下，总体系为 25μL，37℃ 酶切 4h；

C：配制 2% 琼脂糖凝胶电泳，110V 电泳 45min；在 276bp 和 3600bp 左右切胶回收；

D：酶连，酶连体系如下，总体系 10μL，Fragment：Vector = 5∶1 和 10∶1，10℃ 过夜；

E：转化；

F：测序；

G：测序成功后，采用 OMEGA 质粒小提试剂盒提取重组质粒 pMG36e – CXCL12，保存备用，步骤同上。

发明解读： 向天然的乳酸菌中导入外源基因，利用乳酸菌作为宿主表达和生产蛋白质。

检索策略： 本案例给出的 IPC 为 C12N15/74，查看分类表，得到分类号含义为：

C12N15/09 · DNA 重组技术

C12N15/63 · · 使用载体引入外来遗传物质；载体……

C12N15/74 · · · 大肠杆菌以外之原核细胞宿主（如乳杆菌、小单孢菌）的载体或表达系统

IPC 分类号比较上位，分类号未涉及本案例核心构思，即乳酸菌，通过查询 CPC 分类号，得到 C12N15/74 分类下细分分类号 C12N15/746，其分类号含义为：

C12N15/746 · · · · 用于乳酸菌

该 CPC 与本案例的发明构思更相关，比 IPC 分类更加精准。

使用分类号 C12N15/746/CPC 这一检索式在 CNTXT 库中检索到 172 篇文献，结合以申请号作为语义基准的语义排序后，在第 37 位得到一篇 X 类对比文件 CN107208107A。

使用精准的分类号圈定合适的文献范围后，结合语义排序，有利于快速命中对比文件。

然而，早期的中文文献未给出 CPC 分类号，在 CNTXT 库直接使用 CPC 索引进行检索，将会遗漏早期的中文文献，为了克服这一问题，数据加工方采用机器对应的方式，从 IPC 分类号转化出了对应的 CPC 分类号，增加一个新的索引 CPC1，可以在命令行模式下进行检索，同时还提供一个联合索引 CPCALL，覆盖 CPC 和 CPC1 两个索引。

二、特色算符

涉及数字范围的检索一直是检索中的难点，常规的布尔检索只能精确地检索端点值，而语义检索并未把数值纳入语义分词中，进而无法计算向量余弦夹角，因此，使用常规的布尔检索或者语义检索均不利于检索数值范围。

智能检索系统设置了数值范围算符，很好地解决了数值范围难以检索的问题。格式是 range 后跟一个数值范围，两个数值之间用波浪符连接，后面带单位。

range［数值 1～数值 2 单位］，用范围检索命中文本中的数值 1 与数值 2 之间的精确数值或者与数值 1～数值 2 这一范围有交叉的其他范围。

使用示例如表 3 – 3 – 9 所示。

表 3 – 3 – 9 range 算符检索示例

CNTXT 检索式	命中目标
氧 S range［9～12%］	氧气浓度为 10%
氧 S range［9～12%］	氧气浓度为 8%～13%

下面通过一个案例来介绍如何运用。

【案例 3 - 3 - 9】

申请号：201510430189.2

发明名称：一种间充质干细胞的预处理方法及其所得制剂

分类号：C12N5/0775，A61K35/28，A61P3/10

权利要求：

1. 一种间充质干细胞的预处理方法，其特征在于在低氧环境下将间充质干细胞在培养基中培养，其中所用的低氧环境氧气浓度自 21% 随培养时间逐渐降低。

2. 根据权利要求 1 的预处理方法，其特征在于所述低氧环境的氧气终浓度为 9%。

发明解读：间充质干细胞在培养过程中，将氧气的浓度控制在 9% 与 21% 之间。

检索策略：本案例的 IPC 分类为 C12N5/0775，查看分类表，得到分类号含义为：

C12N 5/0775……间充质干细胞；脂肪组织源性干细胞

可见，该分类号并不涉及本案例的发明点，即氧气浓度的控制，检索时技术领域可以使用 C12N5/0775 进行表达，发明点可以使用关键词结合 range 算符进行表达，具体检索式如下：

C12N5/0775/IC AND （（氧 OR O2）S range ［9～21%］）

利用上述检索式在 CNTXT 得到 394 篇文献，以申请号作为语义排序基准经过语义排序后得到两篇 Y 类对比文件，即 CN102391985A 和 CN104630144A。

需要检索数值范围时，使用 range 算符，精确表达检索要素，有效去除噪声，缩小文献检索范围。

关于 range 算符的命令格式，单位的表示形式在中英文检索时规则不同。如表 3 - 3 - 10 所示，中文关键词要配合带单位的数值范围，如果不带单位结果就是 0 或者很少，英文关键词只要数值范围不要单位。

表 3 - 3 - 10　range 算符检索示例

CNTXT 检索式	命中数	WPABS 检索式	命中数
水泥 3D range ［10～20］	0	Cement 3D range ［10～20］	15816
水泥 3D range ［10～20 公斤］	1869	Cement 3D range ［10～20 kg］	0

单位支持自动换算和多种不同表达形式。例如 kg 和 g 检索结果是一样的，% 和"百分比"检索结果是一样的，如表 3 - 3 - 11 所示。

表 3 - 3 - 11　range 算符检索示例

CNTXT 检索式	命中数	CNTXT 检索式	命中数
水泥 3D range ［10～20 kg］	1869	（氧 OR O2）S range ［8～21 百分比］	522713
水泥 3D range ［10000～20000 g］	1869	（氧 OR O2）S range ［8～21 %］	522713

三、分类号表达

本节主要介绍常用的 IPC/CPC/FI/F – term 分类号的特点，以及在利用分类号构建检索式时需要注意的事项，方便用户有针对性地选择相应的分类号进行检索。

1. 各分类体系的适用原则

（1）IPC 分类号适用原则

利用 IPC 分类号构建检索式进行检索时，首先需要核实已给出的分类号是否准确，进而确定出检索主题最准确的分类号，同时还要找出所有与检索主题密切相关的分类号，并将它们一并确定为应当检索的范围，这样才能避免在不相关的分类号下盲目检索而浪费时间，同时也能防止漏检。

在利用 IPC 分类号进行比较全面的检索时，可采用宽泛的或上位组的 IPC 分类号结合关键词进行检索，特别注意对功能分类和应用分类均进行检索。分类号确定过程中可采用统计与分类表查找、关键词索引相结合的方式。当存在多个版本的分类号时，需要同时使用多个版本的分类号进行检索。

如果仅采用 CPC/FI/F – term 等细分分类号检索，会漏检这些分类号未覆盖国家的文献。此时，需要利用 IPC 分类号的全球通用性来进一步检索以弥补上述缺陷。

【案例 3 – 3 –10】

申请号： CN201110160412.8

发明名称： 一种具备数据备份功能的手机充电底座及实现方法

分类号： H02J7/00

权利要求 1： 一种具备数据备份功能的手机充电底座，充电底座上设置与电源连接的电源插孔，其特征在于，所述的充电底座设置与连接手机匹配的插孔和存储数据的存储空间，所述的插孔具有充电和数据备份功能。

发明解读： 在手机的日常维护和使用过程中，对手机充电是一个花费时间长，经常进行的必要行为，如果利用手机充电的时间对手机数据进行备份，则可保证数据备份的时间，既节约用户时间，又可免去连接电脑的麻烦。

检索策略： 本案例给出的 IPC 分类号 H02J7/00 涉及电池充电，属于合适的技术主题。结合分类号和关键词，构建检索式：

WPABS　383 h02j7/ic AND data AND backup

以申请号作为语义排序基准进行语义排序后，前 50 位得到 X 类对比文件 US2006158154A、WO03005690A1、US6664760A，如表 3 – 3 – 12 所示。

表 3 – 3 – 12　对比文件位次

对比文件	数据库	布尔检索式	排序基准	对比文件位次
US2006158154A				50/383
WO03005690A1	WPABS	h02j7/ic AND data AND backup	申请号	33/383
US6664760A				16/383

在利用 IPC 分类号进行比较全面的检索时，可采用宽泛的或上位组的 IPC 分类号结合准确的关键词进行检索。

（2）CPC 分类号适用原则

CPC 的细分优势相对于 IPC 非常明显，对于技术主题或发明点具有明确 CPC 分类号的申请，采用 CPC 分类号检索能大大提高检索效率。CPC 在检索字段、检索精度等多个方面，均具有优势。CPC 的 Y 部分类号用于监视新技术的发展，表示附加信息，比较适合技术发展比较快的领域。部分领域的 CPC 具有 2000 系列，2000 系列的附加信息与其上位的主干分类号的发明信息共同分类，附加信息和发明信息的组合检索，可以提供全面、有效的检索。2000 系列和 Y 部分类号的设置，增加了 IPC 中缺少的一些技术信息。C – sets 组合分类，将代表不同主题的多个分类号组合的方式表达，特别适用于组合物领域。

【案例 3 – 3 – 11】

申请号：200580017793.7

发明名称：一种用于接受工件的平台以及在这种平台上加工工件的方法

分类号：B65G49/06，C03B33/03，C03B33/08

权利要求 1：一种具有平支撑表面的平台（2），用于支撑工件（5），其特征在于支撑表面包括至少两个沿长度方向对齐且由沿横向于长度方向的方向延伸的缝隙（16）隔开的表面部件，用于供给压缩气体以在各表面部件和工件（5）的底面之间产生气垫的外流孔（15）分布在该表面部件上。

发明解读：传统工件可夹住相对的两边然后进行加工，但在遇到大面积的薄工件时总是有下垂，它以不可完全控制的方式影响工件和加工设备之间的距离，在加工过程中不能容许足够的精度。通过压缩空气在各表面部件和工件的底面之间产生气垫的外流孔分布在表面部件上，从而达到对工件的支撑以便进行切割作业，如图 3 – 3 – 16 所示。

检索策略：

相关的 CPC 分类：

B65G 49/06　·· for fragile sheets, e. g. glass

B65G 49/063　··· Transporting devices for sheet glass

B65G 49/064　···· in a horizontal position（B65G 49/066 takes precedence）

B65G 49/065　····· supported partially or completely on fluid cushions e. g. a gas cushion（in general B65G 51/00）

B65G 49/065 涉及通过气垫传输易碎薄片，是合适的分类号。

因为本案例涉及易碎的玻璃板制品的输送搬运，因此，其在 2000 系列中也进行了分类：

B65G 2249/00　Aspects relating to conveying systems for the manufacture of fragile sheets

B65G 2249/04　· Arrangements of vacuum systems or suction cups

B65G 2249/045　·· Details of suction cups

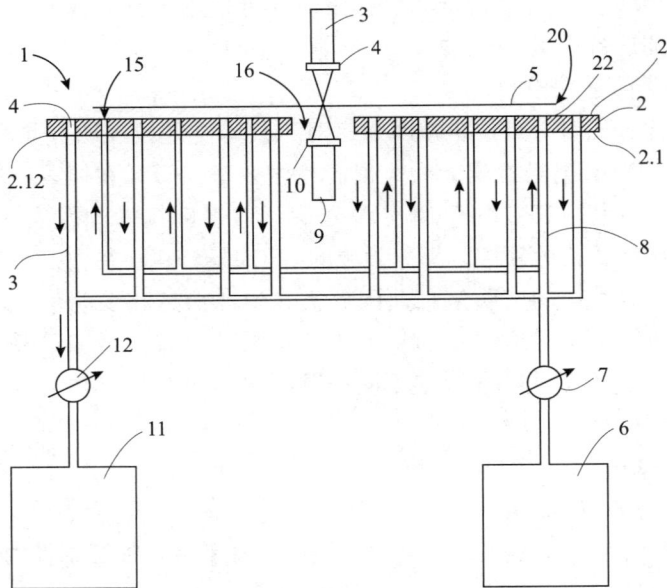

图 3 - 3 - 16   案例 3 - 3 - 11 的附图

而本案例虽然保护的是一种传送装置，但是根据其技术领域可以得知，其属于高精度切割领域，而高精度切割领域在 CPC 的分类体系的 Y 部也有详细的分类：

Y10T 225/30   ·Breaking or tearing apparatus

Y10T 225/307   ··Combined with preliminary weakener or with nonbreaking cutter

Y10T 225/321   ···Preliminary weakener

Y10T 225/325   ····With means to apply moment of force to weakened work

通过以上分析可以得知，本案例在 CPC 分类中最相关的 CPC 分类号可以为：

B65G 49/065   ····Supported partially or completely on fluid cushions e. g. a gas cushion（in general B65G 51/00）

B65G 2249/045   ··Details of suction cups

Y10T 225/325   ····With means to apply moment of force to weakened work

利用选定的 CPC 分类号构建如下检索式：

WPABS？99（B65G49/065/CPC OR B65G2249/045/CPC）AND Y10T225/325/CPC

对检索结果以申请号作为语义排序基准进行语义排序，第 19 位可以得到 X 类对比文件 WO2004035493A1，如表 3 - 3 - 13 所示。

表 3 - 3 - 13   对比文件位次

对比文件	数据库	布尔检索式	排序基准	对比文件位次
WO2004035493A1	WPABS	（B65G49/065/CPC OR B65G2249/045/CPC）AND Y10T225/325/CPC	申请号	19/99

B65G 属于输送领域，相关技术分布较广，其分布在 C 部的切割领域十分普遍，因此，在检索时因为跨部会出现很大的不便。而 CPC 不仅对 B65G 的各组进行了细化，同时，因为涉及易碎玻璃基板的输送，在 2000 系列的分类中也有具体的分类，而高精度切割领域在 CPC 分类的 Y 部也有划分，因此，类似的检索主题可以使用 CPC 分类进行检索。

【案例 3 - 3 - 12】

申请号： CN2010102608507

发明名称： 乙二醇和丁二醇的分离方法

分类号： C07C31/20，C07C29/76

权利要求 1： 一种乙二醇和丁二醇的分离方法，丁二醇含量不高于3%的乙二醇溶液与内装吸附剂的吸附柱接触，丁二醇为树脂所吸附，吸余液为乙二醇，其中吸附剂选自非功能性树脂或分子筛中的至少一种。

发明解读： 在催化水合法合成乙二醇的工艺中产物液相出料中的乙二醇和丁二醇由于沸点接近难以使用普通精馏分离。本案例根据乙二醇和丁二醇的物性差别，将其混合物通过吸附床层，选择性吸附丁二醇，达到分离的目的。

检索策略：

相关方法分类：

C07C 29/00　Preparation of compounds having hydroxy or O – metal groups bound to a carbon atom not belonging to a six – membered aromatic ring

C07C 29/74　　·Separation；Purification；Use of additives，e. g. for stabilization

C07C 29/76　　··by physical treatment

相关产品分类：

C07C 31/20　　··Dihydroxylic alcohols

C07C 31/202　　···Ethylene glycol

查找到准确的分类号后用 C – set 进行精确检索：

1　WPABS？　374 /csets　C07C29/76 P C07C31/202

2　WPABS？　346300 adsorb +

3　25 1 AND 2

得到一篇 X 类对比文件 US2009120878A1。

CPC 分类体系不仅对部分大组进行了细分，而且还首次采用组合分类的方式分类，即将多个分类号组合，形成组合码 C – set。在有机化工领域通常将方法和产物（或分离物质）的分类号组成一组组合码，采用该组合码检索可以降低噪声，精确地检索到相关对比文件。

（3）FI/F – term 分类号适用原则

FI/F – term 是日本特许厅专为计算机检索而设立的技术术语索引，从技术的多个侧面，例如，从发明目的、用途、构造、技能、材料、控制手段等方面进一步细分，其标引主要是基于对权利要求的拆解进行的，同时还会根据说明书中的内容以及附图的内容进行分类，技术特征较多较细的技术方案用 F - term 检索会取得不错的效果。

需要注意的是，FI/F - term 仅对日本或具有日本同族的申请进行分类，当利用 FI/F - term 未检索到对比文件时，需要采用其他如 CPC /IPC/DC/MC 等分类号进行检索。

【案例 3 - 3 - 13】

申请号： 200910139321.9

发明名称： 处理物的搅拌装置

分类号： B01F7/16，B02C18/08

权利要求：

1. 一种处理物的搅拌装置，包括处理桶和放置在处理桶内的搅拌机，搅拌机包括带传动机构的搅拌轴和搅拌棒，其特征在于搅拌棒间隔交叉径向固定在搅拌轴上，搅拌轴下端径向设有推轴，推轴上设有推板，推轴端部设有搅杆，搅杆与推轴交叉连接，搅杆上设有犁形搅拌刃，推板与犁形搅拌刃相连接，犁形搅拌刃上端设有犁齿。

2. 根据权利要求 1 所述的一种处理物的搅拌装置，其特征在于搅拌棒上设有螺旋形搅拌条和螺旋镰条，螺旋形搅拌条环绕搅拌轴并与搅拌棒相连接，螺旋镰条与相邻搅拌棒端部相对螺旋形搅拌条反向连接。

发明解读： 传统技术中，搅拌仅仅是依靠搅拌机旋转的作用实现的，采用将处理物由一侧向另一侧水平移动再搅拌的方式，这种方式不仅容易形成单纯的传送处理物的循环圈，而且不能显著提高搅拌效率以及干燥、发酵效率。

本案例搅拌机的搅杆上设有犁形搅拌刃，推板与犁形搅拌刃相连接，以促进处理物上扬，达到充分搅拌的目的，犁形搅拌刃上端设有犁齿，以使搅拌力分散到各个部分，可以实现对于高黏度处理物的搅拌，由于在搅拌轴上设置了双重螺旋构造，更好地发挥螺旋力的效率性，螺旋形搅拌条将处理物螺旋形搅拌的同时，经螺旋镰条将上扬的处理物下压，显著提高搅拌效率以及干燥、发酵效率。

检索策略： 本案例权利要求的技术特征较多较细，其主要发明点在于：搅杆上设有犁形搅拌刃，犁形搅拌刃上端设有犁齿，搅拌棒上设有螺旋形搅拌条和螺旋镰条。

通过查阅 FT 分类表，B01F7 对应 4G078，其下还有多个相关位置，其中与本案例相关的有 AA03（均质搅拌）、DA08（螺旋叶片）、DA26（刀），这三个分类位置都与本案例密切相关。

构建检索式：

VEN 148 /FT 4G078/DA08 AND 4G078/AA03

VEN 79 /FT 4G078/DA26 AND 4G078/AA03

分别得到两篇 Y 类对比文件 JP2007210284A 和 JP2005218900A。

在对日本专利文献的检索中采用 FI/F - term 分类号将大大提高检索效率和准确度。F - term 对专利文献尤其权利要求书进行多角度细分，本案例属于改进型发明的细节申请，相关的 F - term 分类涉及技术效果和不同结构部件，采用 FI/F - term 检索更加快捷、有效。

2. 分类号的获取

有效利用智能检索系统辅助工具中的分类号查询器，可实现分类号的便捷、充分获取与扩展。智能检索系统的分类号查询器包括 IPC/CPC/CPCN/FI/FT/其他体系基本查询/关联查询几个子模块，并具有查询、重置和高级检索 3 个功能键。

获取分类号的途径主要包括以下几个。

（1）利用分类表查询检索主题的分类号的含义，分类表中的参见、附注能很好地确定各分类号之间的技术关联性。

在分类号查询器的查询功能下，可以通过分类号查询到相关分类号的中、英文含义。在查询界面输入分类代码，在右上角选择版本号，如图 3 - 3 - 17 所示，输入分类号代码 C12N15/746，选择版本号为 20210501，查询后可得到该分类号的含义。

图 3 - 3 - 17 分类号查询器 CPC 查询示例

选择 CPCCN 页签，同样的操作方法，却无法得到 C12N15/746 的分类号中文含义。主要的原因在于，中文版 CPC 最新的版本为 20140701，并不是最新的 CPC 版本，中文版 CPC 中没有 C12N15/746 细分分类号，因此，中文版 CPC 查询不到该分类号的含义。

（2）在分类号查询器的查询功能下，可以通过分类号含义，查询到相关含义对应的分类号，如图 3 - 3 - 18 所示。

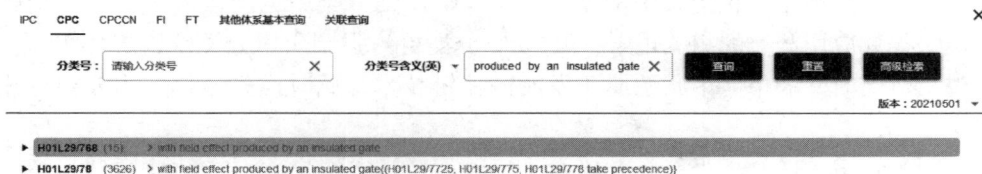

图 3 - 3 - 18 通过含义查询分类号

分类号查询器还提供高级查询接口，在高级检索界面可输入检索式，规则与融合检索相同。支持 CLA（分类号）、TICN（中文解释）、TIEN（英文解释）3 个字段。例如，选择 IPC 分类体系，高级检索输入框中输入检索式：乳酸菌/TICN，可以得到与乳酸菌相关的 IPC 分类号，如图 3 - 3 - 19 所示。

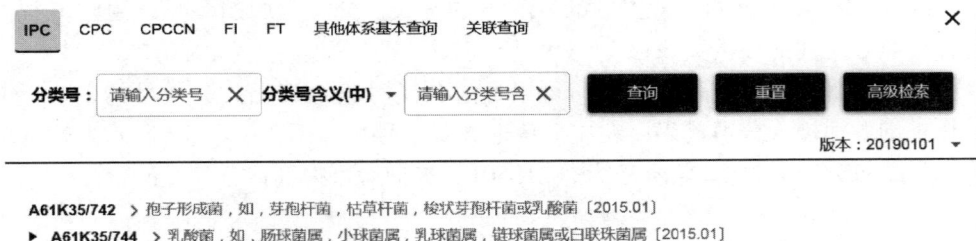

图 3 - 3 - 19 分类号查询器高级查询示例

（3）使用智能检索系统的分类号统计功能。

（4）广泛参考引证/被引证文件、同族专利、系列申请、待筛选文献等的分类号。

（5）基于智能检索系统的要素推荐获得分类号。

智能检索系统的要素推荐中包括关键词、IPC 分类号、CPC 分类号的推荐。其中与检索主题的关键词、分类号重合的用方框标识，如图 3 - 3 - 20 所示。

图 3 - 3 - 20 分类号推荐

3. 分类号的扩展

（1）功能分类与应用分类的扩展

在用 IPC 进行分类时，功能属性的技术主题分入功能属性的分类位置，应用属性的技术主题分入应用属性的分类位置，既体现功能属性又体现应用属性的技术主题，则两种属性的分类位置在检索中都需要使用。CPC 在分类中也同样遵从 IPC 指南中关于功能分类和应用分类的相关规定，但 CPC 分类更为强调应用分类位置的使用。在用 CPC 进行分类时，如果应用属性属于发明的关键技术，此时优先选择应用分类位置进行分类。

【案例 3 - 3 - 14】

申请号： 201110145200.2

发明名称： 一种采集动作数据进行比对并得出比对相似度结果的系统

分类号： G06F17/30

权利要求 1： 一种采集动作数据进行比对并得出比对相似度结果的系统，其特征在于：它包括动作采集模块、数据库、设置管理模块、数据比对模块、数据发送模块和显示终端，其中数据库、设置管理模块、数据比对模块、信息发送模块布置在服务器上；

所述动作采集模块，采用陀螺仪、重力传感器或加速度传感器中的至少一种来采集动作数据，动作数据经无线通信网络发送到数据库，动作采集模块包括两种工作模式，一种为采集标准动作数据，另一种为采集待比对动作数据；

所述数据库，用于存储包括：待比对动作数据、由采集来标准动作数据形成的动作模型库；

所述设置管理模块，提供一个操作界面，用于管理采集到数据库的动作数据，所述数据比对模块，用于将采集到数据库的待比对动作数据与动作模型库中的标准动作数据进行比对；

所述数据发送模块，将上述数据比对模块的比对结果通过无线通信网络发送到显示终端；

所述显示终端包括专用终端和PC，用于接收显示比对结果和访问设置管理模块提供的操作界面。

发明解读： 为了便捷地让用户了解其姿势或动作是否规范，需要解决如何实现对用户的动作进行评估。通过动作采集模块采集动作数据，动作采集模块包括两种工作模式，一种为采集标准动作数据，另一种为采集待比对动作数据。将采集的标准动作归类存储到数据库中，将采集到的待比对动作数据与数据库中的标准动作进行比对，将比对结果显示到终端，方便人们在训练时校准自己的姿势。

检索策略：

相关分类号包括：

G06K 9/62 ·应用电子设备进行识别的方法或装置

G06K 9/6201 ··匹配；相邻性测量

G06K 9/6215 ···相邻性度量，即相似性或距离测度

其中，G06K 9/6215 体现了本案例采用的具体手段，属于功能分类。

对于 A63B，CPC 增设了 2000 系列的分类位置，该系列全部是针对 A63B 中具体的应用特征，如：

A63B 2024/00 之前各组中训练器械用的电气或电子控制器；控制或监控练习，运动型游戏，训练或运动过程

A63B 2024/0003 ·在练习或训练过程中的运动过程或动作顺序的分析，如高尔夫或网球的摆动

A63B 2024/0006 ··电脑比对用于动作顺序或动作过程的质量评价

A63B 2024/0009 ···电脑实时对比使用者之前的运动或动作

A63B 2024/0012 ···利用预订参数对比运动或动作顺序

由此可见，A63B 2024/0006 应用分类位置或其包括的子组体现了本案例的发明构思，使用该分类号即可涵盖本案例的一个或多个基本检索要素。

在 2000 系列细分下，对于说明书中的动作采集模块，也有对应的 2000 系列分类位置：

A63B 2220/00 与体育运动有关的物理参数的测量

A63B 2220/30 ·速度

A63B 2220/40 ·加速度

CPC 分类中 2000 系列比较细致，其中 A63B 2024/0006 及其下位组涉及的就是本案例的主题，切中发明的要点。且对于具体细节，A63B 2220/00、A63B 2220/30 和 A63B 2220/40 准确表达了采集的参数信息，对于关键词难以表达的案例，CPC 给出了确切的分类位置。本案例可以直接用分类号进行检索：

1 VEN 1266/cpc A63B2024/0006 or A63B2024/0009 or A63B2024/0012

2 VEN 5862/cpc A63B2220/00 or A63B2220/30 or A63B2220/40

3 VEN 485 1 AND 2

经过语义排序，前 80 篇存在多篇 X 类对比文件，例如：CN101909705A、WO2010/111705A2，以及 US2010261146A1。

（2）制备方法分类与对应产品分类的扩展

很多领域涉及同一检索主题的方法分类和产品分类并不在一个大组下，如表 3 - 3 - 14 所示，但两者在技术上往往密切关联，在检索中，仅仅使用其中一种分类，存在漏检风险。

表 3 - 3 - 14　产品和方法分类对应关系

方　法	产　品
H01L21/56（封装方法）	H01L23/28 ~ H01L23/31（封装产品）
H01L21/334 ~ 21/339（单极器件工艺）	H01L29/（单极器件）
H01L21/328 ~ 21/332（双极器件工艺）	H01L29/（双极器件）
H01L21/77 ~ 21/98（集成电路制造工艺）	H01L27/（集成电路器件）
H01L 21/768（互连方法）	H01L23/52 ~ H01L23/538（互连产品）

【案例 3 - 3 - 15】

申请号：200610075259

发明名称：防止半导体元件中金属线短路的方法

分类号：H01L21/768，H01L23/522，H01L29/40，H01L21/033，H01L21/28

权利要求 1：一种形成半导体元件的方法，包括：提供基材；提供铝金属线（302）于该基材上；形成阻障层（304）于该铝金属线上；以及形成富硅介电层（306）于该阻障层上。

发明解读：形成半导体元件时，在铝金属线上形成阻障层，并在阻障层上形成富硅介电层。防止铝金属线的铝扩散至富硅氧化物内衬，防止金属线短路，如图 3 - 3 - 21 所示。

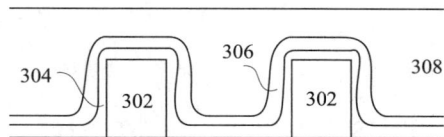

图 3 - 3 - 21　案例 3 - 3 - 15 的附图

检索策略： 半导体领域涉及互连的产品分类号中最相关的 CPC 分类号为 H01L23/5329 和 H01L23/53295，方法中最相关的 CPC 分类号为 H01L21/76801。通过如下检索式进行检索：

1 VEN 9656　/CPC（H01L21/76801 OR H01L23/5329 +）

2 VEN 13655（SILICON 3D（ENRICH OR RICH））OR SRO

3 VEN 86 1 AND 2

浏览后发现了 X 类对比文件 GB2305295A。

如果该案例仅用产品分类进行检索，会漏检对比文件。由于每篇对比文件针对的侧重点不同，有些对比文件主要涉及产品结构，分类时仅给出产品分类。有些对比文件主要涉及方法步骤，分类时仅给出方法分类。在检索时，需要根据已有结果不断调整检索策略，进行产品、方法的相互扩展，以获得相关对比文件。

（3）多重分类的扩展

CPC 分类体系具有多重分类原则，从不同角度清晰地限定相应的技术方案，克服关键词筛选或者不易扩展的困难。利用多重分类，可以对检索主题的多个关键技术要素同时考量以缩小检索范围。

【案例 3 - 3 - 16】

申请号： 201410132379.1

发明名称： 文本数据处理方法及其电子装置

分类号： G06F17/28

权利要求 1： 一种处理电子装置中的文本消息数据的方法，所述方法包括：

接收第一文本数据；确定第一文本数据的第一语言；响应于确定第一语言，将第一文本数据翻译为使用预定第二语言的第二文本数据；以及输出第二文本数据。

发明解读： 解决如何实现对第二语言的自动识别和翻译的技术问题，以在第一国家购买的电子装置很好地在第二国家使用。

检索策略： 权利要求 1 请求保护的技术方案实质上涉及自然语言的处理或转换，该主题在 CPC 分类表中细分位置较多：

G06F 17/28　··自然语言的处理或翻译（G06F 17/27 优先）

G06F 17/289　···机器翻译的使用，例如多语种检索，客户装置的服务器端翻译，实时翻译

本案例技术方案除涉及自然语言翻译之外，还涉及对获取语言的识别，故还涉及 CPC 中以下分类位置：

G06F 17/27　··自动分析，例如解析（语音识别、分析或合成 G10L）

G06F 17/275　···语言识别

利用 CPC 进行检索：

19 VEN　172　（G06F17/289 AND G06F17/275）/cpc

20 VEN　38682 language AND translat +

21 VEN　120 19 AND 20

语义排序后，在第 24 和第 52 位得到两篇 Y 类对比文件 CN1494695A 以及 US2004158471A1。

本案例首先要进行文本数据的源语言确定，然后要提供文本数据的翻译，这两个技术方面可以利用 CPC 的多重分类原则予以体现，因而通过语言翻译的分类位置结合语言识别的分类位置，实现对该权利要求的精确检索。由此可见，在检索时考虑双重甚至多重数据分类，有助于提供完备的检索信息。

4. 多种分类体系的协同检索

CPC 分类并未覆盖所有国家的文献，仅仅使用 CPC 进行检索存在漏检的风险。因此通过 CPC 检索未检到 X/Y 类对比文件时，应当利用关键词、IPC、FI/F – term、DC/MC 分类进行检索。例如，对于涉及沟槽式栅极晶体管的技术方案，CPC 分类主要有 H01L29/66704、H01L29/66734、H01L29/7813、H01L29/7825、H01L29/4236，在扩展检索时，相关的 FI 分类号为 H01L29/78&301V、H01L29/78&653A、H01L29/78&653C，F – term 分类号为 5F140/ BF43，需要采用多种分类号协同检索以克服单一分类号文献覆盖不全面的问题。

IPC 是目前唯一的国际通用专利文献分类，世界各国均对其公开的专利文献给出 IPC 分类号，主要专利文摘数据库和专利全文数据库均提供 IPC 分类号索引。

IPC 分类号存在如下局限性：①部分文献的 IPC 分类号的分类不准确，由于各国 IPC 分类号分类标准不完全一致，部分国家/地区由本国分类号通过程序转换得到 IPC 分类号等原因，导致分类不准确；②IPC 分类存在多个版本分类号共存，对原来老版本分类的文献并不采用新版本分类号重新分类，仅检索最新版本的 IPC 分类号会漏检用早期版本进行分类的文献。

可以采用同时检索 IPC 分类号对应的 CPC/FI 分类号的方式，部分克服由于 IPC 分类号自身局限性所导致的漏检问题。具体检索模式为"分类号/IC/CPC/FI"或"分类号/IC/CPC/FI/LOW"。需要注意的是，由于 FI 以 IPC 分类号第 6 版为基础，与 IPC 第 8 版分类号差别较大，若直接"/FI/LOW"效果比"/CPC/LOW"效果要差。

常用的分类体系主要有 IPC、CPC、FI/F – term，熟悉这些分类体系之间的对应关系，对于准确、高效地选用分类号进行检索大有帮助。下面以 IPC 分类中发光二极管下的一点组 H01L33/02 为例，介绍各种分类体系之间的对应关系。

由对应表 3 – 3 – 15 可以看出，对于 H01L33/02 组，CPC、FI 分类在一些小组下面相对于 IPC 分类有进一步的细分，而 F – term 分类基于 FI 分类的一些内容，还有进一步的细分，在检索时应当根据需要选择相应的分类体系进行检索。

表 3 – 3 – 15　H01L33/02 下各分类体系对应关系

IPC〔2021.01〕	CPC	FI	F – term
H01L 33/02 . 以半导体 为特征的	H01L33/02 . characterised by the semiconductor bodies H01L33/025.. Physical imperfections，e. g. particular concentration OR distribution of impurities	H01L33/00&A. characterised by bodies〔GaAs AlGaAs Group 4（Si Ge）etc.〕 H01L33/00&B. GaP system〔also including Ga-AsP system and InGaP system〕 H01L33/00&C. GaN system〔also including Al-GaN system〕 H01L33/00&D. 2 to 6 group system〔ZnS ZnSe ZnSSe ZnTe etc.〕	5F041/CA32.. Base materials 5F041/CA33... Group IV 5F041/CA34... GroupsIII and V 5F041/CA35... Gallium arsenide（GaAs） 5F041/CA36... Gallium aluminum arsenide（GaAlAs） 5F041/CA37... Gallium phosphide（GaP） 5F041/CA38... Gallium arsenic phosphide（GaAsP） 5F041/CA39... Indium gallium arsenic phosphide（InGaAsP） 5F041/CA40... Gallium nitride（GaN） 5F041/CA41... Groups II and VI5F041/CA42 5F041/CA42... Zinc sulfide（ZnS） 5F041/CA43... Zinc selenide（ZnSe） 5F041/CA44... Zinc selenium sulfide（ZnSeS） 5F041/CA45... Organic semiconductors 5F041/CA46... Other base materials

在分类号查询器的查询功能下，可以通过分类号和分类号含义，查询到相关分类号在不同分类体系下的关联分类号，如图 3 – 3 – 22 所示。

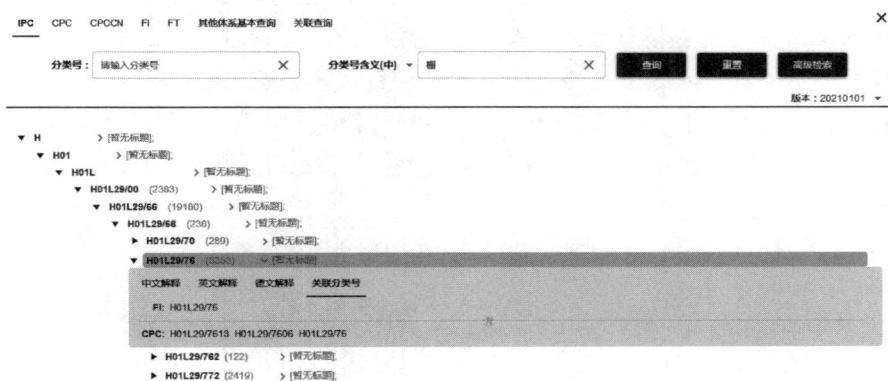

图 3 – 3 – 22　通过分类号和分类号含义查询不同分类体系下的关联分类号

分类号查询器还提供关联查询接口，将不同分类体系的相关分类号对应起来。例如在关联查询界面输入 IPC 分类号 H01L33/00，选择关联的分类体系 FI，则可以查询得到 FI 分类体系中与 IPC 分类号 H01L33/00 相关联的分类号，如图 3 – 3 – 23 所示。

图 3 - 3 - 23　通过关联查询查询不同分类体系下的关联分类号

【案例 3 - 3 - 17】

申请号：200610111293.6

发明名称：半导体器件用引脚框架及其制造方法

分类号：H01L23/495，H01L21/48，H01L21/60

权利要求 1：一种半导体器件用引脚框架，其特征在于，包括：由铁（Fe）及铬（Cr）构成的合金母材（110），第一镀层（120），以规定厚度镀敷在前述合金母材的至少一个面上来提高紧密接合力，以及第二镀层（130），镀敷在前述第一镀层的表面，厚于前述第一镀层的厚度，并且与半导体管芯和引线接合而流过规定电流。

发明解读：本案例的目的在于提供一种各种材料性能优良（例如机械特性、物理特性、电特性及热特性）且可廉价制造和供应的半导体器件用引脚框架及其制造方法，如图 3 - 3 - 24 所示。

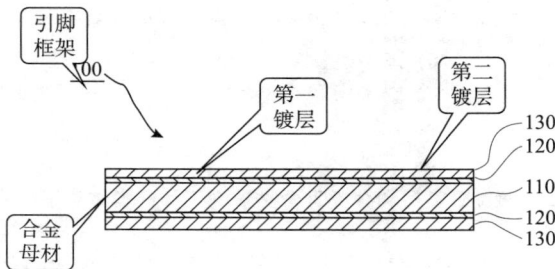

图 3 - 3 - 24　案例 3 - 3 - 17 的附图

检索策略：

从表 3 – 3 – 16 可知，CPC/FI/F – term 与 IPC 分类号相比，更加贴近本案例权利要求的特征部分，其中 F – term 分类号相关度更高，给出了权利要求特征部分的材料、层结构以及层厚度的分类，故优先采用 F – term 分类号进行检索。

检索过程：

1　VEN　241　/FT 5F067/EA03

以权利要求 1 作为语义排序基准排序，第 49 位获得一篇 Y 类对比文件 JP 特开平 3 – 243790A。

2　VEN　435　/FT 5F067/DC18 AND 5F067/DC20

以权利要求 1 中的文本"一种半导体器件用引脚框架，由铁（Fe）及铬（Cr）构成的合金母材"作为语义排序基准排序，第 68 位得到另一篇 Y 类对比文件 JP 平 1 – 307254A。

如果将以上 2 个检索式相与，则会漏掉上述两篇 Y 类对比文件。由此可见，分别以仅涉及部分基本检索要素的分类号结合语义排序，能够在避免漏检的基础上提升文献筛选的效率。

涉及材料、层数、厚度、形状等细节的改进发明，同一技术主题经常存在与 IPC 分类号相比更加贴近检索主题的细化 CPC/FI/F – term 分类号，应注意查找并在检索中优先使用，精准的分类号结合语义排序，尤其采用表达部分检索要素的分类号结合语义排序，可以同时兼顾检索的全面性和效率。

表 3 – 3 – 16　引线框架的材料、层数及厚度相关分类号列表

类别	分类号	含义
IPC	H01L23/495	引线框架的
CPC	H01L23/49579	按其上的引线框架或者层的材料特点进行区分的
	H01L23/49582	引线框架上的金属层
FI	H01L23/50	集成电路器件的引线 D 镀层 V 引线的材料
F – term	5F067	集成电路的引线框架 DC00 镀层 16 · 用于镀层的金属 18 · · 具有两层或更多层的镀层 20 · 镀层的厚度 EA00 引线框架材料 01 · 以铁为主成分的合金 03 · · 铁 – 铬合金或不锈钢的

四、关键词表达

关键词表达是检索准备中的重要一环。关键词是最能直接体现技术主题、发明构

思或关键技术特征的表达手段。恰当选取关键词后，还应多角度、全方位、深层次地对关键词进行扩展表达，使检索结果覆盖以其他词语形式出现的相关对比文件。

智能检索系统中提供多种辅助类工具，包括要素推荐、关键词扩展工具等，表 3 - 3 - 17 显示了所述辅助类工具的功能列表，用户可在初步理解技术主题的基础上，对系统自动提取和扩展的关键词加以利用。

表 3 - 3 - 17　辅助类工具的功能列表

系统工具	功能简介
要素推荐	自动推荐关键词和分类号（包括 CPC 和 IPC），来自当前待检索案件号进行语义检索获得的关联文献的统计分析
当前检索主题语义分词	语义引擎对语义排序基准提取的主要技术特征词
语义检索结果文献	在概览界面，全部展开可显示每篇结果文献的摘要信息
辅助工具：关键词扩展工具	输入基础词，系统自动输出相关的词条，包括近义词、扩展词、简繁体等
辅助工具：翻译工具	实现源语言 - 目标语言的翻译，辅助扩展关键词的英文表达
辅助工具：药剂辅助工具	输入基础词，可实现中药词典查询、病名查询、西药词典查询
一站式分词	基于权利要求内容进行分词，提取关键词特征
一站式关键词扩展	对于一站式分词，单击右键可实现关键词扩展

除利用智能检索系统的以上辅助类工具外，善用技术辞典、教科书、工具书以及查询相关数据库等，有助于选择恰当的关键词表达。

下面以检索案例介绍多种关键词表达策略。

（1）基于要素推荐获得关键词

在智能检索系统中，布尔检索输入框的右侧"要素推荐"工具，可自动基于检索主题案件号进行语义检索，获取一组与本检索主题相似的关联文献，并对其关键词进行统计分析，为用户推荐关键词，如图 3 - 3 - 25 所示。

图 3 - 3 - 25　要素推荐工具使用界面

【案例 3 - 3 - 18】

申请号：201810347112.2

发明名称：一种带硬化耐磨层的石墨模具及其制备方法和应用

权利要求 1：一种带硬化耐磨层的石墨模具，其特征在于：所述带硬化耐磨层的石墨模具由石墨基体和石墨烯/Cu 的复合涂层构成，所述石墨烯/Cu 的复合涂层包覆于石墨基体上。

发明解读：现有技术中制备3D玻璃热弯的模具为石墨材料，存在成本高、使用寿命低的问题。本案例在石墨模具表面增加涂层，增强其表面硬度和耐磨性能，延长使用寿命。

检索策略：基于技术主题"石墨模具"和应用领域"玻璃热弯"，获得一篇Y类对比文件CN106746526A，其未公开在石墨表面增加石墨烯/Cu涂层的技术特征。随后，检索重点转移为石墨模具表面的石墨烯/Cu涂层，基于系统推荐关键词表，获得"氧化石墨烯"一词，如图3-3-26所示。

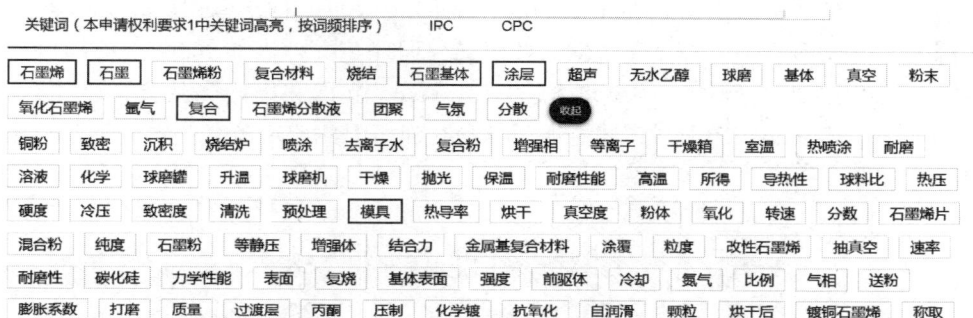

关键词（本申请权利要求1中关键词高亮，按词频排序） IPC CPC

石墨烯 石墨 石墨烯粉 复合材料 烧结 石墨基体 涂层 超声 无水乙醇 球磨 基体 真空 粉末
氧化石墨烯 氩气 复合 石墨烯分散液 团聚 气氛 分散 收起
铜粉 致密 沉积 烧结炉 喷涂 去离子水 复合粉 增强相 等离子 干燥箱 室温 热喷涂 耐磨
溶液 化学 球磨罐 升温 球磨机 干燥 抛光 保温 耐磨性能 高温 所得 导热性 球料比 热压
硬度 冷压 致密度 清洗 预处理 模具 热导率 烘干 真空度 粉体 氧化 转速 分数 石墨烯片
混合粉 纯度 石墨粉 等静压 增强体 结合力 金属基复合材料 涂覆 粒度 改性石墨烯 抽真空 速率
耐磨性 碳化硅 力学性能 表面 复烧 基体表面 强度 前驱体 冷却 氮气 比例 气相 送粉
膨胀系数 打磨 质量 过渡层 丙酮 压制 化学镀 抗氧化 自润滑 颗粒 烘干后 镀铜石墨烯 称取

图3-3-26 系统推荐词表

基于"氧化石墨烯"和涂层相关特征构建检索式，获得另一篇Y类对比文件CN107557843A，其公开了在石墨基体表面增加石墨烯/铜涂层以提高硬度和耐磨性能。检索过程如表3-3-18所示。

表3-3-18 不同检索式的对比文件位次

对比文件	数据库	先布尔后语义的检索式	语义排序基准	对比文件位次
Y1（CN106746526A）	CNTXT	石墨模具 AND 玻璃热弯	申请号	19/259
Y2（CN107557843A）	CNTXT	石墨烯 AND 涂层 AND（Cu OR 铜）	申请号	109/11054
	CNTXT	氧化石墨烯 AND 涂层 AND（Cu OR 铜）	申请号	45/1883

系统推荐关键词是对语义检索获得的相似文献进行统计所得出的一组关键词，通常与当前案件比较相关，可辅助扩展关键词。

（2）基于检索主题语义分词（英文）获取关键词

智能检索系统根据用户设置的语义排序基准进行语义分词，并展示20个较为重要的语义分词（中文）和语义分词（英文），代表系统基于一定计算规则所提取的关键词，可为用户获取、表达关键词提供一定的参考。

【案例3-3-19】

申请号：201680037295.7

发明名称：带有倒钩的锚定件或钉

权利要求1：一种组织锚定件，包括：细长主体，其具有近端和远端，以及倒钩，所述倒钩在所述近端附近安装到所述细长主体，用于在缩回位置和伸出位置之间移动，在所述伸出位置中，所述倒钩从所述细长主体向外伸出；弹性元件，所述弹性元件设置在所述细长主体内并且被构造成将所述倒钩朝所述伸出位置偏置；和所述细长主体具有邻近所述近端的开口，并且所述倒钩的枢转端在所述开口内枢转地安装到所述主体，所述倒钩能够通过所述弹性元件的压缩移动到所述缩回位置。

发明解读：一些已知的锚定手段，例如缝合线，耗时或难以移除，移除时会导致创伤。本案例在锚定件上设置倒钩，且倒钩能够通过弹性元件的压缩移动到缩回位置。

检索策略：分析本案例的发明构思，可以看出，现有技术的倒钩普遍可以伸出但无法缩回，本案例的发明构思在于倒钩的"缩回"而非"伸出"，因此，将检索重点放在倒钩的"缩回"上。根据系统默认的语义分词（英文）表如图 3 - 3 - 27 所示，获得英文"barb"（即"倒钩"的英文表述）、"retract"（即"缩回"的英文表述）。"缩回"的英文表述 retract 比中文表述更加固定和准确，因此使用英文关键词构建检索式，获得对比文件。

图 3 - 3 - 27　语义分词表

本案例的检索过程如表 3 - 3 - 19 所示。

表 3 - 3 - 19　不同关键词的对比文件位次

对比文件	数据库	先布尔后语义的检索式	语义排序基准	对比文件位次
X（US2014155687A1）	OETXT	barb 3d retract	申请号	33/107
	USTXTC	倒钩 3d 缩回	申请号	166/929

系统默认的语义分词（英文）是基于检索主题在 WPABS、DWPI 等数据库中的英文摘要信息进行语义分词所获得的词表，可能来自经改写的德温特摘要信息，有时能

够比中文分词提供更精准的关键词。本案例中，基于系统提供的语义分词（英文）获得"retract""barb"关键词，体现了发明构思，更加有利于获得对比文件。

（3）基于语义检索结果文献获取关键词

智能检索系统的语义检索功能，可帮助用户进行初步检索以获得相关或相似的文献，用户可以在浏览文献的过程中获得对关键词的进一步理解或扩展。

【案例 3 - 3 - 20】

申请号： 200810176703.4

发明名称： 牛痘疫苗致炎兔皮提取物在制备急性脑血管疾病治疗药物中的用途

权利要求 1： 牛痘疫苗致炎兔皮提取物在制备药物中的用途，所述药物用于治疗哺乳动物中的急性脑血管疾病。

发明解读： 利用一种蛋白提取物即牛痘疫苗致炎兔皮提取物，制备治疗急性脑血管疾病的药物。

检索策略： 该权利要求是典型的制药用途权利要求，分析可得两个基本检索要素：A. 牛痘疫苗致炎兔皮提取物；B. 急性脑血管疾病。基于申请号进行语义检索，或者基于 A + B 的布尔检索式，均未获得相关的对比文件。但是浏览语义检索结果文献，发现本领域对"牛痘疫苗致炎兔皮提取物"有专业术语"恩再适""神经妥乐平"等。因此，改用"恩再适""神经妥乐平"关键词表达基本检索要素 A，获得对比文件，检索过程如表 3 - 3 - 20 所示。

表 3 - 3 - 20　不同关键词的对比文件位次

对比文件	数据库	先布尔后语义的检索式	对比文件位次
X（CP66417221：神经妥乐平治疗急性脑梗塞的疗效观察）	CJFD	（牛痘 s 兔皮）AND（脑血管 OR 中风 OR 脑血栓 OR 脑溢血 OR 脑梗）	0/0
	CJFD	（恩再适 OR 神经妥乐平）AND（脑血管 OR 中风 OR 脑血栓 OR 脑溢血 OR 脑梗）	28/454
X（CP73369260：神经妥乐平与恩在适抗脑缺血与镇痛作用比较）	CJFD	（牛痘 s 兔皮）AND（脑血管 OR 中风 OR 脑血栓 OR 脑溢血 OR 脑梗）	0/0
	CJFD	（恩再适 OR 神经妥乐平）AND（脑血管 OR 中风 OR 脑血栓 OR 脑溢血 OR 脑梗）	29/454

利用语义检索自动推送的文献所提供的技术信息可辅助用户获得更加详尽、全面的现有技术术语。本案例中，牛痘疫苗致炎兔皮提取物是现有技术已经制备并已有专业命名的混合物，利用专业术语更加有利于获得对比文件。

（4）基于关键词扩展工具获取关键词

智能检索系统辅助工具——关键词扩展工具，可辅助用户获得近义词、扩展词、简繁体等多种扩展表达。在技术语言多样、更新迅速的时代，关键词扩展工具对于用户全面表达关键词大有裨益。

下面通过案例介绍关键词扩展工具。

【案例3-3-21】

申请号： 201911307348.4

发明名称： 显示装置、显示方法及记录介质

分类号： H04N13/302，H04N13/332，H04N13/398，H04N13/106

权利要求1： 一种显示装置，其特征在于，具有以下部件：显示面板，显示图像；和处理器，所述处理器取得包括右眼用图像与左眼用图像的三维图像数据，所述处理器控制所述显示面板，以使得显示所述三维图像数据所包含的所述右眼用图像与所述左眼用图像，所述显示面板中的所述右眼用图像与所述左眼用图像之间的偏离量为目视所述显示面板的用户的眼睛间隔的大致二分之一。

发明解读： 处理器控制所述显示面板，显示所述三维图像数据所包含的所述右眼用图像与所述左眼用图像，所述显示面板中的所述右眼用图像与所述左眼用图像之间的偏离量为目视所述显示面板的用户的眼睛间隔的大致"二分之一"，从而实现将显示图像重叠显示到镜像，如图3-3-28所示。

图3-3-28　用户视觉辨认出显示装置时的视线的图

检索策略： 从发明构思中可以提取的领域类检索要素一为"显示"，从发明点提取的检索要素二为"二分之一"，但是该检索要素涉及分数数值，难以表达，因此考虑使用技术效果方面的关键词"镜像"进行检索。使用"镜像"构建布尔检索式，需要扩展全面，如果扩展得不全，则存在漏检的风险，这时，可以使用到关键词扩展工具。

如图3-3-29所示，系统推荐了20个与镜像相关的关键词，人工进一步筛选，选择镜面作为镜像的同义词。

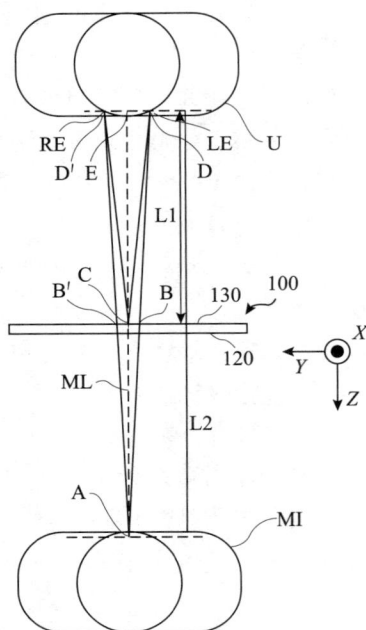

图3-3-29　关键词扩展工具使用示例

使用检索式"镜面 OR 镜像"检索得到 309699 篇文献，语义排序后第 30 位得到相关对比文件 CN106461958A。

在检索过程中，可以使用关键词扩展工具帮助扩展关键词，使用过程中，还需要根据领域和具体的检索主题进一步选择扩展词。

【案例 3 – 3 – 22】

申请号：201910085986. X

发明名称：冰箱用制冰机

权利要求：

1. 冰箱设备用制冰机，所述制冰机包括：冰盘，所述冰盘固定到托盘固定部，并且所述冰盘具有多个制冰用的凹部；所述托盘固定部，所述托盘固定部固定所述冰盘并且被配置成使所述冰盘随着所述托盘固定部的旋转而旋转，其中形成在多个所述凹部中的冰沿向下的方向排出；以及碎冰部，所述碎冰部接合到所述托盘固定部的下表面，并且被配置成通过粉碎由所述冰盘的旋转而供应过来的冰块来产生碎冰。

2. 根据权利要求 1 所述的制冰机，其中所述碎冰部包括：

主体部，所述主体部具有设置在所述主体部的前侧的四边形板状驱动器壳体；

粉碎杆，所述粉碎杆定位在所述驱动器壳体的前表面上；

碎冰部驱动器，所述碎冰部驱动器被配置成使得第一旋转体和第二旋转体随着所述粉碎杆的旋转而旋转；并且

所述第一旋转体和所述第二旋转体具有圆柱形形状，并且被配置成通过所述碎冰部驱动器旋转。

发明解读：在手动制冰机中，当用户需要碎冰时，用户必须在形成于冰盘的凹部中的冰块从冰盘中排出后通过使用单独的碎冰刀片而手动地粉碎冰块，存在由碎冰刀片引起伤害事故的可能性，并且粉碎每个冰块对于用户来说可能是不方便的。本案例利用粉碎杆的旋转实现手动碎冰。

检索策略：针对权利要求 2 的技术方案，已经获得一篇 Y 类对比文件 JP2002310549A，接下来，利用关键词扩展工具扩展关键词"手动"，如图 3 – 3 – 30 所

图 3 – 3 – 30　利用关键词扩展工具

示。扩展的关键词为"手摇""摇杆"，利用扩展关键词构建检索式，获得另一篇 Y 类对比文件 CN205300069U。

本案例检索过程如表 3 − 3 − 21 所示。

表 3 − 3 − 21　不同关键词的对比文件位次

对比文件	数据库	先布尔后语义的检索式	语义排序基准	对比文件位次
Y（CN205300069U）	CNTXT	碎冰 S 手动	申请号	无/79
	CNTXT	碎冰 S（OR 手动，手摇，摇杆）	申请号	30/115

由此表明，可以充分利用智能检索系统提供的关键词扩展工具获得关键词的全面表达。值得注意的是，关键词扩展工具中的简繁体扩展，并不止于对汉字字面意义上的转换，还可以根据中国大陆偏好的科技术语与中国台湾地区偏好的科技术语差异进行扩展，例如：输入"网络"，其简繁体扩展词为"網""網路"，输入"激光"，其简繁体扩展词为"雷射"，输入"红细胞"，其简繁体扩展词为"紅血球"。

（5）基于人工智慧获取关键词

除利用以上辅助检索工具或工具书外，用户更需发挥人工智慧，充分扩展关键词表达，确保从以下 3 个层次准确完整表达关键词：①角度上准确和完整，除技术方案直接相关的技术手段和技术特征外，还可以从技术问题、技术效果、发明原理、技术领域、适用场景等角度检索；②意义上准确和完整，充分考虑关键词的同义词、近义词、反义词、关联词、上下位概念等；③形式上准确和完整，例如英文、英文缩写、简繁体、英文的不同词性、词形、英美拼写差异、拉丁学名、化学元素符号、分子式、特殊数据库编号（例如化合物的 CAS 登记号、生物序列的 GenBank 登录号）等。

【案例 3 − 3 − 23】

申请号：201910840640.6

发明名称：一种大白菜的原生质体制备及遗传转化方法

权利要求 1：一种制备大白菜原生质体的方法，其特征在于：所述方法包括从大白菜黄化内叶中得到大白菜原生质体的步骤。

发明解读：将大白菜黄化内叶进行酶解，从酶解溶液中分离出原生质体。

检索策略：制备原生质体的原材料大白菜黄化内叶为关键检索要素，检索之初将叶片表达为 leaf、leaves、leafy，或者结合黄化、内叶相关的英文词，未获得相关对比文件。对说明书相关信息进一步分析和总结，发现所选用的大白菜是结球期的大白菜，其黄化内叶实质上是大白菜的顶生叶形成的叶球内部的球叶。因而选取顶生叶、叶球、球叶对应的英文词"leafy head, heading leaf, folding leaves, the leaf inside of head, head leaves"进行检索。基于"Brassica pekinensis"（大白菜）、"protoplast"（原生质体）和"head leaves"（顶生叶）关键词检索，在非专利数据库（谷歌学术）中获得 X 类英文非专利文献（Observation on protoplast of Chinese cabbage and Chinese chive）。如果仅使用"leaf"而不扩展至"head leaf"，则无法获得该对比文件。在谷歌学术搜索 Brassica pekinensis protoplast leaves，结果数总计 816 万篇，排序在前 500 篇中没有发现该对比文件，即使增加检索要素，也依然无法在可浏览的结果中找到该对比文件。

以上案例在深入理解发明的基础上，选取更贴近的关键词，以"顶生叶"代替"黄化内叶"作为检索词，隐含限定出选用结球期大白菜作为原材料这一特征，充分体现从发明点和适用场景的角度选取关键词的妙用。

【案例 3 - 3 - 24】

申请号： 201910308565.9

发明名称： 一种牡蛎壳作为固化材料用于余泥渣土的利用方法

分类号： C04B28/34

权利要求1： 一种牡蛎壳作为固化材料用于余泥渣土的利用方法，其特征在于，所述利用方法用于制备牡蛎壳土质混凝土，所述利用方法包括以下步骤：S1，将采回的余泥渣土土样置阴凉处风干，捣碎后过筛，去除混杂其中的植物残体和砖瓦石块；S2，使用稀盐酸溶液除去废弃牡蛎壳表面残留的有机物质，使用清水洗净并放入烘箱烘干，之后对废弃牡蛎壳进行破碎处理，控制牡蛎壳颗粒的直径小于4mm，去除杂质；S3，称取 S1 处理后的土样干料、S2 处理后的牡蛎壳干料于搅拌锅中，土料与牡蛎壳的质量比为 3：2，以干料为基准称取第一份水 19%～21%，第二份水 3%、水泥 4%～6%，磷酸 8%；S4，先取适量的第一份水将磷酸溶解，再与称量好的土样干料、牡蛎壳干料、剩余的第一份水混合，放入搅拌机内慢速搅拌，将搅拌均匀的混合料放在密闭容器封口塑料袋内浸润 4～8h 备用，充分活化混合料；在活化的混合料中加入称量好的水泥搅拌，再加入第二份水搅拌均匀；S5，将混合料装入试模中，混合物应在 1h 以内用静力压实法压制成型，过 2～4h 后脱模；S6，试样成型后置于标准养护箱，在温度为（20±1）℃，相对湿度＞90% 中养护到规定龄期，获得牡蛎壳土质混凝土。

发明解读： 通过用磷酸激发废弃牡蛎壳的活性来胶结余泥渣土，得到牡蛎壳土质混凝土，同时解决余泥渣土与废弃牡蛎壳的回收再利用的问题。

检索策略： 利用关键词"牡蛎壳"或扩展词"贝壳"检索，未获得相关对比文件。了解发明机理发现，对牡蛎壳的利用本质上是激发其中含有的碳酸钙，因此扩展关键词至"碳酸钙、石灰石"，在 CNKI 中构建如下检索式：（碳酸钙 OR 石灰石）and 磷酸，获得两篇 Y 类对比文件 1（新型石灰石土抗压强度试验及微观机理研究）和对比文件 2（磷酸对黄河泥沙石灰土的激活效果及作用机理）。

由此可见，充分理解发明的原理，将关键词"牡蛎壳"调整为实质有效成分"碳酸钙"，对关键词的扩展充分且合理。

第四节　融合检索

一、结合语义排序的布尔检索

在布尔结合语义的检索策略中，布尔检索的目的是先行利用检索式在文献库中圈定一个文献范围，使后续的语义排序更为精准。根据不同的案件特点选取不同的布尔检索策略，能够更充分地利用语义算法的优势，更高效地命中目标文献。下面通过案例介绍如何基于案件特点确定合适的布尔检索策略。

1. 全要素组合检索

基本检索要素是体现权利要求技术方案基本构思的可检索的要素。为全面地获得包括全部检索要素的对比文件，对于每个基本检索要素分别检索，然后将针对每个检索要素的检索结果以逻辑与的关系合并，形成针对该权利要求技术方案的布尔检索结果，作为语义排序的文献集。

【案例3-4-1】

申请号： 201710411808.2

发明名称： 低温萃取有机物内含物的方法及装置

权利要求1： 一种低温萃取有机物内含物的方法，其特征在于，包含下列步骤：

Ⅰ. 冰冻：将一有机物放置于一密封装置中进行降温，使该有机物温度降至0~60℃，使该有机物内的液态物质经物理变化形成固态物质；

Ⅱ. 减压：将该密封装置的压力降至0.1~600Pa，使该装置形成一相对低压状态；

Ⅲ. 升温：将该冰冻装置温度升高进行解冻作业，该冰冻装置内部系仍维持低压状态，使该有机物内部结冻物质通过温度提升直接升华成一气态物质；

Ⅳ. 集气：将该气态物质搜集汇聚至一集气装置；

Ⅴ. 升压：将该集气装置升压使该气态物质凝结形成液态物质；

Ⅵ. 萃取：将该液态物质分离萃取所需的内容物。

发明解读： 现有技术中萃取有机物的内容物，多采用由外部提供溶剂、高温蒸气或压力将有机物内部物质以外力逼迫产生的方式，该方式造成内部仍有许多物质无法萃取出来、萃取率偏低的问题。本检索主题利用低温冰冻技术，将有机物内含物通过低压、低温冰冻形成固态物质，在不升压的状态下将温度提升，使其有机物内含物直接转化形成气体，并挥发至集气装置，而后针对该集气装置进行加压升温使该气态物质可凝结成液态物质进行萃取，以提高萃取率。

检索策略： 分析基本检索要素，并对检索要素进行关键词的表达、扩展，如表3-4-1所示。

表3-4-1 检索要素分析

	主题要素	技术手段要素	技术手段要素	技术手段要素	技术手段要素
检索要素	萃取有机物内含物	冰冻：降温至0~60℃	减压：降至0.1~600Pa	升华	集气
要素表达	萃取 OR 提取	（冰冻 OR 冷冻 OR 冷却 OR 降温）P（RANGE [0~60℃]）	（低压 OR 减压 OR 真空）P（RANGE [0.1~600 Pa]）	升华	（收 OR 集 OR 捕）P（汽 OR 气）

在CNTXT数据库中将每个基本检索要素构造成块，然后运用逻辑运算符对块进行

组合，构建如下检索式：

1	CNTXT	2112175	萃取 OR 提取
2	CNTXT	994254	（冰冻 OR 冷冻 OR 冷却 OR 降温）P（range［0~60℃］）
3	CNTXT	165069	（低压 OR 减压 OR 真空）P（range［0.1~600 Pa］）
4	CNTXT	67995	升华
5	CNTXT	4605705	（收 OR 集 OR 捕）P（汽 OR 气）
6	CNTXT	1103	1 and 2 and 3 and 4 and 5

将命中的 1103 篇文献以申请号作为语义排序基准进行语义排序，在第 35 篇获得 X 类对比文件 CN102058094A。

全要素组合检索能够用最精准的方式查找到包括全部检索要素的对比文件，命中的文献范围准确，可以在后续浏览文献中提高筛选效率。

2. 部分要素组合检索

体现发明构思的每个基本检索要素，通常应当尽可能地以多种形式表达。表达是检索的前提，然而基本检索要素并不总是易于表达的。在某一检索要素难于表达的情形下，可以考虑仅针对易于表达的部分检索要素分别检索，然后将上述针对部分检索要素的检索结果以逻辑与的关系合并，形成包括部分检索要素的布尔检索，作为语义排序的文献集。

【案例 3 -4 -2】

申请号：202010826051.5

发明名称：一种岩土块点荷载自动测试装置及工作方法

权利要求 1：一种岩土块点荷载自动测试装置，其特征在于，包括架体，架体连接有由多个上、下分布的筛网构成的筛网机构，筛网机构下方设有第一传送机构及第二传送机构，筛网倾斜设置，最下方筛网漏下的土块及其余筛网筛出的土块能够落入第二传送机构，最下方筛网筛出的土块能够落入第一传送机构，第一传送机构一侧设有压力测试机构，第一传送机构能够将落入的土块送入压力测试机构。

发明解读：土块筛选机构与检测硬度机构连接，实现自动传送检测。

检索策略：分析基本检索要素，并对检索要素进行分类号和关键词的表达、扩展，如表 3 -4 -2 所示。

表 3 -4 -2　检索要素分析

	检索要素 A 技术领域	检索要素 B 技术问题/效果	检索要素 C 技术手段
检索要素	岩土测试装置	硬度	装置包含筛网机构、筛网倾斜设置，上、下分布的多个筛网、最下方筛网、第一传送机构，第二传送机构，压力测试机构；其他筛网筛出的和最下方筛网漏下的土块落入第二传送机构，最下方筛网筛出的土块落入第一传送机构，第一传送机构将土块送入压力测试机构

	检索要素 A 技术领域	检索要素 B 技术问题/效果	检索要素 C 技术手段
要素表达	岩，土	硬度 点荷载 点载荷	筛网、漏网、上、下、第一、第二、多个 传送、传输、第一、第二、多个 压力测试 土块

涉及技术手段检索要素的"上、下多个筛网""第一传送机构""第二传送机构"等表示方位和数量的关键词难以预期在相关对比文件中的表述方式，其中的不同分离部分送入不同机构的内容，涉及机械装置里的多个部件的各自功能、彼此连接关系以及传送方向，表达起来更是困难。

在智能检索系统的 CNTXT 数据库中将容易表达的检索要素 A 与 B 分别构造成块并运用逻辑运算符对块进行组合构建检索式：

1	CNTXT	774671	点载荷 OR 点荷载 OR 硬度
2	CNTXT	2650227	岩 OR 土
3	CNTXT	146464	1 AND 2

将命中的约 14.6 万篇文献转入语义排序，在第 4 位获得 X 类对比文件 CN11053065A。

采取部分检索要素组合检索方式，对于难于表达的检索要素 C 不构建检索式，仅采用检索要素 A 和 B 组合构建检索式，命中文献数量多达 14 万篇。利用智能检索系统的语义排序功能，仅需浏览 4 篇文献即获得 X 类对比文件。这种检索策略省略了对难以表达的检索要素进行提取、表达、扩展、反复调整的过程，又缩短了浏览筛选对比文件的时间，大大提高了检索效率。

3. 交叉领域部分要素组合检索

随着创新技术的多元化发展，交叉领域的检索主题频繁出现。对于不熟悉的领域，关键词、分类号扩展常常比较棘手。在实际检索中，面对不熟悉领域的检索主题，用户可以从技术手段、技术问题和技术效果等多个角度选取易于表达的部分检索要素，然后将上述针对部分检索要素的检索结果以逻辑与的关系合并，形成包括部分检索要素的布尔检索，作为语义排序的文献集。

【案例 3-4-3】

申请号： 201911065273.3

发明名称： 一种增强型硬质聚氯乙烯电缆管

权利要求 1： 一种增强型硬质聚氯乙烯电缆管，其特征在于，由下述重量份原料制备得到：100~150 份聚氯乙烯树脂、5~30 份偶联剂、0.1~15 份改白石墨烯、5~40 份填料、0.1~10 份热稳定剂、0.5~15 份润滑剂。

其中，该增强型硬质聚氯乙烯电缆管通过下述步骤制备得到：

步骤一：称取上述重量份各原料，并加至高混机中混合，得到混合物；

步骤二：将上述混合物放入真空干燥箱内干燥，得到预制粉；

步骤三：将上述预制粉放入料斗内，预制粉通过管件进入竖直挤出筒内，预制粉被第一螺杆从竖直挤出筒底部挤出至水平挤出筒内，挤出过程中铸铝加热片对水平挤出筒内的预制粉加热，同时两个鼓风机将外界空气鼓入上壳体内对上壳体内进行通风降温，预制粉通过水平挤出通过口模形成预成型管，3个传送履带将预成型管夹持住，第三电机带动传送履带对预成型管进行传送，同时冷却箱下方的鼓风机向冷却箱内鼓入空气，进而将冰盒的冷气吹向预成型管表面将预成型管冷却，形成半成品管；

步骤四：半成品管从另一侧固定圈穿过进管口传送至电缆管，第四电机输出轴带动驱动轴转动，升降板底部的切割刀片对半成品管进行周期性切割，切割后得到成品增强型硬质聚氯乙烯电缆管，驱动轴转动的同时带动第一锥齿轮转动，第一锥齿轮啮合带动第二锥齿轮转动，第二锥齿轮通过连接杆带动槽轮转动，槽轮周期性带动曲柄转动，曲柄带动支撑杆转动，支撑杆带动顶部的电缆管底托转动，电缆管底托带动成品增强型硬质聚氯乙烯电缆管转动，第二气缸活塞杆推动管推，管推将电缆管底托上的成品增强型硬质聚氯乙烯电缆管从出管口处推出，即可取得成品增强型硬质聚氯乙烯电缆管。

发明解读：提供增强型聚氯乙烯配方并实现预制、成型、自动切割、管材推出的自动化。

检索策略：权利要求1为制备方法限定的产品权利要求，所述制备方法包括原料组成以及制备步骤一至四，其中步骤一、二、三涉及原料混合、预制粉、挤出半成品管，步骤四涉及将半成品管切割并推出制备成品管。在智能检索系统中进行纯语义检索即可获得Y类对比文件1（CN107383693A），其公开了原料配方以及步骤一、二。步骤四涉及机械装置，着重分析步骤四的检索要素，如表3-4-3所示。

表3-4-3 步骤四的检索要素分析

	检索要素A 技术领域	检索要素B 技术问题/效果	检索要素C 技术手段
要素表达	管 AND 切割	自动 S 推出	大量结构特征（难于表达）

其中检索要素A涉及技术领域，检索要素B涉及功能效果，检索要素C主要涉及机械结构特征。机械结构特征的检索往往具有表达通用、检索噪声大的困难。因此，基于检索要素A和B分别构造检索块，再运用逻辑运算符构建如下检索式：

CNTXT 1002 管 AND 切割 AND（自动 S 推出）

将命中的1002篇文献转入语义排序（打开现有技术开关），浏览至现有技术第7篇即可获得另一篇Y类对比文件2（CN207272298U）。

该检索主题涉及化学与机械领域交叉的技术方案，其中权利要求1中的步骤四的技术特征属于机械领域的技术特征。当化学领域的用户面对不熟悉的机械领域的技术特征时，采取部分要素组合检索的方式，可避免因理解、选取、扩展关键词不当而造成的漏检、低效等问题。

4. 单要素检索

在语义检索的助力下，构建布尔检索式时，放弃难于表达的检索要素，或高度依赖于用户自身专业知识和经验的检索要素，仅针对易表达、易实现检索的要素进行检索，是智能检索系统下的布尔检索思维。单要素检索就是，选取唯一精准的检索要素进行检索，形成单一要素的布尔检索结果，作为语义排序的文献集。

【案例3-4-4】

申请号： 201810973925.2

发明名称： 一种在线维修装调空间实验柜的可移动维修平台

分类号： B64G4/00

权利要求1： 一种在线维修装调空间实验柜的可移动维修平台，其特征在于，包括：平台基板，所述平台基板的一侧连接有推拉固定机构，用于在所述平台基板处于展开状态时与所述空间实验柜侧面的导轨连接，所述平台基板处于折叠状态时，放置在所述空间实验柜内；连杆机构，所述连杆机构的一端与所述平台基板远离所述推拉固定机构的一侧连接，另一端与所述推拉固定机构的一端铰接，用于支撑所述平台基板处于展开状态。

发明解读： 现有的空间实验柜内部空间有限，本检索主题提供一种应用于空间实验柜的可移动维修平台，不使用时，平台基板处于折叠状态放置在空间实验柜内部。在使用时，平台基板处于展开状态，通过推拉固定机构与空间实验柜的导轨连接，并通过连杆机构共同支撑平台基板。

检索策略： 分析检索主题的基本检索要素，如表3-4-4所示。检索要素A涉及技术领域，检索要素B涉及可折叠的平台，检索要素C涉及平台的部件、基板及其与空间实验柜的连接等。

表3-4-4　检索要素分析

	检索要素A 技术领域	检索要素B 技术手段	检索要素C 技术手段
检索要素	空间实验柜 维修平台	可折叠平台	所述平台基板的一侧连接有推拉固定机构，用于在所述平台基板处于展开状态时与所述空间实验柜侧面的导轨连接，所述平台基板处于折叠状态时，放置在所述空间实验柜内；连杆机构，所述连杆机构的一端与所述平台基板远离所述推拉固定机构的一侧连接，另一端与所述推拉固定机构的一端铰接，用于支撑所述平台基板处于展开状态
要素表达	B64G4/00	A47B3/00 （折叠式桌子）	机械结构及连接关系（整体不易表达、单个部件噪声大）

在智能检索系统中，首先在空间实验柜领域内检索，未发现相关对比文件，于是将技术领域扩展至通用领域对检索要素B所涉及的可折叠平台进行检索，利用分类号

查询器获得相关分类号 A47B3/00。在 CNTXT 数据库下利用检索要素 B 的分类号构建如下检索式：

| CNTXT | 10034 | A47B3/IC |

将获得的约 1 万篇文献转入语义排序，在第 10 位获得 X 类对比文件 CN104586062A。

在上述案例检索主题的 3 个基本检索要素中，检索要素 B 具有精准分类号表达。采用该分类号构建单要素检索式结合语义排序，能高效准确地获得对比文件。

上述检索案例分别体现出全要素组合检索、部分要素组合检索、单要素检索与语义排序融合后的强大功能。在智能检索系统中，用户在构建布尔检索式时，可以采取趋易避难的策略。当全要素组合检索效果不佳时，可选取容易表达的检索要素构建检索式，利用语义排序功能检索不易表达的检索要素，极大地发挥出智能检索系统的语义引擎优势，起到事半功倍的效果。

二、配合布尔检索的语义排序

布尔检索后进行语义排序能够将布尔检索式检索到的文献按照相关度进行排序，从而将更为相似的对比文件排在靠前的位置，便于快速获取相关的对比文件，提高浏览效率，节省检索时间。

1. 语义排序基准的选择

先布尔检索后语义排序的语义排序基准的选择，主要在于将语义的强大功能与人工智慧结合。具体原则是将语义排序基准与布尔检索式相互配合，二者相互补充、加强。以发明构思由两个检索要素构成为例进行说明，多个检索要素的情形与之类似。如表 3 - 4 - 5 所示，发明构思由检索要素 A 和检索要素 B 构成，根据两种检索要素采用关键词或分类号进行表达是否容易，以及能否做到表达的完整，先布尔后语义排序的语义排序基准有两种选择。

表 3 - 4 - 5 语义排序基准与布尔检索式的匹配方式

编　号	检索要素	布尔检索式	语义排序基准
第一种	A + B	A（完整）	B 为主要考虑因素
第二种	A + B	A（不完整）	A（补充）+ B

（1）第一种方式

检索要素 A 可以使用布尔检索式完整表达，但是检索要素 B 难以提取关键词，此时就需要在语义排序基准选择时以检索要素 B 为主要考虑因素，语义排序基准可以优先选择对检索要素 B 干扰少的内容。具体可使用申请号或权利要求为语义排序基准，必要时也可以采用技术效果、技术问题或体现发明点的改写文本作为语义排序基准。

【案例 3 - 4 - 5】

申请号：201910964656.8

发明名称：检测装置

分类号：G01R19/25

权利要求 1：一种检测装置，包括至少一个电流检测电路，其特征在于，所述电流检测电路包括：

采样单元，包括第一端和第二端，所述第一端与待测电流的流经的支路电连接，所述采样单元还包括串联在所述第一端和所述第二端之间多个采样电阻，所述第二端接地；

模数转换单元，包括多个模数转换模块，所述模数转换模块的数量小于或者等于所述采样电阻的个数，多个所述模数转换模块包括一个第一模数转换模块和至少一个第二模数转换模块，所述第一模数转换模块的一端与所述第一端电连接，所述第二模数转换模块的一端与中间端电连接，所述中间端为相邻的两个所述采样电阻之间的端点，所述第一模数转换模块的参考电压与所述第二模数转换模块的参考电压的比值的绝对值为 M，所述采样单元的总电阻与所述中间端和所述第二端之间的电阻的比值为 N，$M < N$；

判断单元，与各所述模数转换模块的另一端电连接，所述判断单元用于根据所述模数转换单元的数据判断输入所述第一模数转换模块的电压的绝对值是否大于所述第一模数转换模块的参考电压；

计算单元，在所述采样单元的电压的绝对值等于所述第一模数转换模块的参考电压的情况下，根据所述第二模数转换模块的数据计算所述待测电流，在所述采样单元的电压的绝对值小于所述第一模数转换模块的参考电压情况下，根据所述第一模数转换模块的数据计算所述待测电流。

发明解读：如图 3-4-1 所示，电流检测电路包括采样单元、模数转换单元、判断单元、计算单元。采样单元采集输入电压，判断单元判断输入电压是不是大于某个数，计算单元根据判断结果选择计算用的模块，如果电压比较小就用第一模数转换模块的数据计算电流，反之如果电压大于某个数就用第二模数转换模块。

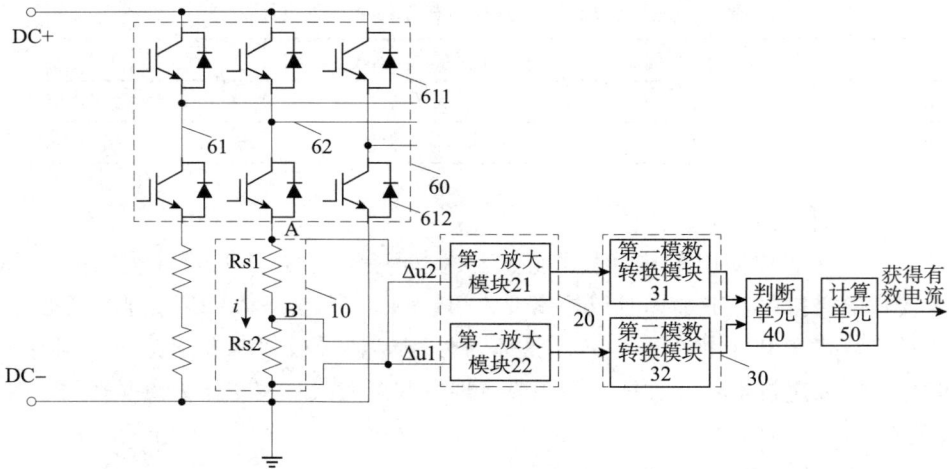

图 3-4-1 案例 3-4-5 的附图

检索策略： 采样、模数都是涉及发明点的关键技术特征，布尔检索式"（电流 S（采样 OR 取样））AND（（模数 OR AD）S 量程）"比较完整地表达出了采样单元和模数转换单元。将判断单元和计算单元使用语义检索，如表 3 - 4 - 6 所示，在 CNTXT 数据库中使用布尔检索后得到 557 篇结果，分别使用申请号和权利要求 1 为语义排序基准，Y 类对比文件 CN101420228A 分别出现在第 108 位和第 9 位。

表 3 - 4 - 6　不同语义排序基准下的对比文件位次

对比文件	数据库	布尔检索式	排序基准	对比文件位次
Y（CN101420228A）	CNTXT	（电流 S（采样 OR 取样））AND（（模数 OR AD）S 量程）	申请号	108/557
			权利要求 1	9/557

如果体现发明点的部分检索要素能够使用布尔检索式完整表达，其余部分检索要素难以使用布尔检索式表达，则对易于表达的检索要素进行布尔检索，对难以表达的检索要素执行语义排序。排序在考虑语义排序基准时，优先采用对难以表达的检索要素干扰少的内容。本案例使用申请号或权利要求为语义排序基准对难表达的部分进行语义检索，权利要求 1 的内容对于判断模块和计算模块的聚焦性更好。易表达的检索要素也可以使用语义进行补强检索。

（2）第二种方式

检索要素 A 不能使用布尔检索式完整表达，且检索要素 B 难以提取、扩展关键词时，可以使用检索要素 A + B 作为语义排序基准，对检索要素 A 进一步补充，对检索要素 B 进行语义检索。语义排序基准具体可使用申请号或权利要求。

【案例 3 - 4 - 6】

申请号： 201811377101.5

发明名称： 通信网络的调整方法及装置

分类号： H04L12/24

权利要求 1： 一种通信网络的调整方法，其特征在于，包括：

获取目标区域的通信网络参数，其中，所述通信网络参数包括：通信网络的业务量，所述通信网络的带宽；

对所述通信网络参数进行分析，得到分析结果；

根据所述分析结果确定所述目标区域的通信网络的调整策略；

根据所述调整策略对所述目标区域的通信网络进行调整。

发明解读： 分析获取的通信网络参数，确定目标区域的通信网络的调整策略，进而对所述目标区域的通信网络进行调整。

检索策略： 该案例体现发明点的检索要素的关键词不易表达。分类号 H04L12/24 是表示技术领域的分类号。

H04L12/00 数据交换网络（在存储器，输入/输出设备或中央处理单元之间的信息或其他信号的互连或传送入 G06F13/00）

H04L12/02　·零部件

H04L12/24 ·· 用于维护或管理的装置

将布尔检索式设置为"H04L12/24/IC"，体现了发明主题，但没有体现发明点，具体发明点采用申请号或权利要求书等语义排序基准进行语义检索。如表3－4－7所示，在CNTXT数据库中，用IPC分类号H04L12/24进行检索，获得67398篇检索结果。分别使用申请号、摘要和权利要求1作为语义排序基准进行排序，第一篇X类对比文件CN106789323A分别出现在第5位、第69位和第172位，第二篇X类对比文件CN107147514A分别出现在第51位、第399位和第154位。与使用摘要和权利要求1的情形相比，申请号为语义排序基准的对比文件出现位次最靠前。

表3－4－7　不同语义排序基准下的对比文件位次

对比文件	数据库	布尔检索式	排序基准	对比文件位次
X（CN106789323A）	CNTXT	H04L12/24/IC	申请号	5/67398
			摘要	69/67398
			权利要求1	72/67398
X（CN107147514A）	CNTXT	H04L12/24/IC	申请号	51/67398
			摘要	399/67398
			权利要求1	154/67398

布尔检索式H04L12/24/IC只是一个表征技术领域的分类号，并没有体现本案例的发明点，检索结果数量较多，在这种情况下，申请号能够给予语义引擎提供最多最全的信息，能够得到最好的排序效果。

2. Y类对比文件检索的语义排序基准

在已经检索到最接近现有技术的情况下，检索与之配合使用的Y类对比文件时，语义排序基准选择的原则是语义排序基准与检索主题相适应，可使用申请号、权利要求或与最接近现有技术之间的区别技术特征为语义排序基准。

独立权利要求与最接近的现有技术之间存在区别技术特征，针对该区别技术特征，检索Y类对比文件选择语义排序基准时，如果区别技术特征仅在权利要求1中体现，则以申请号、权利要求或者上述区别技术特征作为语义排序基准，如果区别技术特征在从属权利要求中进一步限定，可以以申请号为语义排序基准，也可以以该区别技术特征和与该区别技术特征对应的从属权利要求共同作为语义排序基准。

【案例3－4－7】

申请号：202010387506.8

发明名称：基于互联网的电动汽车充电方法

分类号：B60L53/60

权利要求1：基于互联网的电动汽车充电方法，其特征在于，所述方法通过基于互联网充电服务平台实现，步骤包括：1）所述互联网充电服务平台获取电动汽车电池的实时电量；2）所述互联网充电服务平台获取电动汽车的当前位置和目的地；3）所述互联网充电服务平台获取分散在电动汽车当前位置和目的地之间的充电桩信息；4）所述互联网充电服务平台将获取的交通信息平台提供的实时路况信息、电动汽车电池的实时电量、当前位置和目的地之间的充电桩信息以及当前位置与目的地的距离值输入计算模型中，计算得出最佳的充电桩充电位置；5）所述互联网充电服务平台根据交通信息平台提供的实时路况信息计算得出电动汽车到达最优充电桩位置的时间段，并预约该时间段的所述最佳充电桩的使用权限；6）当用户到达预约的所述最佳充电桩的位置时，进行信息匹配，匹配成功后，所述最佳充电桩发送指令将对应该充电桩位置的停车位上的智能地锁解锁。

发明解读：将交通信息平台、分散在电动车当前位置和目的地之间的充电桩以及与所述充电桩配套且设置在充电车位上的智能电锁通过互联网相连接，互联网充电服务平台将获取的交通信息平台提供的实时路况信息、电动汽车电池的实时电量、当前位置和目的地之间的充电桩信息以及当前位置与目的地的距离值输入计算模型中，计算得出最佳的充电桩充电位置。

检索策略：从待充电车的当前位置和目的地的匹配相关内容，可以提取关键词"目的地"。匹配后，停车位上的智能地锁解锁，可以提取关键词"智能地锁"，如表3－4－8所示，在CNTXT数据库中，将提取的关键词"目的地"扩展为"目的地、到达地、终点、目标地点、目的位置"进行布尔检索，得到480354篇文献，然后用申请号作为语义排序基准进行语义排序后，在第19位获得一篇Y类对比文件CN106767878A。

Y类对比文件CN106767878A与权利要求1之间的区别技术特征为"匹配后，停车位上的智能地锁解锁"的相关内容，进一步在CNTXT数据库中，使用提取的关键词"智能地锁"进行布尔检索，得到314篇文献，然后用申请号作为语义排序基准进行语义排序后，在第2位获得另一篇Y类对比文件CN110443395A，用区别技术特征作为语义排序基准进行语义排序后，在第5位获得Y类对比文件CN110443395A。

表3－4－8 不同语义排序基准下的对比文件位次

对比文件	数据库	布尔检索式	排序基准	对比文件位次
Y（CN106767878A）	CNTXT	（OR 目的地，到达地，终点，目标地点，目的位置）	申请号	19/480354
Y（CN110443395A）	CNTXT	智能地锁	申请号	2/314
			区别技术特征第6步	5/314

在检索Y类对比文件时，区别技术特征与其他技术特征相关联，共同构成发明构思，以申请号作为语义排序基准与直接使用区别技术特征进行语义排序最终呈现的效果都很好。

【案例3－4－8】
申请号：201810974627.5
发明名称：改进的综合负荷模型建立方法及装置
分类号：H02J3/50

权利要求：

1. 一种改进的综合负荷模型建立方法，其特征在于，包括：

光伏步骤：考虑分布式光伏的低电压穿越情况，对无功电流指令进行自适应调整；根据光伏并网控制策略和前馈解耦策略，得到 d 轴分量和 q 轴分量相应的控制框图；计算控制框图的总传递函数；根据计算得到的总传递函数、调整后的无功电流指令，构建光伏并网的等效负荷模型；搭建储能并网的等效负荷模型；根据储能并网的等效负荷模型与光伏并网的等效负荷模型，构建光伏储能分布式电源负荷模型；

电动汽车步骤：根据电动汽车的充放电特性，构建电动汽车充放电负荷模型；

综合步骤：在包含 ZIP 静态负荷和感应电动机动态负荷的传统综合负荷模型的基础上，在母线处并联接入光伏储能分布式电源负荷模型、电动汽车充放电负荷模型，构建改进的综合负荷模型。

2. 根据权利要求 1 所述的改进的综合负荷模型建立方法，其特征在于，所述考虑分布式光伏的低电压穿越情况，对无功电流指令进行自适应调整，具体为：考虑分布式光伏的低电压穿越情况，根据接入中压电网分布式电源的并网标准，在电网故障期间，根据电压跌落幅度，对无功电流指令 i_q^* 进行自适应调整；

$$i_q^* = \begin{cases} 0, & \alpha > 0.9 \\ 2(1-\alpha), & 0.4 \leqslant \alpha \leqslant 0.9 \\ 1.2, & \alpha < 0.4 \end{cases}$$

式中，α 为跌落后的电网正序电压幅值。

3. 根据权利要求 2 所述的改进的综合负荷模型建立方法，其特征在于，所述根据光伏并网控制策略和前馈解耦策略，得到 d 轴分量和 q 轴分量相应的控制框图，具体为：

在并网交流侧采集到三相电压电流，经过 dq 坐标变换，得到有功电流 i_d、无功电流 i_q；

在直流侧采集直流电压，与预定的参考直流电压作差，差值经过 PI 调节器控制，得到参考有功电流 i_d^*，将参考有功电流 i_d^* 与有功电流 i_d 进行比较，经过前馈解耦控制，得到 d 轴参考电压 u_d^*；

将无功电流指令 i_q^* 与无功电流 i_q 进行比较，经过前馈解耦控制，得到 q 轴参考电压 u_q^*；

在并网交流侧采集到三相电压，输入锁相环 PLL，得到参考相位角；

结合参考相位角与 d 轴参考电压 u_d^*、q 轴参考电压 u_q^* 将 d 轴参考电压 u_d^*、q 轴参考电压 u_q^* 经坐标变换为三相电压，求出三相电压的参考值，并生成 PWM 波作为脉冲信号，该脉冲信号用于控制 IGBT 通断，完成光伏逆变控制过程；

得到 d 轴分量和 q 轴分量相应的控制框图。

发明解读：综合负荷模型的建立方法，包括 3 个步骤：光伏步骤、电动汽车步骤和综合步骤。其中综合步骤是采用综合负荷建模。

检索策略：如表 3 - 4 - 9 所示，本案例权利要求是一种综合负荷模型建立方法，使用权利要求主题名称中的"综合负荷建模"在 CJFD 中检索，得到 253 篇非专利文献，使用申请号作为语义排序基准进行语义排序后，获得一篇 Y 类对比文件 1"考虑分布式发电影响的综合负荷建模研究"，排在第 12 位。

表 3 - 4 - 9　先布尔检索后语义排序下对比文件 1 位次

对比文件	数据库	布尔检索式	排序基准	对比文件位次
对比文件 1	CJFD	综合负荷建模	申请号	12/253

权利要求 1 与对比文件 1 之间的区别技术特征为：（1）电动汽车步骤：根据电动汽车的充放电特性，构建电动汽车充放电负荷模型。（2）光伏步骤：考虑分布式光伏的低电压穿越情况，对无功电流指令进行自适应调整；根据光伏并网控制策略和前馈解耦策略，得到 d 轴分量和 q 轴分量相应的控制框图；计算控制框图的总传递函数；根据计算得到的总传递函数、调整后的无功电流指令，构建光伏并网的等效负荷模型；搭建储能并网的等效负荷模型。

根据区别技术特征（1）提取关键词"电动汽车"和"负荷模型"。在 CNTXT 数据库中输入布尔检索式"（电动汽车 S 负荷模型）/BA"，能够得到 72 篇结果，其中获得一篇 Y 类对比文件 2（CN104090496A）。

区别技术特征（2）中的光伏步骤的具体方法还在从属权利要求 2~3 中进一步限定。从权利要求 2~3 提取 2 个关键词：低电压穿越，无功电流指令，权利要求 2~3 涉及数学理论，包括多个数学公式。因此选择非专利数据库 CJFD，如表 3 - 4 - 10 所示，使用布尔检索式"无功电流指令 AND 低电压穿越"检索，得到 85 篇文献。申请号作为语义排序基准，Y 类对比文件 3"含逆变型分布式电源的电网故障电流特性与故障分析方法研究"排在第 20 位，在以区别技术特征或者从属权利要求作为语义排序基准时，排序效果更好，分别出现在第 4 位和第 1 位。

表 3 - 4 - 10　不同语义排序基准下的对比文件 3 位次

对比文件	数据库	检索式	排序基准	对比文件位次
对比文件 3	CJFD	无功电流指令 AND 低电压穿越	申请号	20/85
			区别技术特征（2）	4/85
			权利要求 2~3	1/85

在检索 Y 类对比文件时，可以考虑用区别技术特征或者申请号进行语义排序。如果从属权利要求的附加技术特征是对区别技术特征的进一步限定，使用从属权利要求作为语义排序基准有时也能够取得更好的效果。

另外，针对从属权利要求进行检索时，语义排序基准可以选择申请号或者从属权利要求，尤其是在从属权利要求的附加技术特征涉及不同领域的技术特征时，从属权利要求作为语义排序基准，检索效果更佳。

3. 调整语义排序基准的分词权重

先布尔检索后语义排序也存在系统提供的分词不准确的情况，也需要用户在检索时对系统分词进行调整。根据选择的数据库的语种不同，选择中文分词或英文分词进行调整。

【案例 3 - 4 - 9】

申请号： 202010924415.3

发明名称： 具有扰流作用的金属蜂窝载体

分类号： F01N3/28

权利要求 1： 一种具有扰流作用的金属蜂窝载体，包括壳体和塞入壳体中的内芯，内芯由同材质的平片和箔带交错叠置在一起卷绕成型，箔带上形成有若干并列布置的波峰部和波谷部，波峰部和波谷部彼此交错布置并连为一体，气流通道与波峰部和波谷部的数量和位置相对应，波峰部和波谷部分别构成了气流通道壁体的一部分，其特征在于，在箔带的波峰部上沿垂直于气流通道的方向上设置有若干切口，这些切口在波峰部上成排布置，在波峰部上于切口的外侧部分向着所对应的气流通道倾斜凹进而形成有凹陷部，在气流通道的流向上，这些凹陷部的同侧端具有供气流通过的开口，凹陷部的另一端与波峰部的壁体密封连为一体，开口位于气流通道的截流面内，开口与所对应的切口相平齐。

发明解读： 如图 3 - 4 - 2 所示，通过在箔带波峰部上设置有凹陷部，气流在内芯中通过时，气流通过导流部的导入而进入凹陷部内，所有凹陷部上的开口均朝向废气的来气方向，废气进入载体内后，废气能够进入凹陷部内，并经凹陷部的作用而改变气流的方向，使得废气能够与箔带充分接触，提高载体对废气的催化净化效果。

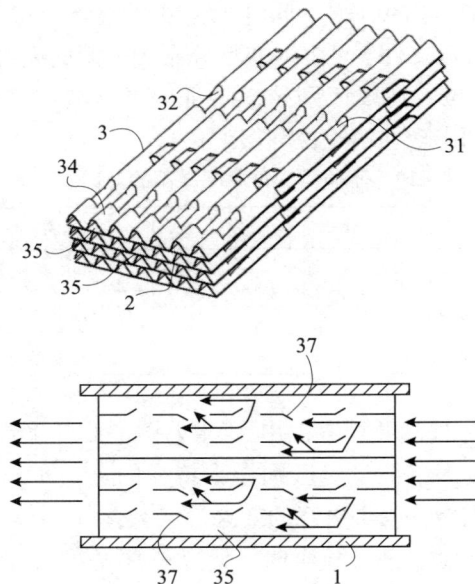

图 3 - 4 - 2 案例 3 - 4 - 9 的附图

检索策略： 根据本案例的发明点，其实质是将气体导流到特定的位置，因此与发明点相关的关键词为导向，其英文表达为 guide。另外，本案例具有准确的 CPC 分类号：

F01N2330/00 催化器载体或粒子过滤器的结构

F01N2330/30 ·以其结构细节为特征的蜂窝支撑物

F01N2330/38 ··使用加强流混合装置的流通道（例如，突起或突出物）

如表 3-4-11 所示，在 WPABS 数据库，使用布尔检索式"F01N2330/38/cpc"检索获得 922 篇文献后，如果使用申请号直接语义排序，X 类对比文件 US2009139190A1 出现在第 417 位，排位靠后，较难筛选出该对比文件。而对以申请号作为语义排序基准时系统给出的分词进行调整，将英文分词中的多余分词 internal 删除，增加体现发明点的分词 guide，将其权重设置为 2，则 X 类对比文件 US2009139190A1 出现在第 23 位。

表 3-4-11 不同语义排序基准下的对比文件位次

对比文件	数据库	布尔检索式	排序基准	对比文件位次
X（US2009139190A1）	WPABS	F01N2330/38/cpc	申请号	417/922
			调整语义分词	23/922

布尔检索后的语义排序，如果直接用默认的申请号作为语义排序基准效果不理想，也可以通过分词、权重调整使对比文件位次靠前。在英文库检索时分词需要使用英文原型（guide）的形式，关键的检索要素可以在检索式（分类号 F01N2330/38）和语义排序基准（语义分词 guide）中同时体现。

三、4 种检索模式的比较

1. 纯语义与纯布尔的优劣势

纯语义检索依靠语义引擎的智能算法，自动得到与检索主题或输入的文本最相关的文献，操作简单，上手容易。然而，由于语言的复杂性、机器算法的机械性，机器不能完全理解技术文献的内容，导致相关对比文件的排序不理想。

纯布尔检索主要依靠人的智慧，按照传统的检索理论提取基本检索要素，构建结构化检索式，在检索过程中，不断扩展各检索要素的表述方式，调整基本检索要素的组合方式。但是，检索要素的扩展和表达依赖用户的检索经验以及其对检索主题的理解，一旦未扩展到对比文件的表述方式，就会造成漏检，而且，检索结果没有按照相关度排序，存在浏览到最后才检到相关对比文件的情况，检索结果集的数量受到可浏览的限制。

因此，单纯的语义检索和布尔检索各有所长，也各有不足，只有将两者结合起来，才能发挥各自的优势。先语义检索后布尔筛选是通过人的智慧排除纯语义检索的噪声文献，保留与检索主题更相关的文献，提高了浏览的效率。先布尔检索后语义排序改变了结果集中文献排序规则，将相关度高的文献排列在前面，相关度低的噪声文献排列在后面，也可以提高浏览的效率。

2. 先语义检索后布尔筛选与先布尔检索后语义排序的区别

（1）两种操作的步骤不同，完成一次先语义检索后布尔筛选，总共有 7 个步骤，完成一次先布尔检索后语义排序，只需要两个步骤，先布尔检索后语义排序的操作更加便捷。

（2）两者检索的范围不同，在相同的布尔检索式的情况下，先布尔检索后语义排序的检索结果数通常大于先语义检索后布尔筛选的检索结果数。

如图 3-4-3（a）所示，先布尔检索后语义排序，是布尔检索圈定文献范围，然后针对这个文献范围，让机器进行语义排序。语义排序不缩小范围，只排序。但是语义引擎提供的结果有数量限制，即 400 篇或 1000 篇或 2000 篇。

如图 3-4-3（b）所示，先语义检索后布尔筛选，是用语义检索圈定文献范围，再使用布尔检索在这个圈中进行二次检索，会缩小检索结果范围。这也是为什么在先语义检索后布尔筛选时，通常要在第一步语义检索中扩大文献范围，把默认的 400 篇调到 1000 篇或 2000 篇。

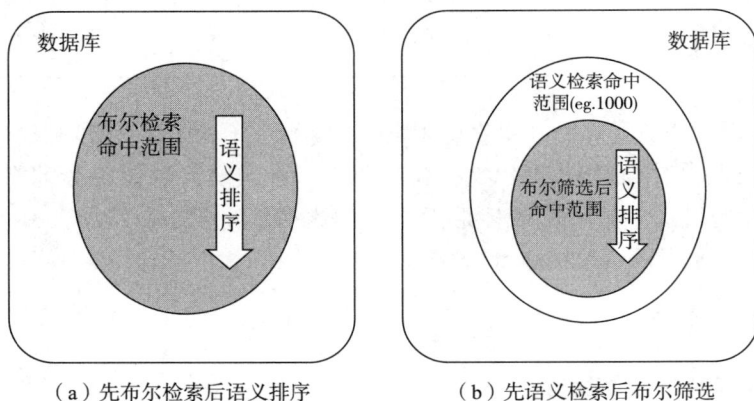

（a）先布尔检索后语义排序　　　　　　（b）先语义检索后布尔筛选

图 3-4-3　两种检索模式的区别示意

下面通过案例具体介绍两种检索模式的差别。首先，以申请号 201810641329.4 作为语义排序基准得到 400 篇文献，然后，使用检索式"（理赔/TI） AND PD < 2018.06.21"进行布尔筛选，如图 3-4-4 所示，得到 4 篇文献。

□	序号	公开号	发明名称
□	1	CN101577653A	●▾ 使用定位技术进行车险理赔辅助认证的系统和方法
□	2	CN107730194A	●▾ 一种保险理赔管理系统
□	3	CN1303068A	●▾ 车险网上理赔系统
□	4	CN101303761A	●▾ 一种手机拍摄并上传取证照片或视频的车险理赔集成系统

图 3-4-4　先语义后布尔的检索结果

如果采用先布尔检索后语义排序的检索方式，第一步使用检索式"（理赔/TI） AND PD < 2018.06.21"进行布尔检索，第二步以申请号作为语义排序基准进行语义

排序，得到的检索结果为 156 篇（仅截取前 8 篇文献进行展示），如图 3-4-5 所示。

	序号	公开号	发明名称
☐	1	CN101577653A	●▼使用定位技术进行车险**理赔**辅助认证的系统和方法
☐	2	CN107730194A	●▼一种保险**理赔**管理系统
☐	3	CN1303068A	●▼车险网上**理赔**系统
☐	4	CN101303761A	●▼一种手机拍摄并上传取证照片或视频的车险**理赔**集成系统
☐	5	CN107103549A	●▼一种保险**理赔**系统及其方法
☐	6	CN106296115A	●▼一种机动车辆保险自助**理赔**系统
☐	7	CN107067328A	●▼一种手机拍摄并上传取证照片或视频的车险**理赔**集成系统
☐	8	CN106920171A	●▼车辆事故在线**理赔**的方法及装置

图 3-4-5　先布尔后语义检索的结果

对比两种检索方式的结果，先语义后布尔检索到的 4 篇文献，在先布尔后语义的结果集中排在前 4 位。假设先布尔检索后语义排序的第 5 篇文献 CN107103549A 为相关的对比文件，则先语义后布尔的检索方式会遗漏该对比文件。

把纯语义的检索篇数修改一下，修改为 1000，发现对比文件 CN107103549A 排在第 409 位。可见，先语义检索后布尔筛选使用系统默认设置的 400 篇检索条数时，不会将 CN107103549A 圈进来，后面无论采用何种布尔的干预手段都检索不到这篇对比文件。

修改检索篇数可以减少上述问题带来的影响，但是修改检索篇数只能一定程度解决问题，如果语义排序后，对比文件排在 2000 篇之后，在智能检索系统中，无论采用何种布尔筛选手段，都检索不到对比文件，而先布尔检索后语义排序不存在这样的问题。

（3）两种检索方式的适用范围也不相同，先语义检索后布尔筛选适合简单和初步的检索。在某些特殊领域，例如医药和化学，纯语义检索命中率已经很高，可能存在某些子领域，在检索篇数为 2000 的情况下，X/Y 对比文件的命中率在 95% 以上，如果属于这种情形，推荐使用先语义检索后布尔筛选，因为在语义圈定的范围比较准的情况下，排序在 2000 篇之后的大多为噪声文献。在 2000 篇的范围内执行布尔筛选，可以同时兼顾检全和检准。而先布尔检索后语义排序的方式更加关注布尔检索过程，因此更适合专业用户进行更深入的检索。

四、融合检索的补充

超星的读秀系统作为目前最主要的图书检索系统，能够检索作为公知常识性证据的图书和词典。它提供了一个海量全文数据及元数据组成的超大型数据库，为读者提供 430 万种图书、10 亿页全文资料等一系列学术资源。同时，通过读秀学术搜索引擎，还能一站式检索馆藏纸质图书、电子图书、期刊等各种异构资源，几乎囊括了图书馆内的所有信息源。

智能检索系统中嵌入了超星的读秀系统的相关链接，用户可以单击链接执行公知常识的检索。同时通过智能检索系统的语义排序功能，也为获取公知常识举证证据提供了便利。

超星的读秀系统提供知识、图书、期刊、报纸、学位论文、会议论文、词典、百科等多个搜索频道。其中与公知常识证据检索相关的搜索频道包括：知识、图书和词典 3 个频道。

1. 知识检索频道

超星的读秀系统将数百万种的图书等学术文献资料打散为数亿页资料，形成知识点。知识检索频道实现对各种文献资源的统一查询，不需要再逐一登录各类资源库进行检索。检索任何一个知识点，都可以直接获取图书馆内与其相关的纸质图书书目信息、超星数字图书馆内的电子图书全文及读秀知识库本身各频道的内容。当读者输入一个检索词，例如"闭路电视"，将获得数亿页资料中所有包含"闭路电视"这个关键词的知识点所涉及的章节、文章，并且可以对任何一个章节进行部分内容的试读。

知识检索时需要选择知识频道，在如图 3 - 4 - 6 所示的搜索框中输入关键词，然后单击"中文搜索"，系统将在海量的图书数据资源中，围绕该关键词深入图书的每一页资料中进行信息深度查找。知识检索支持简单的"与"（AND）和"或"（OR）检索。

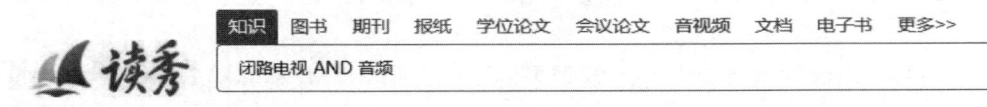

图 3 - 4 - 6　读秀系统的知识检索频道

如图 3 - 4 - 7 所示，对知识检索的结果进行阅读和下载时，单击标题或"阅读"即可查阅文献，单击"pdf 下载"即可下载。

图 3 - 4 - 7　知识检索频道的下载和阅读

超星读秀中很多文献采用的是图像的形式，如果希望摘录其中的文字，需要使用文字摘录及提取工具，即在单击标题或"阅读"查阅文献之后，单击界面上方的"选择文字"，并且拉框选择要识别的文字区域，之后单击"复制"，即可完成文字摘录及提取。

公知常识证据需要确定资料的来源，这时就可以单击"查看来源"，查看该知识来源于何处，以保证公知常识证据的来源可靠，如图 3 - 4 - 8 所示。

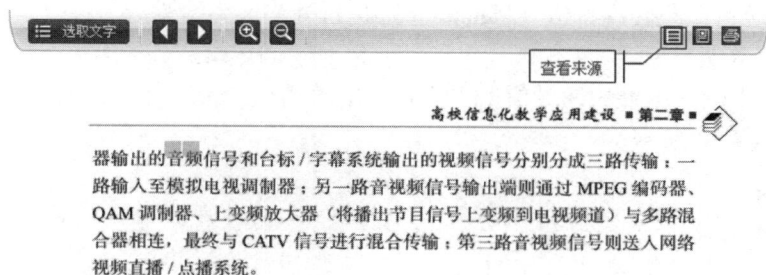

图 3 - 4 - 8　读秀系统查看来源功能

2. 图书检索频道

图书频道提供 260 万种图书的查找。当查找到某一本书时，提供该图书的封面页、版权页、前言页、目录页以及正文部分页（7 ~ 30 页不等）的试读。同时如果该图书在馆内可以借阅或者进行电子全文的阅读，读秀提供"本馆馆藏纸书"和"本馆电子全文"两个相关链接，可以直接借阅图书或者阅读全文。

图书检索分为图书分类导航、图书普通检索、图书高级检索和图书专业检索 4 种模式，如图 3 - 4 - 9 所示。

图 3 - 4 - 9　读秀系统的图书检索频道

（1）图书分类导航

单击"分类导航"，可以通过列表逐级对图书进行浏览。

（2）图书普通检索

在搜索框直接输入关键词，关键词默认可定位到全部字段、书名、作者或主题词中，当然，也可以选择书名、作者、主题词字段进行具体检索，这之后单击"中文搜索"，将在海量的图书数据资源中进行查找。如果用户希望获得外文资源，可单击"外文搜索"，系统可以跳转到百链（MedaLink）进行外文图书检索。

（3）图书高级检索

在文本框中输入图书的任一信息，然后单击"高级搜索"，可以更准确地定位到图书，如图 3 - 4 - 10 所示。

图 3 - 4 - 10　图书检索频道的高级检索界面

在高级检索中，可以使用中图分类号检索图书。中图分类号将所有学科的图书按其学科内容分成几大类，例如"T 工业技术""R 医学，卫生""U 交通运输""V 航空、航天"等。每一大类下还分为许多小类，每一种书都可以分到某一个类目下，每一个类目有对应的分类号，与专利分类不同，一本图书或一篇期刊只会有一个分类号。中图分类号采用英文字母和数字混编的方式，采用首字符是大写字母，后跟多位字母和数字组合的方式，中图分类号有两种查询方式。第一种与 IPC 分类表一样，中图分类号也有相应书籍，名称是《中国图书馆分类法》，用户可以通过《中国图书馆分类法》进行查阅。第二种查询中图分类号的方法更为方便，即通过外部网站来查询（www.clcindex.com）。在图书检索中，简单易用的中图分类号是对关键词检索的有益补充，通过该分类号的去噪作用能够大幅度提高图书检索的效率。

（4）图书专业检索

图书检索频道包括专业检索模式，在专业检索界面的文本框中输入任意词的任意组合，可以搜索到范围更精确的文献。图书专业检索支持的字段包括：T＝书名、A＝作者、K＝关键词、Y＝年（出版发行年）、S＝摘要、BKp＝出版社（出版发行者）和BKc＝目录，其支持的逻辑运算符包括："＊"代表"并且"，"｜"代表"或者"，"－"代表"不包含"。

3. 词典频道

如图 3 － 4 － 11 所示，在超星读秀的词典频道里，还可以对输入词条进行词典检索。

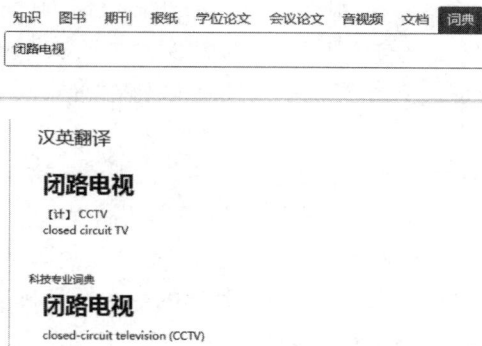

图 3 － 4 － 11　读秀系统的词典检索频道

第五节　浏　览

浏览是检索的"最后一公里"。能否检索到对比文件，是检索的事，而能否快速地找到相关文件，则是浏览的事。本节将从概览、详览和一站式浏览 3 个方面介绍如何通过合适的浏览策略提高浏览效率。

一、概览

概览是一种快捷、高效的浏览方式。布尔检索结果在 200 万篇以下时，可以在概览界面中执行语义排序，从而让文献以相关度排序的方式显示。概览支持列表、图文混排、单视图、多视图 4 种浏览模式，下面具体介绍其应用策略。

1. 文献显示形式

（1）同族

概览列表中同族文献是否作为一条记录出现与数据库中文献记录的方式有关。对于按申请合并的数据库，如 CNABS、CNTXT、WPABS 等，仅将同一申请的公开、公告文献归为一条记录，并不会合并同族文献。如果在这些数据库中检索，概览列表会将各个同族文献独立显示出来。对于将同族文献合并在一条记录中的数据库，例如 DWPI，概览列表会显示一篇代表文献，代替其他同族文献进行显示。概览界面中，每篇文献发明名称前都有一个表示文献阅读状态的圆点，该圆点为蓝色时表示未读，灰色时表示已读。上述标记是按同族进行标示的，因此，即使是概览中同族文献单独显示的情况，只要浏览过同族中任一篇文献，其他同族文献都会被标记为已读，这能够避免浏览中的重复工作。

（2）语种切换

对于存在中文翻译的数据库，无论检索的是原始数据库还是翻译库（例如 WPABS 或 WPABSC），概览默认显示语言为中文。中文显示为用户提供了极大的便利，特别是在相对陌生的技术领域，能够提高浏览效率。当然，机器翻译有时存在不准确的情况，这时可以通过概览列表左上角的"中/原"按钮实现所有文献的中文/原文切换，或通过每条记录右侧的"中/原"按钮实现单篇文献的中文/原文切换。

（3）排序

概览列表右侧的相关度一列如果显示"－－"，表示该文献没有被语义排序，这时可以单击概览列表上方左侧的"语义排序"按钮，从而根据相关度对文献集进行排序。在进行纯语义检索或单击"语义排序"后，会出现"二次语义排序"按钮，单击可输入二次语义排序的排序基准，实现对相关文献集的二次语义排序。

除了语义排序，概览还提供其他多种排序方式，在列表上方的"排序"菜单中可具体选择。用户基于检索经验，可以选择以申请日、公开日、分类号为依据进行排序。此外，列表上方还有"公开号定位"功能，可以输入某一具体文献的案件号，查询其是否在当前概览列表中，如果存在，给出其具体的排序位置，并通过单击快速定位到该文献，该功能为检索分析和研究工作提供了便利。

（4）筛选

单击概览列表左上角的"＞"按钮，可以打开"浏览结果的统计筛选"菜单，其中提供了数据库筛选和字段筛选的统计结果。可以快速获得 IPC 和 CPC 分类号、申请人、发明人等字段的统计结果，能够为用户后续的检索工作提供信息支持。

2. 现有技术判断

概览列表上方右侧有一个"现有技术判断"的开关。开关开启后，对于列表文献中公开日晚于现有技术日期的文献，会在相应文献的序号前显示彩色竖条图标，提示该文献不是现有技术，上述判断基于所检索数据库中相关文献的 PD 字段。对于按申请合并的数据库，PD 字段一般为申请文件公开的日期，对于因数据库合并等原因导致 PD 字段存在多个公开日期的情况，以最早日期为准，对于合并同族的数据库，用于"现有技术判断"的 PD 字段为同族中的最早公开日。

在融合检索界面右上方设置有"现有技术"开关，与"现有技术判断"开关的作用有所不同。打开"现有技术"开关，在执行检索时将排除 PD 字段中公开日晚于现有技术日期的文献，以及 PD 字段内容为空（CJFD 数据库中有少量文献存在这一情况）的文献，因此，使用"现有技术"开关存在一定的漏检风险。而"现有技术判断"开关不会排除列表中显示的文献，仅是对非现有技术的文献标记彩条（不标记 PD 字段内容为空的文献），用户可根据实际需要选择使用这两项功能。

3. 文字浏览

在概览模式下，主要浏览的内容包括摘要文字和说明书附图。第二章中介绍了概览提供列表、图文混排、单视图、多视图 4 种浏览模式，其中默认浏览模式是列表模式，展示公开号、发明名称等著录项目信息。在列表浏览模式中，单击发明名称可以显示该文献的摘要，单击列表上方的"全部展开"，可以展开页面上所有记录的摘要。在针对文字内容进行检索时可以采用列表浏览的方式进行概览。

"高亮设置"按钮在概览列表的右上方，高亮设置的功能可以帮助提高文字浏览效率。高亮包括自动高亮和手动高亮，其中，自动高亮包括检索式高亮和语义分词高亮，手动高亮可设置关键词，系统支持 D 和 W 邻近算符的关联高亮。自定义英文高亮关键词时，支持"?""#"作为模糊匹配符，"?"代表 1 个或 0 个任意字母，"#"代表任意一个字母。

图 3-5-1 显示了一个化学领域案例（201910658380.0）的概览页面局部图。该案例涉及一种靶向肿瘤的分子印迹聚合物。由于"肿瘤"和"分子印迹"不是相连出现的词语，但又存在密切联系，因此，通过邻近算符实现关联高亮设置，例如"肿瘤 20D 分子印迹"，可以将同时涉及"肿瘤"和"分子印迹"的语段高亮。区别于针对单独关键词使用彩色背景标记的形式，使用邻近算符实现的关联高亮采用彩色方框的标记形式。此外，对于涉及发明点的"丙烯酸""功能单体""异丙基 50D 叔丁基"也进行了高亮设置。最终，在概览界面中快速获得 X 类对比文件 CN108409908A，其包含上述高亮设置的单独关键词和关联关键词。适当的关键词高亮增加了显示重要技术信息时的层次感，便于快速地进行文字浏览。

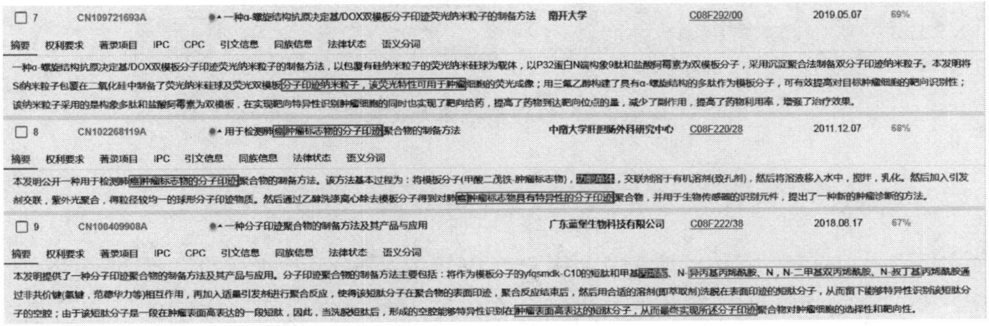

图 3-5-1 概览中的高亮显示

4. 附图的浏览

概览的图文混排、单视图、多视图模式涉及附图的浏览，可通过概览列表右上角的按钮进行切换。

图文混排模式初始展示内容包括著录项目、摘要等文字类信息和摘要附图。单击列表上方的"显示说明书附图"按钮，可显示每篇文献的说明书附图，附图显示的大小、鼠标悬停均可手动设置。在启用鼠标悬停功能的情况下，当鼠标悬停在附图标记处时，可给出该附图标记的文字解释和附图图号。图文混排模式适用于需要结合附图和文字浏览确定技术信息的情况。

单视图模式默认显示内容包括公开号及摘要附图，通过单击每篇文献中的"＞"按钮，可以浏览所有附图，单视图模式适用于通过浏览摘要附图即可初步确定文献技术内容的情况，可实现大量文献的快速浏览。

多视图模式默认显示内容包括著录项目文字类信息和前 6 张说明书附图（当附图大小选择"中"时），可以设置是否显示摘要。通过单击每篇文献中的"＞"按钮，可以浏览其余说明书附图。多视图模式适用于检索中以浏览附图为主，但摘要附图可能没有显示关键技术特征的情况。图 3 – 5 – 2 显示了一个电学领域案例（201910995347.7）的概览页面局部图。该案例涉及一种移位寄存器，包括输入子电路、下拉控制子电路、输出子电路和复位子电路 4 个模块，其发明点在于输出子电路中的一个晶体管 M12 的设置，在该案例中，M12 仅出现在附图 8、10、12 等编号靠后的附图中，未出现在摘要附图中，且相应的元件图例较小。纯语义检索后，采用多视图模式概览，将附图大小调整为大，浏览排序靠前的文献的附图，在第 17 篇位置得到公开发明点的对比文件CN108877882A。对于浏览附图为主的结构类检索主题，利用多视图模式，能够在概览下查看每一篇待浏览文献的全部附图，不用打开快览和详览，显著提高了浏览速度。

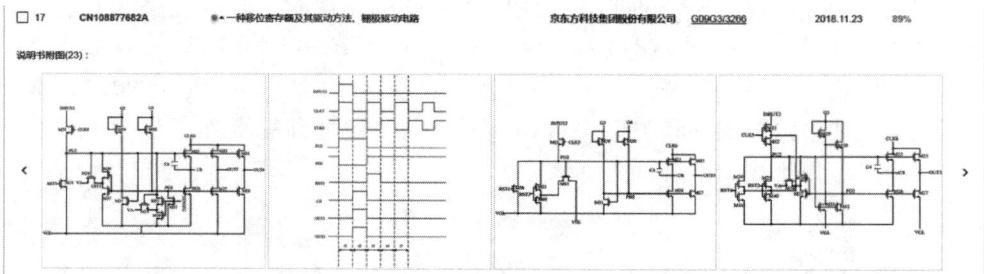

图 3 – 5 – 2　多视图模式概览

二、详览

在概览、快览、一站式浏览中，用户可以将需要进一步浏览的文献推送或追加到详览。也可以在详览界面手动添加文献，在详览中可以查看这些文献的所有信息。下面介绍详览中丰富的功能和应用策略。

1. 详览中的标记、显示功能

详览中丰富的标记、显示功能可以帮助用户有重点地进行浏览。详览同样具有高亮功能，在使用高亮功能时，可以同时打开高密功能，利用不同的颜色条实现对不同关键词的快速定位。此外，详览可以实现精确高亮，单击高亮设置界面的"精确高亮"，可以输入关键词以及所要高亮范围的字段（默认为 BI 联合索引字段）进行高亮显示。在"高亮设置"按钮的右侧还有"聚焦设置"按钮，提供关键词聚焦显示功能，能够聚集显示关键词附近的文本段落，其他段落内容以"…"代替。系统已实现前句聚焦功能，以"．。,，? ?;；! ！"等标点（分别为半角、全角）对句子进行分割，只显示聚焦词汇所在句和之前一句的文本内容，其余内容用"…"替代。在详览的"全文文本"界面，单击 Mark 笔按钮，可在全文文本选中相关段落进行 Mark 标记，也可添加备注。

对某些特定领域，附图浏览很重要，而附图标记与文本内容的对应是浏览中比较烦琐的步骤。在详览的"说明书附图"界面上方有"附图标记"开关，对于部分已经标引加工好的文献，开启附图标记功能后，鼠标悬停在附图标记处时，可给出该附图标记的文字解释。此时如果将详览另外一侧的界面设置为"全文文本"，显示区域内若出现该附图标记，连带其文字解释的文本均会被标红色。附图和文本的结合浏览有助于对技术信息的准确理解。

2．详览中的语义排序

详览中包含人工添加的文献或多种渠道推送的文献时，文献整体并没有统一的相关度排序。如果希望基于相关度排序浏览一个详览列表中的文献，则需要在详览中再次进行语义排序。单击详览页面上方的"显示待览列表"，可以打开详览列表菜单，如图 3 - 5 - 3 所示，其中显示了相关度、阅读状态、Mark 笔、批注、是否加入备选库和对比库等信息。

序号	专利文献	相关度	阅读状态	Mark笔	批注	备选库	对比库
1	EP2676974A1	暂无数据					
2	WO2019019116A1	100%					
3	WO2007037469A1	79%					
4	EP2886580A1	72%					
5	WO2017103215A1	69%					

图 3 - 5 - 3　详览的待览列表

对于未进行过语义排序的文献，相关度一栏会显示"暂无数据"。单击页面右上角的"语义排序"按钮，将对列表中的所有文献进行语义排序。详览的语义排序基准是申请号代表的文摘信息。如果概览的语义排序基准与此不同，则概览和详览对同一篇文献的相关度的计算就可能不同。例如在 CNTXT 中检索时，概览的语义排序基准默认是申请号代表的全文信息，与详览不同。而在 WPABS 中检索时，概览的语义排序基准与详览的语义排序基准相同，都是申请号代表的文摘信息。一般来说，对于相关度排序靠前的文献应先概览，不要过早推送详览，避免因排序不一致导致浏览量的增加。在人工添加到详览的文献较多时，例如参考同族或系列申请审查过程引用的文献，可以考虑在详览中使用语义排序提高浏览效率。

3. 详览文献对比

详览文献对比功能可以使用户同时浏览本检索主题和当前文献的著录项目、全文文本、摘要附图、说明书附图或全文图像，从而实现对两者进行差异化比较。

在详览界面左上角的文献公开号上右键选择当前浏览文献，单击"推送详览对比"，进入详览对比页面。系统同时显示所选文献与当前检索主题。其中，检索主题默认显示在左侧，所选对比文件显示在右侧，如图 3 - 5 - 4 所示。详览文献对比功能支持按著录项目、全文文本、摘要附图、说明书附图、全文图像等维度进行对比浏览。系统自动关联当前文献检索式，高亮检索关键词，还可以人工输入高亮关键词。右侧的文献通过修改上方的申请号可以变更为与其他文献进行对比。

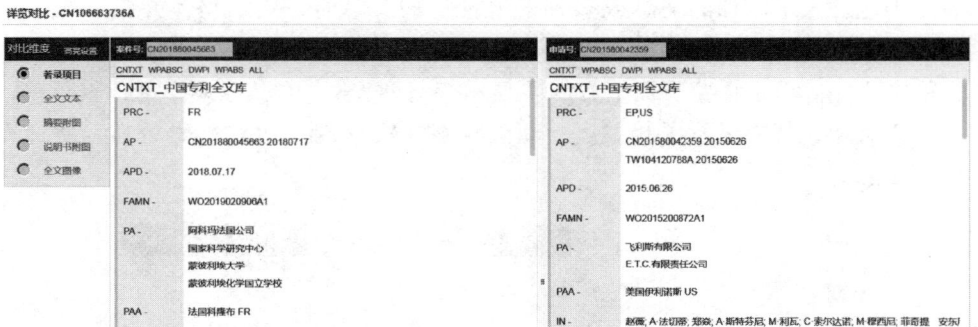

图 3 - 5 - 4　详览的文献对比功能

4. 快览和详览的异同

快览为详览的简化版，整体界面和详览类似，也包括高亮、高密、聚焦设置、Mark 笔等功能。但快览仅能按申请查看一篇文献对应的各数据库的著录项目信息和全文信息，无法同时查看同族信息。

不同于详览的列表管理，快览中打开一篇文献将打开一个窗口，窗口上限是 10篇，如果打开第 11 篇文献将覆盖最早打开的文献的快览窗口。用户在双屏操作时，单独设置的快览窗口有助于两篇文献的比对。快览窗口上方有"窗口管理"菜单，可以选择关闭当前窗口、关闭其他窗口或关闭全部窗口。

快览在一定程度上兼备快捷和全面两个优点，虽不如详览的信息全面，但胜在能够实现对概览中文献的全文进行快速查看。

三、一站式浏览

一站式浏览模块根据智能检索系统推送的检索结果集，通过输入特征画像，进行特征排序。可使用系统自动分词、技术特征扩展、关系式生成等功能，构建特征画像。系统根据用户构建的特征画像，对结果集执行特征高亮、特征统计、特征排序以及 Y

类对比文件匹配等自动筛选功能，并呈现筛选结果以提高浏览对比文件的效率。

1. 一站式浏览的基本流程

用户可以通过4种方式进入一站式浏览系统，它们分别是：①在智能化检索系统导航栏（即融合检索界面的最上方），如图3-5-5所示，单击"一站式浏览"进入；②选择融合检索结果推送至一站式浏览（即融合检索界面的最下方），如图3-5-6所示；③在概览界面推送检索式至一站式浏览，如图3-5-7所示；④在详览界面将文献推送至一站式浏览，如图3-5-8所示。

图3-5-5　从导航栏进入一站式浏览

图3-5-6　选择融合检索结果推送至一站式浏览

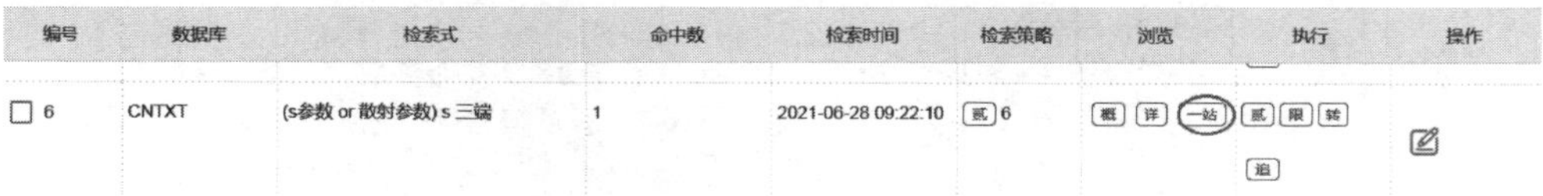

图3-5-7　从概览界面进入一站式浏览

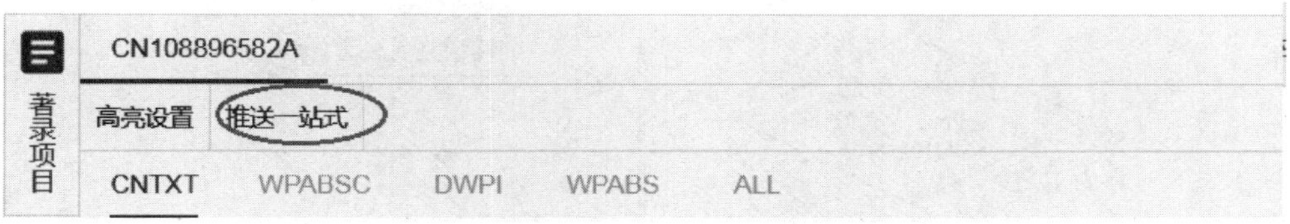

图3-5-8　详览界面进入一站式浏览

一站式浏览流程如图3-5-9所示。

在一站式系统中进行文献浏览时，主要涉及步骤3的调整关键词画像和步骤5的设置关系式画像和/或分类号画像。一站式系统特征画像的调整包括调整关键词画像、设置分类号画像、设置关系式画像，以及调整短语或文本的权重。一站式默认的排序仅根据关键词画像，而且画像的关键词是自动抓取排序基准文献的权利要求1而形成，因此会存在切词不准确、噪声词较多、词语表达单一、无法提取存在于从属权利要求或者说明书中的关键要素等问题，这时就需要对关键词画像进行人工调整。调整的方式主要包括：删除或修改错误及不必要的关键词、扩展关键词以及增加关键词。

为了更好地表达关键词之间的关系，可以设置关系式画像。准确的分类号能够更好地体现检索主题的技术领域，通过分类号画像的设置可以使得与本领域相关的文献的排序提前。关系式画像的构建主要包括：常用短语的组合；涉及发明点的关键词的组合；技术效果与技术手段的组合；技术主题与重要特征的组合；关联方法步骤的组合等。

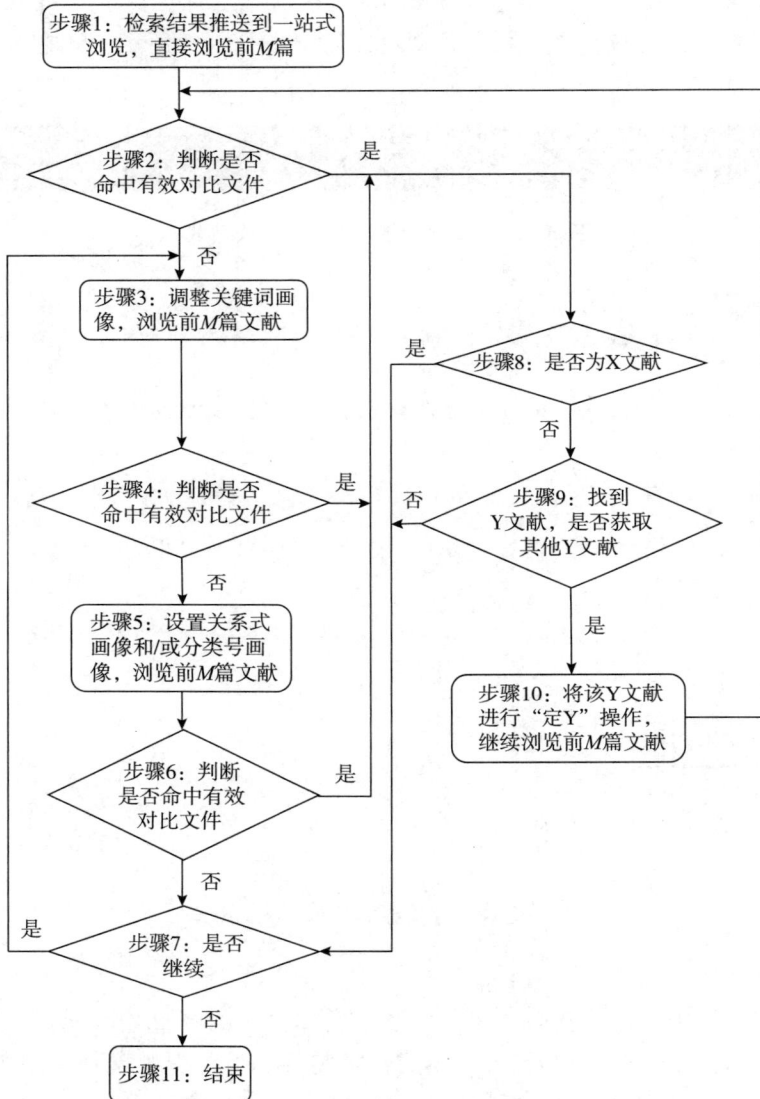

步骤1：检索结果推送到一站式浏览，直接浏览前M篇

步骤2：判断是否命中有效对比文件 —— 是

否

步骤3：调整关键词画像，浏览前M篇文献

步骤8：是否为X文献

是

否

步骤4：判断是否命中有效对比文件 —— 是

否

步骤9：找到Y文献，是否获取其他Y文献

否

步骤5：设置关系式画像和/或分类号画像，浏览前M篇文献

是

步骤10：将该Y文献进行"定Y"操作，继续浏览前M篇文献

步骤6：判断是否命中有效对比文件 —— 是

否

步骤7：是否继续

是

否

步骤11：结束

图 3 - 5 - 9　一站式浏览的基本流程

　　另外，选择了一站式系统的"定Y"操作，则首先命中的文献中涉及的特征将会从画像的特征中删除，并进行重新排序。需要注意的是：如果单击"定Y"操作后没有浏览到相关对比文件，可能需要增加部分已经删除的特征重新进行特征对比，此时可以单击希望恢复的特征后的"X"，该特征底色由灰变白，即可重新用于特征画像。

最后，如果经过特征画像的几次调整后依然没有获取到相关对比文件，则可以结束一站式浏览，重新回到智能检索系统中调整检索思路，采用其他的检索式或检索手段进行检索。

以上是一站式系统中对检索结果的浏览方法，首先采用系统默认的排序方式查找相关对比文件，如果没有，则通过优化关键词画像来改变对比文件的排序位置，如果依然没有获得相关对比文件，可以尝试设置关系式画像和/或分类号画像进一步调整对比文件的排序位置。通过上述操作，可以实现人工干预的浏览模式。

2. 直接浏览

当检索主题与对比文件内容高度相似时，往往使用默认的关键词画像即可获得相关对比文件，并且对比文件的排序较为靠前。

【案例 3 – 5 – 1】

申请号： 201810856035.3

发明名称： 一种报账翻译记账凭证系统

分类号： G06Q40/00

权利要求 1： 一种报账翻译记账凭证系统，包含客户端和服务器端；通过互联网连接所述客户端与所述服务器端，运用 PC 和移动终端录入或查看；所述服务器端包括：用户管理模块、翻译凭证模块、银行记账模块、现金记账模块、数据库存储模块、会计科目及编号模块。

发明解读： 目前市场上的专业财务管理系统，仅仅是按照传统手工财务做账构建的财务系统，效率低下。本案例通过编程将报销内容梳理后自动分类，分类后运用翻译凭证模块翻译，翻译后通过会计分录自动显示为记账凭证。实现了高效财务记账、网络审核流程化和远程报销，可节省大量人力成本。

检索策略： 本案例如果以申请号作为语义排序基准在智能检索系统中进行语义检索，只能在第 233 位获得 X 类对比文件 CN104599176A，但是将智能检索系统的 400 篇检索结果推送到一站式系统中，在第 3 位即获得上述 X 类对比文件。系统自动提取的关键词如图 3 – 5 – 10 所示。

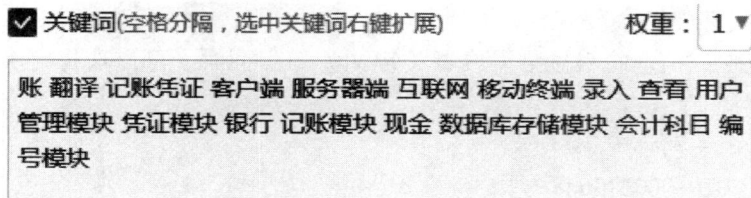

图 3 – 5 – 10 一站式系统默认提取的信息

可以发现系统默认的关键词画像的切词较为准确，涉及了权利要求 1 中的主要模块，该 X 类对比文件公开了较多的关键特征（共 17 个关键词，该文献公开了其中的 11 个），如图 3 – 5 – 11 所示。

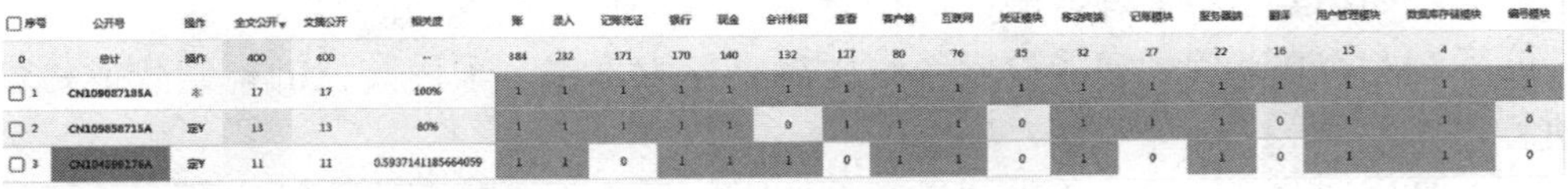

序号	公开号	操作	全文公开	文摘公开	相关度	算	录入	记账凭证	银行	现金	会计科目	查查	客户端	互联网	凭证模块	移动设备	记账模块	型检测模块	翻译	用户管理模块	数据存储模块	编程模块
0	总计		400	400	--	584	282	171	170	140	132	127	80	76	85	32	27	22	16	13	4	4
1	CN109087185A	本	17	17	100%	1	1	1	1	1	1	1	1	1	1	1	1	1	1	1		
2	CN109058715A	是Y	13	13	80%	1	1	1	1	0	1	1	1	0	1	1	1	0	1		0	
3	CN104209276A	是Y	11	11	0.5937141185664059	1	1	0	1	1	0	1	0	1	1	0	1	0	1			0

图 3-5-11　对比文件公开的特征

相反，如图 3-5-12 所示，智能检索系统自动提取的语义分词数量较多，并且分词中包含很多通用领域的关键词，所以噪声文献较多，无法将对比文件的排序提前。

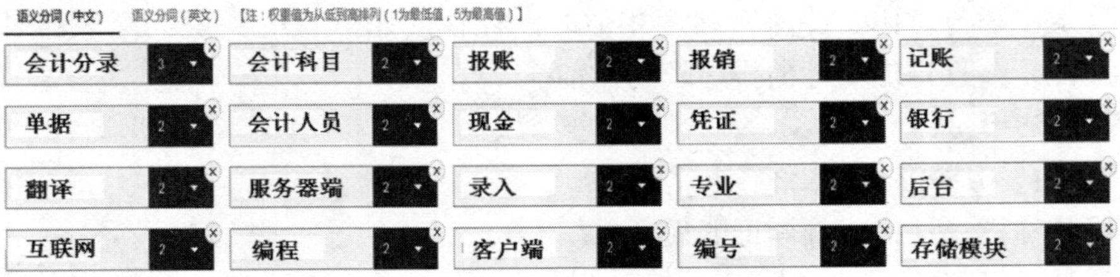

图 3-5-12　智能检索系统自动提取的语义分词

从本案例可以看出：针对包括较多功能模块的权利要求，若系统默认的关键词画像较为准确，则可以在一站式浏览系统中直接浏览位置靠前的对比文件，能够直观地查看对比文件所公开的技术特征，提高浏览速度和准确性。

3. 针对产品权利要求的浏览

产品结构细节比较多，在进行检索和浏览的时候，常常需要对结构类特征进行比对筛选。在直接浏览没有获得对比文件时，可以通过关键词画像的调整和/或关系式画像的设置和/或分类号画像的设置来提高对比文件的排序，从而获得更高的浏览效率。

（1）关键词画像

当参与画像的关键词存在错误切词、表达不全面的情况时，用户需要根据经验将关键词画像中明显错误的分词或者噪声词排除，增加遗漏的分词，并对关键词进行扩展以获得更加准确的关键词画像。

1）删除关键词

对于系统切词出现的明显错误或者关键词为噪声词时，可以选择将其删除或修改为正确的关键词。

【案例 3-5-2】

申请号：202010002736.8

发明名称：一种基于建筑工地用钢管内部除锈装置

分类号：B23P23/04

权利要求 1：一种基于建筑工地用钢管内部除锈装置，包括预处理装置（1）、除锈装置（2）、行走装置（3）、冲洗装置（4）、烘干装置（5）和喷涂装置（6）；其特征在于：所述预处理装置（1）的后端与除锈装置（2）固定连接，所述除锈装置（2）的后端与行走装置（3）固定连接，所述行走装置（3）的后端与冲洗装置（4）固定连接，所述冲洗装置（4）的后端设置有烘干装置（5），所述烘干装置（5）的后侧与喷涂装置（6）固定连接。

发明解读：本案例是一个产品权利要求，涉及一种除锈装置，权利要求1中限定多个部件以及各部件之间的连接关系。

检索策略：将智能检索系统的400篇检索结果推送到一站式浏览系统中，可获得系统自动提取的关键词，如图3-5-13所示，在不进行人工干预的情况下X类对比文件CN106238415A排在第127位。

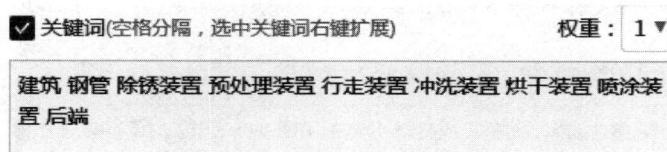

图3-5-13 一站式系统默认提取的关键词

通过分析可以发现，一站式系统默认的关键词画像有一些是非必要关键词，例如"建筑""后端""装置"，考虑将上述噪声词删除，仅保留必不可少的关键词，获得人工干预后的关键词画像，如图3-5-14所示，单击"特征排序"，在第2位即可获得该对比文件。

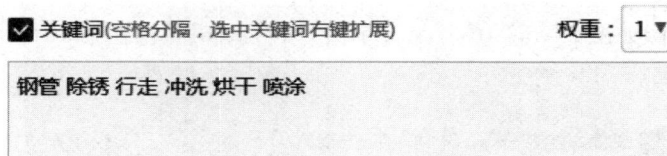

图3-5-14 调整后的关键词画像

可见删除关键词画像中存在的噪声词，仅保留必要的关键词，能够大幅提高对比文件的排序。

2）扩展关键词

系统自动抓取的关键词仅为排序基准文献的权利要求1中已有的词语，其表达方式单一，用户需要对其进行上下位或同义词、反义词扩展，这时可以单击右键扩展关键词，或者人工输入扩展关键词并使用逗号间隔。

【案例3-5-3】

申请号：201811049855.8

发明名称：一种抗裂性皮革及其应用

权利要求1：一种抗裂性皮革，其特征在于：由如下重量份的组分制备而得：1000~1500重量份的水、45~85重量份合成革或皮材料、0.2~6重量份的分散剂、0.2~10重量份的偶联剂、1~1.5重量份的硫化剂、0.5~12重量份的皮革手感剂、33重量份的抗裂涂料、0.8~5重量份的增柔剂。

分类号：D06N3/00

发明解读：本案例是一个产品权利要求，涉及抗裂性皮革，其包括多种组分。说明书对"增柔剂"以及"抗裂涂料"的下位概念作出具体限定：采用聚硫橡胶、液体丁腈橡胶中的一种或多种作为增柔剂，提高了皮革表面的柔性，另外，采用阳离子蜡剂、阳离子丙烯酸树脂中的一种或多种混合后制成的抗裂涂料，对皮革的表面进行防护，提高了皮革的抗裂性能。

检索策略：将智能检索系统的纯语义检索的 400 篇结果推送到一站式系统中，可获得系统自动提取的关键词，如图 3-5-15 所示，在不进行人工干预的情况下 X 类对比文件 CN103484576A 排在第 85 位，结果并不理想。

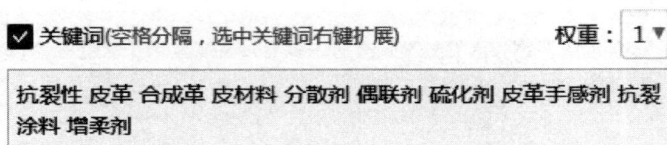

☑ 关键词(空格分隔，选中关键词右键扩展)　　权重：1▼

抗裂性 皮革 合成革 皮材料 分散剂 偶联剂 硫化剂 皮革手感剂 抗裂涂料 增柔剂

图 3-5-15　一站式系统默认提取的关键词

上述系统默认的关键词画像还是比较准确的，囊括了抗裂性皮革的主要组分，但是显然上述组分均为功能性限定，没有具体的成分表达，因此根据说明书的内容，增加"增柔剂"以及"抗裂涂料"的具体成分。另外，考虑到权利要求 1 中"合成革"和"皮材料"采用"或"连接，因此采用","将二者间隔以表示并列关系。人工干预后的关键词画像如图 3-5-16 所示，单击"特征排序"，在第 10 位即可获得该对比文件。

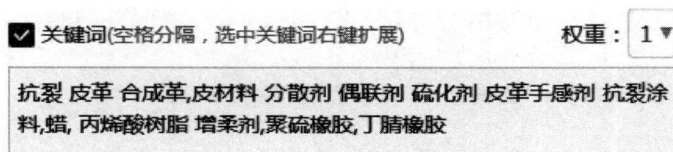

☑ 关键词(空格分隔，选中关键词右键扩展)　　权重：1▼

抗裂 皮革 合成革,皮材料 分散剂 偶联剂 硫化剂 皮革手感剂 抗裂涂料,蜡,丙烯酸树脂 增柔剂,聚硫橡胶,丁腈橡胶

图 3-5-16　调整后的关键词画像

本案例根据说明书或本领域的下位描述扩展关键词，并将并列的特征用","隔开，以获得更准确和全面的关键词画像。

3）增加关键词

当权利要求 1 的技术方案不涉及具体技术领域，技术问题、技术效果、应用场景和用途，或者技术手段的核心关键词并未体现时，需要用户增加这些关键词，以更好地执行特征画像。

【案例 3-5-4】
申请号：201911422378.X
发明名称：一种基于自动控制的微量润滑装置
分类号：B23Q11/10
权利要求 1：一种基于自动控制的微量润滑装置，其特征在于：包括检测模块、控制模块、执行模块和控制算法；检测模块由流量传感器、压力传感器构成；控制模块由 MCU 构成；执行模块由蠕动泵、压力控制阀构成；检测模块作用是对切削液流量、气体压力进行实时检测；控制模块作用是接收检测信号，结合控制算法计算获得的最优冷却参数推荐值，将相应的信号传递给执行模块；执行模块作用是接收来自控制模块的控制信号并执行，即调节流量及压力的大小以达到所需工艺要求；控制模块通过控制算法，最终输出工况所需的切削液流量、空气压力冷却参数作为实现加工质量目标的最优冷却方案；气体经气管通过压力传感器、压力控制阀，MCU 与压力传感器、压力控制阀以导线连接，压力传感器检测到实时压力大小后经过 ADC 转换为数字信号后传递给 MCU，结合控制算法推荐的最优冷却参数，MCU 输出控制信号经 DAC 转换为模拟信号给压力控制阀；切削液从蠕动泵经液管流过流量传感器，流量传感器检测到的实时流量大小经过 ADC 转换为数字信号传递给 MCU，通过控制算法计算后，MCU 将控制信号通过 RS485 通信协议传递给蠕动泵，进而控制蠕动泵输出相应的流量大小；MCU、流量传感器与蠕动泵之间以导线连接。

发明解读：本案例涉及一种自动控制的微量润滑装置，其中权利要求 1 的内容较多，涉及检测模块、控制模块、执行模块和控制算法。根据说明书背景技术，传统 MQL 系统中，没有通过反馈、调节的过程来降低切削区域的温度。本案例基于自动控制的微量润滑装置通过控制算法的运行计算后，最终输出切削液流量、空气压力等冷却参数作为实现加工质量目标的最优冷却方案。进而在保证冷却效果的同时，减少切削液的用量。可以确定本案例正是通过构建一套自动控制装置，实现上述反馈、调节的过程。

检索策略：将智能检索系统的纯语义检索的 400 篇结果推送到一站式系统中，可获得系统自动提取的如图 3 - 5 - 17 所示的关键词，在不进行人工干预的情况下 X 类对比文件 CN105479176A 排在第 233 位，结果并不理想。

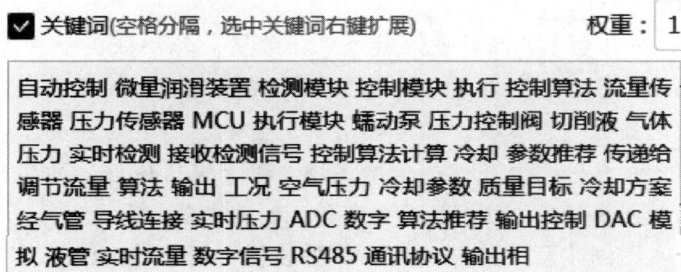

图 3 - 5 - 17　一站式系统默认提取的关键词

通过分析可以发现，系统默认提取的关键词很多，包括 43 个关键词，其中含有较多的噪声词。首先将不必要的词语，例如"装置""模块"等删除，对比文件排序上升到第 74 位，显然排序结果还是不太理想。继续调整关键词画像，仅保留涉及发明点的关键词："自动控制""微量润滑""检测""控制""流量""压力""切削液""冷却"，此时对比文件上升到第 50 位。上述关键词画像并没有体现出"反馈调节"的自动控制算法，因此将体现技术手段的关键词"反馈""调节"加入关键词画像中，从而更好地描述检索主题的技术方案。人工干预后的关键词画像如图 3 - 5 - 18 所示。单击"特征排序"，在第 19 位即可获得该对比文件。

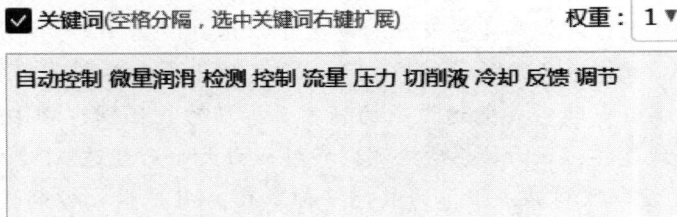

图 3 - 5 - 18　调整后的关键词画像

当一站式系统默认的关键词画像没有充分体现发明构思时，可以对技术手段进行提炼，并将提炼形成的关键词增加到关键词画像中，以便更加全面地描绘检索主题的发明构思。而体现该技术手段的关键词可能出现在说明书的有益效果中，也可能出现在背景技术或者实施例中。

（2）分类号画像

在一站式系统中，系统会自动提取检索主题的 IPC 分类号，填入分类号特征框中，但是在默认状态下，该分类号画像是不参与特征排序的。当分类号信息对于检索主题很重要时，可考虑增加分类号画像，此时勾选"分类号"使其参与到一站式排序中。如果检索主题的分类号不准确或需要扩展，用户也可以编辑分类号。

【案例 3 - 5 - 5】

申请号：202010290720.1

发明名称：一种电子产品、电池放电保护方法、装置及介质

分类号：H02J7/00

权利要求 1：一种电子产品的电池放电保护装置，其特征在于，包括：获取模块，用于预先获取电池的各动态参数与各放电保护电压值的对应关系；读取模块，用于读取所述电池当前的目标动态参数；确定模块，用于依据所述对应关系确定所述目标动态参数对应的目标放电保护电压值；控制模块，用于当所述电池的实际电压值下降至所述目标放电保护电压值时，控制所述电池停止输出电能。

发明解读：本案例涉及一种电池放电保护装置，属于特定的电池领域。本案例给出的分类号为 H02J7/00，用于电池组的充电或去极化或用于由电池组向负载供电的装置。

检索策略：将智能检索系统纯语义检索的 400 篇结果推送到一站式系统中，可获得系统自动提取的如图 3 - 5 - 19 所示的关键词，在不进行人工干预的情况下 X 类对比文件 CN107112601A 排在第 159 位。

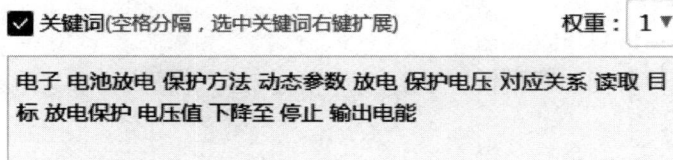

图 3 – 5 – 19　一站式系统默认提取的关键词

将系统默认的关键词画像进行调整，删除非必要关键词"电子""方法"等，此时对比文件上升到第 56 位。考虑到本案例属于电池放电保护领域，有相关分类号，因此增加分类号画像以实现更精准的文献排序。本案例给出的分类号为 H02J7/00，在纯语义检索界面对排在前 100 篇文献的分类号进行统计分析，筛选出 3 个相关分类号，分别为 H02J7/00、G01R31/367 和 H01M10/42，由其构成的分类号画像如图 3 – 5 – 20 所示，单击"特征排序"，在第 27 位即可获得该对比文件。

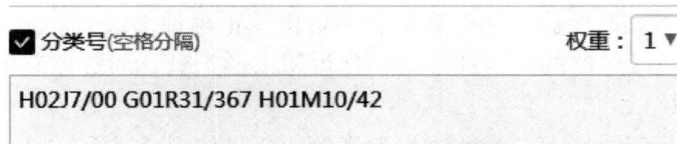

图 3 – 5 – 20　调整后的分类号画像

当检索主题所涉及的分类号较为准确的时候，可考虑利用统计分析的方法获取相关分类号，增加分类号画像以实现更精准的文献排序。但也需要注意，并不是扩展的分类号越多越好，分类号的使用是一把双刃剑，选择得越多，干扰文献就越多，相关文献的排序反而会更靠后，因此需要合理使用。

（3）关系式画像

一站式系统不会自动生成关系式画像，需要人工进行设定，而关系式画像也是最能体现人工智慧的干预手段。关系式特征可以人工输入，也可以使用关键词特征辅助生成。关系式特征支持 W、D 运算符，D 表示无序，W 表示有序，例如，可输入：放置板 10W 提升板，或放置板 10D 提升板。多个关系式之间用换行分隔。此外，还可以设置关系式权重，如图 3 – 5 – 21 所示，从而影响关系式画像在特征排序功能中的排序影响度。

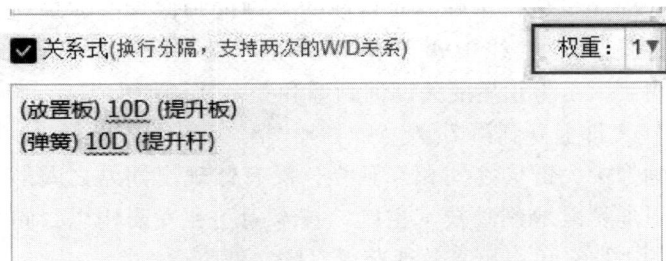

图 3 – 5 – 21　关系式画像设置方法

【案例 3 – 5 – 6】

申请号：201811447557.4

发明名称：一种同步采集保护装置全部相量来判断保护装置接线正确性的装置和方法

分类号：G01R31/01

权利要求 1：一种同步采集保护装置全部相量来判断保护装置接线正确性的装置，其特征在于：包括外壳和安装在外壳内的电路结构，所述外壳上设置有用于显示处理结果的人机接口触控液晶屏；所述电路结构包括 DSP 数字信号处理器、模数转换芯片、测量采集变换模块和供电模块，所述测量采集变换模块的输出端通过模数转换芯片连接至 DSP 数字信号处理器的输入端，所述测量采集变换模块与所述 DSP 数字信号处理器之间还连接有电压比较频率测量模块，所述人机接口触控液晶屏信号连接 DSP 数字信号处理器，所述 DSP 数字信号处理器、模数转换芯片和电压比较频率测量模块均与供电模块连接。

发明解读：本案例涉及一种判断保护装置接线正确性的装置和方法，权利要求 1 限定了产品结构以及电路的连接关系。根据说明书的记载，通过该装置可以自动给出外部接线是否正确的判断。

检索策略：将智能检索系统纯语义检索的 400 篇结果推送到一站式系统中，可获得系统自动提取的关键词，如图 3 – 5 – 22 所示，在不进行人工干预的情况下 X 类对比文件 CN201247298Y 排在第 223 位，排序较为靠后。

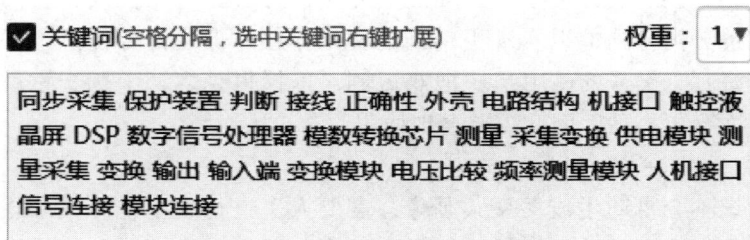

图 3 – 5 – 22　一站式系统默认提取的关键词

首先对系统默认的关键词画像进行调整，删除不必要关键词，此时对比文件上升到第 107 位。考虑到本案例的主题为判断保护装置接线正确性的装置，其限定的结构最终是为了判断外部接线是否正确，而目前的关键词画像无法体现这一重要特征，因此考虑设置关系式画像："接线 10d 正确"，并将其权重设置为"5"以提高该关键信息的占比，从而得到人工干预后的关键词画像和关系式画像如图 3 – 5 – 23 所示，单击"特征排序"，对比文件上升到第 7 位。

由于关键词画像中关键词之间相互独立，没有体现出词语之间的关系，通过设置关系式画像可以更加精准地刻画技术主题、技术问题和发明构思，同时通过权重的设置调整该关系式的占比，可以更高效地获得对比文件。

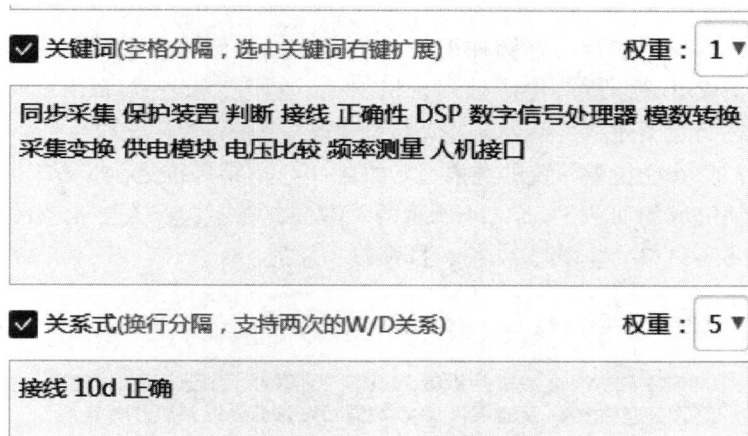

图 3 - 5 - 23　调整后的关键词画像和关系式画像

4. 针对方法权利要求的浏览

与产品权利要求相比，方法权利要求中技术特征之间的关联关系通常更为复杂，导致特征画像的构建难度更高，因而需要合理运用人工智慧来构建特征画像。方法权利要求一般由该方法的多个步骤组成，在对方法权利要求进行检索时，需要检索公开方法步骤尽可能多的对比文件。一站式系统可以针对方法权利要求的所有步骤进行完整的特征画像，并且能够呈现出文献公开的特征数量，因此能够有效提高检索效率。

（1）单个步骤的关键词画像

对于由多个步骤组成的方法类权利要求，如果各步骤之间没有特殊的关联，可以仅通过提取各个步骤本身的关键信息来构建特征画像。

【案例 3 - 5 - 7】

申请号： 202010474771. X

发明名称： 一种抗冲击性强的圆柱齿轮加工方法

分类号： B23P15/14

权利要求 1： 一种抗冲击性强的圆柱齿轮加工方法，其特征在于：包括以下步骤，S1，原料预处理：根据圆柱齿轮所需形状从整批材料中取下相应形状且质量较好的圆柱齿轮原材料；S2，原材料锻造：将圆柱齿轮原材料通过锻造机改锻成圆柱齿轮毛坯锻件，并使用超声波探测仪探测圆柱齿轮毛坯锻件；S3，正火处理：将圆柱齿轮毛坯锻件放入加热炉进行加热，保温一段时间后，从加热炉取出锻件进行冷却，冷却后进行高温回火，得到圆柱齿轮预处理件；S4，渗碳处理：圆柱齿轮预处理件放入渗碳介质中，并加热到一定的温度，得到圆柱齿轮粗加工件；S5，粗加工：对经过渗碳处理的圆柱齿轮粗加工件的外圆及其端面放入普通加工车床中进行粗加工，再次对圆柱齿轮粗加工件进行热处理；S6，制齿：采用滚齿机对圆柱齿轮精加工件进行滚齿处理，得到滚齿后的圆柱齿轮加工件；S7，磨削齿面：使用磨削机对圆柱齿轮加工件表面进行磨削处理；S8，钻孔处理与检验：将圆柱齿轮放入钻孔机中进行钻孔，最后进行成品检验。

发明解读：本案例涉及一种圆柱齿轮加工方法，其包括：原料预处理步骤、原材料锻造步骤、正火处理步骤、渗碳处理、粗加工、制齿、磨削齿面、钻孔处理与检验步骤。各步骤之间除了先后关系外，并无特殊关联。

检索策略：将智能检索系统的纯语义检索的 400 篇结果推送到一站式浏览系统中，可获得系统自动提取的如图 3 - 5 - 24 所示的关键词，在不进行人工干预的情况下 X 类对比文件 CN106363377A 排在第 77 位，排序较为靠后。

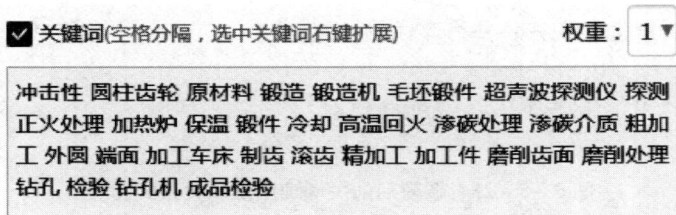

☑ **关键词**(空格分隔，选中关键词右键扩展)　　　　权重：1▼

冲击性 圆柱齿轮 原材料 锻造 锻造机 毛坯锻件 超声波探测仪 探测 正火处理 加热炉 保温 锻件 冷却 高温回火 渗碳处理 渗碳介质 粗加工 外圆 端面 加工车床 制齿 滚齿 精加工 加工件 磨削齿面 磨削处理 钻孔 检验 钻孔机 成品检验

图 3 - 5 - 24　一站式系统默认提取的关键词

系统默认的关键词画像仅是对权利要求 1 的切词，提取的内容较多，但是并没有突出各步骤中的关键特征，因此选择涉及发明主要技术点的技术特征，并删除非必要技术特征。调整后的关键词包括"齿轮""原材料""锻造"（代表原材料锻造步骤）、"正火"（代表正火处理步骤）、"渗碳"（代表渗碳处理步骤）、"粗加工"（代表粗加工步骤）、"制齿，滚齿"（代表制齿步骤）。此外考虑到本案例的主题为"齿轮加工方法"，而目前的关键词画像并没有体现其属于方法主题，因此将"加工方法"增加到特征画像中，人工干预后的关键词画像如图 3 - 5 - 25 所示，单击"特征排序"，对比文件上升到第 8 位。

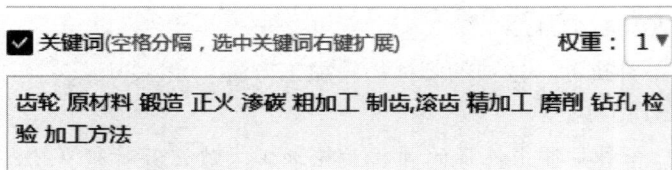

☑ **关键词**(空格分隔，选中关键词右键扩展)　　　　权重：1▼

齿轮 原材料 锻造 正火 渗碳 粗加工 制齿，滚齿 精加工 磨削 钻孔 检验 加工方法

图 3 - 5 - 25　调整后的关键词画像

针对方法步骤的权利要求，通过人工筛选出最能体现各个步骤的关键特征构成关键词画像，可以更加准确地描述各个步骤，从而使对比文件的排序提前。

（2）关联步骤的关键词＋关系式画像

当方法权利要求的步骤与步骤之间的关联性强，并且多个步骤之间的关联性体现发明构思时，仅通过关键词画像是无法进行有效表达和刻画的，即单纯的关键词画像不能针对关联步骤特征进行准确画像，此时可以首先利用关键词画像描述各个步骤，然后利用关系式画像描述步骤之间的关系，即通过关键词画像结合关系式画像的方式构建一个全方位的特征画像。

【案例3-5-8】

申请号：201910027867.9

发明名称：无线通信传输带宽和调制方式的选择方法

分类号：H04L1/00

权利要求1：无线通信传输带宽和调制方式的选择方法，其特征在于，包括以下步骤：步骤A，发送端发送数据，接收端接收数据；步骤B，判断接收端与发送端是否满足触发条件，如果满足，则执行步骤C；如果不满足，则执行步骤A；步骤C，接收端统计信道质量；步骤D，带宽与调制方式调整模块选择下一个带宽和调制方式；步骤E，发送端根据所述带宽与调制方式调整模块选取的下一个带宽和调制方式信息更新带宽和调制方式；步骤F，返回步骤A。

发明解读：本案例涉及一种无线通信传输带宽和调制方式的选择方法，其发明构思为：根据信道质量的变化自适应选择最佳的带宽和调制方式，从而选择最佳的收发速率，能够快速地响应信道的变化，有效地提高无线通信系统的传输效率以及网络性能。

检索策略：将智能检索系统纯语义检索的400篇结果推送到一站式系统中，可获得系统自动提取的关键词，如图3-5-26所示，在不进行人工干预的情况下X类对比文件CN103297191A排在第180位，排序较为靠后。

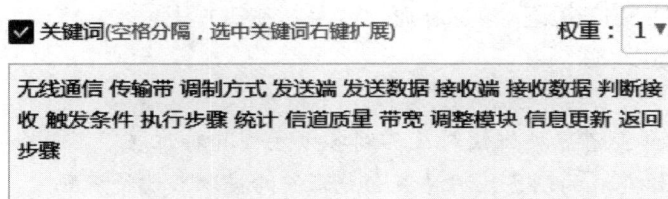

图3-5-26 一站式系统默认提取的关键词

首先删除系统默认的关键词画像中非必要特征，保留必要特征"无线""传输""调制""发送""接收""判断""统计""信道质量""带宽""更新""调整"，此时对比文件上升到第47位。但是上述关键词画像无法体现各步骤之间的关系。分析本案例的发明构思：根据信道质量的变化自适应选择最佳的带宽和调制方式，即步骤C～E是关键步骤，从这3个步骤中选择关键词构建关系式以描述步骤之间的关系："（信道质量）10D（带宽）""（带宽）10D（调整）"，人工干预后的关键词画像和关系式画像如图3-5-27所示，单击"特征排序"，对比文件上升到第6位。

从上述案例可以看出：全方位特征画像采用关键词与关系式相结合的方式进行特征刻画，可以利用关键词画像描述各个步骤的特征，利用关系式画像描述各步骤之间的关系，全面表达了该方法权利要求的信息，因此可以快速获得相关对比文件。

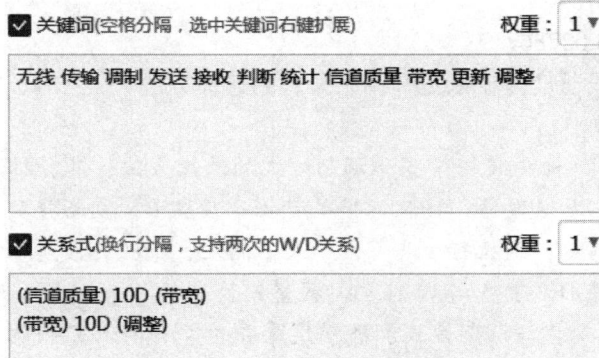

☑ 关键词(空格分隔，选中关键词右键扩展)　权重：1▼

无线 传输 调制 发送 接收 判断 统计 信道质量 带宽 更新 调整

☑ 关系式(换行分隔，支持两次的W/D关系)　权重：1▼

(信道质量) 10D (带宽)
(带宽) 10D (调整)

图 3－5－27　调整后的关键词画像和关系式画像

5. Y 类对比文件筛选（"定 Y" 功能）

针对 Y 类对比文件的检索，当从一站式系统的检索结果中筛选出最接近的现有技术，或者公开了较多特征的对比文件时，可以使用自动 Y 对比文件匹配——"定 Y"功能检索其他 Y 类对比文件。

【案例 3－5－9】

申请号：201810883827. X

发明名称：一种柠檬薄荷清凉补血饮料及其制备方法

分类号：A23F3/34

权利要求：

1. 一种柠檬薄荷清凉补血饮料及其制备方法，其特征在于，包含以下步骤：阿胶液、薄荷液、金银花液的制备，柠檬液和龙眼液的提取、饮料调配。

9. 根据权利要求 1 所述的生产方法，其特征在于饮料调配，将阿胶液 4～5 份、薄荷液 5～7 份、柠檬液 7～10 份、龙眼液 7～8 份、低聚木糖 0.5～1 份、木糖醇 0.3～0.8 份、茶多酚 0.06～0.1 份、水 70～75 份混合均匀，溶解过滤后灌装，然后在 55～60℃微波中杀菌 3～5min。

检索策略：对本案例的权利要求 9 进行检索。将智能检索系统纯语义检索结果 400篇推送到一站式系统中，可获得系统自动提取的如图 3－5－28 所示的关键词。经分析系统默认提取的关键词存在切词错误"柠檬薄荷"，将其改为"柠檬""薄荷"，并且将不必要的关键词"清凉""补血饮料""提取""调配"以及各成分中的"液"删除，增加权利要求 9 的"低聚木糖""木糖醇""茶多酚"，得到调整后的关键词画像，如图 3－5－29 所示。

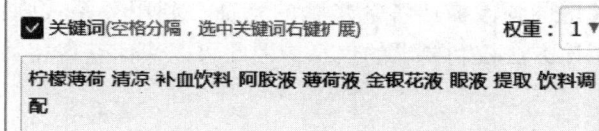

☑ 关键词(空格分隔，选中关键词右键扩展)　权重：1▼

柠檬薄荷 清凉 补血饮料 阿胶液 薄荷液 金银花液 眼液 提取 饮料调配

图 3－5－28　一站式系统默认提取的关键词

☑ 关键词(空格分隔，选中关键词右键扩展)　　　　　　　　权重：1 ▼

柠檬 薄荷 阿胶 金银花 龙眼 低聚木糖 木糖醇 茶多酚 饮料

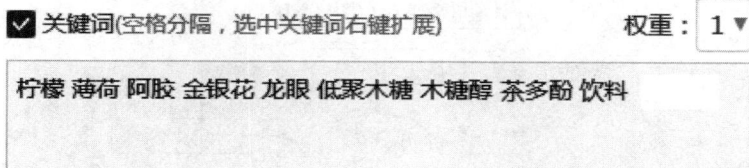

图 3 – 5 – 29　调整后的关键词画像

单击"特征排序"后进行浏览，排在第 3 位的 Y 类对比文件 CN102715606A 公开了一种饮料，含有柠檬、薄荷、木糖醇、低聚木糖，如图 3 – 5 – 30 所示，与检索主题相比还缺金银花、阿胶、龙眼和茶多酚这几种成分，还需要对这几种饮料成分进行检索。

	序号	公开号	操作	全文公开 ▼	文摘公开	相关度	饮料	柠檬	金银花	薄荷	木糖醇	阿胶	龙眼	茶多酚	低聚木糖	木聚糖
	0	总计	操作	400	400	--	358	309	190	159	55	36	30	30	11	2
☐	1	CN108813049A	本	9	9	100%	1	1	1	1	1	1	1	1	1	0
☐	2	CN109480131A	定Y	6	6	55%	1	1	1	1	1	0	0	0	1	0
☐	3	CN102715606A	定Y	6	5	55%	1	1	0	1	1	0	0	0	1	1
☐	4	CN107373258A	定Y	6	6	53%	1	1	1	1	1	0	0	0	0	1
☐	5	CN106729219A	定Y	6	3	53%	1	1	0	1	1	0	1	1	0	0

图 3 – 5 – 30　调整后的对比文件排序结果

此时单击对比文件 1 的公开号之后的"定 Y"按钮，所有文献会重新排序，第 2 位是上述的 Y 类对比文件，第 3 位 CN105851766A 是一篇通过"定 Y"操作调整上来的 Y 类对比文件，其公开了金银花、阿胶、龙眼组分，仅缺少茶多酚，如图 3 – 5 – 31 所示。

	序号	公开号	操作	全文公开 ▼	文摘公开	相关度	金银花	阿胶	龙眼	茶多酚
	0	总计	操作	400	400	--	190	36	30	30
☐	1	CN108813049A	本	4	9	100%	1	1	1	1
☐	2	CN102715606A	Y	0	5	55%	0	0	0	0
☐	3	CN105851766A	定Y	3	4	57%	1	1	1	0

图 3 – 5 – 31　"定 Y"操作后的对比文件排序结果

第六节　智能检索常规检索流程

本节介绍智能检索系统的一般化检索流程，如图 3 – 6 – 1 所示，主要包括自动语义检索、选择数据库、纯语义检索、融合检索、文献浏览和中止检索 6 个方面。

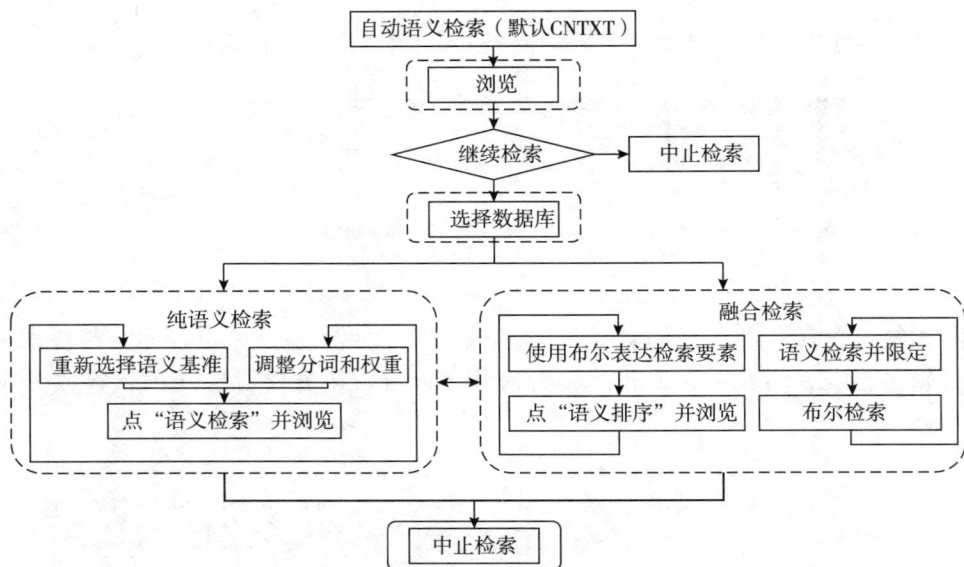

图3-6-1 智能检索系统的一般化检索流程

  智能检索系统拥有"智慧"，能够在用户还没有确定好检索要素之前，凭借系统自身的"智慧"，默认使用CNTXT数据库以申请号作为语义排序基准进行自动语义检索，给出系统推荐的文献集合。在使用智能检索系统时，在某些技术领域需要重视自动语义检索推送的文献。

  如果没有检索到相关的现有技术，或者希望检索更多更优的现有技术，则需要继续检索，进入选择数据库的步骤。数据库的选择基于自动语义检索结果以及对检索主题的认识，通常包括：如果是国内申请则优先选择CNTXT；涉及高校或者理论性强的申请需要重视CJFD数据库；对于通信协议相关申请则考虑使用3GPP、IETF和ETSI数据库。在使用美国等国外专利数据库时，依据检索要素中英文表达的特点选择中文翻译数据库或者英文原文数据库之一进行检索，例如，当检索要素的中文表达形式比较统一时使用中文数据库，反之，使用英文原文数据库。

  完成数据库选择后，就进入纯语义检索或者融合检索阶段。对于检索经验不足，或者不熟悉检索主题的用户，使用纯语义检索的方式有助于利用机器智慧，弥补检索经验不足和技术领域不熟悉的缺陷。这时，如果申请号作为语义排序基准没有检索到合适的对比文件，可以查看分类号是否准确和全面，如果分类号不准确，就需要考虑使用说明书作为语义排序基准。另外，对于PCT或者实用新型初审案件，也可以考虑使用说明书作为语义排序基准。说明书全面地记载了技术方案内容，当以说明书作为语义排序基准没有检索到合适对比文件时，需要确定说明书内容是否与检索主题的技术方案相关，说明书中是否存在过多无关的、对检索造成干扰的信息，如果干扰信息较多，使用精简记载技术方案的文字内容（权利要求/摘要）作为语义排序基准。当说明书干扰信息过多，权利要求和摘要等文字内容过于抽象上位，或原始申请文件的文本不能体现关键检索要素时，需要对语义排序基准进行改写，将关键检索要素补入其中。综上所述，选择语义排序基准有两个基本原则：①只要与待检索主题内容相关，没有过多的干扰信息，优先使用具有丰富内容的文本（例如申请号和说明书）作为语义排序基准；②当权利要求或说明书摘要表述过于抽象时，需要改写作为语义排序基准的文本。此外，在选定语义排序基准之后，还可以通过调整分词及其权重的方式改变相关文献的排序位次，特别是在摘要、权利要求，或者改写文本等短文本作为语义排序基准时，由于系统分词数量较少，调整分词及其权重的效果更加显著。分词最好采用领域内的常规表达，尽量体现所有检索要素，并删除不相关分词和错误分词，添加未被系统自动分词但对检索主题较为重要的分词，将表达形式较为统一且体现发明构思的分词设置为较大权重。反之，对表达形式不确定或者与发明构思无关的词设置为较小权重。

作为智能检索系统最主要的检索手段，融合检索可以采用先语义检索后布尔筛选的方式，选择合适的语义排序基准进行语义检索，对语义检索获得的文献集合进一步限定以缩小文献量，在较小文献量的基础上进行文献浏览。融合检索还可以使用先布尔检索后语义排序的方式，利用检索经验，通过布尔检索精确圈定检索范围，再结合语义排序功能对检索到的文献集合按照相关度进行排序，从而实现高效的文献浏览。融合检索中需要考虑选择哪些检索要素进行布尔检索，如果存在部分检索要素难以提取、表达或扩展的情况，可以考虑选择部分检索要素或单要素检索结合语义排序，只使用那些准确的、有把握的关键词或分类号构建检索式，将那些难以提取、表达或扩展的检索要素交给语义检索，虽然部分检索要素或单要素检索的检索结果集可能数量多，但是通过语义排序功能，相关对比文件的排序位置得到提升，能够明显提高检索效率。

新一代的智能检索系统升级了文献浏览功能，提供详览、概览、快览和一站式浏览4种浏览模式，在概览时又支持列表、图文混排、单视图和多视图4种方式，使系统胜任各种浏览场景。例如，使用一站式浏览提高材料、多组分化合物等领域的浏览效率，使用多视图浏览提高机械、电路等领域的浏览效率，通过高亮特别是邻近算符关联高亮提高文献的浏览效率。

第四章 机械领域智能检索

机械领域属于传统的技术领域，呈现覆盖面广、技术跨度大、交叉学科多、专利申请量大等特点。从专利申请的特点看，机械领域专利申请包括产品和方法两大类。其中，产品权利要求以机械结构为主，以通用机械、加工机械、动力机械、化工机械等为代表，技术方案多以结构的构造、形状、连接、组成或其结合为主。方法权利要求以工艺方法为主，以加工方法、控制方法、检测方法等为代表，技术方案多以工艺过程、操作条件、步骤、流程或者以上各项组合为主。

机械领域检索主题的传统检索方式是布尔检索，重点在于布尔检索式的构建，难点在于构建布尔检索式时如何选择准确的分类号或者关键词对检索要素进行精准、全面的表达。检索时，通常首先选择准确的 IPC、CPC 或 FI/F - term 分类号表达检索要素，再结合一组或者多组关键词构建布尔检索式，获得可浏览的文献量结果后再进行筛选。若未获得合适的相关文件，再对检索要素的选取和表达进行调整。一般情况下，机械领域的检索按照由准到全的原则，先进行全要素组合检索，然后使用部分要素组合检索，最后再进行单要素检索。由于机械领域文献量大，因而仅使用单要素检索获得对比文件的情况较少。

在分类号方面，由于机械领域文献数量庞大，有时即便获得准确的分类号，其下的文献量仍非常大。在关键词方面，机械结构通常为常规的连接件、固定件、驱动件等进行不同组合布置构造而成，关键词通常为通用的词汇，例如齿轮齿条、螺纹螺杆等，检索时使用此类关键词噪声非常大，对于文献数量的缩限作用也十分有限。另外，随着技术的横跨纵深发展，机械领域专利申请的主题日趋多元化，产生了大量交叉领域专利申请，这类专利申请不仅包含电学或者化学领域的技术内容，并且在权利要求的限定方式上也更接近于电学或者化学领域的特点，布尔检索时难以确定和表达检索要素。可以看到，目前的检索手段和策略已经难以适应机械领域的检索要求。

智能检索系统为机械领域检索方式和策略的运用提供了新的思路，既能实现传统的布尔检索，又引入了语义检索和排序功能，兼具布尔检索和语义检索的优势。当精准的分类号下文献量大且难以选取合适的关键词缩限文献量时，可以仅使用分类号进行检索，对结果进行语义排序，使相关度高的文献排在前面，再结合相关度浏览适当数量的文献，检索不再受检索结果数量的限制，使单要素检索不再停留于理论层面。当关键词不易表达时，语义检索还可以帮助用户获得更多更准的分类号，扩展更多更全的关键词，成为检索要素扩展和表达的利器。语义检索不仅考虑了词本身，还考虑了词与词之间的相互关系，弥补了布尔检索在知识表示和语义推理能力方面的不足。

此外，智能检索系统的多视图浏览和附图部件检索功能也为机械领域的检索提供了更大的便利。

本章通过具体案例，分别对通用机械、加工机械、动力机械、化工机械为代表的产品权利要求，加工方法、控制方法、检测方法为代表的方法权利要求，以及机械与电学领域交叉、机械与化学领域交叉的权利要求的具体检索策略进行介绍。此外，考虑到附图浏览策略对机械领域检索的重要性，本章还进一步阐述了智能检索系统新增加的两项功能"多视图浏览"和"附图部件检索"在机械领域的运用。

第一节　产　品

一、通用机械

通用机械是指通用性强、用途广泛的机械零部件或机械设备，其中机械零部件主要可细分为螺钉螺栓、轴承、齿轮、铰链等常用部件，机械设备主要可细分为泵、阀门、风机、压缩机等常用设备。

通用机械通用性强，在专利数据库中的文献数量庞大，同时，用途广泛，相同的结构通常有多种表达方式，例如，"螺杆"一词，中文表达包括螺纹杆、螺旋杆、螺丝杆、丝杆、丝杠等；例如，"凹槽"一词，英文表达包括 slot、groove、notch、trough 等。因此，该领域中关键词扩展难度较大。

鉴于以上特点，使用智能检索系统进行检索时，可优先使用功能分类号结合检索主题所提及的应用领域的方式，将检索式中的功能分类表达得更上位，圈定一个大的产品功能领域范围，在该范围内进一步限定具体的应用领域。无论检索结果的文献数量大小如何，此时均可以选择合适的语义排序基准，利用智能检索系统的语义排序功能，提高对比文件的排序位次。

在结合具体应用领域没有理想的检索结果或者检索主题未明确记载应用领域时，可以采用准确的功能分类号进行单要素检索，再利用智能检索系统的语义排序功能，提高对比文件的排序位次。当分类号较为分散且不够准确时，可以从技术效果或技术问题等角度代替常规的结构表达以构建布尔检索式。在语义排序基准选择策略方面，首先可根据语义分词的情况辅助判断语义排序基准是否恰当。当技术手段涉及的技术特征是领域内常规结构时，还可以通过改写语义排序基准调整语义分词的方式聚焦检索主题，作为语义排序基准的改写文本的模式可以是"技术主题＋技术手段＋技术效果和/或技术问题和/或技术原理"。

下面通过案例介绍通用机械在智能检索系统中的检索策略。

【案例 4 -1 -1】

申请号：200720171357.1

发明名称：抗震防松自锁螺纹紧固件

分类号：F16B39/28，F16B37/00，F16B35/04

权利要求 1：一种抗震防松自锁螺纹紧固件，包括，由螺杆外螺纹和螺母内螺纹共同组成的螺纹副，其特征在于，同一螺杆（1）上至少制有两段或以上独立且相互有错位的螺纹段（A、B、C），其螺杆螺纹段（A、B、C）之间的光杆（A－B、B－C）柱面上至少分布有两个或两个以上对称于轴线且相互错位的径向切槽（a1、a2、b1、b2）。

发明解读：通信、电子行业采用的作为调节、调谐的普通螺钉，在运输途中及工作时容易因震动及温度变化而造成螺钉松动。本案例通过在螺杆上设置相互错位的螺纹段并在螺纹段之间的光杆上开设相互错位的径向切槽，紧固时只有通过压缩螺杆的径向切槽才能顺利将螺杆和螺母的内、外螺纹互相旋入并紧固，这种压缩径向切槽产生恒定的弹力，消除了螺杆与螺母上的外螺纹与内螺纹之间的游隙并产生较大的摩擦力，使螺杆可靠地自锁在螺母上，如图 4－1－1 所示。

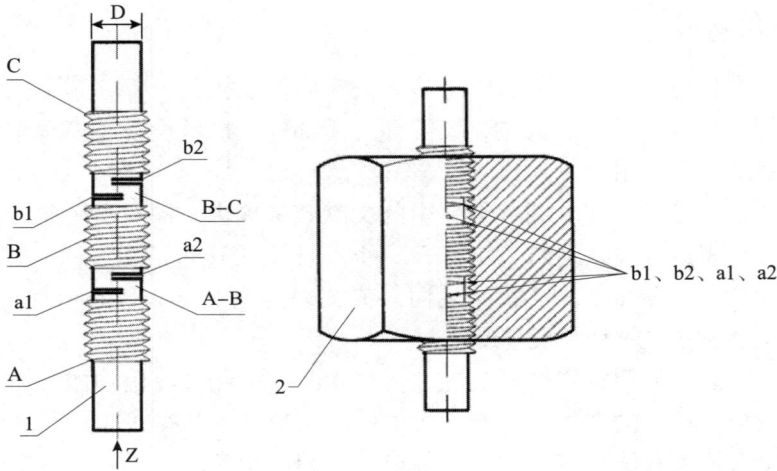

图 4－1－1　案例 4－1－1 附图

检索策略：

尽管本领域技术人员可以确定，本案例的紧固件可以用于绝大多数通过螺钉紧固的结构中，但从快速检索的角度，如果能够获得某一具体的尤其是检索主题提及的应用领域，能够大幅度提高检准的效率。本案例说明书记载了该紧固件特别是应用于复杂震动环境下，例如通信、电子行业作为调节、调谐的普通螺钉，存在明确的应用指引，即调谐，而螺纹紧固件属于 F16B，因此可在该分类号下结合具体应用进行检索。虽然 F16B 还包括其他类型的紧固件，但由于智能检索系统具有语义排序功能，在语义排序基准与螺纹紧固件非常相关的情况下，能够将与螺纹紧固件相关的文献排序至靠前位次，同时智能检索系统的翻译摘要库 WPABSC 可跨越语言障碍，直接采用中文检索外文文献，通过以上分析，在 WPABSC 数据库中构建布尔检索式"F16B/IC AND 调谐"，以申请号作为语义排序基准对现有技术进行排序，结果如表 4－1－1 所示，获得 3 篇 X 类对比文件 FR2621363A1、US4598334A、WO2004088786A1。

表 4 - 1 - 1　相关对比文件位次

对比文件	数据库	布尔检索式	排序基准	对比文件位次
X（FR2621363A1）				15/158
X（US4598334A）	WPABSC	F16B/IC AND 调谐	申请号	29/158
X（WO2004088786A1）				47/158

对于本案例，查看所给的 3 个分类号 F16B39/28、F16B37/00 和 F16B35/04 的含义，如表 4 - 1 - 2 所示。

表 4 - 1 - 2　F16B39/28、F16B37/00、F16B35/04 分类号含义

F	部——机械工程；照明；加热；武器；爆破
F16	工程元件或部件；为产生和保持机器或设备的有效运行的一般措施；一般绝热
F16B	紧固或固定构件或机器零件用的器件，如钉、螺栓、簧环、夹、卡箍或楔；连接件或连接
F16B39/28	螺钉，螺栓或螺母的锁定 ·锁紧发生在拧紧或上紧时 ··用螺母或螺栓上的特殊元件，或螺母或螺栓的特殊形状
F16B37/00	螺母或类似的螺纹接合元件
F16B35/04	螺栓；支撑螺栓；双头螺栓；螺钉；止动螺钉 ·具有为将螺栓固定在物体上或物体内，而带有特殊形状的头或杆

分类号 F16B35/04 与发明点高度相关，但是 F16B35/04 除了包括本案例的发明点"带有特殊形状的杆"的螺栓外，还包括"带有特殊形状的头"的螺栓，因此 F16B35/04 相对于本案例的发明点而言仍具有较大的噪声，为了进一步降噪，查看其 CPC 分类，可以获得与发明点更为吻合的分类号 F16B35/041（..特殊形状的杆）。

在 WPABSC 数据库中构建检索式"F16B35/041/CPC"，圈定最接近发明点的检索范围，以申请号作为语义排序基准对现有技术进行排序，结果如表 4 - 1 - 3 所示，获得一篇 X 类对比文件 WO0055512A1。

表 4 - 1 - 3　相关对比文件位次

对比文件	数据库	布尔检索式	排序基准	对比文件位次
X（WO0055512A1）	WPABSC	F16B35/041/CPC	申请号	3/1586

对于通用机械结构，可以采用与通用机械结构相对应的或上位分类号结合应用领域的关键词进行布尔检索，也可以采用能够准确表达机械结构的 CPC 分类号进行布尔检索，两种布尔检索策略结合语义排序功能，都能够提高检索效率。

【案例 4 - 1 - 2】

申请号：201080037445.7

发明名称：干式真空泵

分类号：F04C25/02，F04C27/00

权利要求 1：一种干式真空泵，其特征在于，包含泵室（10A～10E），气体通过泵室（10A～10E）；油室（20），与泵室（10A～10E）邻接设置，存在有油；旋转轴

（30），贯穿泵室并突出到油室（20）的内部；旋转体，在泵室（10A～10E）内设置在旋转轴（30）的周围，与旋转轴（30）的旋转联动而旋转；和圆板状的油密封部件（50），在泵室（10A～10E）与油室（20）的分界部分设置在旋转轴（30）的周围，与旋转轴（30）的旋转联动而旋转，具有局部配置在油密封部件（50）的面上且沿厚度方向贯穿的多个孔（51），防止油从油室（20）泄漏到泵室（10A～10E）。

发明解读： 本案例采用圆板状的油密封部件并在该密封部件上设置多个贯穿的孔，利用圆板状密封部件旋转的离心作用，使油向周围飞散，解决了现有密封结构复杂、造价高的问题，达到了结构简单、密封性能好的效果，如图4-1-2所示。

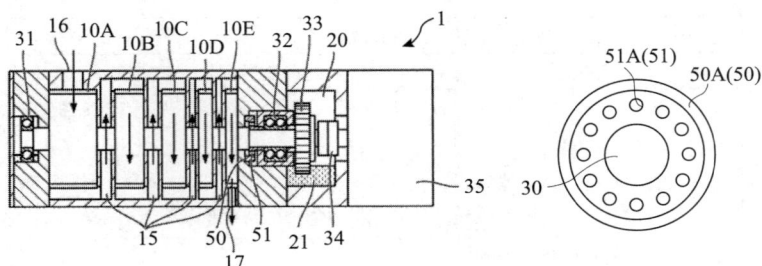

图4-1-2　案例4-1-2附图

检索策略： 采用纯语义检索，以申请号、权利要求书或说明书作为语义排序基准，在前400篇均未获得相关对比文件。查看这些语义排序基准的语义分词可以发现，系统显示的分词仅仅是一些普通结构的描述，如图4-1-3、图4-1-4所示，并未体现圆板状密封部件在旋转时产生离心力、利用离心力将油向周围飞散的构思，即未将重要的技术原理"离心"作为分词。

图4-1-3　说明书为基准的语义分词列表

图4-1-4　权利要求书为基准的语义分词列表

考虑到本案例的发明点在于真空泵的一个密封部件的改进且原理和作用明确，改写文本的难度不大，采用组合技术主题、关键技术手段和技术原理3部分内容形成新的语义排序基准，即"真空泵，用圆板状的油密封部件并在该密封部件上设置多个贯穿的孔，利用圆板状密封部件旋转的离心作用"作为语义排序基准，经改写后的语义排序基准的系统分词如图 4 - 1 - 5 所示。

图 4 - 1 - 5　改写文本为基准的语义分词列表

在 CNTXT 数据库中进行语义检索，第 16 篇获得 CN101784824A，其同族 WO2009024370A1 构成本案例的 X 类对比文件。

除了改写文本外，也可以采用布尔检索策略。本案例的关键结构在于具有开孔的圆板状密封件，但采用"孔""圆板"等技术手段类关键词在中英文库检索，均未获得相关对比文件，原因在于"孔""圆板"是机械领域常见的关键词，其表述过于通用，并不能够体现发明点且检索噪声较大。以技术原理"离心"代替"孔"和"圆板"的结构表达，在 CNTXT 数据库中构建检索式"F04C27/00/IC AND 离心"，以申请号作为语义排序基准，第 17 篇也可获得 CN101784824A。通过阅读 CN101784824A 可以发现，该文献对"圆板状密封件"的表达为"离心元件"（centrifuge element），整个对比文件未提及"圆板"等表述，圆板形状仅在图中示出。另外，文中对"孔"的表达为"管线"（through line），而管线并不是本领域常用的对孔的表达方式，这也是机械领域常见的情形，不同的文献对同一结构的表达可能千差万别，难以扩展完全。

采用纯语义检索时，可以通过语义分词初步判断检索结果的准确性。对于通用机械而言，技术手段的相关技术特征是领域内的常用结构和表述，以这些常用结构及表述作为语义分词，不能很好地体现发明点。在改写难度不大的情况下，可以通过改写作为语义排序基准的文本来调整语义分词，具体改写可以采用组合技术主题、关键技术手段和技术效果和/或技术问题和/或技术原理的形式。而在使用布尔检索策略时，可以从技术效果或技术问题或技术原理等角度代替结构表达，弥补结构类特征的关键词表达不全面的问题。

二、加工机械

加工机械是机械领域中最常用的机械设备，几乎所有机械产品的生产都需要加工机械的参与，因此分类非常分散。从检索主题的特点来看，加工机械主要包括针对特定加工方式的改进和特定加工对象的改进。从专利分类的角度来看，通常特定加工方式和特定加工对象分别有专门的分类号，而两者之间又有交叉，例如特定加工方式可以适用于不同加工对象，而特定加工对象可以采用不同加工方式，同时，越来越多的加工机械能够同时完成两种以上的机加工。因此，加工机械普遍存在分类号不准或不全等问题。

针对上述问题，需要充分运用智能检索系统的语义检索、语义检索结果统计功能以及辅助工具弥补传统布尔检索的不足。具体地，利用语义检索或者技术主题关键词检索获得相关文献，再通过分类号统计功能获得准确的分类号进行精准检索。还可以利用关键词扩展工具、分类号查询器扩展检索要素。

下面通过案例介绍加工机械在智能检索系统中的检索策略。

【案例4-1-3】

申请号：201711365067.5

发明名称：一种去毛刺机

分类号：B24B21/00，B24B27/033

权利要求：

1. 一种去毛刺机，包括机座（1），其特征在于，所述机座（1）上设置有用于输送工件的输送装置（2）、用于对工件棱边及孔洞去毛刺的万向滚刷磨削机头（3）和用于磨削工件表面的砂带磨削机头（4），所述万向滚刷磨削机头（3）和所述砂带磨削机头（4）沿着所述输送装置（2）的输送方向依次间隔设置，且所述万向滚刷磨削机头（3）和所述砂带磨削机头（4）均位于所述输送装置（2）的上方。

2. 根据权利要求1所述的去毛刺机，其特征在于，所述万向滚刷磨削机头（3）包括机架（31）及安装于所述机架（31）的滚刷机构（32），所述滚刷机构（32）包括：支撑板（321），所述支撑板（321）连接于所述机架（31）；滚刷部（322），所述滚刷部（322）转动连接于所述支撑板（321），所述滚刷部（322）包括多个能够绕自身轴线转动的滚刷（3221）；及公转驱动部（323），所述公转驱动部（323）安装于所述支撑板（321）并与所述滚刷部（322）连接，以驱动多个所述滚刷（3221）绕所述滚刷部（322）的旋转中心公转。

发明解读：现有的去毛刺机只能单机实现部分功能，无法实现多覆盖面地对金属材料表面进行去毛刺、拉丝等加工处理。本案例通过设置万向滚刷磨削机头及砂带磨削机头（如图4-1-6所示），能够实现金属棱边、孔洞去毛刺的功能，还能够实现金属表面拉丝、去熔渣和去氧化皮等加工，工件在输送装置上一次通过即可完成多个表面处理工序。进一步地，万向滚刷磨削机头设置有滚刷部和公转驱动部，通过滚刷的自转和公转，从各个方向对工件表面进行刷洗，提升了去除毛刺的效果。

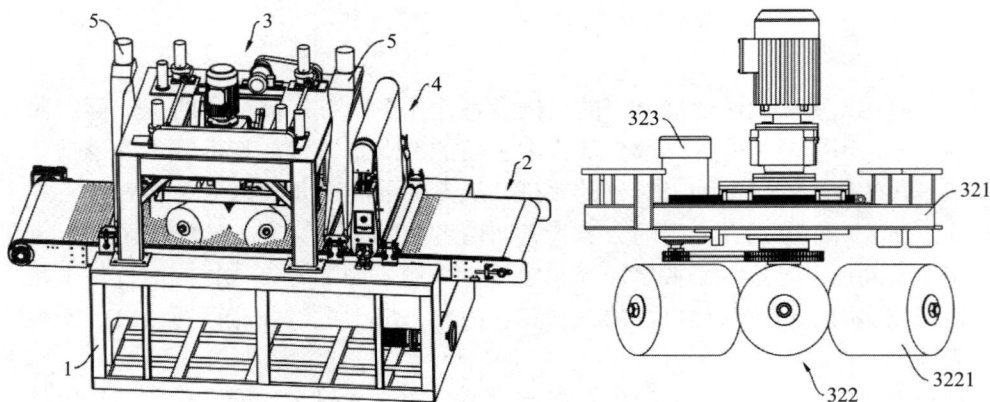

图4-1-6 案例4-1-3附图

检索策略： 权利要求 1 的发明构思在于相对于传统的去毛刺机，增加了砂带磨削机头，能够实现去毛刺、金属表面拉丝及去氧化皮等加工，相当于传统去毛刺机＋砂带机组合。本案例给出了两个分类号：B24B21/00 主要为具有磨削或抛光带的机械，属于砂带机的分类；B24B27/033 则属于磨削、抛光相关的分类。

本案例权利要求 1 的撰写方式是在去毛刺机的结构上设置砂带结构，但进一步理解检索主题可知，技术方案中并没有限定针对去毛刺机特有结构的改进，除了主题名称外，其余结构实质是磨削或抛光机床的通用结构。因此，技术方案也可理解为在砂带机上设置去毛刺结构，可见，砂带机上设有去毛刺结构的现有技术也是应该关注的，鉴于此理解，在砂带机分类号 B24B21/00 下检索具有"去毛刺"结构的机床，在CNTXT 数据库中构建检索式"B24B21/00/IC AND 去毛刺"，以申请号为基准对现有技术排序，结果如表 4-1-4 所示，在第 5 篇获得一篇 X 类对比文件 CN206254011U。

表 4-1-4　相关对比文件位次

对比文件	数据库	布尔检索式	排序基准	对比文件位次
X（CN206254011U）	CNTXT	B24B21/00/IC AND 去毛刺	申请号	5/100

与权利要求 1 不同的是，权利要求 2 限定了去毛刺专用结构的改进，因而首选在去毛刺机领域中检索。对于去毛刺机的准确分类，可以通过智能检索系统的相关功能获取，在 CNTXT 库中构建检索式"去毛刺机/TI"，系统对检索结果进行自动统计，获得包括 IPC、CPC 等分类号的统计结果（如图 4-1-7 所示），得到相关 IPC 分类号B24B9/00，适用于磨削工件边缘或斜面或去毛刺的机床或装置；其附件。

图 4-1-7　分类号统计结果

除了采用上述方式外，也可在智能检索系统的辅助工具——分类号查询器中输入"去毛刺"查询其具体分类，同样获得分类号 B24B9/00，查询结果如图 4-1-8 所示。

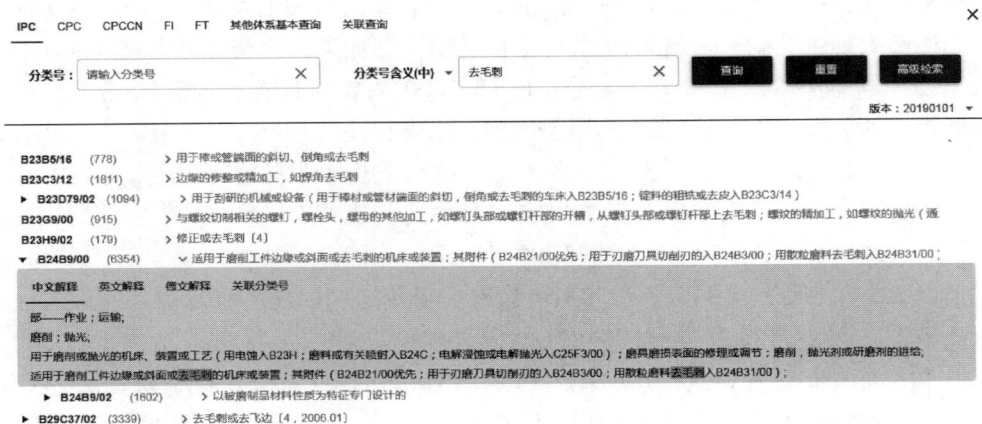

图 4 - 1 - 8　分类号查询结果

获得去毛刺机的分类号后，根据权利要求 2 的技术内容"通过滚刷的自转和公转，从各个方向对工件表面进行刷洗"，提取关键词"自转、公转"，利用智能检索系统的关键词扩展工具，得到"公转"的其他表达"周转"，扩展结果如图 4 - 1 - 9 所示。

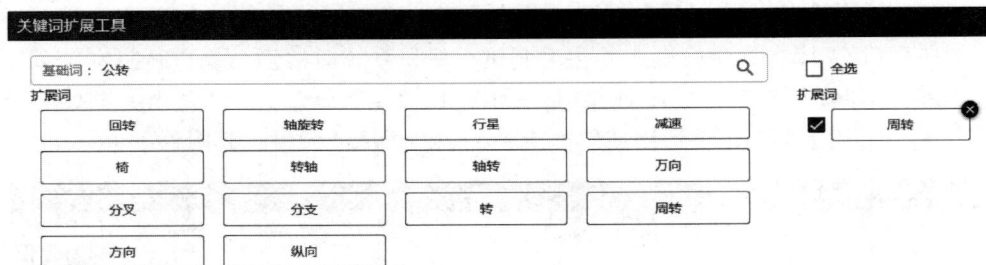

图 4 - 1 - 9　关键词扩展结果

在 CNTXT 数据库中构建检索式：

B24B9/IC AND 自转 AND（公转 OR 周转）

限定现有技术时间后得到 105 篇文献，以申请号作为语义排序基准进行语义排序后，在第 10 篇的位置获得 Y 类对比文件 CN103481215A。

上述案例表明，对于能够实现两种以上加工方式的加工机械，可以视检索主题是否涉及某一加工方式的特定结构选择合适的分类号。智能检索系统提供了检索结果统计功能，能够直接显示检索结果的 IPC 和 CPC 分类号，有助于快速扩展并锁定目标分类号。同时，通过关键词扩展工具可以扩展到一些不常用的关键词。

【案例 4 - 1 - 4】

申请号：200910232266.8

发明名称：一种拉弯轧辊式热轧机

分类号：D04H1/54，D04H3/14，D04H5/06

权利要求 1：一种拉弯轧辊式热轧机，包括机架（1）、动力装置、液压装置，其特征在于，在机架（1）的左、右墙板依次安装有上轧辊（20）和下轧辊（17），在下轧辊（17）的两端延长段上对称地安装有右拉弯臂（5）和左拉弯臂（16），右拉弯臂（5）的上端为右轴承座（4）以一对锥形滚动轴承与下轧辊（17）延长段的轴承台阶相连接，其下端是圆柱孔，在该圆柱孔内有右调节丝杆（6），其与右拉杆（9）连接，其右铰链与液压油缸（10）的活塞杆活动连接，左拉弯臂（16）的上端是左轴承座（18）以一对锥形滚动轴承与下轧辊（17）延长段的轴承台阶相连接，其下端是圆柱孔，在该圆柱孔内安有左调节丝杆（14），其与左拉杆（11）连接，再以左铰链与液压油缸（10）的缸体活动连接，在右拉弯臂（5）和左拉弯臂（16）的内侧和旁侧分别安装有位置调节器（7）。

发明解读：在无纺布的热轧流延成型过程中，为了保证成品布的厚度均匀度必须将下轧辊精密地加工成"中高"。本案例通过将表面圆柱形的轧辊经两端弯力矩 M 的作用形成"中高"，而且调节弯矩的大小和方向，可以达到不同精度的"中高"，这样既减少了轧辊的加工成本又扩展了轧辊对不同材料的适应性，如图 4-1-10 所示。

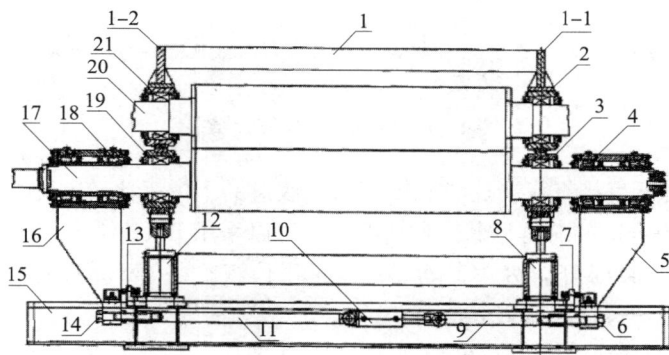

图 4-1-10　案例 4-1-4 附图

检索策略：由于说明书背景技术部分提及本案例的热轧机用于无纺布的热轧流延成型，因此本案例涉及 3 个纺织领域的分类号，分别为：

D04H 1/54　··通过把纤维熔合在一起，如部分熔化或溶解

D04H 3/14　··用焊熔法制成的热塑性纱线或长丝之间的黏合

D04H 5/06　·由焊熔的热塑性纤维、长丝或纱线固结

另外，根据本案例通过液压缸拉动轧辊两端，使轧辊弯曲的手段，可以提取关键词：轧辊（roll）、液压缸（cylinder）、弯曲（bend），采用本案例的分类号 + 关键词检索，未能获得与检索主题相关的对比文件。

进一步分析，虽然本案例在背景技术中记载的是面对无纺布的热轧流延成型过程产生的问题而做出的结构改进，但实际上任何采用轧辊热轧的加工机械均有可能面临轧辊"中高"精度的技术问题，即轧辊"中高"精度是轧辊式热轧机的普遍问题，本领域技术人员在面对无纺布热轧流延成型时轧辊"中高"精度的问题时，有动机去其

他轧辊式热轧机、同样存在轧辊"中高"精度问题的相近领域中寻找技术启示，因此，可以考虑扩展至其他或普通的轧辊式热轧机领域进行检索。在智能检索系统的 CNTXT 数据库中以"热轧机/TI AND 辊"进行初步检索，查看轧辊式热轧机的分类号分布，可以获得用于金属热轧的热轧机分类：B21B。分类号统计结果如图 4 – 1 – 11 所示。

图 4 – 1 – 11　分类号统计结果

在 B21B 分类下直接查找涉及"轧辊弯曲"改进的下位组比较困难，尤其是不熟悉该分类时，难以获得合适的分类号。这种情况下，可以采用 B21B 结合"轧辊弯曲"进行简单检索，以期获得 B21B 下涉及"轧辊弯曲"的下位组。在 VEN 数据库构建检索式：

B21B/IC and (bend + and roll +)/TI

以申请号作为基准排序，结果如图 4 – 1 – 12 所示。

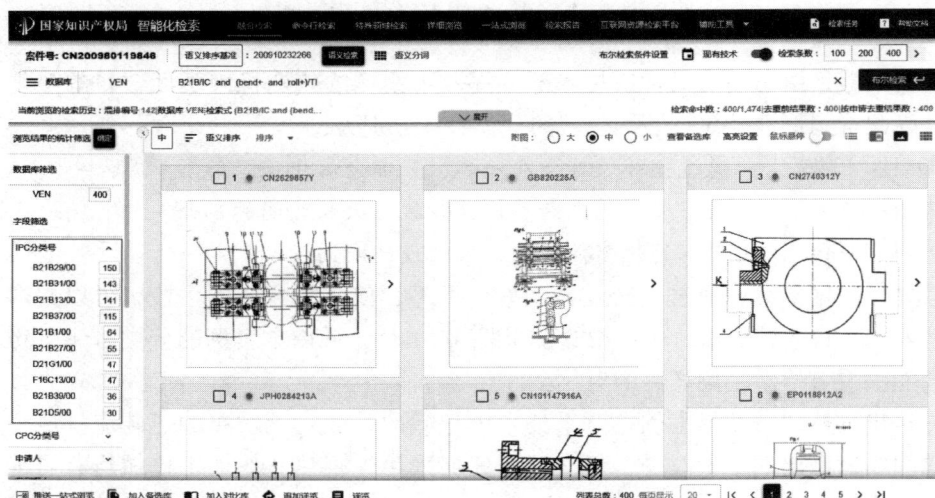

图 4 – 1 – 12　分类号统计结果

得到 B21B29/00（金属的轧制；在承载时防止轧辊偏斜的反压力装置，如支撑轧辊；轧辊弯曲装置如在辊轴端部的液压动力作用），与本案例的发明点高度契合。

此外，也可以通过浏览相关文献获取准确分类号，例如本案例的检索结果的第 2 篇对比文件 GB820225A，从摘要附图即可直观地看到其涉及轧辊弯曲装置，如图 4 – 1 – 13 所示。查看其分类也可获得 B21B29/00。

获取准确的分类号 B21B29/00 后，结合发明点"通过液压缸拉动轧辊两端，使轧辊弯曲的手段"，在 VEN 构建检索式：

B21B29/00/IC/CPC AND（cylinder? S bend + S roll +）

得到 284 篇文献，以申请号作为语义排序基准，查看其英文分词，发现显示的分词中并

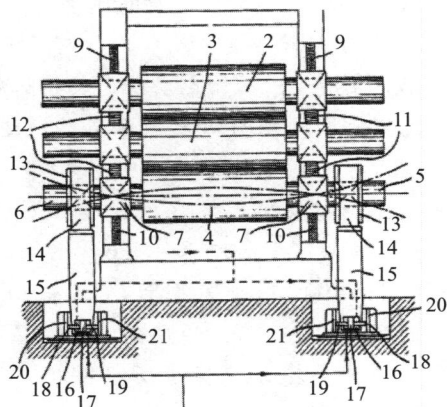

图 4 – 1 – 13　对比文件 GB820225A 附图

未将弯曲组件的"cylinder"作为分词，因此，新增"cylinder"分词，调整权重至 5，同时，由于本案例是通过一对弯曲组件调节，因此调整分词"pair"的权重至 5。调整后对检索结果进行语义排序，在第 63 位获得相关对比文件 US3442109A。

在特定技术领域未检索到合适对比文件时，可以根据技术方案重新确定相关的其他技术领域，并在该技术领域中进行检索。在本案例中，用于加工其他产品的轧辊式热轧机同样存在轧辊"中高"精度的技术问题，在此基础上，采用反映技术主题的关键词检索，通过智能检索系统的分类号统计功能快速锁定其他轧辊式热轧机的大致分类，再采用该分类结合发明目的或发明点关键词进一步检索，接着利用分类号统计功能或直接浏览相关文献，获得与检索主题密切相关的准确分类号，最后利用该准确的分类号结合发明点关键词进行精确检索。

三、动力机械

动力机械是指将非机械能量转换为机械能的机械装置，包括发动机、汽轮机、电动机、水轮机等，其领域特点在于国外技术发达且申请量多，因此，现有技术多以外文文献为主，但由于动力机械的外文文献的撰写风格不一，且构成技术方案的结构或为通用结构或为自定义词，因而存在外文文献检索困难的问题。

该领域的检索通常以分类号检索为主，难点在于外文文献的检索。检索时首先根据检索主题特点，利用智能检索系统中的分类号统计功能和分类号查询器工具，充分合理扩展准确的分类号，使用准确的分类号进行单要素检索，再结合语义排序功能提高相关文献的排序位次。在限定关键结构特征时，优先选择领域内统一、规范的词汇，合理舍去自定义词或非常规表达。另外，检索外文文献时可以选择 WPABSC 中文文摘数据库或 USTXTC 中文全文数据库，直接采用中文进行检索，利用智能检索系统跨越语言障碍。

下面通过案例介绍动力机械在智能检索系统中的检索策略。

【案例 4 - 1 - 5】
申请号： 201780084221.3
发明名称： 电动机以及具备该电动机的压缩机
分类号： H02K1/22
权利要求 1： 一种电动机，其特征在于，具备：环状的铁芯（5），其由多个电磁钢板层叠而成；端板（9），其配置于所述铁芯（5）的轴向的两端部；平衡配重件（6），其配置于一方的所述端板（9）的与所述铁芯（5）相反的一侧；以及隔离件（7），其配置于所述一方的端板（9）与所述平衡配重件（6）之间，从而在所述一方的端板（9）与所述平衡配重件（6）之间形成间隙，沿所述铁芯（5）的周向配置的多个铆钉（4）中的一部分沿所述轴向穿过所述铁芯（5）和所述端板（9），并且其余的铆钉（4）沿所述轴向穿过所述铁芯（5）、所述端板（9）、所述隔离件（7）以及所述平衡配重件（6），从而将整体紧固。

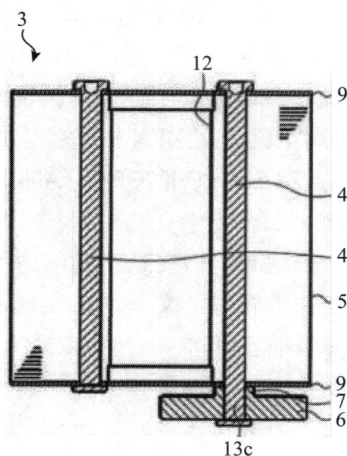

图 4 - 1 - 14　案例 4 - 1 - 5 附图

发明解读： 在铁芯的平衡配重件侧设置一隔离件，铁芯平衡配重件侧的端板通过隔离件与平衡配重件紧固连接，因而在该侧不产生铁芯的各层叠铆接部的轴向的收缩量差异，从而能够抑制铁芯的中心部的轴插入孔的直线度变差，如图 4 - 1 - 14 所示。

检索策略： 本案例的发明点在于铁芯与平衡配重件的连接结构，两者之间新增了一隔离件，其归入的分类号 H02K1/22（电机；磁路零部件；·以形状、式样或结构为特征的；··磁路的转动零部件）较为上位，未体现铁芯与平衡配重件的连接。

本案例涉及电动机且来源国为日本，在该领域日本技术较为发达，并且日本具有以分面分类法为体系的 F - term，从技术主题的多个角度考虑分类类目，例如从用途、结构、材料、方法等考虑分类类目，通常能够细分至较细节的结构，因此，考虑使用 F - term 分类进行检索。本案例的日本同族给出了"铁芯与其他组件的连接"的 F - term 分类号 5H601/JJ，与本案例的发明点较为贴切。除了通过同族查询 F - term 分类号外，也可在分类号查询器中输入 IPC 分类号 H02K1 查找该 IPC 分类对应的 F - term。

5H601/JJ：旋转电机的铁芯；铁芯与其他组件的连接。

由于"5H601/JJ"未提及是与配重的连接，也未提及隔离件，考虑到配重和隔离件是相关文献的必要结构，因此，在 VEN 数据库首先构建如下检索式：

5H601/JJ + /FT and insulat + and weight

以申请号作为语义排序基准，未能获得相关对比文件。

进一步分析，虽然配重和隔离件是相关文献的必要结构，但隔离件是本案例申请人自定义的名词，在电机领域并不是通用结构，"隔离"的限定可能过滤了有效文献，而"配重"是电机领域的通用结构且表达形式单一，因此，舍去关键词"隔离"，在

VEN 数据库构建如下检索式：

5H601/JJ＋/FT and weight

以申请号作为语义排序基准，第 2 篇即获得 X 类对比文件 JP2009225639A。

实际检索中，根据检索主题特点，合理地扩展分类体系，从而确定更为准确的分类号。本案例分类号 5H601/JJ 体现了铁芯与其他组件的连接，若使用 IPC 分类号 H02K1/22，则需要限定铁芯以及连接等关键词来体现发明点。在限定关键结构特征时，优先选择领域内统一、规范的词汇，合理舍去自定义词或非常规表达词汇，避免因表达不全面导致的漏检。

【案例 4－1－6】

申请号：201510180035.2

发明名称：往复活塞链式连杆无死点发动机活塞连杆组

分类号：F16J1/16，F02F3/00

权利要求 1：往复活塞链式连杆无死点发动机活塞连杆组，包括活塞（2），活塞（2）底部中空，其特征在于：活塞（2）下方设置活动套（3），活动套（3）内设置第一固定轴（5），第一固定轴（5）上铰接连杆（4）的小头，连杆（4）的小头一侧设有拨块（14），拨块（14）上开设凹槽或销孔（6），凹槽或销孔（6）位于第一固定轴（5）一侧，凹槽或销孔（6）内配合设置推杆（7）的一端，推杆（7）的另一端铰接第二固定轴（8），第二固定轴（8）安装在活塞（2）的内腔（13）内；活动套（3）能在内腔（13）内轴线往复移动。

发明解读：现有的活塞连杆组在活塞动行至上止点和下止点时，均会出现死点。本案例将活塞分体设置，与活动套上下组合，利用拨块、活动套和推杆可强制连杆在上止点或下止点处摆动，从而可消除发动机死点，以降低能耗，减少活塞连杆组及曲轴的损耗，如图 4－1－15 所示。

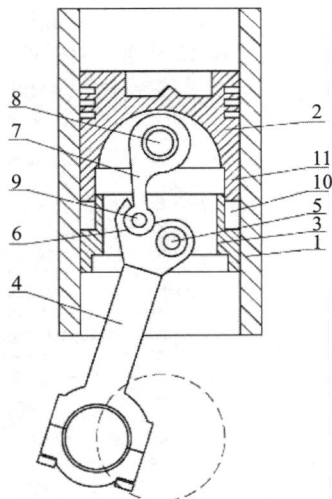

图 4－1－15　案例 4－1－6 附图

检索策略：本案例的技术主题是往复活塞链式连杆无死点发动机活塞连杆组，给出了两个 IPC 分类号 F16J1/16 和 F02F3/00。其中，F16J1/16 为一般活塞的分类，F02F3/00 是发动机活塞的分类，均没有体现发明点"将活塞分体设置，与活动套上下组合，利用拨块、活动套和推杆可强制连杆在上止点或下止点处摆动"。查看它们的下位组，也未发现合适分类号。进一步扩展分类号，从发动机类型上看，本案例属于活塞式发动机，分属 F02B 小类，但该分类下细分较多，难以获得准确的分类。

智能检索系统具有将语义检索获得的文献进行分类号统计的功能，本案例以申请号作为语义排序基准在 CNTXT 数据库中进行语义检索，在字段筛选模块中可以获得文献的 IPC 分类统计。

从图 4-1-16 可以看到，语义检索后统计发现大部分相关文献给出的分类号为
F02B75/00。

图 4-1-16　语义检索结果统计

查看 F02B75/00 下的细分分类，得到 F02B75/30（带有一个在另一个内部滑动的
工作活塞），与本案例的发明点直接相关，如图 4-1-17 所示。

图 4-1-17　分类号定义查询

考虑到发动机技术在美、日、欧较为发达，在 VEN 数据库构建检索式时限定国别
（地区）：

F02B75/30/IC AND (EP OR DE OR US OR JP)/PN

获得 203 篇文献，以申请号作为语义排序基准进行语义排序后，在第 56 位获得 X 类对比文件 US4567866A。

动力机械的检索主要以分类号检索为主，因此获取准确的分类号至关重要。智能检索系统提供了分类号统计功能，能够将检索结果的分类号进行数量排序，用户可以利用语义检索或简单布尔检索的检索结果，辅助扩展分类号。构建检索式时，可根据技术发展和分布情况，优先选择技术发达或领先的国家、地区的文献进行检索。

四、化工机械

化工机械是机械领域的重要分支，包括过滤、粉碎、破碎、搅拌、反应容器、换热、蒸发、结晶、干燥等设备。从领域特点来看，化工机械所在 IPC 分类体系不够细致，例如蒸发器，仅细分到一点组 F25B39/02，没有根据蒸发器的结构进行细分，导致检索量大，且关键词撰写不规范，常出现某些部件有多种命名方式，检索时难以保证关键词使用的准确性和全面性。因此，化工机械普遍存在使用 IPC 分类和关键词检索噪声大、容易漏检等问题。

与 IPC 相比，该领域的 CPC 分类号具有更加细致的分类，检索前可使用智能检索系统的分类号查询器查询已有 IPC 分类号是否具有 CPC 细分分类号或 CPC 2000 系列分类号；或者使用智能检索系统的语义检索结果，利用分类号统计或者浏览检索结果获得相对准确的分类号，再利用分类号查询器获得最准确的 CPC 分类号。当检索要素的关键词难以准确表达时，可以在准确的分类号下进行单要素检索，再通过语义排序解决该问题。

【案例 4 - 1 - 7】
申请号：201911202263. X
发明名称：一种锯齿型被动式微混合器
分类号：B01F13/00
权利要求 1：一种锯齿型被动式微混合器，其特征在于：包括至少两个进液口（5），与所述进液口连通的入口通道（1）、出口通道（2）、用于连通所述入口通道和出口通道的至少一个混合单元；所述混合单元包含多个与水平线呈 45 度的直线通道一（3）和 135 度的直线通道二（4），直线通道一（3）和直线通道二（4）依次连通，构成锯齿型通道；当所述混合单元数量为两个或两个以上时，第一个混合单元的入口与所述入口通道连通，第一个混合单元的出口为第二个混合单元的入口，以此类推，最后一个混合单元的出口与所述出口通道（2）连通。

发明解读：通过与水平线呈 45°的直线通道一和 135°的直线通道二构成锯齿型通道显著增强层流液体的混合效率。本案例附图如图 4 - 1 - 18 所示。

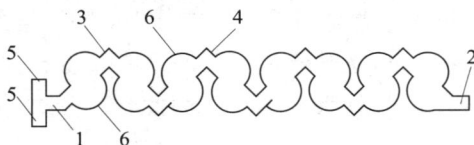

图 4 - 1 - 18　案例 4 - 1 - 7 附图

检索策略： 本案例的 IPC 分类号为 B01F13/00（其他混合机；混合设备，包括不同混合机的组合），是混合器的兜底分类，而本案例具体是一种微混合器，因而如果采用 B01F13/00 直接检索，噪声较大，其 IPC 下位组也没有对应的微混合器。查看 CPC 分类号，发现 CPC 给出了微型混合器的细分分类 B01F13/0059。

关键词方面，提取"锯齿"为检索要素，在 WPABSC 数据库中构建检索式：

B01F13/0059/CPC AND 锯齿

仅得到 1 篇相关文献 WO2019132829A1，也记载了通过锯齿形结构提供流体的均匀和快速混合，然而其锯齿形结构并不是通过与水平线呈 45°的直线通道一和 135°的直线通道二构成的。可见，不同申请人对"锯齿"有不同的理解和定义，且从检索结果的数量上看，"锯齿"的限定也容易造成漏检，甚至采用锯齿的英文关键词 sawtooth 检索时，结果为 0，因此，"锯齿"并不是一个本领域通用的词，而"锯齿"的扩展又相对较难。这种情况下，可以省略该要素，直接以准确的 CPC 分类进行检索，通过语义排序解决"锯齿"扩展难的问题，在 WPABSC 数据库中构建检索式：

B01F13/0059/CPC

得到 5184 篇文献，以申请号作为语义排序基准进行排序，第 30 篇位置处获得 X 类对比文件 KR20150105856A。

若采用 IPC 的兜底分类号 B01F13/00 检索，以上述同样的方式在 WPABSC 数据库中检索，在前 400 篇甚至前 2000 篇均无法获得该对比文件。因此，当采用单要素检索结合语义排序的方式检索时，应尽量选取最准确的要素，圈定准确的语义排序范围。

【案例 4-1-8】
申请号：00801133.8
发明名称：具有运行气体隔板的连续推进炉
分类号：F27B9/26
权利要求 1：一种连续推进炉，包括：至少一个加热室（14、16、18）和至少一个连接该加热室（14、16、18）的通廊（22、24、26、28），和一限定一穿过该加热室（14、16、18）和穿过该通廊（22、24、26、28）的产品路径的炉床表面（30）；以及一产品承载组件（36），它包括一设置用来在其上放置产品的推进板（38），和一横跨产品路径横向延伸并具有一周边的气体隔板（46），该气体隔板（46）的尺寸和结构制成为可装配在该通廊（22、24、26、28）中，使得在该周边与该通廊（22、24、26、28）之间有一间隙狭缝（54）。

发明解读：在不同的炉室间设置气体隔板以防止气体扩散。本案例附图如图 4-1-19 所示。

检索策略：本案例的技术主题是连续推进炉，对应的分类号为 F27B9，发明点涉及的基本检索要素是隔板，采用该分类号+关键词未能获得相关对比文件，主要原因在于本案例的关键词"隔板"的表达形式多样。因此，以分类号表达发明点，避免关键词扩展不当导致的漏检。

将本案例在 WPABSC 数据库中以申请号作为语义排序基准进行检索，检索结果的

CPC 统计前 4 位为 F27B9/00、C21D9/00、C21D1/00、F27D99/00，其中"C21D9/00、C21D1/00"涉及金属的热处理，显然与本案例相差较远，"F27B9/00"是已经检索过的分类号，"F27D99/00"的含义为"通用的炉、窑、烘烤炉或蒸馏炉的零部件或附件"，考虑到本案例的发明点隔板属于连续推进炉的零部件或附件，因此与"F27D99/00"较为贴合，但"F27D99/00"较为上位，并未体现具体的零部件或附件"隔板"。查看"F27D99/00"的 CPC 细分，发现"F27D99/007"涉及"隔断"，较准确地表达了隔板。

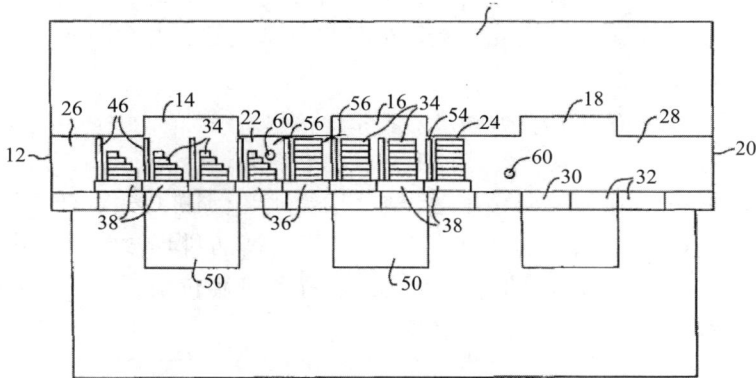

图 4－1－19　案例 4－1－8 附图

采用技术主题＋发明点的方式构建检索式，其中发明点"隔板"采用 CPC 分类号表达，在 VEN 数据库构建检索式：

F27B9/IC AND F27D99/007/CPC

获得 102 篇文献，以申请号作为语义排序基准排序后，第 39 篇获得 X 类对比文件 WO9208940A1。

当发明点特征难以采用关键词穷举或无法预期其在对比文件中的表达形式时，可以考虑采用分类号表达，相关分类号的扩展可利用智能检索系统的语义检索结果，获得相对准确的分类号，再利用 CPC 分类体系扩展至最准确的细分分类。

第二节　方　法

一、加工方法

加工方法是指将原材料、半成品等转化为目标产品的工序或方式。机械领域的加工方法通常与所采用的加工机械或加工对象的结构相关，因此，结构特征是加工方法中的重要组成部分，这也是加工方法权利要求区别于大多数其他方法权利要求的显著特征。同时，作为方法权利要求的共性问题，加工方法的检索也存在阅读筛选难度大的特点。

下面通过案例介绍加工方法在智能检索系统中的检索策略。

【案例 4 - 2 - 1】

申请号：201410792455.1

发明名称：不等厚钢板准填丝激光拼焊工艺及专用机床

分类号：B23K26/24，B23K26/38，B23K26/064，B23K26/08

权利要求1：不等厚钢板准填丝激光拼焊工艺，其特征在于：包括以下步骤：

步骤一，激光切割头对两块不等厚钢板待拼焊边分别进行倾斜角度激光坡切形成坡边，薄钢板坡边由上表面向底表面延伸倾斜形成正坡边，厚钢板坡边由底表面向上表面延伸倾斜形成负坡边；

步骤二，两块钢板的正、负坡边进行拼合，形成一条坡切切口线，位于坡切切口线上方的激光焊接头对坡切切口线进行垂直激光束焊接。

发明解读：本案例采用倾斜角度激光坡切不等厚板等拼焊边，两块钢板的坡边拼合后，直接用垂直激光焊接，改变了传统工艺的先精切拼焊边，再冷碾压厚板的工序，简化了工序，去除了笨重的冷压系统，节省了一套价值昂贵的精密切割机，如图 4 - 2 - 1 所示。

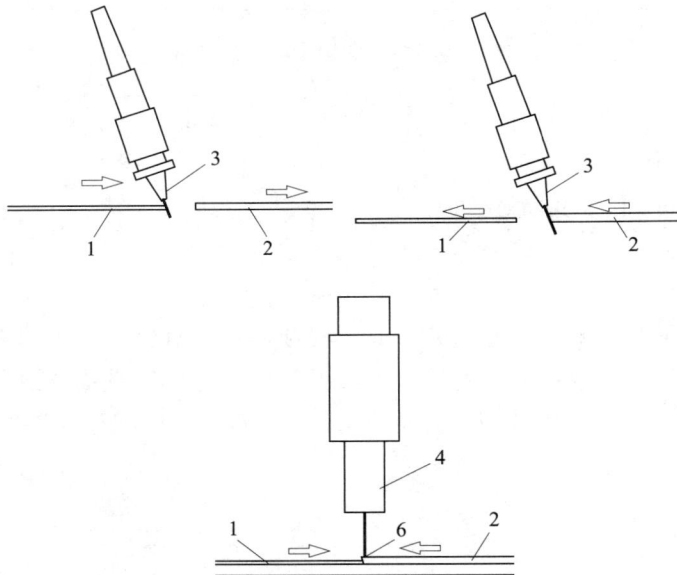

图 4 - 2 - 1　案例 4 - 2 - 1 附图

检索策略：本案例权利要求 1 为加工方法，说明书存在大篇幅的机床相关结构的描述，与工艺的相关度较低，直接以申请号作为语义排序基准在 USTXTC 中进行语义检索未能获得相关对比文件，将语义排序基准调整为权利要求 1 进行语义检索。此外，兼顾到方法权利要求的阅读要求，利用智能检索系统的先语义后布尔功能，结合必要的关键词缩小浏览量。本案例拼焊工艺的对象是不等厚钢板，必要的步骤是倾斜角度激光坡切，从而可以提取准确的关键词"不等厚（即不同厚度）"和"倾斜"。

在 USTXTC 数据库中进行检索：

（1）以权利要求 1 作为语义排序基准；

（2）在语义检索结果下限定布尔检索式：

（不等厚 or 不同厚度）and 倾斜

再次语义排序，在第 5 篇获得 X 类对比文件 US6060682A。

对于方法权利要求，如果说明书记载了较多与方法相关度较低的内容，例如与方法步骤相关度较低的装置描述等，以申请号作为语义排序基准会引入较多噪声，在未获得相关的对比文件时可考虑直接以权利要求作为语义排序基准。方法类权利要求的检索，对浏览要求较高，通常需要阅读全文，可利用智能检索系统的先语义后布尔功能对检索结果作进一步限定，准确圈定范围减少浏览量。

二、控制方法

控制方法权利要求通常是一些较为抽象的特征组成的技术方案，主要涉及步骤或流程，因而通常不包括机械结构图。

在智能检索系统检索此类技术主题时，语义排序基准的选择和缩小浏览量的方式与加工方法类似。此外，还可以利用智能检索系统的关键词扩展工具对发明点相关检索要素的不同表达形式进行扩展，在表达尽可能全的基础上通过同在算符构建语境，在此基础上再进行语义排序，提高检索效率。

下面通过案例介绍机械领域控制方法在智能检索系统中的检索策略。

【案例 4 -2 -2】

申请号：PCT/CN2019/120017

发明名称：一种车辆温度调整方法、系统及车辆

分类号：B60H1/00，B60L53/00

权利要求 1：一种车辆温度调整方法，其特征在于，包括如下步骤：

获取车辆温度调整指令，并获取车辆当前状态信息；

如果车辆当前处于充电状态，则根据所述车辆温度调整指令对车辆温度进行调整；

获取车辆电量以及车辆温度信息；

如果所述车辆电量达到目标电量，且所述车辆温度未达到目标温度，则控制车辆继续处于充电状态，并继续对车辆温度进行调整，直至所述车辆当前电量达到所述目标电量，且所述车辆当前温度达到所述目标温度。

发明解读：本案例提供的车辆温度调整方法在车辆电量达到目标电量，但是车辆温度未达到目标温度时，继续控制车辆处于充电状态，直至车辆电量达到目标电量，同时车辆温度达到目标温度。由此，同时满足了用户的充电需求以及车辆加热需求，保证了用户在用车时，车辆电量达到目标电量，车辆温度达到目标温度。

检索策略：本案例的 IPC 分类号 B60H1/00（一般车辆；·车辆客室或货室专用加热、冷却、通风或其他空气处理设备的布置或装置；··加热、冷却或通风设备）与技

术主题较为接近。技术手段为：将车辆的温度调整至目标温度且充电到目标电量（或充满电量），可以提取关键词"调整、目标、温度"和"充电、目标 OR 充满、电量"。

对提取的关键词进行扩展，其中"调整"可以很容易扩展到"调节"。"目标"的扩展相对较难，可以利用智能检索系统的关键词扩展工具进行扩展，得到扩展词"预设"。扩展结果如图 4-2-2 所示。

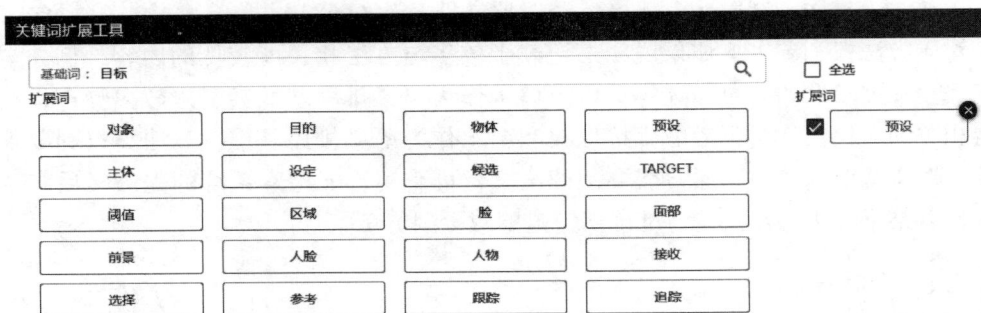

图 4-2-2 关键词扩展结果

构建检索式时，如果仅仅是将关键词"温度、调整 OR 调节、目标 OR 预设、充电、电量"采用 AND 连接，则可能无法准确地表达出该检索主题的发明构思，会引入较多的噪声，并且检索结果数量通常较大。在这种情况下，可以利用同在算符构建语境，充分体现发明点并降低浏览量。在 CNTXT 数据库中构建如下检索式：

B60H1/00/IC AND（温度 S（调节 OR 调整）S（目标 OR 预设））AND（电量 S（目标 OR 预设 OR 充满））AND 充电

获得 22 篇文献，以说明书作为语义排序基准排序后，在第 2 篇获得 X 类对比文件 CN107745618A。

由此可见，智能检索系统提供的关键词扩展工具能够辅助扩展一些不易扩展的关键词，防止漏检，例如本案例中如果未能将"目标"扩展到"预设"，在 CNTXT 数据库中构建检索式：B60H1/00/IC AND（温度 S（调节 OR 调整）S 目标）AND（电量 S（目标 OR 充满））AND 充电，无法命中该 X 类对比文件，该文献对"目标温度"的相关表达为"温度在预定时间达到预设值、确保车内温度达到预设要求、车内温度也达到预设范围"。因此，可以通过智能检索系统的关键词扩展工具扩展检索要素的不同表达形式，避免因检索要素扩展不充分导致的漏检。对于控制方法权利要求，还可以通过同在算符构建语境，准确体现发明点的同时降低浏览量。

三、检测方法

检测方法主要包括测量方法和测试方法。根据领域特点，机械领域的检测方法包括涉及/不涉及检测对象的具体结构改进或利用/未利用检测对象的特定结构的检测方法，其检索难点包括如何构建检索式，准确表达检测方法的发明构思，同时，检测方法的分类体系一般按检测原理或检测目标进行划分，然而不同的检测对象，即便检测原理或检测目标相同，其检测方法也存在较大差异，因而存在分类号不能准确体现技术主题的问题，以及同样的检测目标，不同的技术方案的撰写方式不同或作为参照的标准不同，存在关键词扩展困难的问题。

在智能检索系统检索此类申请时，主要利用系统的关键词扩展工具进行关键词扩展，基于选取的关键词中外文表达形式特点选择适当的数据库。例如当关键词的中文表达相对固定时可以直接采用中文在中文数据库或外文翻译库中检索。在布尔检索策略方面，当检测方法涉及检测对象的具体结构改进或检测方法利用了检测对象的特定结构时，可优先选择"检测对象的分类+检测目标+检测手段"构建检索式，浏览时可以采用智能检索系统的多视图浏览模式，提高浏览效率。当检测方法未涉及检测对象的具体结构改进或检测方法未利用检测对象的特定结构时，优先选择"检测分类+检测对象+检测目标+检测手段"构建检索式。

下面通过案例，介绍机械领域检测方法在智能检索系统中的检索策略。

【案例 4 - 2 - 3】

申请号：201010544670.1

发明名称：液晶盒厚测量方法、液晶显示装置及其制造方法

分类号：G01B21/08，G01B11/06，G02F1/1333，G02F1/1339

权利要求 1：一种液晶盒厚测量方法，其特征在于，包括：

在液晶显示装置的阵列基板（11）和彩膜基板（12）对盒后，测量用于密封所述阵列基板（11）和彩膜基板（12）的封框胶（13）中的多个盒厚测量物质（14）的对盒尺寸，所述多个盒厚测量物质（14）具有不同的初始尺寸；

获取发生形变的多个盒厚测量物质（14）中的形变物质最小初始尺寸，以及未发生形变的多个盒厚测量物质（14）中的原状物质最大初始尺寸，所述液晶盒厚的数值则确定为位于所述形变物质最小初始尺寸和原状物质最大初始尺寸之间。

发明解读：本案例通过测量盒厚测量物质的尺寸变化而反映出液晶盒厚，解决了液晶材料变更影响液晶盒厚测量效果的问题，避免了液晶材料的变更对于液晶盒厚测量效果的影响，实现了准确测量和控制液晶盒厚，如图 4 - 2 - 3 所示。

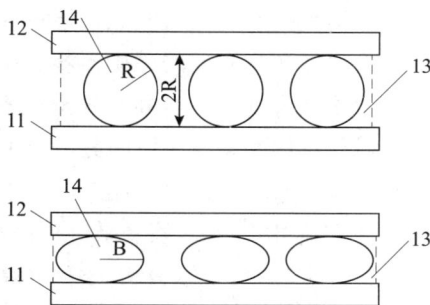

图 4 - 2 - 3 案例 4 - 2 - 3 附图

检索策略：根据发明点"获取发生形变的多个盒厚测量物质中的形变物质最小初始尺寸，以及未发生形变的多个盒厚测量物质中的原状物质最大初始尺寸，所述液晶盒厚的数值则确定为位于所述形变物质最小初始尺寸和原状物质最大初始尺寸之间"，可以确定检测目标——厚度，检测手段——通过测量物质尺寸的形变判断，提取关键词：厚度、尺寸、形变。由于本案例的盒厚测量物质设置于两基板之间，其尺寸变化直接表征的是两基板之间的间隙尺寸，该间隙尺寸即反映了厚度，因此检测目标——厚度（thickness）的

另一种表征方式为间隙（gap 或 clearance）。对于"尺寸"的扩展，根据说明书具体实施例中"盒厚测量物质"为球状，可以容易地将"尺寸"（size）扩展为"直径（diameter）、半径（radii OR radius OR semidiameter）"。对于"形变"，可以通过智能检索系统的关键词扩展工具扩展，得到扩展词"变形、deform+"。扩展结果如图4-2-4所示。

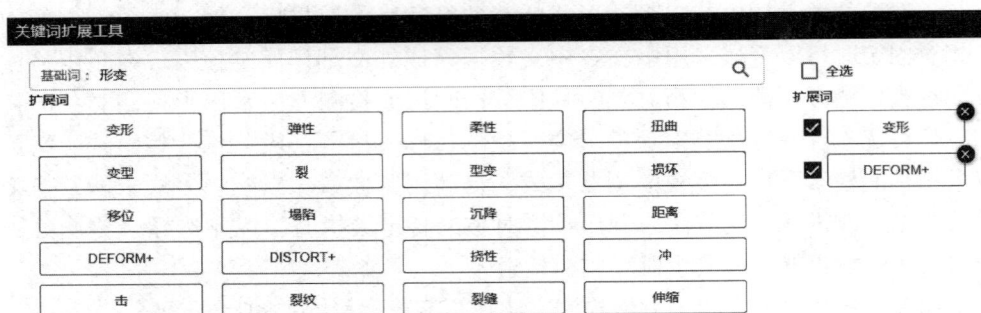

图4-2-4　关键词扩展结果

尽管分类号 G01B21/08、G01B11/06 是比较准的功能分类（用于计量厚度），但在这两个分类号下未能获得相关对比文件。因此，在检测对象分类 G02F1/1333、G02F1/1339 下继续检索，其中 G02F1/1339（液晶单元的密封）与本案例的"测量用于密封所述阵列基板和彩膜基板的封框胶中的多个盒厚测量物质的对盒尺寸"更为贴合，在智能检索系统中选择 VEN 数据库构建检索式：

(G02F1/1339/IC AND (thickness OR gap OR clearance) AND (size OR diameter OR radii OR radius OR semidiameter) AND deform +）

限定现有技术时间，得到83篇文献，以申请号作为语义排序基准进行排序，第27篇获得 X 类对比文件 JP2003215598A。

就本案例而言，其发明点是通过在测量液晶显示装置的封框胶中的多个盒厚测量物质的形变尺寸实现厚度的精确测量，其中盒厚测量物质是液晶显示装置新增的结构，它具有多个不同尺寸的特点并且球形的盒厚测量物质是最优的方案，可见，本方案与测量对象的具体结构密切相关，因此可以预期，如果相关文献采用了相同或相似的测量方法，则大概率也具有相应的结构附图。根据本案例的发明点和浏览预期，选择智能检索系统的多视图浏览模式对83篇文献进行概览，在第27篇获得 X 类对比文件 JP2003215598A。

如图4-2-5所示，根据第3幅图和第5幅图可以清晰地看到，球形物质 20R、

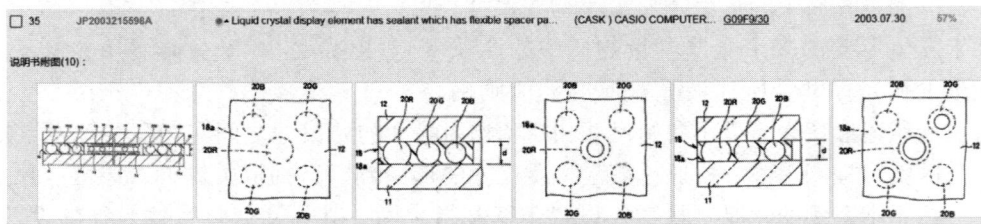

图4-2-5　多视图浏览模式结果

20G、20B 具有不同的尺寸，并且球形物质 20R、20G 在第 5 幅图中发生了形变，而球形物质 20B 未发生形变，这与本案例的技术手段已非常接近，可以快速锁定该文献进行全文浏览。

【案例 4 -2 -4】

申请号： 200910007553.9

发明名称： 用于确定车门关闭速度的设备和方法

分类号： G01P3/64，G01P3/68，G01M17/007

权利要求 1： 一种用于测量车门关闭速度的方法，包括，

将第一传感器和第二传感器可拆除地连接到车身上，所述第一传感器和第二传感器具有相应的第一检测场和第二检测场，使得当所述车门关闭时，所述车门通过所述第一检测场和第二检测场；

当所述车门通过相应的所述第一检测场和第二检测场时，接收由相应的第一传感器和第二传感器产生的第一信号和第二信号；

测量接收所述第一信号和第二信号之间的时间间隔；以及

基于所述时间间隔确定所述车门的关闭速度。

发明解读： 本案例设置第一传感器和第二传感器，当车门通过相应的第一传感器和第二传感器的检测场时，分别接收第一信号和第二信号，测量接收两个信号之间的时间间隔，基于时间间隔确定车门的关闭速度，进而测量关闭汽车上的门所需的最小速度。

检索策略： 本案例有两个分类号位置，其中 G01P3 为测量速度的通用分类，G01M17 则是针对汽车测量给出的专用分类，均较为准确，因此，这两个分类及其不明显排除的上下位组均应当纳入检索范围。

根据本案例的技术方案可确定检测对象为"车门"，检测目标为"关闭速度"，检测手段为"时间"，可以提取关键词：车门、关闭、速度、时间。由于本案例的检测方法并不涉及检测对象——车门的具体结构改进，也未利用车门的特定结构，因此首先在检测分类中进行检索。在 WPABSC 数据库中直接以中文构建检索式：

（G01P3/IC OR G01M17/IC）AND 车门 AND 关闭 AND 速度 AND 时间

在第 4 篇获得 X 类对比文件 KR20040028355A。

第三节　交叉领域

随着技术的发展，越来越多的电子电气、化学、生物医药领域新技术融合运用到传统机械装置中，这类检索主题的技术方案以机械结构或方法为基础，还包含了电学、化学、生物医药等领域的技术内容。交叉领域的检索难点主要在于因领域差异导致在分类号、关键词的确定、表达以及检索策略的制定上难以充分利用交叉领域的特点进行调整。

对于机械和电学领域交叉的检索主题，可充分利用智能检索系统的语义检索功能

在电学领域的检索优势，优先以涉及的机械领域分类号和电学领域分类号构建技术主题的检索模块，通过调整涉及发明点的分词权重提高相关文献的排序位次。当发明点关键词较为准确且容易表达时，也可通过布尔限定关键词代替调整分词权重的方式提高相关文献的位次。

对于机械领域和化学领域交叉的检索主题，尤其是涉及组分的技术方案，可选择与发明点相关且表达规范的关键词首先构建布尔检索式进行检索，当获得化学领域准确的分类号时，也可以直接利用分类号进行检索。然后，在语义排序基准的选择上，可以选择说明书或权利要求书中涉及化学组分的内容，包括相应的技术效果，还需要删除与化学组分不相关的内容。通过准确的关键词或分类号弥补因交叉领域导致的检索策略上的不足。

下面通过案例介绍机械领域与电学领域交叉的检索主题在智能检索系统中的检索策略。

一、机械与电学领域交叉

【案例 4 - 3 - 1】

申请号： 201210124640.4

发明名称： 物联网监控系统及方法

分类号： B66B5/00，B66B3/00，H04N19/46

权利要求 1： 一种物联网监控系统，用于实现实时视频监控及设备状态监控，包括设备端，其特征在于：所述设备端包括图像摄取单元（11）、图像编码单元（12）、状态采集单元（13）以及数据发送单元（14）；所述图像摄取单元（11），用于拍摄图像；所述图像编码单元（12），用于将拍摄的图像编码为图像帧；所述状态采集单元（13），用于获取设备状态数据并将所述设备状态数据添加到对应时刻的图像帧中；所述数据发送单元（14），用于通过网络发送所述添加设备状态数据的图像帧。

发明解读： 本案例通过将电梯的状态信息附加至监控视频编码后的图像帧并随图像帧一起发送，在接收图像帧后再将状态信息与监控视频分离并显示，从而实现状态信息与监控视频的完全同步，如图 4 - 3 - 1 所示。

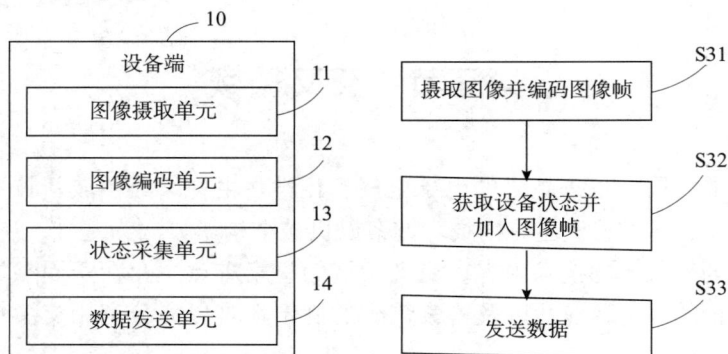

图 4 - 3 - 1 案例 4 - 3 - 1 附图

检索策略:

本案例涉及电梯监控系统,属于典型的机械领域和电学领域的交叉,这类检索主题通常具有两类分类号,即涉及机械领域的应用分类号和电学领域的功能分类号。本案例原始分类包括应用领域分类号 B66B5/00 (升降机中检测、故障纠正或安全装置的应用)、B66B3/00 (用于显示或以信号表示升降机运行状况的装置的应用) 和功能领域分类号 H04N19/46 (电通信技术;图像通信,如电视;用于数字视频信号编码,解码,压缩或解压缩的方法或装置;·在压缩过程中在视频信号中嵌入附加信息)。

通过分析可知,本案例既属于电梯领域,又属于监控领域,在 CNTXT 数据库中构建技术主题的检索式,即应用领域 + 功能领域:

(B66B5 OR B66B3)/IC AND H04N/IC

获得 278 篇文献,以申请号作为语义排序基准进行排序,第 16 篇得到 X 类对比文件 CN102066225A。

查看语义分词 (如图 4 - 3 - 2 所示),可以看到,涉及本案例发明点的关键词 "视频编码" 和 "图像帧" 的权重仅为 1。

语义分词（中文）	语义分词（英文）			
电梯门 2	楼层 2	监控端 2	电梯 1	物联网 1
尾部 1	同步 1	监控 1	摄取 1	拍摄 1
播放 1	设备端 1	实时 1	视频 1	时刻 1
开关 1	采集 1	状态 1	图像编码 1	图像帧 1

图 4 - 3 - 2　申请号为基准的语义分词列表

将发明点特征 "视频编码" 和 "图像帧" 的权重调整为 5 (如图 4 - 3 - 3 所示),再次排序,第 2 篇得到上述 X 类对比文件 CN102066225A。

语义分词（中文）	语义分词（英文）			
电梯门 2	楼层 2	监控端 2	电梯 1	物联网 1
尾部 1	同步 1	监控 1	摄取 1	拍摄 1
播放 1	设备端 1	实时 1	视频 1	时刻 1
开关 1	采集 1	状态 1	图像编码 5	图像帧 5

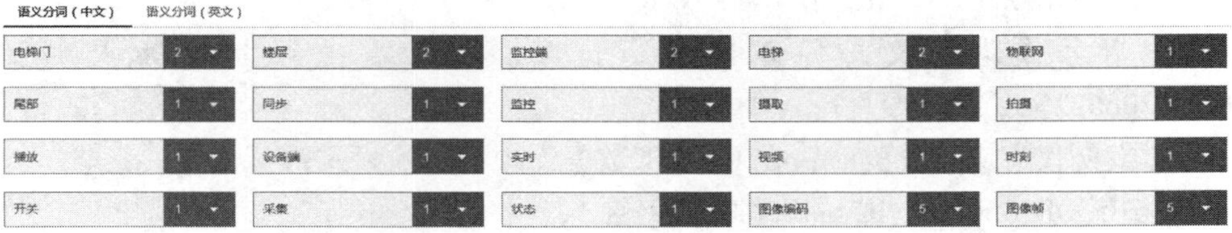

图 4 - 3 - 3　调整权重

上述采用 "应用领域 + 功能领域" 构建技术主题的检索式是在已知两种分类以及预期相关文献也具有应用分类和功能分类的前提下进行的。然而,有时待检索主题的技术方案未给出全部分类号,或者相关文献的分类并不全,仅有应用分类或仅有功能分类。

当本案例仅有应用分类时,在 CNTXT 数据库中构建检索式:

(B66B5 OR B66B3)/IC

以申请号作为语义排序基准,并将涉及本案例发明点的关键词 "视频编码" 和 "图像帧" 的权重由 1 调整为 5 (如图 4 - 3 - 4 所示),再次排序后第 4 篇得到上述 X

类对比文件 CN102066225A。

图4－3－4　调整权重

当本案例仅有功能分类时，在 CNTXT 数据库中构建检索式：

H04N/IC

以申请号作为语义排序基准进行排序。由于上述检索式并未体现应用领域"电梯"，因此将语义分词中"电梯"的权重由 1 调整至 5，将本案例发明点的关键词"视频编码"和"图像帧"的权重也由 1 调整为 5（如图 4－3－5 所示），再次排序后第 7 篇得到上述 X 类对比文件 CN102066225A。

图4－3－5　调整权重

除了调整分词的权重外，也可通过关键词布尔检索，提取发明点关键词"编码"和"帧"，在 CNTXT 数据库中构建检索式：

（B66B5 OR B66B3）/IC AND H04N/IC AND 编码 AND 帧

以申请号作为语义排序基准进行排序，第 3 篇得到上述 X 类对比文件 CN102066225A；

当本案例仅有应用分类时，在 CNTXT 数据库中构建检索式：

（B66B5 OR B66B3）/IC and 编码 and 帧

以申请号作为语义排序基准进行排序，第 10 篇得到上述 X 类对比文件 CN102066225A；

当本案例仅有功能分类时，在 CNTXT 数据库中构建检索式：

H04N/IC AND 电梯 AND 编码 AND 帧

以申请号作为语义排序基准进行排序，第 7 篇得到上述 X 类对比文件 CN102066225A。

相关对比文件位次如表 4－3－1 所示。

表 4 - 3 - 1　相关对比文件位次

对比文件	数据库	布尔检索式	排序基准	对比文件位次
X（CN102066225A）	CNTXT	（B66B5 OR B66B3）/IC AND H04N/IC AND 编码 and 帧	申请号	3/17
		（B66B5 OR B66B3）/IC AND 编码 AND 帧		10/142
		H04N/IC AND 电梯 AND 编码 AND 帧		7/117

对于机械领域和电学领域交叉的检索主题，可以利用分类号圈定两个领域交叉的文献，通过调整涉及发明点关键词的分词权重提高对比文件的排序位次。当发明点关键词较为准确且容易表达时，也可通过布尔限定关键词代替调整分词权重的方式提高对比文件的位次。

二、机械与化学领域交叉

【案例 4 - 3 - 2】

申请号：201910119411.5

发明名称：多公斤级无结线制备工艺

申请日：2019 年 2 月 18 日

分类号：D02G3/02，D02G3/44，D01F8/12，D01F1/10

权利要求：

1. 多公斤级无结线制备工艺，其特征在于包括以下步骤：

1）原料混合，原料包括以下质量份数的组分：尼龙 6 切片 100 份，尼龙 66 切片 100 ~ 150 份，相容剂 2 ~ 10 份，增韧剂 20 ~ 50 份，助剂 0.8 ~ 1 份，分散剂 0.8 ~ 1 份，将以上原料混合；

2）干燥，将混合原料加入干燥机或连续干燥塔进行干燥，干燥温度 110 ~ 125℃，干燥时间 3.5 ~ 4.5h，干燥真空度为 - 0.09 ~ - 0.07MPa，干燥至切片的水分含量为 750 ~ 900ppm；

3）将干燥后的原料用螺杆挤压机进行挤压熔融后纺丝，纺丝熔体温度 180 ~ 220℃，纺丝熔体温度波动控制在 ±2℃，所述螺杆挤压机的挤压熔融，一区温度为 190 ~ 200℃，二区温度为 188 ~ 202℃，三区温度为 190 ~ 205℃，四区温度为 185 ~ 199℃；

4）冷却，纺丝后冷却甬道中设置侧吹风装置进行冷却，侧吹风速度 0.5m/s，侧吹风风温度 19 ~ 27℃，风的湿度为 62% ~ 75%；

5）上油，纺丝集束上油，油剂浓度为 12.8% ~ 14.4%，油剂上油率：0.75% ~ 0.95%，调压范围在 0.32 ~ 2.1kg；

6）卷绕成型，上导丝盘频率：61 ~ 76Hz，卷绕速度：979 ~ 995m/min，下导丝盘频率：61 ~ 77Hz，摩擦辊频率：68 ~ 74Hz，往复横动频率：57 ~ 66Hz。

2. 如权利要求 1 所述的多公斤级无结线制备工艺，其特征在于：所述螺杆挤出机包括机架，在机架上设置挤出装置，在挤出装置外部设置冷却装置，挤出装置包括料筒、螺杆及挤出模头，在料筒上设置进料口，螺杆设置在料筒内部，冷却装置设置在料筒外侧，冷却装置为多段缠绕在料筒外侧的螺旋形冷却水通道，冷却水通道两端分别为进水端和出水端。

发明解读： 现有技术中以尼龙 6 单丝为主的线不能满足多领域全方位的使用，性能上仍有很大提升空间，对此，本案例的发明点在于采用尼龙 6 和尼龙 66 两种材料按照一定的比例制备线，并提供了包括原料混合、干燥、挤压熔融纺丝、冷却、上油、卷绕成型等 6 个步骤的制备工艺，制备的尼龙线具有较好的韧性和刚度，具有流程简单、连续、生产效率高、产品质量稳定的优点。

检索策略： 本案例权利要求 1 请求保护线的制备工艺，考虑到本案例的发明点在于化学组分的选择，具体原料包括尼龙 6 和尼龙 66。因此，直接以这两个化学组分的关键词作为检索要素，在 CNTXT 数据库中构建如下检索式，获得 13618 篇结果：

CNTXT 13618（尼龙 6 or PA6 OR 锦纶 6）AND（尼龙 66 or pa66 or 锦纶 66）

由于本案例说明书及权利要求书中涉及较多与发明点相关度不高的文字内容，为了提高语义排序的精准度，将语义排序基准设置为权利要求 1 的步骤 1）中关于原料组分的内容，再补充说明书第 28 段关于尼龙 6/66 共聚切片的效果，然后对 13618 篇结果进行语义排序后，第 2 位获得 Y 类对比文件 CN104195667A，其公开了一种尼龙线以 PA6、PA6/PA66 共聚物及添加剂组成。

由于对比文件 1 未公开详细的制备尼龙线的工艺步骤，因而需要进一步针对权利要求 1 中的 6 大工艺步骤进行检索。此时，将语义排序基准调整为权利要求 1，直接进行语义检索，第 3 位获得另一篇 Y 类对比文件 CN106119998A，其公开了一种尼龙丝的纺丝工艺，包括原料混合、干燥、挤压熔融纺丝、冷却、上油、卷绕成型 6 大工艺步骤及具体的工艺参数。

权利要求 2 中进一步限定了螺杆挤出机的具体结构，此时，将语义排序基准调整为权利要求 2，直接进行语义检索，第 4 位获得第三篇 Y 类对比文件 CN204172324U，其公开了与权利要求 2 的挤出机相同的结构。

另外，如表 4-3-2 所示，列出了在同样的布尔检索式或直接语义检索的情况下，选择不同的语义排序基准对比文件位次情况。

表 4-3-2　不同语义排序基准下的对比文件位次

对比文件	数据库	布尔检索式	排序基准	对比文件位次
Y（CN104195667A）	CNTXT	（尼龙 6 or PA6 OR 锦纶 6）and（尼龙 66 or pa66 or 锦纶 66）	申请号	392/13618
			权利要求 1	444/13618
			权利要求 1 中步骤 1 组分加说明书技术效果	2/13618
			说明书中删除螺杆挤出机结构的其会内容	3/13618

对比文件	数据库	布尔检索式	排序基准	对比文件位次
Y（CN106119998A）	CNTXT	无	申请号	58/2000
			权利要求1	2/2000
Y（CN204172324U）	CNTXT	无	申请号	无/2000
			权利要求2	4/2000

由此可见，对于机械领域和化学领域交叉的检索主题，可选择与发明点相关且表达规范的关键词首先构建布尔检索式进行检索，当获得化学领域准确的分类号时，也可以直接利用分类号进行检索。然后，再根据需求选择合适的语义排序基准。当相关文献为包括化学组分的文献时，语义排序基准可以选择说明书或权利要求书中涉及化学组分的内容，注意补充相应的技术效果，还需要删除与化学组分不相关的，例如，与机械结构相关的内容。当相关文献为机械结构时，语义基准可以仅选择涉及机械结构和与该结构相关的技术效果的文字内容。一般情况下直接选择申请号进行语义排序的效果不佳。

第四节 多视图浏览模式和 FM 检索

由于机械领域的检索主题通常包括以部件、部件之间的连接关系构成的结构、装置，而这些内容的表达常常借助于附图，所以在筛选对比文件时，浏览附图是必需的过程，有时根据附图公开的信息即可直接判断是否构成 X/Y 文献。然而，多数文献具有多幅附图，仅通过摘要附图无法了解该文献的全貌，当发明构思涉及内部结构时，仅浏览摘要附图会丢失重要信息，导致遗漏对比文件。另外，也因为机械领域的案例通常具有附图，并且附图中通常会包含重要零部件及其附图标记，由此根据智能检索系统中的多视图浏览模式和 FM 字段，可以提高机械领域的检索和浏览效率。下面通过案例介绍多视图浏览模式和 FM 检索在机械领域中的应用。

【案例 4 - 4 - 1】
申请号： 201580012002.5
发明名称： 发动机的排气装置
分类号： F01N5/02，F01N3/24，F01N3/28
权利要求 1： 一种发动机的排气装置，其具有：排气通路，其使从发动机排出的排气流过，所述排气通路具有第 1 缩径部（61B）和第 2 缩径部（61C）；整流器，其具有对所述排气通路内的排气的流向进行整流的整流部（64A）；以及废热回收器（70），其设置于比所述整流器靠下游侧的所述排气通路，具有回收排气的热量的废热回收部（71），以及经由冷却流体从外周侧对所述废热回收部（71）进行冷却的冷却部（72），所述第 1 缩径部（61B）具有在从所述整流器朝向所述废热回收器（70）的方向上逐渐地缩小的直径；以及所述第 2 缩径部（61C）具有在从所述废热回收器（70）朝向下游的方向上逐渐地缩小的直径，其特征在于，所述废热回收部（71）是具有排气能够通过的多个通孔（71A）的格子状的筒部件，其中，所述通孔（71A）沿轴向从所述废热回收部（71）的一个端面贯通至另一个端面。

发明解读： 现有的排气装置中排气偏向废热回收器中央部分流入导致回收效率低，本案例通过设置带有两个缩径部的排气通路提高回收效率，如图 4-4-1 所示。

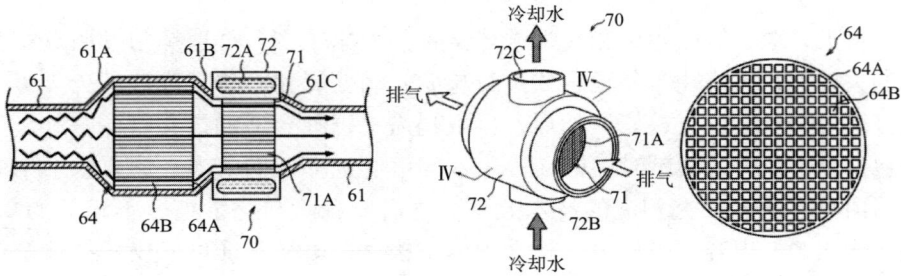

图 4-4-1　案例 4-4-1 附图

检索策略： 基于本案例发明构思，利用分类表找到 CPC 分类号 F01N2470/08（在外壳和内室的壁之间形成的气体通道），采用该 CPC 分类号在 WPABSC 数据库检索，获得 731 篇文献，以申请号作为语义排序基准进行排序后在第 58 篇得到 1 篇 Y 类对比文件 US2003033801A1。该对比文件公开了权利要求 1 的前序部分全部特征，区别在于废热回收部的具体细节结构，因此需要针对该细节结构进一步检索。本领域技术人员知晓，区别技术特征中关于带通孔的格子状结构通常称为蜂窝状，因此将关键词"格子"扩展为"蜂窝"。为了获得废热回收结构相关分类号，在 WPABSC 数据库中构建检索式：（废 S 热 S 回收）AND 蜂窝，对检索结果进行 IPC 分类号统计获得 IPC 小类分类号 F28D（不包含在其他小类中的热交换设备）。在 CNTXT 数据库中利用该分类号和关键词"蜂窝"构建布尔检索式：F28D/IC AND 蜂窝，获得 708 篇文献，以技术特征"所述废热回收部是具有排气能够通过的多个通孔的格子状的筒部件，其中，所述通孔沿轴向从所述废热回收部的一个端面贯通至另一个端面"作为语义排序基准，在第 55 篇获得另一篇 Y 类对比文件 CN103443574A。该对比文件的摘要附图仅包括热交换器设置有蜂窝状通孔，但利用智能检索系统的多视图浏览模式（如图 4-4-2 所示），在第 3~5 幅附图中可以快速确定该对比文件公开了关于废热回收部的具体细节结构。

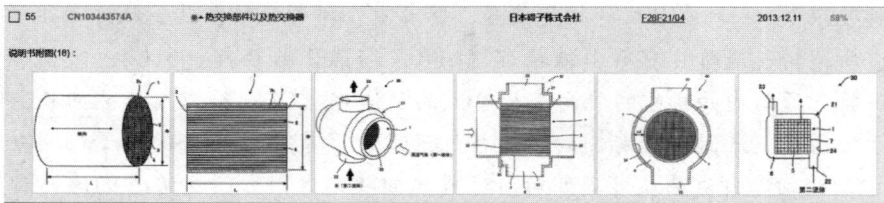

图 4-4-2　对比文件 CN103443574A 多视图浏览模式

对于包含较多细节结构的检索主题，可以充分利用多视图浏览功能，同时阅读浏览多附图公开的信息，帮助快速筛选对比文件，能够避免仅浏览摘要附图而出现遗漏对比文件的情况。

【案例 4 - 4 - 2】

申请号：201510691338.0

发明名称：焊锡机

分类号：B23K3/03

权利要求 1：一种焊锡机，用于将锡丝焊接于工件上，其特征在于，包括：

机架（100），焊接机构（200）及送锡丝机构（300）；

所述焊接机构（200）安装于所述机架上（100），所述焊接机构（200）包括：

焊接电烙铁组件（210），所述焊接电烙铁组件（210）能够对所述工件进行焊锡；

竖向驱动组件（230），所述焊接电烙铁组件（210）安装于所述竖向驱动组件上；所述竖向驱动组件能够驱动所述焊接电烙铁组件竖向运动；及

水平驱动组件（250），所述水平驱动组件安装于所述机架（100）上；所述竖向驱动组件安装于所述水平驱动组件上；所述水平驱动组件能够驱动所述竖向驱动组件水平滑动；

所述送锡丝机构（300）设置于所述机架（100）上；所述送锡丝机构（300）为所述焊接电烙铁组件提供所述锡丝。

发明解读：焊锡丝装置包括电烙铁组件和送锡丝组件，其中，电烙铁组件能够在竖向和水平方向运动（如图 4 - 4 - 3 所示）。

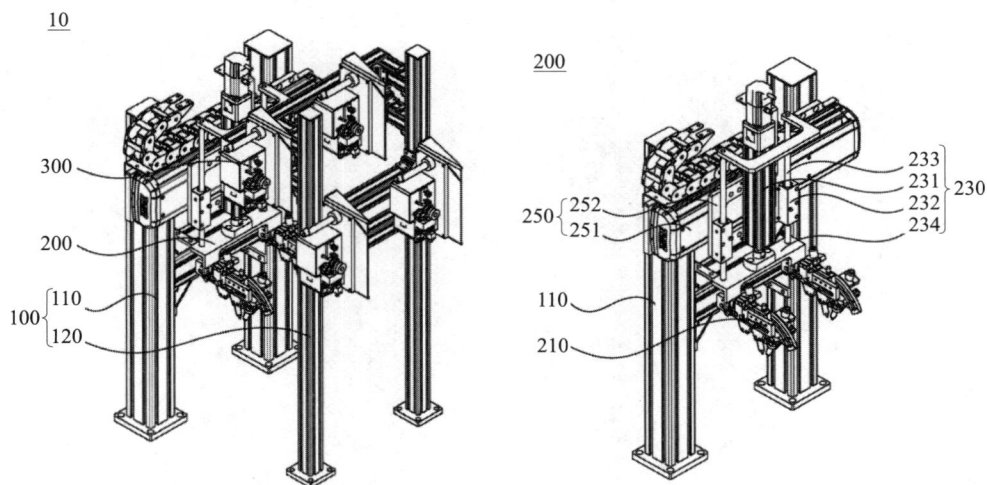

图 4 - 4 - 3　案例 4 - 4 - 2 附图

检索策略：本案例检索主题的撰写方式主要是以不同组件组成的技术方案，较适合采用针对附图部件的检索。根据发明构思，可提取关键词"送锡丝机构、水平驱动组件、竖向驱动组件"。在此基础上，结合 FM 索引的自动截词功能，在 CNTXT 中构建

布尔检索式：

（送锡丝 AND 水平 AND 竖向）/FM

未能获得相关对比文件。

考虑省略部分检索要素，构建布尔检索式：

（送锡丝 AND 水平）/FM

未获得相关对比文件。

采用"（水平 and 竖向）/FM"布尔检索式，可获得 1781 篇文献，以申请号作为语义基准排序后第 1 篇即可获得一篇 X 类对比文件 CN201848617U。

继续检索，对检索要素进行扩展，其中，"送锡丝机构"在机械领域可简化表达为"送丝机构""水平和竖向驱动组件"，在机械领域可扩展为"X 轴、Y 轴、X 向、Y 向"，在此基础上，在 CNTXT 中构建布尔检索式：

（送丝 and X 轴 and Y 轴）/FM

以申请号作为语义排序基准排序后在第 1 篇获得另一篇 X 类对比文件 CN102069255A。

可见，智能检索系统的 FM 字段为机械领域提供了新的检索手段，能够提高机械领域的检索效率。当关键词表达方式较多时，截取表示附图部件关键词的核心词检索可以一定程度上避免因扩展不到位导致的漏检。

第五章　电学领域智能检索

第一节　通信标准

在通信领域，主流技术由技术标准决定，可以说通信标准引领通信技术发展的方向。在通信标准化进程中，技术提案、会议交流文档和标准化文件在经过多年的积累之后，逐渐演变为通信领域最重要的技术资源之一。为了方便用户检索通信标准文献，智能检索系统增加了涉及移动通信标准的 3GPP 和 IETF 两个数据库和涉及互联网协议的 ETSI 数据库。由于移动通信是发展最为迅速、专利文献量最大的通信领域，而 3GPP 作为移动通信标准的最重要的制定者，拥有标准文献数量最多、技术覆盖面也最广，因此，3GPP 标准数据库是通信领域相关检索主题最重要的检索工具。

本节从 3GPP 标准数据库的基本功能和通信领域相关专利申请的特点出发，通过案例介绍 3GPP 标准数据库的基本检索策略。

一、3GPP 标准数据库的基本功能

3GPP 标准数据库，即第三代合作伙伴计划库，是智能检索系统中的一个非专利技术标准数据库。3GPP 标准数据库可以使用智能检索系统中强大的语义检索功能，也可以使用系统通用的逻辑运算符进行布尔检索。不同于智能检索系统中的专利数据库，3GPP 标准数据库的文献主要来自公司和研究机构提交的技术提案、会议过程中形成的交流文档和通信标准文件，其与专利数据库的格式和字段不完全相同。

图 5-1-1 是 3GPP 通信标准的一个提案文档，可以看到这个 3GPP 文献的开始部分记载着不同于专利文献的著录项目信息，例如，标题（"Proposals for data collection of HaNTE-test methods"）、文档名（或称提案号，S4-200676）、工作组（TSG SA4）、提出该提案的会议（TSG SA4_109-e）、议程编号（9.6）、提案人（Qualcomm Incorporated）和摘要信息。

可见，3GPP 标准数据库具有一些特殊字段，3GPP 标准数据库包括的字段和/或索引参见附录5。下面对比较重要的字段和/或索引作出说明。

1. 标题字段（TI）和文档名（提案号，DDO）

文档名字段记录了文献的标题，考虑到与专利库的相应字段进行名称统一，建立了标题字段，其内容与文档名字段相同。需要注意的是：由于 3GPP 文献的规范性较

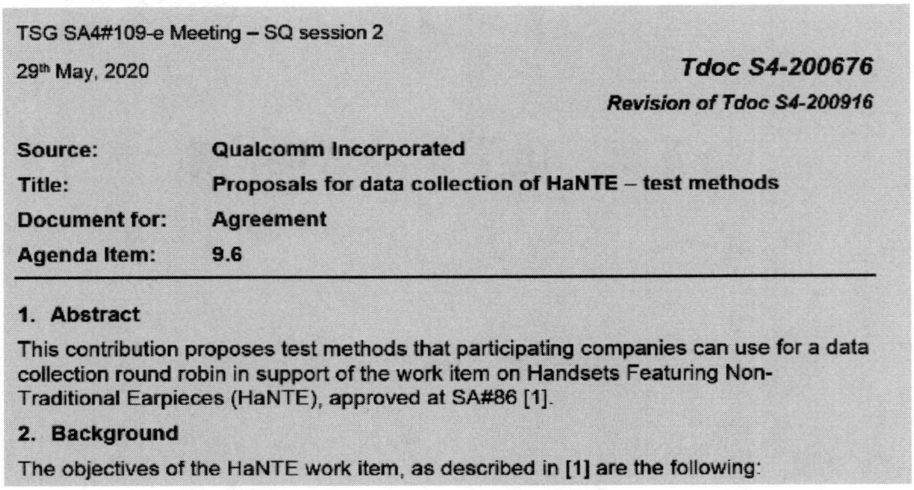

TSG SA4#109-e Meeting – SQ session 2

29th May, 2020

Tdoc S4-200676
Revision of Tdoc S4-200916

Source: Qualcomm Incorporated
Title: Proposals for data collection of HaNTE – test methods
Document for: Agreement
Agenda Item: 9.6

1. Abstract

This contribution proposes test methods that participating companies can use for a data collection round robin in support of the work item on Handsets Featuring Non-Traditional Earpieces (HaNTE), approved at SA#86 [1].

2. Background

The objectives of the HaNTE work item, as described in [1] are the following:

图 5 – 1 – 1　3GPP 标准数据库中的文献

弱，有大量文献的标题字段记载的是文献的提案号，只有部分文献的标题字段包含提案的文档名字段。因此，在检索标题时，仅使用关键词在标题字段检索可能会造成漏检，这时结合"文件名"字段（FLN）对标题进行检索，可以起到一定程度上的弥补。

2. 摘要（ABS）

3GPP 标准数据库中只有部分文献有摘要，大部分 3GPP 文献均没有记载摘要，因此，该字段在 3GPP 标准数据库中的标引率很低。在没有检到相关文献时，需要使用全文字段进行补充检索。

3. 议程内容（AGD）和议程编号（AI）

每次 3GPP 会议都会针对一个议题（通常是一个技术主题）进行编号，该次会议中的提案标引有议程内容和/或议程编号，以表明该提案针对的是哪个议题。因此，该字段类似专利数据库中的分类号。需要注意的是，部分提案的相应字段为空。

4. 申请人（PA）和议程发起人或组织（DERC）

议程发起人或组织标引了提交文献的组织，考虑到与专利库的相应字段进行名称统一，建立了申请人字段，其内容与议程发起人或组织字段相同。

5. 发布时间（PD）和更新时间（DMT）

发布时间（PD），即文件上传至 3GPP FTP 的时间，精确到日。可以结合范围运算符进行检索，例如，PD < 20200101。

6. 工作组（WG）

3GPP 的标准化工作是以工作组为单位的，不同的工作组负责移动通信领域不同技术方向的标准制定。与此相应地，绝大多数 3GPP 文献是针对特定标准提出的，因此每篇文献会对应一个工作组。使用工作组字段检索，可以将文献结果集合限定在表示特定技术方向的工作组中。需要注意的是 3GPP 标准数据库使用规范的工作组名称，所有的工作组名称如表 5 – 1 – 1 所示。

表 5 – 1 – 1　3GPP 标准数据库的工作组名称

TSG_RAN	TSG_SA	TSG_CT
WG1_RL1	WG1_Serv	WG1_mm – cc – sm_ex – CN1
WG2_RL2	WG2_Arch	WG2_capability_ex – T2
WG3_Iu	WG3_Security	WG3_interworking_ex – CN3
WG4_Radio	WG4_CODEC	WG4_protocollars_ex – CN4
WG5_Test_ex – T1	WG5_TM	WG5_osa_ex – CN5
WG6_legacyRAN	WG6_MissionCritical	WG6_Smartcard_Ex – T3

7. 文件名（FLN）

该字段标引的是 3GPP 文献在 FTP 上的文件名称。由于文件名称一般会包含文献的提案号信息，有不少文件在文件名称中还有内容标题。因此，可以通过该字段对标题字段（TI）和文档名字段（提案号 DDO）进行补充检索。

二、3GPP 标准数据库的检索

历经几十年的发展更新，现在的数据通信系统的架构越来越庞大，通信交互流程也越来越复杂。具体来说，完整的数据通信过程需要多方设备参与，相互配合共同完成数据传输，因此，通信系统通常包含通信双方的硬件设备、通信路径的中间节点及提供通信服务的服务器。

通信领域的专利申请的说明书冗长，常使用大篇幅的文字介绍与检索主题的发明内容无关的系统架构和相关基础知识，具体涉及通信系统各相关设备、各设备内部的数据处理过程及设备之间的数据交互处理。此外，由于 3GPP 相关专利申请一般是在申请人向 3GPP 组织提出相关提案并讨论之前就已经提交的，为了最大限度确保后续的专利申请能覆盖标准中最终讨论确定的方案，在总体技术构思下，3GPP 相关案件往往会记载多个并列技术方案。相对地，发明创造通常针对一个特定技术点进行改进，因此，通信领域的权利要求会聚焦于一个特定通信设备或者通信双方的特定交互操作进行保护。基于通信领域专利申请在说明书和权利要求撰写上的特点，在使用智能检索系统时需要调整语义排序基准的选择策略。

通信领域专利申请的撰写中权利要求通常比较抽象，例如终端、网络节点、第一指示信息、第一网络设备等。然而 3GPP 标准数据库却使用准确的技术术语和缩略语。基于通信领域专利申请的权利要求和 3GPP 标准数据库在撰写特点上的不同，在使用智能检索系统时需要调整分词及其权重，以及布尔检索的策略，使用准确的技术术语和缩略语作为分词，或者布尔检索的关键词。

检索 3GPP 文献的传统策略包括通过工作组、会议、议程号进行追踪检索，在使用智能检索系统的 3GPP 标准数据库时，通过 3GPP 文献中特有的关联信息进行追踪检索仍是相关主题检索中的主要策略。

针对以上特点，在利用 3GPP 标准数据库进行通信领域检索时可以采用如图 5 - 1 - 2 所示的流程。流程图分为语义排序基准的选择、调整分词及权重、融合检索和追踪检索 4 个部分。

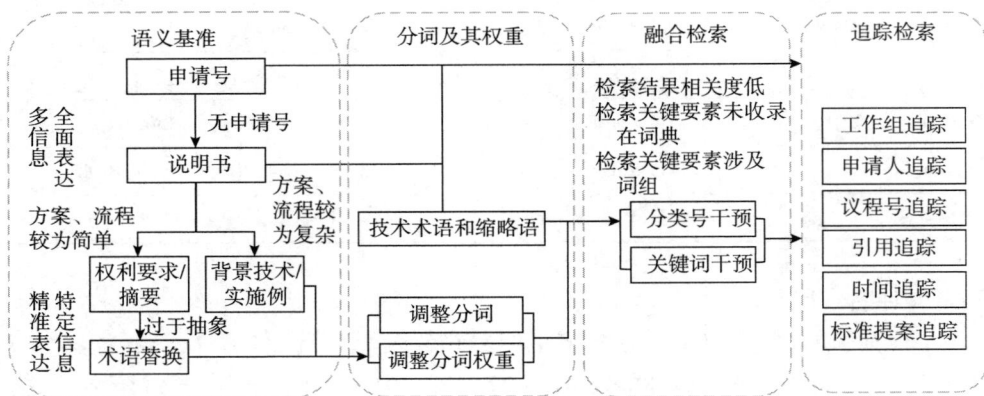

图 5 - 1 - 2　3GPP 标准数据库检索流程

1. 语义排序基准的选择

3GPP 标准数据库在语义排序基准选择时也需要遵循第三章第二节"二、语义排序基准的选择"的通用原则，但是基于 3GPP 相关检索主题自身的特点，也需要考虑一些更为具体的策略。所以接下来，从说明书、技术方案、权利要求 3 个角度来分析涉及 3GPP 检索主题的专利申请的特点。

首先，从说明书撰写的角度来看，3GPP 专利申请具有如下特点：①页数多，并且会大篇幅介绍系统架构、相关实体之间的接口、信令格式等与发明内容无关的内容；②在申请专利之前，3GPP 相关专利的申请人已经向 3GPP 组织提交提案，为了确保相关专利申请的保护能够覆盖最终制定的通信标准的方案，申请人通常会在一个总的技术构思之下，撰写尽可能多的可行的并列技术方案。因此，3GPP 相关专利申请的说明书通常包含数量众多的优选实施例。基于上述说明书撰写特点分析，可以确定在对 3GPP 相关检索主题进行语义排序时，若以说明书的全部内容作为语义排序基准，可能会使智能检索系统的语义检索模型难以聚焦检索重点。

其次，从技术方案的角度来看，数据通信通常会涉及两个以上实体之间的信令交互流程，而 3GPP 相关专利申请中的发明创造通常只会涉及一个实体，因此，其权利要求只会涵盖多个实体中的一个实体的处理流程。基于通信技术的特点，针对交互流程比较复杂的技术方案，例如，涉及 3 个以上实体交互流程的技术方案，如果仅使用权利要求书作为语义排序基准，语义检索模型可能难以准确提取技术方案的关键检索要素。

最后，从权利要求撰写的角度来看，3GPP 相关专利申请对技术方案的描述通常比较抽象，例如，会采用第一指示信息、第一网络设备等术语来代表具体的信元和特定的设备。与待检索的 3GPP 标准数据库准确的技术术语和缩略语匹配度较低。因此使用抽象表述的权利要求作为语义排序基准不利于智能检索系统的语义检索模型对技术方案进行准确定位。

综上所述，3GPP 相关专利申请在说明书、权利要求和技术方案方面具有特殊性，需要对通用规则进行调整细化。如图 5 - 1 - 3 所示，3GPP 标准数据库的语义排序基准选择策略是：①存在申请号时可以优先使用申请号作为语义排序基准；②如果属于没有可检索的申请号的专利申请，例如 PCT 申请，或给出的分类号不准确，使用说明书的文字内容作为语义排序基准；③若说明书内容冗长、方案多，优选相关的具体实施例作为语义排序基准；④判断待检索主题的复杂程度，若交互流程简单，适合采用权利要求或摘要作为语义排序基准，若交互流程较为复杂，则适合选择说明书或者相关具体实施例作为语义排序基准（在使用具体实施例时，为了补充技术背景和技术问题，可以考虑组合背景技术和对应于权利要求技术方案的具体实施例的描述内容共同作为语义排序基准）；⑤对于权利要求或摘要表述过于抽象的情况，可以考虑采用改写文本的方式，将权利要求中抽象的表述内容替换为通信领域具体的技术术语或者缩略语。

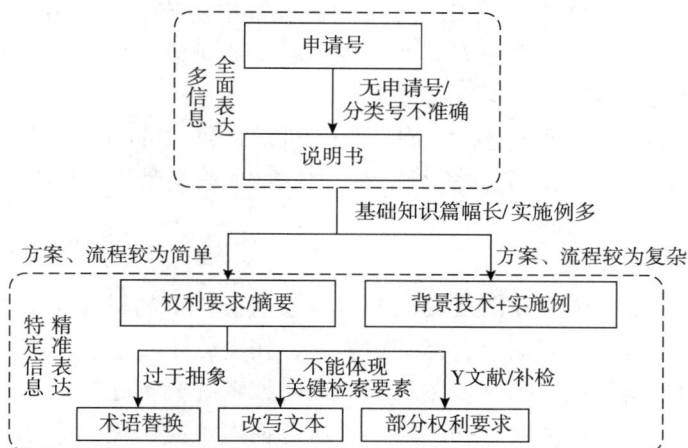

图 5 - 1 - 3　3GPP 标准数据库的语义排序基准选择策略

下面通过一个具体案例来说明 3GPP 标准数据库的语义排序基准选择。

【案例 5 - 1 - 1】

申请号：202080002089.9

发明名称：问题上报方法和问题上报装置

分类号：H04W68/02

权利要求 1：一种问题上报方法，其特征在于，适用于终端，在所述终端中设置有多个 SIM 卡，所述方法包括：

响应于在所述多个 SIM 卡之间存在寻呼碰撞，在所述多个 SIM 卡中确定第一SIM 卡；

通过所述第一 SIM 卡向网络侧设备发送与所述寻呼碰撞相关联的信息。

发明解读：本案例涉及通信技术领域，具体而言，涉及问题上报方法、问题上报装置。针对多卡终端而言，现有技术在终端中设置有多个 SIM（用户身份识别）卡，每个 SIM 卡可以分别接收寻呼消息，从而与基站建立通信连接。在某些情况下，不同 SIM 卡接收寻呼消息时机（Paging Occasion）会存在重叠，从而需要不同的 SIM 卡在相同时间接收寻呼消息，引发寻呼碰撞。为此，本案例在多个 SIM 卡之间存在寻呼碰撞时，仅通过多个 SIM 卡中的一个 SIM 卡向网络侧设备发送与所述寻呼碰撞问题相关联的信息，而不通过每个 SIM 卡分别向网络侧设备发送与所述寻呼碰撞问题相关联的信息。据此，可以确保只有一个网络侧设备接收到了寻呼碰撞问题，进而向一个 SIM 卡反馈信息，从而接收到反馈信息的 SIM 卡会改变接收寻呼消息的寻呼时机，而其他 SIM 卡则不会改变接收寻呼消息的寻呼时机，有利于避免上述每个 SIM 卡都调整寻呼时机而导致仍然发生寻呼碰撞的问题。

检索策略：本案例方案简单，只有一个处理步骤，即在多个 SIM 卡中选择出一个 SIM 卡进行寻呼碰撞信息的处理，而说明书内容较长，其中仅方法流程图就有 15 幅。通过以说明书作为语义排序基准进行检索发现，排序最靠前的文献的相关度仅为 68%，且前 20 篇文献的标题中均未涉及 SIM 卡，可见，本案例不适合使用说明书作为语义排序基准，替换使用权利要求作为语义排序基准后，发现检索结果的相关度仍然不是很高，但标题中出现一些与 SIM 卡有关的内容，通过查看语义分词发现其中体现技术方案关键点"多个 SIM 卡"的分词"SIM""multiple"和"plurality"，权重分别为 2、1和 1，将它们均增大至 3 后，再次进行检索，在前 40 篇文献中获得两篇 X 类对比文件 R2 – 2006944 和 S2 – 1911942。

2. 调整分词及其权重

在智能检索系统中调整分词及其权重是干预语义检索的重要手段之一，在调整分词时应尽量体现发明点，分词应选择常规表达，在文献中应该有较高出现概率，删除不相关噪声词和错误分词。此外，在新增分词时，系统会首先在后台词库中查找该分词对应的词条，若查找不到该分词，则该新增分词对本次语义检索不会造成影响，不会改变文献的排序，但是系统会记录该分词，并可能在后续定期更新词库时将该新增分词加入词库。

在通信领域调整分词及其权重仍是干预语义检索的重要手段，但需要注意通信领域的专利申请存在如下特点：

（1）通信领域的技术文献（尤其是 3GPP 这类涉及标准的文献）广泛使用技术术语和缩略语进行表述；

（2）由于通信标准的制订过程涉及国际层面的技术合作，因此，通信领域的技术术语基本以英文为主，对应的中文术语会存在翻译上的误差；

（3）通信领域技术更新快，检索要素可能包括较多新出现而未被领域词典收录的分词、固定搭配词组，例如功率控制、随机接入、波束管理。

基于上述特点，针对 3GPP 标准数据库进行分词及其权重的调整时，应使用英文的技术术语和缩略语对分词进行增加和修改，还需要判断新增的分词，特别是词组是否收录于后台的词典中，如果没有收录，考虑使用布尔检索，同时将该新增分词添加到语义分词列表中。

下面以案例 5 - 1 - 1 为例说明在 3GPP 数据库中调节分词及其权重的策略。

在案例 5 - 1 - 1 中使用权利要求 1 作为语义排序基准进行语义检索时，系统提供的默认分词及权重如图 5 - 1 - 4 所示。可以看到，系统提供的语义分词基本体现了技术方案的关键点。

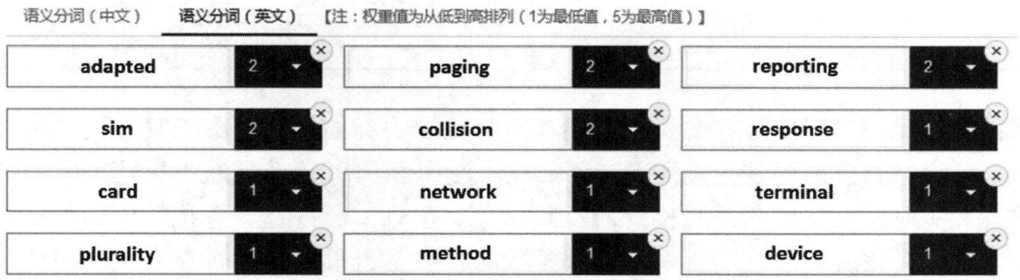

图 5 - 1 - 4　案例 5 - 1 - 1 的系统默认分词

通过浏览文献发现，直接使用权利要求 1 作为语义检索的结果并不理想，排在前面的文献，大部分与寻呼碰撞无关，更不涉及从多个 SIM 卡中选择一个 SIM 卡，纯语义检索结果中相关度最高仅为 70%。

因此，需要调整分词及其权重，具体调整包括：将寻呼（paging）和碰撞（collision）的权重值由 2 调整为 4，新增表示多 SIM 卡的技术术语"MUSIM""MSIM"和"multi - sim"，形成如图 5 - 1 - 5 所示的分词及其权重。

图 5 - 1 - 5　案例 5 - 1 - 1 调整后的语义分词和权重

通过语义检索，在前 40 篇文献中得到两篇 X 类对比文件 R2 - 2006944 和 S2 - 1911942，具体过程和检索结果如表 5 - 1 - 2 所示。

表 5-1-2 检索结果

对比文件	排序基准	分词调整	对比文件位次
R2-2006944	说明书	—	前 2000 篇未检到
	权利要求 1	—	134
		调整	32
S2-1911942	说明书	—	前 2000 篇未检到
	权利要求 1	—	234
		调整	40

由此可见，对于技术方案简单、技术术语比较明确的申请，由于其分词较为简单明确，适合进行分词调整。并且当纯语义检索结果相关度较低且通过标题确定与待检索主题无关时，就需要考虑调整分词及其权重。这时，通过查看系统提供的默认语义分词，确定其是否体现检索要素、检索要素的权重是否过小、是否存在大量与技术内容无关的分词，从而对分词进行增删和修改、对权重进行调整。

3. 融合检索

针对通信领域的专用术语，可以考虑对这些未收录的专用名词采用布尔检索，在语义检索结果的基础上进行布尔限定，先语义检索后布尔筛选或直接布尔检索，之后进行语义排序即先布尔检索后语义排序。

下面通过一个案例介绍布尔和语义的融合检索。

【案例 5-1-2】

申请号： 202010283563.1

发明名称： 无线通信方法和设备

分类号： H04W 24/02

权利要求 1： 一种无线通信方法，其特征在于，包括：

终端设备通过网络设备发送的信息，确定所述网络设备向所述终端设备发送的同步信号块的资源位置和/或数量；

所述终端设备接收所述资源位置和/或数量的所述同步信号块。

发明解读： 在 5G 新无线系统中，终端设备通过检测同步信号块（Synchronizing Signal Block，SS Block）完成初始接入过程，每个同步信号块可以包括主同步信号、辅同步信号和物理广播信道。本案例网络设备向终端设备指示发送的同步信号块的资源位置和/或数量，终端设备可以接收该资源位置和/或数量的该同步信号块，可以实现终端设备无须对所有可能的同步信号块进行检测。

检索策略： 多波束系统中最多可以传输 64 个 SSB，通过向 UE 指示实际传输的 SSB 数量/位置，降低 UE 的功耗。本案例的检索要点在于波束和同步信号块的资源位置和/或数量，由于方案涉及的交互流程较为简单，考虑采用权利要求内容作为语义排序基准，并在语义分词中增加与上述检索要点相关的分词后，进行语义检索，检索结果的前几页相关度均为 100%，且经抽样浏览，这些文献均与同步信号块 SSB 无关。此时，判断可能是 SSB 这一分词并未被系统词典收录。同时，在 3GPP 文献中 SSB 还经常会采用 SS BLOCK 这个词组来表示，此时，就确定本案例比较适合采用布尔检索，构建布尔检索式进行检索：

(indicat + S actual + S (SS block? OR SSB?)) AND ((SS block? OR SSB?) 10d (location? OR position? OR number)) AND beam AND PD < 2017.08.18

通过上述检索式，以权利要求 1 作为语义排序基准进行排序，分别在第 1 篇和第 17 篇获到两篇相关对比文件 R1 - 1704358、R1 - 1713325。

由于通信技术领域技术迭代更新快的特点，导致不管如何调整语义分词，都不能取得较好的检索效果，其具体表现为语义检索结果相关度低，此时应调整为布尔检索。通常适于使用布尔检索的情况包括以下 3 种：①检索关键要素未收录在词典；②检索关键要素涉及词组；③分词调整敏感度差。

4. 确定追踪线索

检索 3GPP 文献的传统策略包括通过工作组、会议、议程号进行追踪检索，在使用智能检索系统的 3GPP 标准数据库进行检索时，可以通过 3GPP 文献特有的关联信息进行追踪检索。

由于 3GPP 文档对于技术方案的表述方式与专利文献不同，使用关键词来获取追踪线索比较困难。如图 5 - 1 - 6 所示，3GPP 标准数据库追踪检索通常是基于中间检索结果来获取追踪线索，例如，通过中间检索结果确定出与待检索主题最相关的 3GPP 工作组、会议、议程号、标准号、提案时间、提案人、文献引用追踪得到对比文件。在智能检索系统中，通过语义检索功能则能够高效地获得追踪线索。

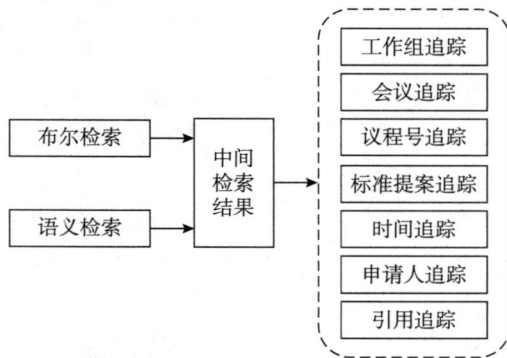

图 5 - 1 - 6　3GPP 标准数据库的追踪检索策略

下面通过案例介绍使用智能检索系统实现 3GPP 文献追踪检索。

【案例 5 - 1 - 3】
申请号： 202010077513.8
发明名称： 一种信息处理方法及相关网络设备
分类号： H04L12/24
权利要求 1：一种信息处理方法，所述方法包括：

网络设备接收接入和移动管理功能 AMF 发送的用于切片认证的第一消息；所述第一消息中包括第一切片标识、第一切片用户标识和第一卡用户标识；

确定所述第一切片标识对应的第一伪码和认证服务器的第一地址，生成包括所述第一伪码、所述第一切片用户标识和所述第一卡用户标识的第二消息；

基于所述第一地址向所述认证服务器发送所述第二消息。

发明解读：本案例涉及网络切片技术领域。切片认证是接入 5G 网络执行首次认证之后执行的认证，主要提供了终端与切片网络（例如切片租用方）之间的网络接入认证功能。在认证服务器由切片租用方提供及运营的情况下，在切片认证过程中，单一网络切片选择辅助信息（Single-Network Slice Selection Assistance Information，S-NSSAI）需要由接入和移动管理功能（Access and Mobility Management Function，AMF）发送至认证服务器。在切片重认证或撤销切片认证过程中，需要由网络侧向 AMF 发送 S-NSSAI，以便告知需要操作的切片。由于 S-NSSAI 属于运营商，其中包含了隐私信息，因此上述方式会暴露运营商的隐私信息，为此，本案例通过网络设备将第一切片标识映射为第一伪码，并发送包含第一伪码的第二消息，使得第一伪码不再携带隐私信息，避免了隐私信息的泄露。

检索策略：以说明书内容作为语义排序基准，数据库选择 3GPP，在前两页里获得 S3-200400（申请人自己的提案）、S3-200787、S3-200158、S3-201154（这 3 篇为华为公司的提案），这些文件的方案跟本案例的方案完全相同，但提案时间在本案例的优先权日之后，基于该检索结果可以确定与本案例的技术方案最相近的工作组为 S3 工作组，追踪检索 S3 工作组距离优先权日最接近的一次会议的会议文件，采用 TDOC-LIST 筛选标题中包括 slice 和 Authentication 的提案并浏览，获得 3 篇文献 S3-194541、S3-194212、S3-194537，均公开了 AMF、AAA-P 与 AAA-S 之间的信息交互流程，且消息中携带的信息除第二消息中替换成伪码外，其他与本案例都相同，可作为本案例的 Y 类对比文件。

【案例 5-1-4】

申请号：201610860080.7

发明名称：临时群组建立、释放方法及装置

分类号：H04W4/08

权利要求 1：一种临时群组建立、释放方法，其特征在于，包括：

紧急任务的按键呼叫 MCPTT 服务器接收用户设备发送的临时群组发起请求；

所述 MCPTT 服务器根据所述临时群组发起请求，向各群组用户的目标终端发送临时群组建立请求，所述临时群组建立请求包括临时群组号码和临时组标记；

所述 MCPTT 服务器根据至少一个所述目标终端发送的临时群组建立响应，建立临时群组；

所述 MCPTT 服务器接收所述用户设备发送的临时群组关闭请求，并根据所述临时群组关闭请求释放所述临时群组。

发明解读：本案例涉及通信技术领域，3GPP 中定义了若干种集群组呼叫模型，但

是在某种应急场景，例如终端 A 需要快速对用户 B、C、D 和群组 G1、G2 联合发起一个临时群组呼叫，需要终端 A 的用户、用户 B、C、D 和群组 G1、G2 下的用户能临时组成一个临时群组，但是 3GPP 缺乏临时组模型，导致 3GPP 的通信模式缺乏灵活性。为此，本案例通过 MCPTT 服务器接收用户设备发送的临时群组发起请求，并根据临时群组发起请求，向各群组用户的目标终端发送临时群组建立请求，根据至少一个目标终端发送的临时群组建立响应，建立临时群组；另外，当用户设备需要取消该临时群组时，向 MCPTT 服务器发送临时群组关闭请求，MCPTT 服务器根据临时群组关闭请求释放该临时群组，实现了 3GPP 中全新的临时群组的操作模式，提高了 3GPP 的通信模式的灵活性。

检索策略：该案例涉及一种 MCPTT 临时群组的建立和释放过程，采用申请号作为语义排序基准并简单调整"temporary"（临时）这一分词的权重，并增加"group"（组）分词进行语义检索后，发现首页的大部分文献均为 S6 工作组的提案，因此，我们就可以确定最相关的工作组是 S6 工作组，接下来重点寻找该工作组申请日以前的最新会议及议程号。此时首页的提案公开日均在 2015 年，而本案例的申请日是 2016 年 9 月，因此，考虑按照公开日降序排序，并重点关注 S6 工作组的提案，发现第 3 篇文献与本案例的技术方案相关度较高，且该文献所在会议是该工作组申请日以前的最新一次会议，对该文献议程号（agenda item：7.5）在该会议中进行检索，利用该次会议和议程号构建布尔检索式：

((agenda item 10W 7.5) AND (WG6 8d "#12")) AND PD ＜ 2016.09.28

并以申请号作为语义排序基准进行语义排序，在前 20 篇获得两篇相关对比文件 S6 – 160731 和 S6 – 160789。

综上所述，合理结合智能检索系统的语义检索功能和 3GPP 标准数据库的追踪检索策略，可以高效地完成 3GPP 文献追踪，提高通信领域检索主题的检索效率。在具体操作中，可以考虑：①将语义检索与公开日排序、布尔限定相结合，能够更快获得追踪线索；②将语义检索与 3GPP 追踪检索策略，例如追踪工作组、议程号等相结合，能够提升检索效率；③语义排序基准的选择：说明书实施例较多时，选取与方案对应的实施例能够更好地聚焦检索结果。

第二节　电子电路

电路通常由最基本的元件，例如开关、电阻、电容、电感等组成，而且涉及电路领域的专利申请更多是在基础结构上进行的细节改进，例如连接关系的改进、元件类型的改进、元件数量的改变等。在撰写方式上，该类申请的权利要求往往会详细描述基本元件的连接方式，同时在说明书中还会通过电路图体现发明的改进点。电路领域基本元件的关键词辨识度非常低，检索结果噪声大，给关键词的选取和表达带来了障碍，此外如何检索电路中元件的连接关系是电路主题检索的另一个难点。

电路领域控制方法的专利申请更多地涉及控制方法的工作原理、过程以及预期效果，涉及控制脉冲的时序、幅值的改进，电路中各个开关元件的导通顺序，整体电路的工作方式，以及通过控制方法改进电路性能等。电路中的各个基本元件相互作用，对电路的微小改进，往往会影响电路的运行过程和技术效果，因此，需要针对电路控制的细节展开检索，使得该技术主题的检索非常困难。

下面介绍电路领域检索的策略。

一、分类号

关键词的提取和表达存在困难，则可以使用分类号来表达检索要素，CPC 分类比 IPC 分类具有更加精细的分类位置，因此，可以使用 CPC 分类对检索要素进行表达。

【案例 5 - 2 - 1】

申请号： 201010536250.9

发明名称： 电池组

分类号： H02J7/00

权利要求 1： 一种电池组，包括：可再充电电池，包括耦接到公共端子的第一电池端子和第二电池端子；放电控制开关，耦接在第一电池端子和第一放电端子之间；充电控制开关，耦接在第一放电端子和第一充电端子之间，其中，电池组被配置以将电流提供到耦接在第一放电端子和公共端子之间的负载；处理电路，被配置以通过控制放电控制开关和充电控制开关来对电池充电和放电。

发明解读： 充电电流流过充电控制开关 340 和放电控制开关 350；放电电流流过放电控制开关 350 而不流过充电控制开关 340。

检索策略： 权利要求的主题名称为电池组，内容涉及电池组的电路连接结构，其主要的功能是实现电池的充放电控制。整体上看权利要求 1 的技术领域是充放电电路，从而获得体现技术领域的检索要素"充放电电路"。本案例的电路连接结构是放电控制开关耦接在第一电池端子和第一放电端子 390 之间（参见图 5 - 2 - 1），电路控制方法

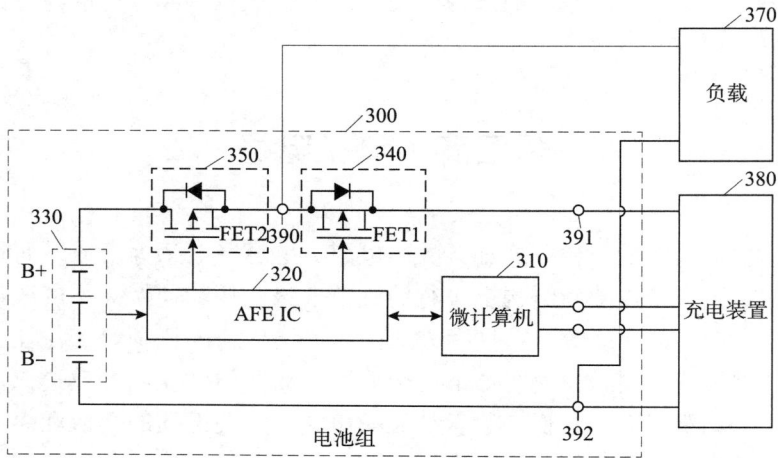

图 5 - 2 - 1　电池组、负载和充电装置电路图

为"放电电流流过放电控制开关而不流过充电控制开关",其中检索要素"开关"比较容易表达和扩展,而检索要素"耦接在第一电池端子和第一放电端子 390 之间""不流过"难以表达和扩展。因此本案例不适合使用全要素组合的检索方式,从而考虑使用技术领域结合"开关"这一检索要素构建部分要素组合进行检索。开关作为本领域常见元件,还可以扩展为 IGBT、FET、MOS、晶体管、场效应管、继电器、触点、接点。

选择 CNTXT 数据库,根据提取的检索要素构建如下检索式:

(充电 AND 放电 AND(开关 OR IGBT OR FET OR MOS OR 晶体管 OR 场效应管 OR 继电器 OR 触点 OR 接点))/BI AND PD<20091103

得到 35018 篇检索结果,以申请号作为语义排序基准进行语义排序,浏览前 50 篇没有获得相关对比文件。因此,有必要缩小文献范围。

本案例的分类号为 H02J7/00,其含义为"用于电池组的充电或去极化或用于由电池组向负载供电的装置"。该分类号不够精确,不能有效地缩小检索范围。使用分类号工具进行关联查询,获取与本案例相关的精确的 CPC 分类号。

从图 5-2-2 所示的查询界面中,可以看出与本案例相关的精确 CPC 分类号为 H02J7/0068,其分类号含义为"电池或充电器负载的转换,如,同时充电和负载供电的(H02J7/0013 优先)"。

图 5-2-2　分类号关联查询界面

选择 CNTXT 库,使用该分类号结合关键词"开关"构建如下检索式:

H02J7/0068/CPC AND(开关 OR IGBT OR FET OR MOS OR 晶体管 OR 场效应管 OR 继电器 OR 触点 OR 接点)/BI AND PD<20091102

获得 131 篇检索结果,从中未发现相关对比文件。

转入 VEN 库继续检索,构建如下检索式:

H02J7/0068/CPC AND (switch + OR IGBT OR transistor? OR thyristor? OR mosfet?)/BI AND PD＜20091102

得到 475 篇检索结果，以申请号作为语义排序基准进行语义排序，在第 12 位获得一篇 X 类对比文件 US2007075684A1。浏览该对比文件发现，其存在中文同族 CN1945924A。那么在 CNTXT 库中使用 CPC 检索时，为何遗漏了该对比文件呢？

查看 CN1945924A 在 CNTXT 库记录的数据可知，其 CPC 字段数据为空。由于 CN1945924A 是 2016 年之前申请的文献，该时间段的中文文献没有进行 CPC 分类号的标引，因此，使用 CPC 在 CNTXT 库无法检索到该篇对比文件。

对于没有 CPC 分类号的早期文献，智能检索系统采用机器对应的方式，将 IPC 分类号对应至 CPC 分类号，并将这种方式获得的 CPC 标引在一个新索引 "CPC1" 中，可以在命令行模式下检索 CPC1。同时，系统还提供一个联合索引，其覆盖 CPC 和 CPC1 两个索引。CPC1 与 CPC 相比，一个是人工分类获得，一个是机器分类获得，相对来说，CPC1 的准确度差，检索噪声也比较大。

回到本案例，再次选择 CNTXT 库，使用 H02J7/0068 和索引 CPC1 结合关键词 "开关" 构建如下检索式：

H02J7/0068/CPC1 AND（开关 OR IGBT OR FET OR MOS OR 晶体管 OR 场效应管 OR 继电器 OR 触点 OR 接点）/BI AND PD＜20091102

获得 3425 篇检索结果，语义排序后在第 14 位得到上述对比文件 CN1945924A。

从本案例可以看出：电路领域中发明点通常在于基本元件之间的连接关系，连接关系有时难以表达和扩展，使用常规的电路元件或者技术术语构建的检索式，检索噪声大，此时根据电路的工作原理或类型选择合适的 CPC 分类号，可以有效地缩小检索范围，更加有利于语义排序，提高检索效率。

二、关键词

在电路领域，使用关键词对具体元件的连接关系进行直接表达比较难，这时可以根据检索主题从技术问题、技术效果、应用场景以及功能等方面选择关键词，能够一定程度上克服连接关系难以直接表达的问题。

1. 技术问题或技术效果类关键词

在电路领域，与发明构思最直接相关的通常是权利要求中描述的电路结构或方法，整个申请文件中，与发明构思密切相关的还有说明书中记载的技术问题或技术效果，从权利要求书或者发明构思中提取不出有效关键词时，可以使用技术问题或技术效果类关键词来表达检索要素。

【案例 5-2-2】

申请号：201610991259.6

发明名称：一种岸电系统及其并网控制方法

分类号：B63J3/04，H02J3/38，H02H9/02

权利要求1：一种岸电系统，包括岸电电网、变频电源、并网开关、发电机开关以及船舶发电系统，其中，所述变频电源包括多绕组移相变压器以及至少一个电源模块，电源模块的输入侧与多绕组变压器的低压侧绕组连接，输出侧相互级联；所述电源模块包含整流单元、逆变单元，其特征在于：所述电源模块还包括快速开关、吸收电阻以及旁路开关，快速开关与吸收电阻串联连接，所述串联连接与整流单元的直流输出侧并联连接，所述旁路开关与逆变单元的输出侧并联连接。

发明解读：在整流单元的直流输出侧之间连接有快速开关 9、吸收电阻 10 以及旁路开关 12（参见图 5 – 2 – 3），从而防止逆功率发生。

检索策略：首先，提取技术主题相关的检索要素"岸电"，本案例的发明点在于在特定的位置中设置了开关和电阻，但是"特定的位置"难以表达和扩展。从发明点可以

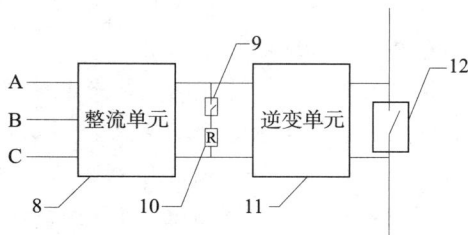

图 5 – 2 – 3 电源模块的结构示意图

提取的其他关键词包括整流、开关以及电阻，然而，上述关键词是本领域最常见的电路元件，仅对它们进行检索噪声过多，导致语义排序效果不佳。

考虑到本案例要解决的技术问题是发生逆功率会对电机造成不利影响，从而提取检索要素"逆功率"。该检索要素容易表达和扩展，其同义词包括逆向功率、逆流。

选择 CNTXT 库，构建如下检索式：

岸电 AND（逆功率 OR 逆向功率 OR 逆流）AND PD < 20161110

获得 14 篇检索结果，其中包括一篇涉及发明点的 Y 类对比文件 CN202455277U。

从本案例可以看出：如果涉及本领域特有的技术问题或技术效果，而不是诸如提高效率、减少成本等通用技术问题或技术效果，则可以从技术问题或技术效果出发表达检索要素，克服电路领域中连接关系难以直接表达的问题。

2. 应用场景类关键词

除了使用技术问题关键词进行检索之外，还可以考虑从应用领域扩展关键词。电路的应用十分广泛，例如应用于电脑、手机或汽车等领域，应用于每个领域的电路通常具有各自的特点，对于此类检索主题，可以使用具体的应用领域关键词进行检索。

检索策略：继续研究案例 5 – 2 – 2，本案例的权利要求并没有应用领域的直接描述，查看本案例的说明书，背景技术部分记载了"将船舶发电系统并入岸电系统的过程，此时会产生较大的冲击，冲击电流会导致并网失败，或导致产生逆功率现象"，由上述记载可知，本案例的岸电系统主要用于为船舶供电，其具体的应用领域为船舶。

选择 CNTXT 库，构建如下检索式：

岸电 AND 船舶 AND PD < 20161110

得到 492 篇检索结果，以申请号作为语义排序基准进行排序，第 1 位即获得 Y 类对比文件 CN202455277U。

电路的应用范围广，存在不同的应用场景，也可以使用具体的应用领域作为关键词进行检索，从而克服检索要素难以表达的问题。

3. 功能性关键词

电路领域的检索主题，权利要求中通常记载了电子元件的具体类型、连接关系和

工作流程。检索时通常不仅仅使用权利要求或者说明书中记载的具体电子元件，同时还应对某些电子元件组成的局部电路实现的具体功能进行检索。

【案例 5 -2 -3】

案件号： 201910691168.4

发明名称： 直流电源充电电路及直流电源充电设备

分类号： H02M1/32

权利要求 1： 一种直流电源充电电路，其特征在于，所述充电电路包括直流电源、等效电容、充电电阻、具有开关特性的半导体器件和检测驱动电路；所述半导体器件与所述充电电阻并联；所述检测驱动电路在所述直流电源对所述等效电容充电过程中，将检测的电压与预设阈值电压进行比较；并根据比较结果，控制所述半导体器件的开关状态，以使所述直流电源通过所述充电电阻或通过所述半导体器件对所述等效电容充电。

发明解读： 将检测的电压与预设阈值电压进行比较；并根据比较结果，控制所述半导体器件 b 的开关状态，以使所述直流电源通过所述充电电阻 Rs 或通过所述半导体器件 b 对所述等效电容充电，从而降低浪涌电流（参见图 5 -2 -4）。

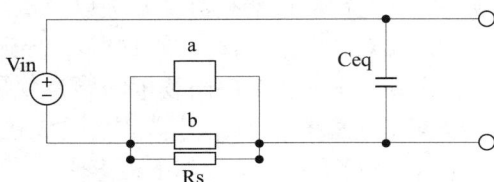

图 5 -2 -4　高稳定性的直流电源
充电电路的主电路图

检索策略： 对于发明的技术内容而言，其描述了多个元件的连接关系以及元件的工作过程，但是从中提取的关键词为"比较""开关""电阻""电容"，均是本领域常用的关键词，常规检索的文献量大、噪声多。另外，该案例说明书中记载的技术问题是，"如何在不增加直流电源功耗、成本及控制难度的前提下，减小直流电源上电瞬间产生的浪涌电流的问题"。因此可以提取技术问题类关键词"浪涌电流"，然而使用该关键词结合其他检索要素未检索到相关的对比文件。

选择 CNTXT 数据库，根据权利要求记载的关键词构建如下的检索式：

（（电容 AND 电阻 AND 开关 AND 比较）/BA） AND PD ＜ 2019.07.29

得到 148564 篇检索结果，使用语义排序后，浏览前 100 篇，仍然未检索到相关的对比文件。

可见，由于权利要求中提取的关键词属于常规的关键词，不利于语义排序。阅读申请文件的背景技术后发现，其记载了"上电瞬间会产生很大的浪涌电流，当直流电源接入较多时，还会导致整个上级电源系统在上电瞬间由于电流过大而启动失败"。本案例的充电电路应用的时间节点是上电瞬间，所起的功能是辅助直流电源启动。

使用功能性关键词"启动"，继续构建如下的检索式进行检索：

（启动/BA） AND PD ＜ 2019.07.29

得到 651283 个检索结果，以申请号作为语义排序基准进行语义排序后，在第 40 位检索到一篇 X 类对比文件 CN103915996A。

电路领域中多个元件相互连接是为了实现某项功能，检索过程中，可以从技术角度分析发明点描述的局部电路具体实现的功能，从功能方面扩展关键词进行检索。

4. 具体电路关键词

特定类型的电路中各元件的连接关系是固定的，电路的类型隐含表达了其中电子元件的连接关系，因此，使用电路类型的关键词进行检索，可以一定程度地解决电路连接关系难以检索的问题。

【案例5-2-4】

申请号： 201710405776.5

发明名称： 一种基于T型三电平逆变器的STATCOM

分类号： H02J3/18

权利要求1： 一种基于T型三电平逆变器的STATCOM，其特征在于，包括电容器、T型逆变电路与交流输出侧，所述电容器包括串联的第一电容器C1与第二电容器C2，所述第一电容器C1与第二电容器C2的连接点为中点；所述T型逆变电路为三相电路，每相电路包括与所述电容器并联的一对桥臂，每对所述桥臂包括两个串联的开关管，两个所述开关管的连接点为共连点；所述中点与每对桥臂的共连点之间分别设有一中点钳位电路，所述中点钳位电路用于对中点电压进行钳位；所述交流输出侧的一端连接所述共连点，另一端用于与电网系统连接；每相电路均具有3种输出状态，3种输出状态分别为正、零及负。

发明解读： T型逆变电路为三相电路，每相电路包括桥臂与中点钳位电路，每对桥臂包括两个串联的开关管，每相中点钳位电路包括两个反向串联的开关管。通过调整每相电路中每个开关管的闭合或打开状态，可以使每相电路具有正、零、负3种状态，从而减少开关管使用数量（参见图5-2-5）。

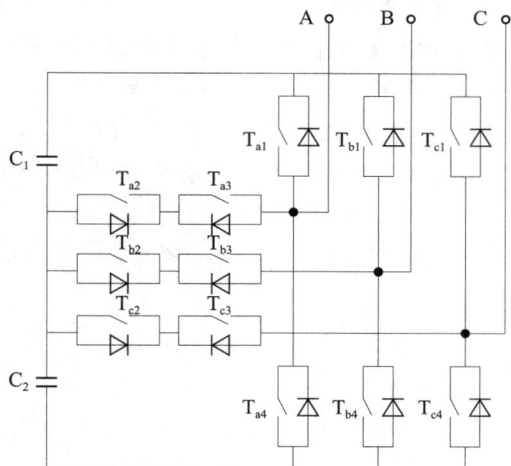

图5-2-5 T型三电平逆变器的STATCOM的拓扑结构图

检索策略： 首先从技术主题中提取检索要素"STATCOM"，本案例的发明点在于中点钳位电路的具体连接，同样，从中也很难提取有效地用于检索的关键词。本案例实质上是将 T 型电路和三电平电路结合在一起，而 T 型电路和三电平电路是本领域公知的电路结构，其名称本身隐含了一定的电路连接关系，而且技术术语表达相对专业和统一，由于技术领域的表达和扩展相对复杂，优先使用具体电路类型的关键词进行检索。

选择 CNTXT 库，构建如下检索式：

（T 型 AND 三电平）/BI AND PD＜20170526

得到 247 篇检索结果，以申请号作为语义排序基准进行语义排序后，分别在第 30、64 和 214 位检索到 3 篇 X 类对比文件 CN205921381U、CN204809873U、CN105977998A。

通常，本领域公知的电路类型名称本身隐含了电路的连接关系，而且技术术语表达相对专业和统一，使用具体电路类型的关键词，可以有效地缩小文献的范围，从而有利于后续的语义排序操作。

三、频率（FREC）算符

在电路领域中，通常一个电路中设置多个开关或者多电阻等电子元件，关于此类的检索主题，开关的表述通常采用"第一开关、第二开关"，发明点与元件的数量有关，然而，元件数量的表述方式很多，可以采用计数的方式表达，例如第一、第二；采用功能表达，例如主开关、备用开关；采用具体的开关类型表达，例如电子开关、继电器；采用开关的具体位置表达等，因为表达方式很多，难以扩展，检索难度很大。

【案例 5 - 2 - 5】

申请号：201710291426.0

发明名称：一种电池模组串联管理电路

分类号：H02J7/00

权利要求 1：一种电池模组串联管理电路，其特征在于，包括若干依次串联的电池单体，每节所述电池单体均串联有一个第一电子开关，每个所述第一电子开关与对应的电池单体构成的串联电路的两端均并联有一个第二电子开关。

发明解读：本案例每节电池单体均串联有一个第一电子开关，参见图 5 - 2 - 6 开关 S1、S2，每个第一电子开关与对应的电池单体构成的串联电路的两端均并联有一个第二电子开关，参见图 5 - 2 - 6 开关 P1、P2。技术问题是其中某节电池单体出现故障时，整个电池模组立即崩溃，技术效果是提高电池利用率和可靠性，同时减轻维修工作。

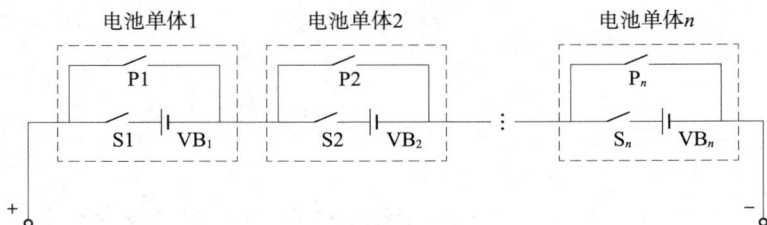

图 5 - 2 - 6　电池模组串联管理电路的结构示意图

检索策略： 本案例的发明点在于设置有多个开关及其连接关系。其中，连接关系无法提取可检索的要素，对于开关数量，也难以使用关键词进行表达，其解决的技术问题和产生的技术效果所采用的关键词也较为笼统和常规，扩展起来难度很大。对于此类检索主题，申请文件通常会描述每个元件的连接关系，其中元件的出现次数与元件个数存在对应关系，智能检索系统设置有统计关键词出现频次的算符"FREC"，使用该频率算符，可以有效去除噪声，将检索结果控制在合适的范围内。对于本案例，参见图 5-2-6，至少需要 4 个开关，因此，开关的记载次数不少于 4 次，可以采用关键词/FREC > 3 进行检索。

选择 CNTXT 库，按照常规检索方式，构建如下检索式：

PD < 20170428 AND（h02j7）/IC AND 串联/BA AND 并联/BA AND（电子开关/BA OR FET/BA OR 场效应/BA OR IGBT/BA OR 晶闸管/BA OR 半导体开关/BA OR MOS 管/BA）

获得 1996 篇检索结果，以申请号作为语义排序基准进行语义排序后，在第 223 位检索到 X 类对比文件 CN102097838A。

可见，对比文件的排序效果不够理想，采用频率算符缩小文献范围，构建如下检索式：

PD < 20170428 AND（h02j7）/IC AND 串联/BA AND 并联/BA AND（电子开关/FREC > 3/BA OR FET/FREC > 3/BA or 场效应/FREC > 3/BA OR IGBT/FREC > 3/BA OR 晶闸管/FREC > 3/BA OR 半导体开关/FREC > 3/BA OR MOS 管/FREC > 3/BA）

获得 1051 篇检索结果，以申请号作为语义排序基准，简单调整语义分词，将"串联"和"并联"的权重由 1 调整为 4，进行语义排序后，在第 45 位检索到上述 X 类对比文件 CN102097838A。

在智能检索系统中，中文数据库通常选择在 CNTXT 数据库中检索，而 CNTXT 库为全文库，相比文摘库，噪声文献更多，检索电路领域的技术主题时，如果使用的关键词也比较常规的话，则噪声文献过多的问题尤为突出，此时，通过使用频率算符，能够有效地去除噪声文献，圈定合理的文献范围，从而有利于后续的语义排序。

四、多视图浏览

在电路领域中，常常存在表达电路元件的关键词的扩展形式较多，但电路符号统一的情况。例如表达开关的同义词过多，主要有断路器、空气开关、继电器、电子开关、MOSFET、IGBT、晶闸管、可控硅、二极管、三极管、半导体开关等。检索时，如果使用逻辑算符"OR"连接上述同义词以扩展"开关"，则检索结果过多。尽管电路领域的"开关"表达方式很多，但是国际电工委员会制定了统一的电路符号，因此通过附图中的电路符号可以快速判断相关文献是否公开"开关"这一特征。

【案例 5-2-6】
申请号： 201910995347.7
发明名称： 一种移位寄存器及其驱动方法、栅极驱动电路

分类号： G09G3/36，G09G3/3266，G11C19/28

权利要求 1： 一种移位寄存器，其特征在于，包括：输入子电路、下拉控制子电路、输出子电路和复位子电路，其中：所述输入子电路，用于在第一时钟信号的控制下，向上拉节点提供第一输入信号；所述下拉控制子电路，用于在第一输入信号及上拉节点的控制下，向下拉节点提供第一电源信号；所述输出子电路，用于在上拉节点的控制下，输出第一输出信号及第二输出信号，所述第一输出信号及所述第二输出信号中分别携带第二时钟信号；并在第一节点的控制下，控制上拉节点的电压；所述复位子电路，用于在第三时钟信号的控制下，对上拉节点、第一输出信号和第二输出信号进行复位。

发明解读： 通过输出子电路在第一节 NA 的控制下，控制上拉节点 Q 的电压，确保上拉节点的电压不会流失（参见图 5-2-7 虚线框内的电路）。

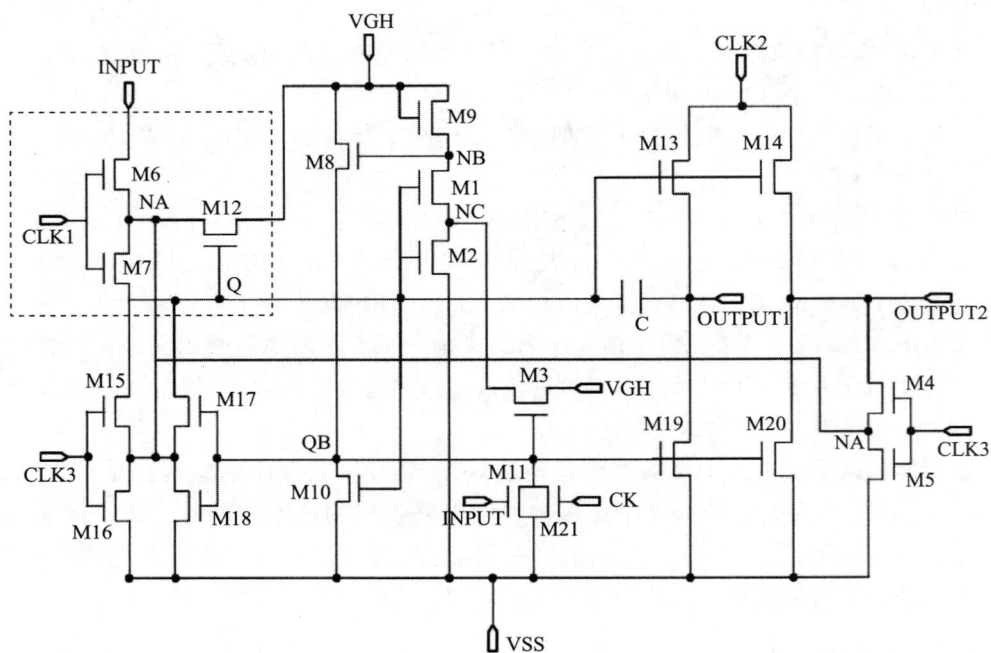

图 5-2-7　移位寄存器的等效电路

检索策略： 采用多视图浏览，结合使用语义排序。电路图中的开关等电子元件具有通用符号，容易辨识，非常适合使用多视图浏览模式进行浏览，同时结合语义排序。通过多视图中的大视图，方便浏览文献中的附图，大视图一页显示 4 幅图，通过左右箭头能够滑动浏览说明书全部附图。本案例通过浏览第 14 篇的附图可以得到一篇对比文件 CN108877682A，其公开了本案例的发明构思（参见图 5-2-8 中的虚线框）。这幅图不是对比文件的摘要附图，使用常规的单附图模式难以筛选出该对比文件。

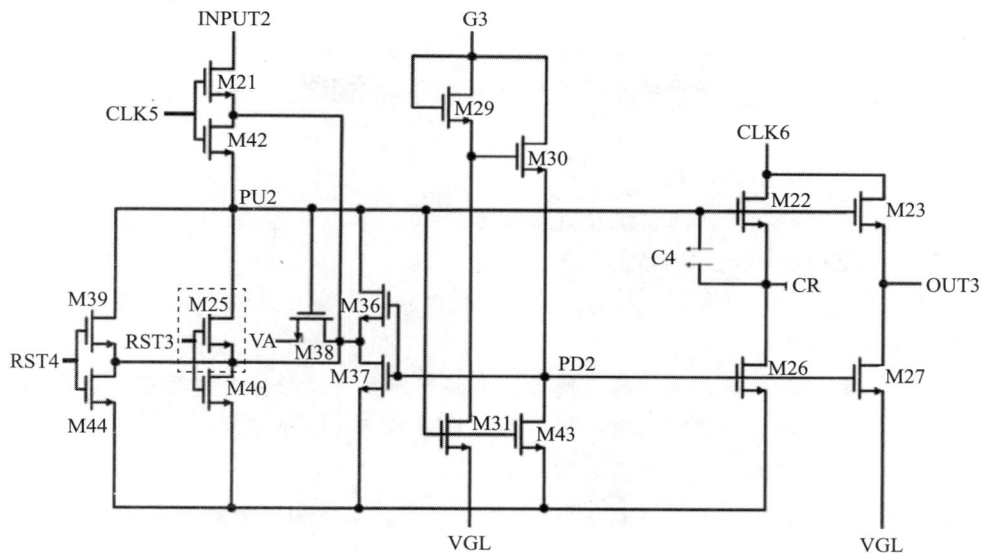

图 5 - 2 - 8　对比文件 **CN108877682A** 的移位寄存器的等效电路

对于电子元件的连接关系，体现检索要素的关键词难以表达，但是在文献的电路原理图中，各种元件的连接关系一目了然，由于采用较为规范的电路符号来表示电子元件，多视图浏览能够实现对电路结构的高效浏览，提高电路领域的检索效率。

第三节　商业方法领域

一、商业方法领域的特点

商业方法相关的发明是指以利用计算机及网络技术实施商业方法为主题的发明。商业方法领域的检索主题通常包含一些体现商业应用场景和商业规则的非技术特征，同时也包括涉及计算机及网络技术的技术特征。

二、商业方法领域的检索

智能检索系统的一般性检索策略在商业方法领域同样适用，但根据商业方法领域检索主题的特点，检索中还存在如下难点：①该领域的检索主题多涉及商业活动的具体流程，细节较多，很难在摘要数据库中检索到合适的对比文件；②用户对涉及商业应用场景的关键词不熟悉，在选取和扩展上存在困难，商业方法领域的 IPC 分类比较粗，每个点组下的文献量很大。

针对上述难点，下面从数据库选择、纯语义检索、分类号检索和关键词检索几个方面具体介绍商业方法领域的检索策略。

1. 数据库的选择

商业方法领域的检索主题通常涉及商业活动细节，这些细节会被记载于专利文献的说明书等部分，因此全文数据库更适合商业方法领域的检索。

【案例 5 - 3 - 1】

申请号： 200910107603.0

发明名称： 一种运单快递系统及其快递方法

分类号： G06Q50/00，H04M1/725

权利要求 1： 一种运单快递系统，所述系统包括第一操作终端，第二操作终端以及服务器，其特征在于：

所述第一操作终端获取第一运单图片，并将所述第一运单图片发送至所述服务器；

所述服务器接收并存储所述第一操作终端发送的第一运单图片；

所述第二操作终端从所述服务器获取所述第一运单图片。

发明解读： 通过实时地将客户的运单图片扫描后发送至服务器，在运单对应的货物到达目的地后，服务器将运单图片发送至目的地的客户端，有效地实现了人单分离，从而使传统信息录入模式变为异地输单，能按照使用者要求进行不同地域运单信息录入工作，极大提高快递信息时效和工作人员的效率。

检索策略： 根据对技术方案的理解，由于运单是主要检索要素，对其进行扩展，得到检索式"运单 OR 快递单 OR 签单 OR 签收单 OR 记录单"。以申请号作为语义排序基准，使用上述检索式在 USTXTC 库中，先布尔检索后语义排序，第 3 篇获得 X 类对比文件 US2006116893A1。

但是，同样使用"运单 OR 快递单 OR 签单 OR 签收单 OR 记录单"检索式，在 WPABSC 库中，先布尔检索后语义排序，并未出现该对比文件。

浏览发现"运单"的表达出现在对比文件的说明书实施例中，并未出现在摘要、关键词、权利要求等字段中。

由此可知，由于智能检索系统的语义排序功能能够很大程度地降低全文库的阅读量，而商业方法的细节特征通常记载在说明书全文中，所以应该重点检索全文数据库。

2. 纯语义检索

商业方法领域的关联分类号比较集中（参见图 5 - 3 - 1），因此使用案件号作为语义排序基准有可能获得较好的检索结果。使用案件号作为语义排序基准未能取得理想结果时，也需要进行语义分词、权重或语义排序基准的调整或改写。

（1）语义基准的选择

【案例 5 - 3 - 2】

申请号： 201810789009.3

发明名称： 一种电子优惠券的投放方法及装置

分类号： G06Q30/02

权利要求 1： 一种电子优惠券的投放方法，其特征在于，包括：

获取第一设备接收到的网络设备的 MAC 地址；

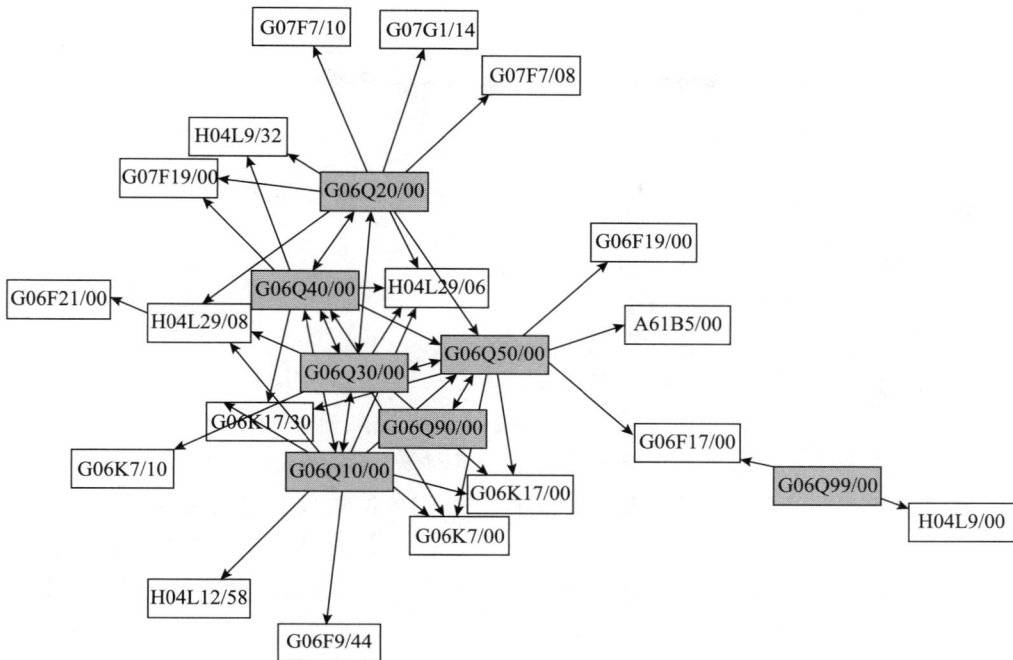

图 5 - 3 - 1　商业方法领域的分类号关联情况

根据所述网络设备的 MAC 地址确定每一个所述网络设备的唯一标识信息，所述唯一标识信息包括设备广告标识符和手机号码中的至少一种；

根据用户的输入操作创建电子优惠券；

分别向与所述唯一标识信息对应的网络设备投放所述电子优惠券。

发明解读： 通过网络设备唯一标识保证只向第一设备可识别范围内出现的网络设备投放电子优惠券，将第一设备设置在商家，保证电子优惠券只投放给活动在商家附近的用户，从而提高有效受众的命中率和优惠券的使用率，节省优惠券的投放成本。

检索策略： 直接使用申请号作为语义排序基准进行检索，打开现有技术开关进行纯语义检索，第 36 篇获得 X 类对比文件 CN104766227。

如果将表达精准的权利要求 1 作为语义排序基准，进行纯语义检索后，该对比文件位于第 30 位，由于权利要求 1 中明确提到网络设备的 MAC 地址作为确定网络设备的唯一标识信息，因此在权利要求 1 作为语义排序基准时，在分词列表中添加"MAC"，并设权重为 3（参见图 5 - 3 - 2），此时，纯语义检索结果中，该对比文件提前到了第 15 位。

图 5 - 3 - 2　权利要求 1 为基准时的分词调整

商业方法领域的关联分类号比较集中，采用案件号作为语义排序基准进行纯语义检索时，系统会利用事先训练好的分类号模型，通过关联分类号初步圈定检索范围，因此在商业方法领域，纯语义检索有可能获得理想的检索结果集。而使用文本作为语义排序基准，合理调整分词也会取得不错的效果。

（2）增加应用场景改写语义基准

【案例5-3-3】

申请号： 201611234075.1

发明名称： 任务分配处理方法及装置

分类号： G06Q10/06

权利要求1： 一种任务分配处理方法，其特征在于，包括：接收任务退回请求消息；在所述任务退回请求消息的指示下，检测本次请求退回的任务是否允许被退回；若检测结果为允许被退回，则回收所述任务，并将所述任务的状态变更为未分配状态。

发明解读： 实现对已分配的任务的退回，使任务请求人可以通过任务退回请求消息请求任务的退回，以便该任务能够被重新分配给其他人处理，从而提高任务的处理效率。并且通过检测请求退回的任务是否允许被退回，在允许的情况下才执行退回任务的动作，从而避免任务被肆意退回。

检索策略： 当使用申请号为语义排序基准时，浏览检索结果发现"任务分配"相关的文献量太大（参见图5-3-3），相关度较低并且数值接近，浏览到前40篇也未发现相关对比文件，于是考虑将语义排序基准改为文本进行精准描述。

	序号	公开号	发明名称	申请人（专利权人）	IPC分类号	公开日	相关度
☐	1	CN102279730A	一种并行的数据处理方法、装置和并行的数据处理系统	阿里巴巴集团控股有限公司	G06F9/38	2011.12.14	65%
☐	2	CN106022557A	审核任务分发方法及系统	深圳市永兴元科技有限公司	G06Q10/06	2016.10.12	63%
☐	3	CN105100280A	任务分配方法和装置	广州酷狗计算机科技有限公司	H04L29/08	2015.11.25	63%
☐	4	CN104731663A	任务处理方法及系统	北京奇艺世纪科技有限公司	G06F9/50	2015.06.24	61%
☐	5	CN102521043A	一种任务处理方法及应用系统	广州从兴电子开发有限公司	G06F9/48	2012.06.27	61%
☐	6	CN104965933A	URL检测任务的分配方法、分配器及URL检测系统	北京奇虎科技有限公司	G06F17/30	2015.10.07	61%
☐	7	CN105809323A	任务分配方法和系统	平安科技（深圳）有限公司	G06Q10/06	2016.07.27	61%
☐	8	CN105553874A	一种分布式文件系统NAS网关的流量控制方法及系统	浪潮（北京）电子信息产业有限…	H04L12/813	2016.05.04	60%
☐	9	CN106227596A	用于任务调度服务器的任务监控方法和装置	百度在线网络技术（北京）有限…	G06F9/50	2016.12.14	60%
☐	10	CN105933372A	任务分配执行方法、服务器及终端	平安科技（深圳）有限公司	H04L29/08	2016.09.07	60%

图5-3-3　申请号为语义排序基准的纯语义检索结果

使用权利要求1作为语义排序基准时，检索结果中包含许多通信领域的文献，前60篇依旧没有相关对比文件。

考虑到可能是权利要求1并未包含体现商业应用场景的非技术特征。在说明书的背景技术部分，记载了商业应用场景的内容："在工作流管理系统中，采用随机分配的方式进行任务的分配"，即该技术方案的商业应用场景为"工作流管理系统"，于是将该应用场景的描述补入权利要求1中，得到如下改写后的语义排序基准："一种任务分配处理方法，应用于工作流管理系统中，其特征在于，包括：接收任务退回请求消息；在所述任务退回请求消息的指示下，检测本次请求退回的任务是否允许被退回；若检测结果为允许被退回，则回收所述任务，并将所述任务的状态变更为未分配状态。"

使用改写后的语义排序基准进行语义检索，第 22 位出现了 X 类对比文件 CN105894198A。

3. 分类号检索

（1）商业应用场景的分类

商业方法领域的检索难点之一在于非技术特征涉及用户不熟悉的商业应用场景，扩展关键词有一定的难度。但在商业方法领域，G06Q 下的分类号是按照商业应用场景分类的，尤其 CPC 分类体系更是针对不同的商业应用场景系统进行分类，例如，CPC 通过引入 UC 分类体系中涉及商业方法的条目，将 G06Q 小类下的分类位置由 IPC 分类中的 58 个扩展至 365 个。因此在商业方法领域，优先利用 CPC 分类号进行检索。

仍然以案例 5 - 3 - 3 为例。

检索策略：该权利要求能够较好地体现出发明构思，通过查询 CPC 分类表，可以发现一个比较准确的下位分类号 G06Q10/06311，涉及商业运作中的任务分配（参见图 5 - 3 - 4）。

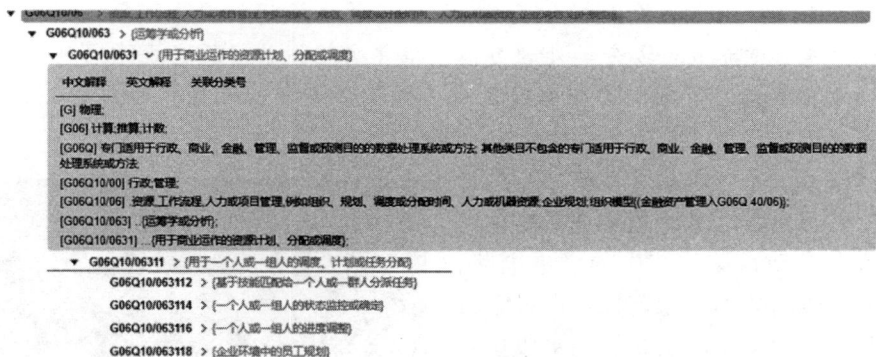

图 5 - 3 - 4　CPC 分类号 G06Q10/06311

选择 CNTXT 数据库，使用 CPC 分类号 G06Q10/06311 构建布尔检索式，先布尔检索后语义排序，第 2 篇获得 X 类对比文件 CN105894198A。

使用同样的 CPC 分类号构建的检索式，将语义排序基准替换为申请号进行先语义后布尔，以及先布尔后语义检索，该对比文件的排位也提高到了第 7 位。

因此，当语义排序基准不能够精准表达商业应用场景时，除了改写语义排序基准外也可以利用分类号构建布尔检索式，补充商业应用场景的信息。商业方法领域的 CPC 分类号比 IPC 分类号更加全面，能够高效精确地圈定文献范围，因此可优先使用 CPC 分类号。

（2）交叉领域的分类

商业方法领域涉及交叉领域时，交叉领域如果存在准确的分类号，可以使用该分类号检索。

【案例 5-3-4】

申请号：202011021547.1

发明名称：一种立体中转站式垃圾收集、储存、处理系统

分类号：G06Q50/28

权利要求 1：一种立体中转站式垃圾收集、储存、处理系统，其特征在于，包括垃圾收集储存设备和处理设备，所述处理设备用于对垃圾收集储存设备进行控制处理；所述垃圾收集储存设备包括全自动存储系统、除臭杀菌系统、沥水收集系统、雨水收集系统、消防系统、广告系统、视频监控与语音提醒系统和故障检测与中央监控系统；所述全自动存储系统采用全自动化仓储理念，能够进行旋转倒箱自动检测和自动搬运；所述除臭杀菌系统能够按比例配置杀菌消毒剂，可以实现 3 分钟除臭、5 分钟消灭细菌和霉菌、10 分钟消灭病毒的效果；所述沥水收集系统能够避免市民在投递过程中污水的洒落和垃圾桶渗液，有效避免了沥水对土壤水源的污染；所述雨水收集系统采取过滤收集的方式，保证系统中水源的充足和消防系统对于水源的及时补给；所述消防系统通过烟雾传感器、温度传感器实现系统自动检测并将数据上传至中央监控平台，在及时提醒的同时发现火灾异情自动喷洒；所述广告系统设置广告灯箱和广告视频设备，将垃圾存储系统打造成为景观式城市基础设施；所述视频监控与语音提醒系统通过摄像监督让市民自觉养成垃圾分类处理习惯，倡导文明投放；所述故障检测与中央监控系统借助电子地图，设备安装即完成定位，更新频率自动设置，动态数据及时更新，电子地图实时显示，做到检测指标的及时提醒与记录备案。

发明解读：将垃圾桶进行统一归类管理，通过传感器的信息监测实现智能化监控，设置全自动存储系统中的供电电路，提高传感器监测数据的稳定性，设置全自动存储系统、除臭杀菌系统、沥水收集系统、雨水收集系统，能够实现垃圾桶的自动存储、减少土壤和水污染以及节约水资源（参见图 5-3-5）。

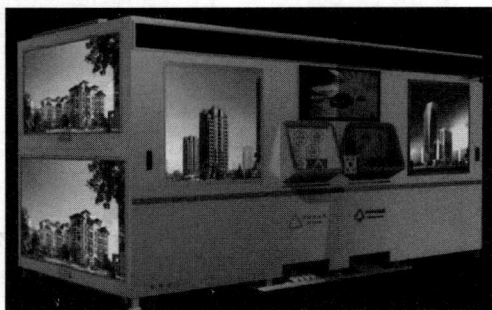

图 5-3-5 案例 5-3-4 附图

检索策略：本案例的分类号是 G06Q50/28，涉及物流中的仓储（参见图 5-3-6）。

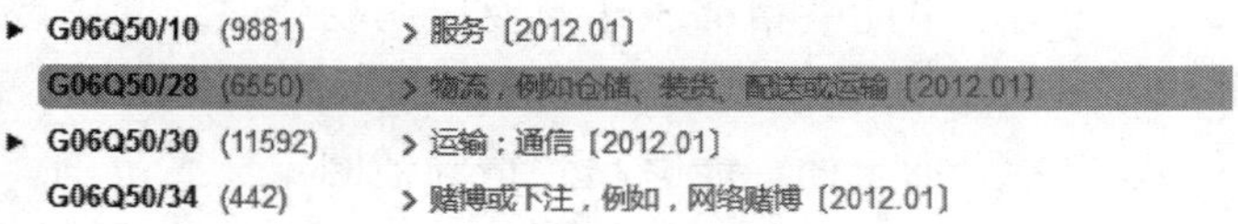

▸ **G06Q50/10** (9881) ▸ 服务【2012.01】

G06Q50/28 (6550) 物流，例如仓储，装卸，配送或运输【2012.01】

▸ **G06Q50/30** (11592) ▸ 运输；通信【2012.01】

G06Q50/34 (442) ▸ 赌博或下注，例如，网络赌博【2012.01】

图 5-3-6 案例 5-3-4 的分类号

使用申请号进行纯语义检索时，发现检索结果有多篇分类号为 B65F1/00 或者其下位分类号的文献。查找分类表可知该分类号正是涉及垃圾贮存器（参见图 5-3-7）。

B65F1/00	(19922)	> 垃圾贮存器（不是专门用于垃圾的容器，一般情况的垃圾贮存器的特征入B65D）
B65F1/02	(229)	> 无可拆除的内装件
B65F1/04	(1144)	> 有可拆除的内装件
B65F1/10	(1223)	> 有垃圾装入装置，如气闸
B65F1/12	(2650)	> 有便于排空的装置
B65F1/14	(34991)	> 其他结构特征（手持物件用的夹持器或搬运器入A45F5/00；挡板紧固装置入E05C；铰链入E05D）

图 5-3-7　涉及垃圾收集存储设备的分类号

由于本案例本质上保护的就是一个垃圾存储柜，因此选择准确分类号 B65F1/00 来表达"垃圾收集储存设备"的技术主题。

使用分类号 B65F1/00 构建布尔检索式，然后以申请号作为语义排序基准，第 2 篇获得 X 类对比文件 CN104401630A。

涉及交叉领域的检索主题，商业应用的分类往往并不准确，可以通过纯语义检索统计相关分类号，准确的分类号可以帮助相关文献语义排序靠前。

4. 关键词检索

关键词能够精准表达技术特征，当商业方法检索主题涉及技术特征的关键词表述规范时，推荐使用关键词检索。

【案例 5-3-5】

申请号：201811204578.3

发明名称：贷款用户信用评分的计算方法、装置和计算机设备

分类号：G06Q40/02

权利要求1：一种贷款用户信用评分的计算方法，其特征在于，包括：

获取贷款用户填写的贷款信息、所述贷款用户的征信数据、所述贷款用户所持有的各个支付卡的交易数据、生活缴费数据和保单数据；

根据所述贷款信息、所述征信数据、所述交易数据、所述生活缴费数据和所述保单数据，生成所述贷款用户的特征向量；

将所述贷款用户的特征向量输入预先构建的评分模型中，获得所述贷款用户的信用评分结果。

发明解读：通过获取贷款用户填写的贷款信息和贷款用户的征信数据，以及贷款用户所持有的各个支付卡的交易数据、生活缴费数据和保单数据，结合评分模型，实时更新用户贷前评分卡得分。

检索策略：可以先对技术方案进行技术特征和非技术特征的拆解（参见图 5-3-8），对于技术特征，很容易得到具有常规表达的准确关键词"特征向量"，而非技术特征中出现涉及贷款规则的词，不容易扩展全面和准确。

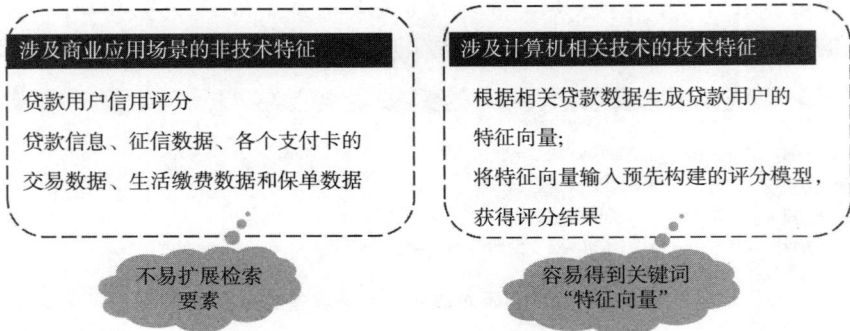

图 5 – 3 – 8　技术特征和非技术特征的拆解

在 CNTXT 数据库中，使用"特征向量"作为布尔检索式，再选择申请号作为语义排序基准，在 35000 多篇文献排序后，第 10 篇获得 X 类对比文件 CN108320220A。

由此可见，仅使用体现技术特征且确定性较强的关键词构建布尔检索式，将不容易扩展的商业应用场景和商业规则交给语义引擎进行检索或排序，能够提高检索效率。

第六章　化学领域智能检索

化学作为科学研究的一个重要分支，其专利申请量在整体专利申请中占有很大比例，大化学领域涵盖有机、无机、冶金、化工、高分子、药物、生物等多个技术领域，涉及的技术主题也较为宽泛，例如产品（包括有机化合物、无机化合物、高分子聚合物、无机组合物、药物制剂、中药组合物、食品、生物基因序列等）、设备（包括反应器、分离装置等）、结构、性能或制备方法等参数限定的产品、工艺方法（包括制备方法、聚合方法、纯化方法、改性方法等）以及用途（包括制药用途等）。由于鲜明的领域特点，化学领域专利申请的检索通常具有专业性强、内容繁杂、检索难度大的特点。

下面分别从化合物、聚合物、组合物、制备方法和用途、性能/参数/用途/制备方法限定的产品以及基因序列等几个方面介绍各技术主题专利申请的特点、检索难点以及智能检索策略。

第一节　化合物和聚合物

按照组成来划分，化合物主要分为无机化合物和有机化合物两大类，无机化合物一般指除碳元素以外的各种元素的化合物以及一氧化碳、二氧化碳、碳酸氢盐和碳酸盐等含碳化合物，主要包括氧化物、酸、碱、盐。有机化合物一般是指碳氢化合物及其衍生物，其相对分子质量通常不大，基本组成为碳、氢、氧、氮、卤素、硫、磷等元素，有机化合物的种类繁多，也广泛应用于食品、药品、农药、染料、化妆品等工业中。从专利申请的技术主题来看，化合物主要分为通式化合物和具体化合物。

聚合物是相对分子质量很大、具有重复结构单元的一类化合物，又称高分子、高分子聚合物或高聚物。虽然聚合物的结构自20世纪初才开始被人们注意和研究，但由于其具有种类多、密度小、强度大、易加工、可设计性强等特点，高分子材料以塑料、橡胶、胶黏剂、纤维等形式广泛应用于各个领域，从日常生活用品到高科技领域无所不在。聚合物专利申请保护的主题一般是一种单独的均聚物或共聚物。

STN（The Scientific and Technical Information Network）检索平台是由美国化学文摘社（CAS）和德国能源、物理暨数学中心联合开发的在线科技信息检索平台，其收录超过200个科学和技术数据库，涵盖了广泛的学科，以化学和生命科学领域的文献收录最全。STN平台以其强大的化合物结构和功能检索等优势，成为化学领域专利申请尤其是化合物和聚合物的检索中不可或缺的有力工具，但STN检索本质上而言属于布尔逻辑检索，同样存在准确率高度依赖用户经验、文献浏览和筛选的效率不高等局限性。

智能检索系统基于空间向量理论，根据待检索技术方案与文献库中其他文献的相似程度进行语义排序，从而实现智能语义检索，并且可以与传统的布尔检索进行融合，弥补了布尔检索的不足，能有效提高检索和浏览效率。

下面通过一些具体案例分别介绍通式化合物、具体化合物以及聚合物的智能检索策略。

一、通式化合物的特点

如果一项申请在一个权利要求中限定多个并列的可选择要素，则构成"马库什"权利要求，最为常见的"马库什"权利要求是有机化学领域的通式化合物权利要求，因此通式化合物也被称为马库什（Markush）化合物或马库什通式化合物。

从领域特点来看，化合物可以采用多种方式进行表达，例如化学结构式、分子式、物质名称、通用名、缩写等，即使是根据结构进行命名，也存在多种命名规则，以上多种表达方式给检索尤其是检索要素的充分扩展带来较大的不便。

通式化合物的技术领域分布也比较广，以有机通式化合物为例，其主要可细分为无环或碳环化合物（C07C），杂环化合物（C07D），含除碳、氢、卤素、氧、氮、硫、硒或碲以外的其他元素的无环、碳环或杂环化合物（C07F），未知结构的化合物（C07G），糖类及其衍生物（C07H）和甾族化合物（C07J）。

从马库什通式化合物权利要求的撰写特点来看，一方面，由于存在多个并列的可选择要素，导致整个通式可以概括成百上千甚至更多的化合物，这就决定了有可能存在大量的影响新颖性、创造性的现有技术文献，也会大幅度增加检索难度和浏览的文献量，导致在实际检索中难以实现全面检索。另一方面，由于变量多、高度概括，使得通式中化合物的共有结构较少或较为常见，给检索要素提取带来极大的困难，常规的关键词和分类号通常难以准确全面地表达通式化合物的所有结构特点。

二、通式化合物的检索

1. 纯语义检索

由于通式化合物的表述方式多样，表达难度较大，因此，可以直接使用智能检索系统中的纯语义检索，整体模糊匹配，获得相关对比文件。

【案例6-1-1】

申请号： 200810053893.0

发明名称： 新型三萜衍生物及其药物用途

分类号： C07J63/00

权利要求 1：通式 I 化合物 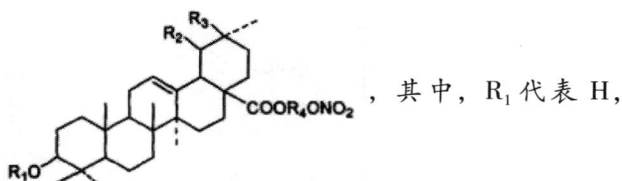 ，其中，R_1 代表 H，

CF_3CO；R_2 代表 H 或 CH_3；R_3 代表 H 或 CH_3；R_4 代表不同碳链长度的脂肪烃基或芳香烃基。

发明解读： 将不同类型的 NO 供体通过酯键或酰胺键分别与肝病治疗药物齐墩果酸（OA）或乌苏酸（UA）相偶联形成一氧化氮供体型 OA 或 UA 衍生物，具有杀伤肝肿瘤细胞的药理活性。

检索策略： 本案例分类号较为准确，申请文件的撰写也较为规范，直接采用申请号作为语义排序基准在 CNTXT 数据库中进行纯语义检索，在第 2 位即获得 X 类对比文件 CN1594354A，而常规的布尔逻辑检索则需要从结构和用途两方面提取并扩展关键词和分类号进行检索，检索过程对比如表 6-1-1 所示。

表 6-1-1　不同检索方式下对比文件位次

对比文件	检索方式	基准	布尔检索式	结果量	对比文件位次
CN1491217A	语义检索	申请号	无	—	2
	布尔检索	无	C07J63/00/ICOR 齐墩果酸	9220	—
		无	（C07J63/00/ICOR 齐墩果酸）AND（肝癌 OR 肝肿瘤）	987	—
		无	（C07J63/00/ICOR 齐墩果酸）AND（肝癌 OR 肝肿瘤）AND（一氧化氮 OR NO）	342	—

在检索主题分类号较为准确、撰写较为规范的情况下，以申请号作为语义排序基准采用智能检索系统直接进行语义检索，能快速命中对比文件。本案例常规的布尔逻辑检索需要从说明书中提取表示通式结构的关键词"齐墩果酸"或分类号 C07J63/00 并进行扩展，并且，由于直接采用上述关键词或分类号进行检索，显示结果量太多，还需要考虑进一步通过结构或用途类关键词和分类号进行限定，而智能检索系统无须过多考虑检索要素的提取以及检索结果数量，便捷高效。

2. 基于重要检索要素调整语义分词

在纯语义检索中，由于通式化合物的表达形式不固定，因此，智能检索系统对于通式化合物的识别程度不高。为了能够聚焦于检索主题，可基于重要检索要素调整语义分词。

【案例 6-1-2】
申请号： 201810024855.6
发明名称： 一类新型的含吡咯环和吲哚啉结构 RIP1 激酶抑制剂及其用途

分类号： C07D403/06

权利要求 1： 具有通式（Ⅰ）结构的化合物及其药理学上容许的盐、酯及前药：

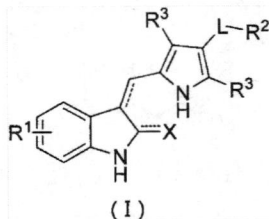

（Ⅰ）

其中 R^1 选自卤素、CN，R^2 为芳基，R^3 为 H 或 $-CH_3$。

发明解读： 提供一种含吡咯环和吲哚啉结构的化合物，其具有抑制 RIP1 激酶的活性，可用于治疗炎症、缺血性疾病、细胞损伤性等疾病。

检索策略： 直接采用申请号作为语义排序基准在 CNTXT 数据库中进行纯语义检索，浏览前 200 篇文献并未获得相关对比文件。

语义分词调整： 系统默认的分词如图 6-1-1 所示。

图 6-1-1 系统默认分词

本案例通式化合物的母环结构包含吡咯环和吲哚啉环，并且发明名称中也同样涉及上述两个关键词，因此"吡咯"和"吲哚啉"是重要的关键词，但由图 6-1-1 可见，系统默认显示的前 20 个分词中包含分词"四氢吡咯"，并不包含"吡咯"，而"吲哚啉"的分词权重仅为 2。

通过上述分析，将"吲哚啉"的权重设置为 5，删除分词"四氢吡咯"，增加分词"吡咯"并将其权重设置为 5，调整后的分词如图 6-1-2 所示。

图 6-1-2 调整后的分词

直接进行语义检索，结合智能检索系统概览中的图文混排模式和单视图模式进行浏览，可快速比对文献中通式化合物的结构，在第 20 位获得 X 类对比文件 CN104829596A，第 109 位获得 X 类对比文件 CN101553482A。

对于通式化合物而言，在直接语义检索未获得对比文件的情况下，可根据结构、用途等重要检索要素调整语义分词，如果某些关键词未显示在系统默认的分词列表中，可进行手动添加，同时也可考虑将某些重要分词设置为高权重（4 或 5）。

3. 先布尔检索再语义排序

对于通式化合物类专利申请而言，检索要素通常可分为结构和用途两类，实际检索过程中需根据通式结构的特点以及检索要素的表达特点灵活选择不同的单要素或多要素检索。

（1）单要素布尔检索结合语义排序

【案例 6 – 1 – 3】

申请号： 201080007165.1

发明名称： 新氨基氮杂杂环甲酰胺类

分类号： C07D239/94，A61K31/517，A61P35/00

权利要求1： 式（Ⅰ）化合物及其可药用盐、溶剂化物或前药：

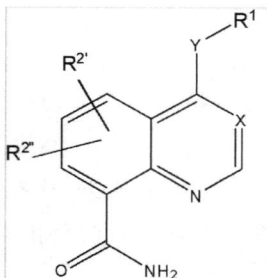

其中 X 为 N 或 C，Y 是 NH 或不存在，R^1 是杂环，$R^{2'}$、$R^{2''}$ 相互独立地是 H、C_{1-6} 烷基。

发明解读： 提供一种取代的氨基氮杂杂环甲酰胺化合物，其可用于治疗癌症、炎症、疼痛等过度增殖性疾病。

检索策略： 直接采用申请号作为语义排序基准在 CNTXT 数据库中进行纯语义检索，浏览前 100 篇文献并未获得相关对比文件。

先布尔检索再语义排序：

本案例通式化合物的母环结构为喹唑啉或喹啉，属于本领域较为常见的杂环，该通式化合物的用途是治疗过度增殖性疾病，涉及包括癌症、炎症、疼痛等几十种疾病，对应的分类号也有多个，用途这一检索要素不易扩展充分，因此可重点针对结构进行检索，再利用语义排序进行文献浏览。

本案例的主分类号为 C07D239/94，含义为有氮原子连接在喹唑啉/氢化喹唑啉 4 位的杂环化合物，选择 CNTXT 数据库，采用上述分类号进行检索，结合申请号为基准的语义排序，在第 5 位获得 X 类对比文件 CN1391562A。

本案例的副分类号之一为 A61K31/517，含义为含有喹唑啉环化合物作为有效成分的医药配制品，选择 WPABSC 数据库，采用上述分类号进行检索，结合申请号为基准的语义排序，在第 2 位获得 X 类对比文件 CA2218945A1。

本案例关键的母环结构为"喹唑啉"，选择 WPABSC 数据库，采用关键词"喹唑啉"进行检索，结合申请号为基准的语义排序，在第 1 位同样可获得 X 类对比文件 CA2218945A1。

对于涉及多种用途的通式化合物，在其用途不易充分扩展的情况下，采用母环结构的关键词或分类号进行单要素检索，并结合智能检索系统的语义排序功能，可快速获得相关对比文件。

（2）多要素布尔检索结合语义排序

【案例 6-1-4】

申请号：201910422184.3

发明名称：异噁唑啉衍生物及其在农业中的应用

分类号：C07D413/12，A01N43/80，A01P13/00

权利要求 1：一种化合物，其为如式（Ia）所示的化合物或式（Ia）所示化合物的立体异构体、氮氧化物或其盐：

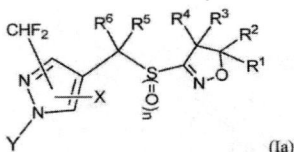

（Ia）

其中，R^1 和 R^2 各自独立地为 H、烷基；R^3 和 R^4 各自独立地为 H、烷基。

发明解读：提供一种包含异噁唑啉环和吡唑环的化合物，可以在农业中作为除草剂的活性成分。

检索策略：直接采用申请号作为语义排序基准在 CNTXT 数据库中进行纯语义检索，浏览前 200 篇文献并未获得相关对比文件。

先布尔检索再语义排序：在纯语义检索未获得对比文件的情况下，考虑调整检索模式，引入常规的布尔检索，首先是提取检索要素，对于通式化合物类检索主题而言，检索要素通常可分为结构和用途两类，结构类检索要素又可以分为两类：结构单元类检索要素和结构特点类检索要素，其中结构单元类检索要素可反映出通式中的结构片段特点，例如环的结构和种类，而结构特点类检索要素则能反映出通式整体的特点，例如环的个数、环与环之间的连接方式等。

对于本案例而言，检索要素可总结如表 6-1-2 所示。

表 6-1-2　检索要素

检索要素种类	关键词	分类号
结构单元	异噁唑啉、异恶唑啉、Isoxazoline、吡唑、pyrazole	A01N43/80
结构特点	化合物结构中两个杂环被含有杂原子的链连接、至少有一个环有 N 和 O 原子作为仅有的杂环原子	C07D413/12
用途	除草、herbicide	A01P13/00

其中，本案例通式化合物结构单元中包含两个杂环——异噁唑啉和吡唑，均能采

用关键词"异噁唑啉"和"吡唑"进行准确表达,而分类号"A01N43/80"表示在1,2位置上带有1个氮原子以及1个氧原子或1个硫原子的五元环,仅能大体表达出异噁唑啉这一杂环,吡唑环则没有对应的分类号,仅能采用关键词进行表达,可见,对于结构单元类检索要素而言,使用关键词表达更为精确。

本案例通式化合物的特点在于两个杂环之间被含有硫原子的链连接,这一特点并不容易采用关键词进行表达,分类号C07D413/12则可较为准确地表达出上述结构特点,可见对于结构特点类检索要素而言,使用分类号表达更为精确。

本案例的通式化合物是作为除草剂使用的,无论是采用关键词还是分类号都能较为准确地表达该检索要素,但用途关键词"除草"可能存在其他表述,例如"杀草""除去杂草""防治杂草"等,实际检索过程中可能需要充分扩展,而分类号"A01P13/00"则相对统一,因此对于用途类检索要素而言,使用分类号表达更为精确。

通过以上分析,构建布尔检索式"C07D413/12/IC AND(异噁唑啉 OR 异恶唑啉)AND 吡唑 AND A01P13/00/IC"在CNTXT数据库中检索,并以申请号为基准进行语义排序,在第20位获得X类对比文件CN1491217A。

改变布尔检索式,结果如表6-1-3所示。

表6-1-3 不同布尔检索式下对比文件位次

对比文件	数据库	排序基准	布尔检索式	对比文件位次
CN1491217A	CNTXT	申请号	C07D413/12/IC AND(异噁唑啉 OR 异恶唑啉)AND 吡唑 AND A01P13/00/IC	20
			无	前400篇未检到
			C07D413/12/IC	前400篇未检到
			(异噁唑啉 OR 异恶唑啉)AND 吡唑	313
			C07D413/12/IC AND (A01N43/80/IC OR 异噁唑啉 OR 异恶唑啉)AND (A01P13/00/IC OR 除草)	71
			C07D413/12/IC AND A01N43/80/IC AND A01P13/00/IC	31
			C07D413/12/IC AND A01N43/80/IC AND 除草	64

对于通式化合物而言,在直接语义检索未获得对比文件的情况下,可从其结构出发,从结构单元、结构特点、用途、机理等方面提取检索要素,并且可根据检索要素的最优表达方式选择关键词或分类号进行布尔检索,并结合语义排序,能快速命中对比文件。

4. STN转换工具联合检索

一直以来,在通式化合物的检索过程中,STN是最不可或缺的有用工具。虽然具备数据库全面、结构直观可见等优点,但STN检索属于布尔逻辑检索,当面对检索式结果数量较多时，仍然存在文献浏览和筛选的效率不高等局限。

智能检索系统在辅助工具中提供了"STN 转换工具"，可以提取并检索 STN 检索记录中的专利文献或非专利文献，在融合检索界面显示 STN 检索到的文献结果，还可与智能语义排序相结合，进而有效提高文献浏览和筛选效率。

【案例 6 - 1 - 5】

申请号： 201810502846.3

发明名称： 一种酰胺类化合物及其制备方法和应用

分类号： C07D277/56

权利要求 1： 一种酰胺类化合物，其特征在于，所述酰胺类化合物具有式 I 所示结构：

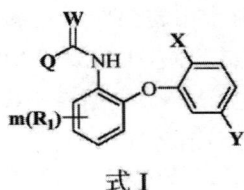

式 I

其中 Q 选自 或 ，X、Y 选自 C_{2-12} 烷基，W 为 O 或 S 原子。

发明解读： 提供一种酰胺类化合物，其对于防治农业、林业上病害具有显著效果。

检索策略： STN 结构检索：构建结构式 在 REGISTRY 数据库中进

行子结构检索得到 3342 个具体化合物，转库至 CAPLUS 数据库中检索得到 232 篇文献，限定文献公开日早于本案例申请日，得到 165 篇文献，显示并保存 STN 检索记录"2021_0094_Transcript.rtf"。

在智能检索系统融合检索界面，选择辅助工具按钮，在下拉菜单中选择"STN 转换工具"，上传 STN 检索结果文件，并选择专利文献，对结果文件中的专利文献进行提取并检索，如图 6 - 1 - 3 所示。

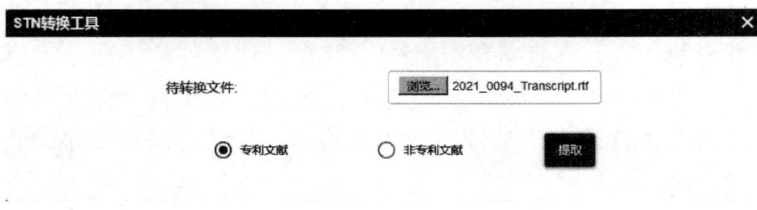

图 6 - 1 - 3　STN 转换工具界面

以申请号为基准进行语义排序，获得如图 6 - 1 - 4 所示的结果。

图 6 – 1 – 4　STN 检索结果转换后结果

其中在第 1 位和第 4 位分别获得 X 类对比文件 CN104557709A 和 CN106336380A。将 STN 检索记录中上述两篇文献的排序与经 STN 转换工具转换并语义排序后的结果对比如表 6 – 1 – 4 所示。

表 6 – 1 – 4　不同检索方式下对比文件位次

对比文件	检索显示方式	对比文件位次
CN104557709A	STN 检索、显示	64
	STN 检索、转换、语义排序	1
CN106336380A	STN 检索、显示	50
	STN 检索、转换、语义排序	4

智能检索系统的 STN 转换工具能将 STN 检索记录中的文献转换至融合检索界面检索和显示，可整合 STN 检索平台在结构式检索方面的优势与智能检索系统在语义排序方面的优势，大幅度提高文献浏览和筛选效率。

三、具体化合物的特点

专利申请中产品权利要求通常不受用途、性能及制备方法的限制，保护范围最大，对于化学领域专利申请而言，产品权利要求的保护主题是化合物，除了以马库什通式的形式保护化合物之外，另一种常见的形式是以名称和/或结构式、分子式等限定的具有确定结构的具体化合物。

同为产品权利要求，具体化合物与通式化合物的结构特点也较为类似，涉及无机化合物和有机化合物等多个细分领域，具体化合物一般都是申请人请求保护的核心产品，从用途来看，具体化合物可直接作为西药或化工产品，也可作为医药或化工中间体。

与通式化合物相比，具体化合物更多地以名称、结构式、分子式等进行限定，尽管 IUPAC 制定了统一的命名规则，但是同一个化合物仍然可能有多种不同的名称，例如不同的系统命名、缩写、通用名、代号、"自造词"等，并且因为各种异构体的存在，分子式与化合物也不具有一一对应性，这些都会给检索工作带来更高的难度。

四、具体化合物的检索

具体化合物是马库什通式化合物的一种具体情形，与通式化合物类似，具体化合物的检索要素也可以分为结构和用途两大类，因此前述根据检索要素调整分词、单要素、多要素布尔检索再语义排序等通式化合物的检索策略均适用于具体化合物。

与通式化合物不同的是，具体化合物的结构十分具体，其通常有准确的化学结构、化学名称、CAS 登记号、CN 登记号等。另一方面，具体化合物一般都是申请人请求保护的核心产品，通常具有特定的用途，例如从药用植物中提取出来的某一具有优异药理活性的化合物，或是作为某种药物的中间体或杂质对照品的化合物，因此在检索过程中，可针对具体化合物的上述特点灵活调整检索策略。

1. 化合物结构片段或最终产品作为检索关键词

【案例 6 - 1 - 6】

申请号： 201811598546.6

发明名称： 一种乌苯美司合成中的杂质及其制备方法

分类号： C07C237/20

权利要求 1： 一种乌苯美司原料药杂质化合物，其特征在于具有以下结构式：

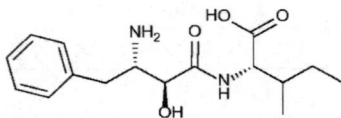

发明解读： 提供一种乌苯美司原料药中的杂质，并确认其结构，有利于乌苯美司的质量控制以获得高质量的乌苯美司原料药。

检索策略： 直接采用申请号作为语义排序基准在 CNTXT、WPABSC 和 USTXTC 数据库中进行纯语义检索，均未获得对比文件。

先布尔检索后语义排序：在纯语义检索未获得对比文件的情况下，考虑调整检索模式，引入常规的布尔检索，同样从结构和用途出发，本案例的化合物结构较为简单，分子中有特征的结构仅仅为苯环和异亮氨酸，用途为杂质对照品，本案例的主副分类号分别为 G01N30/02、C07C231/12 和 C07C237/20，分别表示柱色谱分析方法、羧酸酰胺的制备方法和含六元环的碳环化合物，无论是采用关键词"异亮氨酸""杂质"，还是采用分类号"C07C237/20"在 CNTXT、WPABSC 和 USTXTC 数据库中检索，都未能获得对比文件。

进一步分析本案例特点，化合物名称为"N-[（2S，3R）-4-苯基-3-氨基-2-羟基丁酰]-L-异亮氨酸"，其为乌苯美司（Ubenimex、Bestatin）合成中的一种杂质化合物，而乌苯美司是 20 世纪 80 年代在日本、美国等国家获批上市的一种抗癌药物，因此可考虑重点在外文数据库中检索，检索关键词可选择结构中的片段关键词以及药物名称关键词。而需要注意的是，对于一些国外研发的药物，早期阶段并不一定会有通用名，仅仅会有化学名称，研发后期才会出现通用名，并且一直到进入中国广泛使用之后才会出现比较统一的中文译名，因此在使用药物名称进行检索时，需要同时考虑化学名称、英文通用名和中文通用名，检索结果如表 6－1－5 所示。

表 6－1－5 不同检索方式下对比文件位次

对比文件	基准	数据库	布尔检索式	对比文件位次
US4189604A	申请号	USTXTC	氨基 10D 羟基 10D 亮氨酸	2
			乌苯美司 OR Ubenimex OR Bestatin	前 400 篇未检到
		WPABSC	氨基 10D 羟基 10D 亮氨酸	前 400 篇未检到
			乌苯美司 OR Ubenimex OR Bestatin	70

对于结构较为简单的药物杂质或中间体化合物，其结构和用途类的检索要素通常并不容易采用分类号精准表达，结构类的检索要素可考虑采用化学名称中的结构片段作为关键词进行表达，用途类的检索要素可考虑采用最终产品例如药物的名称进行表达，此外，还需要考虑文摘数据库和全文数据库的特点，结构片段关键词在全文数据库中检索的效果更好，而最终产品的名称在文摘数据库中检索的效果更好。

2. 药用植物名称作为检索关键词

【案例 6－1－7】

申请号： 201910193466.0

发明名称： 具有抗肿瘤活性的生物碱化合物及其制备方法和应用

分类号： C07D471/14

权利要求 1： 具有式（Ⅰ）所示的抗肿瘤活性的生物碱化合物：

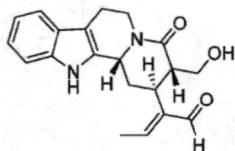

发明解读： 从中药胆木中分离得到生物碱化合物，该化合物对多种肿瘤细胞，包括人肝癌细胞、人卵巢癌细胞、人宫颈癌细胞等均具有抗肿瘤活性。

检索策略： 直接采用申请号作为语义排序基准在 CNTXT 数据库中进行纯语义检索，在第 43 位获得 X 类对比文件 CN108358921A，该对比文件公开了一种具有抗肿瘤

活性的生物碱化合物 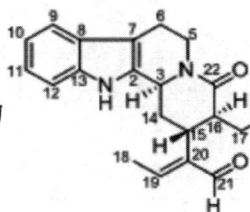，与本案例的区别仅仅在于取代基构型稍

有不同。

先布尔检索后语义排序：虽然直接语义检索在第 43 位获得了对比文件，但排序情况仍然不太理想，因此可考虑先进行布尔检索再语义排序。本案例的具体化合物是从

药用植物胆木中提取出来的，胆木为茜草科植物乌檀［Nauclea officinalis（Pierrc ex Pitard）］的枝、树皮，说明书中对具体化合物的命名为 naucleamide，因此"胆木"和"Nauclea"可作为关键词进行布尔检索，进一步采用上述关键词进行检索，并以申请号为基准进行语义排序，对比文件排序上升至第 2 位，检索结果如表 6 - 1 - 6 所示。

表 6 - 1 - 6　不同检索方式下对比文件位次

对比文件	基准	数据库	布尔检索式	对比文件位次
CN108358921A	申请号	CNTXT	无	43
			胆木 OR nauclea +	2

对于从天然药物中提取出的具体化合物，可采用天然药物名称或具体化合物名称作为检索要素进行布尔检索进而结合语义排序。

3. 特色数据库的索引（字段）为入口检索

【案例 6 - 1 - 8】

申请号：201811176209.8

发明名称：一种从杜仲分离纯化的桦木酸及类似物及其用途

分类号：C07J63/00

权利要求 1：一种从杜仲分离纯化的桦木酸及类似物，结构式为：

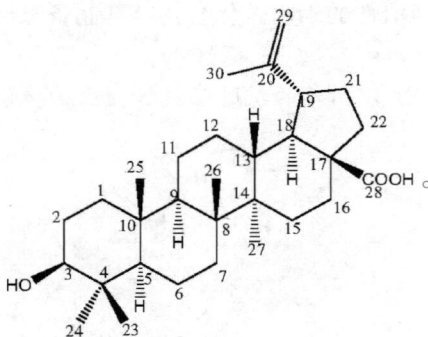

发明解读：从药用植物杜仲中分离纯化得到桦木酸及类似物，其具有抗肿瘤活性。

检索策略：直接采用申请号作为语义排序基准在 CNTXT 数据库中进行纯语义检索，未获得对比文件。采用药用植物"杜仲"作为关键词进行布尔检索，结合语义排序，仍然未获得相关对比文件。

CNMED 数据库检索：本案例的化合物具有一定的药理学活性，查看本案例在 CNTXT 数据库和 CNMED 数据库中的标引情况，获得本案例具体化合物的化学物质信息、CN 登记号和 CAS 登记号，如表 6 - 1 - 7 所示。

表 6 - 1 - 7　数据库标引情况

索引（字段）名	含　义	内　容
CMID	化学物质信息	026 - 481 - 06
CN	CN 登记号	000 - 268 - 38
RN	CAS 登记号	472 - 15 - 1

上述几个号码均是与本案例化合物一一对应的、非常精确的信息，因此可实现精准检索，其中 CMID 索引（字段）在 CNTXT 数据库和 CNMED 数据库中均可使用。

采用上述信息在 CNTXT 和 CNMED 数据库中检索，均获得多篇 X 类对比文件，例如 CN108558985A、CN108478582A、CN103351418A、CN1747964A 等，检索结果如表 6-1-8 所示。

表 6-1-8　检索结果

数据库	检 索 式	X 文献篇数
CNTXT	026-481-06/CMID	16
CNMED	026-481-06/CMID	101
	000-268-38/CN	97
	472-15-1/RN	100

对于具有一定药理学活性的具体化合物，可根据 CNTXT 和 CNMED 数据库对其标引情况，获得精确的化学物质信息例如 CMID、CN、RN 等编号，再利用上述编号进行检索，能精准快速地获取对比文件。

五、聚合物的特点

聚合物的分子质量一般较大，高分子聚合物的相对分子质量一般在 $10^4 \sim 10^6$ 的量级，比普通的有机化合物的相对分子质量大得多，因此其在物理、化学性能和力学性能上与小分子化合物有很大的差异。在 IPC 国际专利分类表中，高分子聚合物领域的专利申请主要集中在 C08F、C08G、C08J、C08L、C09J 等小类。

高分子聚合物专利申请保护的主题一般是一种单独的均聚物或共聚物。特别地，部分申请文件的第一独立权利要求的主题是方法，然而所述方法的关键技术在于原料单体的选择以及制得的聚合物产品，从检索的角度来看，其检索主题也属于聚合物的范畴。

从单体来源来看，聚合物专利申请主要可分为两类：一类是基于新合成的单体得到的聚合物，发明点在于单体的结构，通常以明确的化学结构式或者原料单体限定聚合物，例如某些液晶高分子、响应性智能高分子等；另一类是基于已有单体的新组合或构建新的构型得到的聚合物，例如新型的共聚物、涉及特殊的核壳结构、互穿网络结构、立构规整结构的聚合物等。

第一类检索主题的技术方案通常从原料入手，可结合高分子化合物的产品性能及应用，进行语义检索或先布尔后语义检索。特别是对于 STN 收录不够全面的中文非专利文献，可在 CJFD 中进行补充检索，了解相关现有技术，必要时再通过 CNKI 做更全面的检索。

第二类检索主题体现了高分子化合物千变万化的特点，也是检索的难点。基于单体、结构单元分布、聚合物链结构、形貌等的变化能够衍生出各种性质、功能不同的聚合物产品。这些变化在检索时不易表达，并且因为多种用途而涉及各种交叉领域，提高了有效检索的技术要求。

六、聚合物的检索

根据聚合物检索主题的特点，检索过程中通常可以从原料、单体的结构以及产品的性能等几方面提取检索要素。此外，根据检索主题的技术特点针对性选择中文或外文数据库对于能否高效获得对比文件同样是至关重要的。下面通过案例分别从数据库的选择、检索要素的提取和关键词的表达等方面介绍聚合物检索主题的智能检索策略。

1. 基于技术主题特点选择数据库

聚合物的主题可能涉及国外起步较早的技术，例如高吸水树脂、油田用共聚物等，也可能涉及国内外研究的热点，例如智能高分子、特殊形貌和结构的高分子、3D 打印材料等。因此，在检索聚合物类的检索主题时，基于技术主题选择适当的数据库能显著提高检索效率。通常是根据数据库的特点和检索经验来选择数据库，也可以根据初步检索的结果来选择更合适的数据库。如果难以判断适用的数据库，可以在常用的中文、外文数据库都进行纯语义检索。

【案例 6-1-9】

申请号： 201910658393.8

发明名称： 一种靶向脑利钠肽的纳米人工抗体的制备方法与用途

分类号： C08F220/54

权利要求 1： 一种靶向脑利钠肽的纳米人工抗体的制备方法，其特征在于，N-异丙基丙烯酰胺，N-叔丁基丙烯酰胺，十二烷基磺酸钠，带电功能单体，N,N′-亚甲基双丙烯酰胺作为交联剂，脑利钠肽的全多肽或多肽片段作为模板分子，在引发剂作用下通过聚合后洗脱模板分子得到靶向脑利钠肽的纳米人工抗体。

发明解读： 采用特定的单体组合配合脑利钠肽的全多肽或多肽片段作为模板分子制备分子印迹聚合物。

检索策略： 本案例的制备方法最终得到的产品是一种以脑利钠肽为模板分子的分子印迹聚合物，属于具有特殊单体组成和结构的共聚物。分子印迹聚合物是本领域比较前沿的研究，可能涉及外文专利、非专利文献。在 CNTXT 中采用申请号作为语义排序基准进行纯语义检索，未获得对比文件。采用"分子印迹""利钠肽"等中文关键词扩展进行先布尔检索后语义排序，也未能获得对比文件。因为脑利钠肽这一模板分子并不是聚合物领域熟悉的物质，在外文库检索时，先进行最便捷的纯语义检索。在WPABS、WPABSC 中未获得对比文件。而考虑到全文库的语义比对信息更全面，在USTXT、USTXTC 中进行系统默认条件下的纯语义检索，分别在第 1 位、第 3 位获得 X类对比文件 US2013330384A1，公开了对利尿钠肽具有亲和力的分子印迹聚合物，并公开了特定的单体。

语义检索具有一定的容错性，本案例的模板分子"脑利钠肽"这一表述在聚合物领域是比较少见的，不易扩展全面。选择适当的数据库进行纯语义检索，能快速获得对比文件。

2. 基于核心单体的特点单要素检索

聚合物的技术特征一般比较明确，在纯语义检索无法获得相关对比文件的情况下，最常用的检索策略是选取适当的检索要素进行布尔检索再语义排序。基本原则仍然是选取容易准确表达的检索要素，例如技术领域、技术效果、原料或特殊结构单元等，可以根据经验选择相关文献中极大可能出现的关键词。对于聚合物而言，其实质是由具体的单体化合物按照一定的机理聚合而成为高分子量的聚合物。因此，在不便于直接检索聚合物时，可基于核心单体进行先布尔检索后语义排序。

【案例6−1−10】

申请号： 201711440796.2

发明名称： 一种减缩型聚羧酸减水剂

分类号： C08F283/06

权利要求1： 一种减缩型聚羧酸减水剂，其特征在于所述的减缩型为式（Ⅰ）所示的化合物，结构如下：

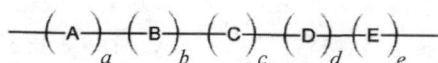

其中 a 为15~55的整数，b 为10~80的整数，c 为0~30的整数，d 为5~30的整数，e 为0~20的整数；

所述 A 为：$(CH_3)_2C=CHCH_2O(CH_2CH_2O)_nH$，其中，$n$ 为30~65的整数；

或 $CH_2=CHCH_2O(CH_2CH_2O)_nH$，其中 n 为32~65的整数；

或 $CH_2=C(CH_3)CH_2O(CH_2CH_2O)_n$，其中 n 为31~65的整数。

所述 B 为酸酐或不饱和酸与小分子醚酯化形成的减缩单体，其结构为：

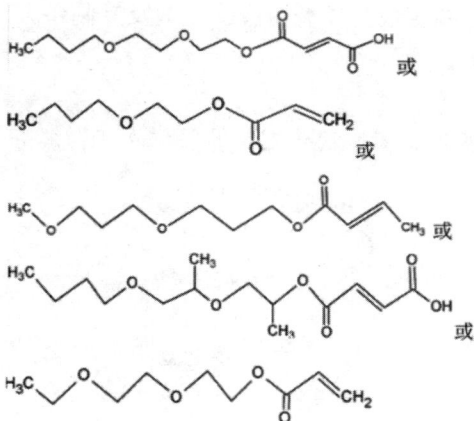

所述 C 为：；所述 D 为：；所述 E

为：

发明解读： 通过酯化合成能够充分降低溶液表面张力的减缩单体，再将其与其他单体聚合形成梳形的聚合物，该聚合物不仅具有传统梳形聚合物的各种性能，同时还能降低溶液表面张力和溶液蒸发速率，减小混凝土收缩的性能。

检索策略： 权利要求 1 中以分子结构式限定了多种单体，如果从单体出发检索，需要扩展这些结构式对应的单体的多种命名及相应的上位概念，影响检索效率。关注到本案例的核心单体是减缩单体，"减缩"指的是减少混凝土收缩，是聚合物作为混凝土外加剂使用时描述减少收缩这一作用的常规表达。现有技术中低表面张力的减缩剂可以实现减缩功能。而减缩单体就是指能使相应的聚合物降低溶液表面张力的单体。在 CNTXT 数据库中以申请号作为语义排序基准进行纯语义检索，排序靠前的文献多涉及聚羧酸减水剂，与"减缩"有关的文献相对较少。采用"减缩"这一关键词进行布尔检索，命中 10423 篇，以申请号作为排序基准进行语义排序后，在第 11 位获得 X 类对比文件 CN103193410A。

对于包含多种类型单体制备的共聚物的技术方案，根据核心单体的特点确定相对准确的关键词进行布尔检索，结合智能语义排序，可高效获取相关对比文件。

3. 基于聚合原料和应用领域多要素检索

聚合物的检索主题，除涉及聚合物本身，经常在说明书中详细说明聚合物的用途，甚至直接在产品权利要求的主题名称中带有用途限定，例如"一种用于防水材料的聚丙烯膜"。因此，在检索时，可基于聚合原料和应用领域进行多要素的先布尔检索后语义排序。

【案例 6 - 1 - 11】

申请号： 201810956023.8

发明名称： 一种四官能度羧基环氧树脂固化剂及其制备方法

分类号： C08G59/42

权利要求：

1. 一种四官能度羧基环氧树脂固化剂，其特征在于，其分子结构特征如下：

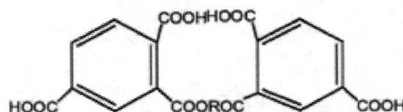

其中，R 为 $\overline{+CH_2CH_2O+}_n$、$\overline{+CH_2CH(CH_3)O+}_n$ 或 $\overline{+CH_2CH_2CH_2CH_2O+}_n$；其中，n 为 25 ~ 45 的整数。

2. 如权利要求 1 所述的四官能度羧基环氧树脂固化剂，其特征在于：所述四官能度羧基环氧树脂固化剂的软化点温度为 70 ~ 80℃。

3. 如权利要求 1 所述的四官能度羧基环氧树脂固化剂的制备方法，其特征在于：所述偏苯三酸酐与所述聚醚二醇的摩尔比为 (2 ~ 2.5)：1。

发明解读： 以特定摩尔比的偏苯三酸酐与聚醚二醇为原料制备四官能度羧基环氧树脂固化剂，提高固化剂与环氧树脂之间的反应性。

检索策略： 本案例中的固化剂的结构是一种聚合物，权利要求 1 中通过结构式限定。常规的思路是以原料作为关键词进行检索，对原料偏苯三酸酐、聚醚二醇进行扩展，此外，从检准的角度可兼顾环氧树脂这一应用领域的表达。在 CNTXT 中执行"酸酐 AND（聚乙二醇 OR 聚丙二醇 OR 聚四氢呋喃醚二醇 OR 聚醚二醇 OR 聚亚烷基二醇）AND 环氧"布尔检索，其中对聚醚二醇进行了全面扩展，偏苯三酸酐仅用"酸酐"表达，应用领域仅用"环氧"表达，避免过多的限定导致漏检。布尔检索命中57357 篇结果，以申请号作为排序基准进行语义排序后，在第 10 位获得 X 类对比文件CN101747491A，而直接采用申请号作为基准进行纯语义检索，上述对比文件则排在第88 位。CN101747491A 公开的增稠加速剂 B 与本案例的固化剂的反应原料相同，但原料配比不同，不能确定产物结构相同。对上述对比文件进行追踪检索，获得一篇 X 类对比文件 US4347343A，公开了原料和配比。在 WPABSC 数据库中执行"酸酐 AND（聚乙二醇 OR 聚丙二醇 OR 聚四氢呋喃醚二醇 OR 聚醚二醇 OR 聚亚烷基二醇）AND环氧"布尔检索，命中 1566 篇结果，以申请号作为排序基准进行语义排序后，在第 19位获得另一篇 X 类对比文件 US3639345A。

在智能检索系统中先进行布尔检索后再语义排序，排序靠前的文献通常是技术内容比较相关的，对于初步浏览后相关度较高又无法作为对比文件的文献，可尝试追踪检索。在英文专利中文翻译数据库中可以执行与中文库检索相同的检索式，提高检索效率。选择中文翻译数据库时确定的关键词扩展需要兼顾所有可能的翻译表述形式，避免漏检。

第二节　组合物

在化学领域的产品中，组合物占有相当重要的地位。组合物是指由至少两种不同的组分按照一定比例组合而成的具有特定性质和用途的物质或材料。组合物中的组分可以是无机物、有机物或聚合物。各组分可以是简单的单质或化合物，也可以是结构复杂的大分子物质。组合物既包括了传统学科的研究内容，又涉及前沿的新兴技术，通常与人类的生产、生活密切相关。常见的组合物涵盖催化剂、合金、陶瓷、玻璃、水泥、涂料、油墨、中药、西药、食品、饮料、调味剂、化妆品、洗涤剂、农药、肥料、橡胶、塑料等领域。

一、组合物的特点

组合物的构成要素一般包括 3 个部分：组合物的主题名称、组分和含量。组合物中各组分可以是物理混合的，不发生化学反应，例如农药组合物是将活性组分和添加组分简单混合，一般没有化学反应。各组分也可以在特定的条件下发生化学反应以解决特定的技术问题，例如合金组合物通常是由两种或两种以上的金属（或金属与非金属）经过一定的化学反应过程而形成的具有特定组织和结构的物质。

组合物的检索主题也存在自身的特殊性，主要体现在如下几方面：

（1）组合物的组分表达方式多种多样，有化学名称、化学式、俗名、别名、英文名称、英文缩写、简称、CAS 编号等多种表达方式，例如碳酸钙，其化学式为 $CaCO_3$，俗称灰石、石灰石、石粉等，英文名称为 calcium carbonate，CAS 编号为 471 - 34 - 1等。根据生产方法的不同，可以将碳酸钙分为重质碳酸钙、轻质碳酸钙、胶体碳酸钙和晶体碳酸钙，其中的重质碳酸钙简称重钙，英文缩写为 GCC，轻质碳酸钙俗称轻钙，又称轻质碳酸钙，英文缩写为 PCC 等。

（2）组合物的主题名称较为复杂，一般包括 3 种类型，即非限定型、性能限定型以及用途限定型。当该组合物具有两种或者多种使用性能和应用领域时，可以允许用非限定型权利要求。如果在说明书中仅公开了组合物的一种性能或者用途，通常需要写成性能限定型或者用途限定型，例如合金，通常应当写明发明合金所固有的性能和/或用途。

（3）组合物中组分的数量呈现增长态势。随着科技的发展，多种物质协同组合形成具有优异性能的组合物是未来发展的趋势。

（4）组合物中各组分的作用不尽相同。一般来说，组合物中有含量较多的主要成分，也有含量较少的次要成分。有对性能效果起决定作用的关键组分，也有作用较小的添加组分。明确厘清各个组分的作用并选择合适的方式来检索也是非常重要的。对于同一种物质，在不同的组合物中所起到的作用也可能是不一样的，以碳化硅为例，在不同的组合物中，可能会分别起到耐高温材料、冶金脱氧剂、造孔剂、磨料等多种作用。

（5）与化合物等其他化学产品相比，组合物的发明构思通常不在于组合物整体的结构或形状，而在于其是由何种物质或材料以何种比例组合而成的。组合物大多是由现有技术中已知的化学物质组合而成的，因此，发明目的通常不在于提供一种全新的物质或材料，而在于提供具有特定性能的产品。组合物的技术效果不在于实现了多种化学物质的组合，而在于组合之后是否具有所需的性质，能否应用于特定的用途并取得所需的效果，组合物的应用效果是组合物的技术效果的集中体现。

（6）组合物的发明构思一般在于组分的搭配，但是如果发明的实质或者改进既在组分上，又与含量有关，其技术问题的解决不仅取决于组分的选择，而且还取决于该组分特定含量的确定。

对于以智能语义分词为基础的智能检索系统而言，准确地识别检索主题对于获取准确的检索结果至关重要。相对于其他检索主题，组合物类检索主题的检索要素相对明确，通常情况下主题名称和组分均需作为检索要素，因此智能检索系统能否对组合物的主题名称和组分进行准确分词是组合物智能检索过程中的关键因素。研究发现，对于不同表述方式的组合物权利要求，选择不同语种的数据库，智能检索系统自动分词的准确度也有所不同。

以如下文本内容作为语义排序基准为例：

宽温低损耗高阻抗 MnZn 软磁铁氧体材料，主成分包括主料和辅料，所述主料包括 $52.0mol\% \sim 55.0mol\%$ Fe_2O_3 和 $9.5mol\% \sim 12.5mol\%$ ZnO，余量为 MnO，以主料的重量为计算基准，辅料为 0.03wt% ~0.05wt% 的 CaO。

当选择 CNTXT 和 WPABSC 等中文数据库时，其中语义分词如图 6-2-1 所示。

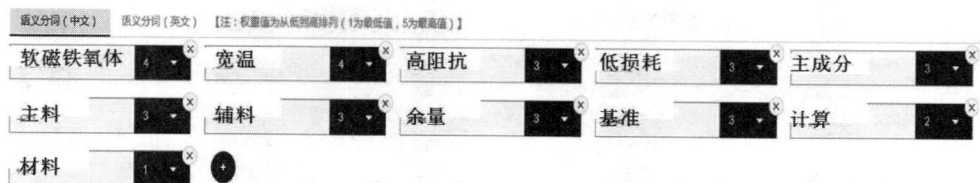

图 6-2-1 语义排序基准中文语义分词图

当选择 WPABS 和 DWPI 等英文数据库时，其英文语义分词如图 6-2-2 所示。

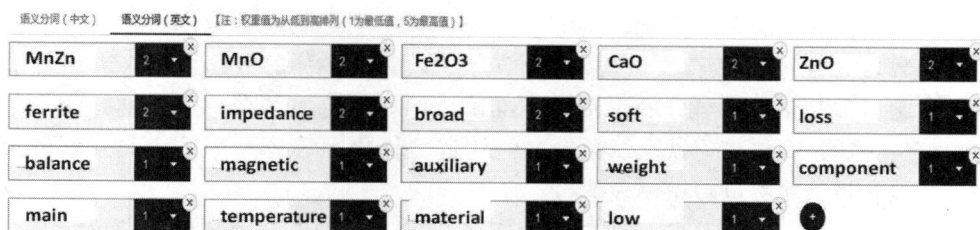

图 6-2-2 语义排序基准英文语义分词图

通过比较发现，对于包含化学式或化学符号的语义排序基准，中文数据库中的中文分词，不能识别主题名称中的化学符号 MnZn 以及组合物组分中的化学式 Fe_2O_3、ZnO、MnO、CaO，整体的分词数量为 11 个。相反，英文数据库能够较好地识别出上述组合物技术方案中的主题名称和组合物组成，包括使用化学式或者化学符号表达的分词，整体分词的数量为 19 个。

若将上述语义排序基准中的化学式或化学符号的相关表达改为文字表达，修改后的语义排序基准修改如下：

宽温低损耗高阻抗锰锌软磁铁氧体材料，主成分包括主料和辅料，所述主料包括 52.0mol% ~55.0mol% 氧化铁和 9.5mol% ~12.5mol% 氧化锌，余量为氧化锰，以主料的重量为计算基准，辅料为 0.03wt% ~0.05wt% 的氧化钙。

当选择 CNTXT 和 WPABSC 等中文数据库时，其中文语义分词如图 6-2-3 所示。

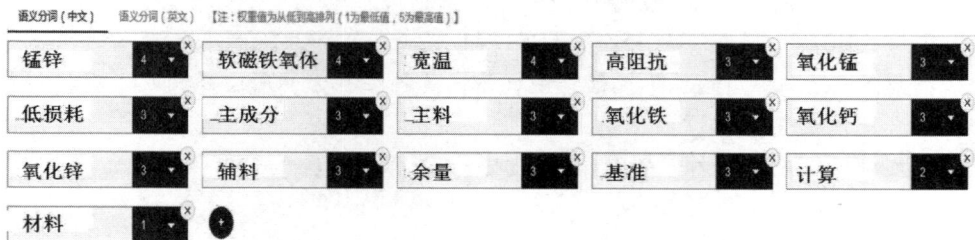

图 6-2-3 语义排序基准中文语义分词图

当选择 WPABS 和 DWPI 等英文数据库时，其英文语义分词如图 6 - 2 - 4 所示。

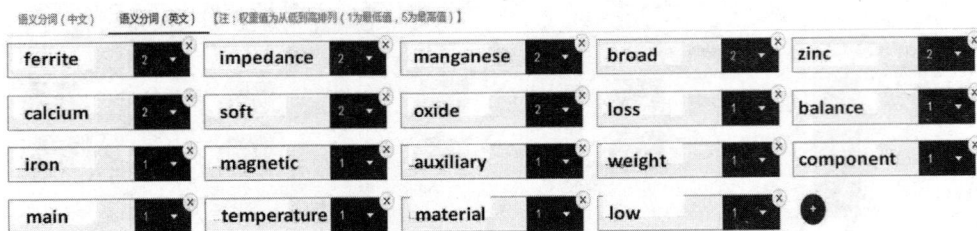

图 6 - 2 - 4　语义排序基准英文语义分词图

通过比较可以发现，对于不包含化学式或化学符号，仅采用文字表达的语义排序基准，中文数据库中的中文分词，能够较好地将主题名称和组合物组分进行分词，整体的分词数量为 16 个。而英文数据库中的英文分词虽然整体的分词数量达到 19 个，但是对于主题名称和化合物组分的识别并不准确，例如误将主题名称中的锰锌识别为锰和锌的英文表达，误将氧化铁、氧化锰、氧化锌、氧化钙等分别识别为其元素的英文表达，而没有将氧化物进行整体表达。

同时可以发现，不管是中文数据库的中文分词，还是英文数据库的英文分词，语义分词均未体现组合物中的组分含量。

二、组合物的检索

组合物主题的检索既需要考虑组合物技术方案的特点，又要考虑智能检索系统对于组合物的识别准确度。下面结合案例分别从数据库的选择、纯语义检索、布尔语义融合检索、方剂检索以及一站式浏览等方面介绍组合物的智能检索策略。

1. 数据库的选择

由于智能检索系统不同数据库对于组分的不同表达形式识别准确度有所不同，因此，基于组分的表达形式选择合适的数据库非常重要。一般来说，对于组合物组分为文字表达的语义排序基准，可优先选择中文数据库，对于组合物组分为化学式表达的语义排序基准，可优先选择英文数据库。

【案例 6 - 2 - 1】

申请号：201910616950. X

发明名称：一种高频抗干扰锰锌铁氧体及其制备方法

分类号：H01F1/11，C04B35/38，H01F41/02

权利要求 1：一种高频抗干扰锰锌铁氧体，其特征在于，所述高频抗干扰锰锌铁氧体由主料和辅料组成；

所述主料各组分按摩尔百分比计，配例如下：

Fe_2O_3 52. 0mol% ～55. 0mol%

ZnO 9. 5mol% ～12. 5mol%

余下为 Mn_3O_4

所述辅料各组分以主料的重量为计算基准，配例如下：

CaO 0.001wt% ~0.035wt%

纳米级 $BaTiO_3$ 0.05wt% ~0.08wt%

Bi_2O_3 0.001wt% ~0.005wt%

Nb_2O_5 0.001wt% ~0.02wt%

HfO_2 0.003wt% ~0.20wt%

Co_2O_3 0.08wt% ~0.30wt%

发明解读： 提供高频抗干扰锰锌铁氧体，其包含特定的组成，通过对复合体系的掺杂组分进行调整，将居里温度从115℃提高到125℃，具有良好的温升特性、温度曲线平坦、拥有高温功耗低、工作环境适应性强等优势，其具有较高的阻抗特性，可以达到 EMC 安规要求，能够满足 10~40MHz 高频工段抗干扰的使用需求。

检索策略： 本案例属于典型的组合物。优先使用以申请号为语义排序基准的语义检索。

选择 CNTXT 数据库，中文语义分词如图 6-2-5 所示，从中可以看出中文语义分词显示出来的高权重的分词仅涉及主题名称"锰锌铁"，而并未涵盖本案例组合物的具体化学组成。

图 6-2-5　语义排序基准中文语义分词图

选择 VEN 数据库，英文语义分词如图 6-2-6 所示，从中可以看出英文语义分词不仅体现了组合物的主题名称锰锌铁氧体，还体现了组合物的具体化学组成，同时也涉及检索主题的有益效果内容"掺杂"和"居里温度"。

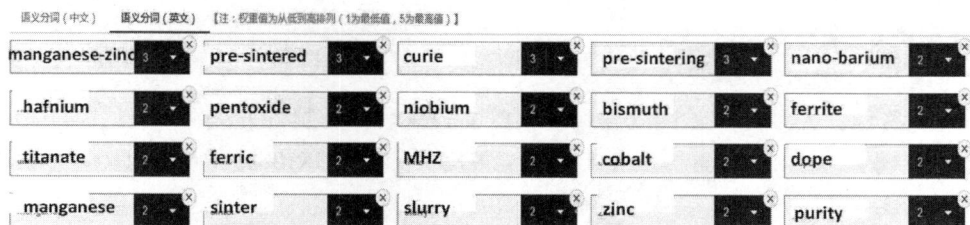

图 6-2-6　语义排序基准英文语义分词图

因此，选择英文数据库 VEN 进行智能语义检索，在第 1 位即获得 X 类对比文件

CN108530050A，而选择中文全文数据库 CNTXT，该对比文件则出现在第 66 位。对于本案例来说，不同数据库下的对比文件位次如表 6 - 2 - 1 所示，英文数据库的语义检索效果明显优于中文全文数据库。

表 6 - 2 - 1　不同数据库下的对比文件位次

对比文件	数据库	排序基准	对比文件位次
CN108530050A	VEN	申请号	1
	CNTXT		66

2. 纯语义检索

相较于其他检索主题而言，组合物的组分较为明确具体，通常情况下智能检索系统对其语义分词的效果也较好，因此，总体来看，组合物的检索主题采用纯语义检索的效率较高，但选择不同类型的语义排序基准同样会在一定程度上影响检索效率和结果。

（1）语义排序基准的选择

为了使得语义排序基准聚焦于检索主题，对于组合物而言，在语义排序基准选择时需要慎重选择说明书作为语义排序基准，可选择申请号、说明书摘要或权利要求等作为语义排序基准。在检索主题包含多个配方的组合物时，应选择单一明确的组合物作为语义排序基准，提高检索的针对性。在检索 Y 类对比文件时，以区别组分作为语义排序基准，可提高语义检索效率。

1）慎重选择说明书作为语义排序基准

智能检索系统对包含组合物的文本识别准确度比较高，如果选择自由文本作为语义排序基准，需要重点考虑语义排序基准与检索主题的相关性。若语义排序基准存在较多的干扰信息，则可能会给检索结果带来大量的噪声。一般来说，组合物领域专利申请的说明书除含有组合物的配方之外，背景技术部分可能包括现有技术中的组合配方，发明内容部分可能包括组合物对应的制备方法和应用，具体实施例部分可能包含大量的组合物性能测试方法、药效实验等，使得说明书整体可能并不能充分聚焦于组合物本身。因此，在选择说明书作为语义排序基准时一定要慎重。一般来说，可以选择申请号、说明书摘要或权利要求等作为语义排序基准。

【案例 6 - 2 - 2】

申请号：201910666452.6

发明名称：一种治疗羊传染性胸膜肺炎中药复合物及制备方法

分类号：A61K36/8968，A23K20/24，A23K50/00，A23K10/30，A61P11/00，A61P31/04，A61K33/06

权利要求 1：一种治疗羊传染性胸膜肺炎中药复合物，其特征在于，所述治疗羊传染性胸膜肺炎中药复合物的各组分按质量计由麻黄 10 克、杏仁 10 克、生石膏 20 克、黄芩 10 克、银花 20 克、连翘 20 克、鱼腥草 20 克、桃仁 10 克、赤芍 10 克、麦冬 10 克、牛蒡子 15 克、甘草 10 克、桔壳 10 克及瓜蒌 10 克组成。

发明解读：提供一种组成简单，原材料易得、廉价，制备剂型多样，使用方式多样，安全无毒的中药组合物，其能增加羊的机体免疫力，降低寄生虫感染，治疗效果显著。

检索策略：检索主题包含疾病以及 14 味中药，检索要素较多。本案例也存在多个分类号，分别涵盖不同的中药成分。选择申请号作为语义排序基准，语义分词如图 6 - 2 - 7 所示，该组合物中的 12 味中药出现在前 20 位高权重的语义分词中。直接采用申请号作为语义排序基准在 CNTXT 数据库进行语义检索，第 2 位即获得 Y 类对比文件 CN105412282A。

图 6 - 2 - 7 申请号作为语义排序基准语义分词图

本案例说明书中不仅包括中药复合物的配方，还包括重要组合物的制备方法，在背景技术中包括现有技术中的药方，具体实施方式中结合各组分药理学分析做了进一步描述，从而导致说明书文本并不能聚焦于检索主题，干扰信息较多，以说明书作为语义排序基准，系统自动的语义分词如图 6 - 2 - 8 所示，该组合物的 14 味中药均未在前 20 位高权重的语义分词中出现，语义分词权重大于 4 的分词大多数为中药的药效。采用说明书为语义排序基准在 CNTXT 数据库进行语义检索，前 400 篇不能获得相关对比文件。

图 6 - 2 - 8 说明书作为语义排序基准语义分词图

以权利要求 1 作为语义排序基准，语义分词如图 6 - 2 - 9 所示，该组合物中的 13 味中药出现在前 20 位高权重的语义分词中。采用权利要求 1 作为语义排序基准在 CNTXT 数据库进行语义检索，第 3 位即获得 Y 类对比文件 CN105412282A。

语义分词（中文）　语义分词（英文）　【注：权重值为从低到高排列（1为最低值，5为最高值）】

胸膜	4	银花	4	生石膏	4	瓜蒌	4	牛蒡子	4
传染性	3	肺炎	3	质量计	3	麻黄	3	杏仁	3
桃仁	3	鱼腥草	3	赤芍	3	连翘	3	麦冬	3
黄芩	3	复合物	3	甘草	3	各组分	3	中药	3

图 6-2-9　权利要求 1 作为语义排序基准语义分词图

不同检索方式下对比文件位次对比情况如表 6-2-2 所示。

表 6-2-2　不同语义排序基准下的对比文件位次

对比文件	数据库	排序基准	对比文件位次
CN105412282A	CNTXT	申请号	2
		说明书	前 400 篇未检到
		权利要求 1	3

对于组合物的专利申请，需谨慎选择说明书作为语义排序基准，尤其是当说明书中还包括组合物的制备方法以及应用，现有的组合物配方以及其他与检索主题不相关的内容时，不宜采用说明书作为语义排序基准。以申请号作为语义排序基准，虽然也包括说明书中的内容，但是其分别进行摘要、权利要求和说明书的三阶段排序，并将排序结果融合，同时还包括分类号模型筛选，检索效果比较好。说明书摘要和权利要求等精准表达的语义排序基准文本，能够聚焦于待检索的主题，检索效果也比较好。

2）选择单一明确的组合物作为语义排序基准

在智能检索过程中，清楚、明确的语义排序基准非常重要。对于组合物来说，由于权利要求撰写一般包括独立权利要求和从属权利要求，组分可能存在层层递进的关系，同时为了避免重复，权利要求中也可能出现并列组分的技术方案。但从语义分词的角度来看，智能检索系统可能会将其识别为一个整体，很难将该递进和并列的关系表达出来。因此，在组合物的检索中，为了弥补智能检索系统存在的上述不足，可选择单一明确的组合物配方作为语义排序基准。

【案例 6-2-3】

申请号：CN201810740305.4

发明名称：一种陶瓷浆料及其制备方法

分类号：C04B35/565，C04B35/634，C04B35/632

权利要求：

1. 一种陶瓷浆料，其特征在于，所述陶瓷浆料组分包括碳化硅陶瓷粉、分散剂、溶剂、稀土氧化物粉体、烧结助剂和消泡剂。

2. 根据权利要求 1 所述的一种陶瓷浆料，其特征在于，所述陶瓷浆料中各组分的组成为：碳化硅陶瓷粉 30～35 重量份、分散剂 2～5 重量份、溶剂 45～50 重量份、稀土氧化物粉体 12～18 重量份、烧结助剂 0.5～2 重量份、消泡剂 0.5～2 重量份。

3. 根据权利要求 1 所述的一种陶瓷浆料，其特征在于，所述分散剂为聚乙烯亚胺、磷酸三乙酯和聚乙烯吡咯烷酮中的至少一种。

4. 根据权利要求 1 所述的一种陶瓷浆料，其特征在于，所述溶剂为乙醇、丁酮、乙二醇、正丁醇、甲苯、二甲苯、异丙醇和乙酸乙酯中的一种或两种。

5. 根据权利要求 1 所述的一种陶瓷浆料，其特征在于，所述稀土氧化物粉体为 Cr_2O_3、Er_2O_3、Co_3O_4、Fe_2O_3、MnO_2 中的至少一种。

6. 根据权利要求 1 所述的一种陶瓷浆料，其特征在于，所述烧结助剂为氟化钙、氧化铈和氧化钇中的至少一种。

7. 根据权利要求 1 所述的一种陶瓷浆料，其特征在于，所述消泡剂为聚醚改性硅油消泡剂、矿物油消泡剂、混合硅油消泡剂、苯基硅油消泡剂和二甲基硅油消泡剂中的至少一种。

发明解读：提供一种包括碳化硅陶瓷粉、分散剂、溶剂、稀土氧化物粉体、烧结助剂和消泡剂的陶瓷浆料。该陶瓷浆料流动性好，具有较强的稳定性和均匀性，色彩丰富多样，且固含量达到 65% 以上。

检索策略：本案例权利要求 1 比较简单，限定了浆料的组成，属于典型的组合物。但是由于权利要求 1 撰写得比较上位，各个组分均含有较多的下位概念，直接使用申请号为语义排序基准，由于申请文件中存在多种组合物的配方，可能会带来一定的噪声，同时，根据本案例的发明构思，其主要的发明点并不在于具体下位组分的选择上。因此，可以选择具体的一个组合物配方作为语义排序基准，例如以权利要求 1 作为语义排序基准，可以在第 7 位获得 X 类对比文件 CN103274693A。分别采用不同的语义排序基准，相关对比文件的位次如表 6-2-3 所示。

表 6-2-3　不同语义排序基准下的对比文件位次

对比文件	数据库	排序基准	对比文件位次
CN103274693A	CNTXT	申请号	178
		说明书	132
		权利要求 1	7

对于组合物的智能检索而言，以明确具体的组合物配方作为语义排序基准有助于提高检索效率。在申请文件中出现多个组合物配方，例如多个上下位的组合物配方以及并列的组合物配方的情况下，可以使用单一明确的组合物配方作为语义排序基准，使得检索目标更为精准，检索效率也更好。当权利要求书中不存在并列技术方案时，可以直接选择具体的权利要求作为语义排序基准。当权利要求书中存在并列技术方案时，可以对并列技术方案进行拆分改写，选择改写后的文本作为语义排序基准。

3）以区别组分作为语义排序基准

对于包含多组分的组合物而言，现有技术中存在包含其所有组分的组合物的可能性并不高，其与最接近的现有技术的区别通常在于某一种或几种组分，此时则需要对区别组分进行针对性检索。在这种情况下，仅保留区别组分作为改写文本，以其作为语义排序基准，可以更加聚焦于检索主题，提高检索效率。

【案例6-2-4】

申请号： 201710325372.5

发明名称： 一种玉米麸皮淀粉空心胶囊及其制备方法

分类号： A61K9/48

权利要求1： 一种玉米麸皮淀粉空心胶囊，其特征在于：它包含以下组分及其质量百分比：原淀粉20~90，改性淀粉20~90，玉米麸皮纤维素醚0.1~20，胶凝剂0.01~10，增塑剂0.1~10，二氧化钛0~10，食用色素0~10；所述玉米麸皮纤维素醚以玉米麸皮为原料，采用醚化剂，经醚化反应制得；所述醚化剂为环氧丙烷、氯乙酸、氯甲烷、环氧乙烷中的一种或几种。

发明解读： 使用一种新型材料玉米麸皮纤维素醚来制备玉米麸皮淀粉空心胶囊，成本低廉，制得的玉米麸皮淀粉胶囊具有优良的保水性和脆碎度。

检索策略： 在CNTXT数据库中采用申请号作为语义排序基准进行语义检索，第31位可获得Y类对比文件CN1687203A。检索主题与该Y类对比文件的不同在于使用玉米麸皮纤维素醚替换羟丙基纤维素作为增强剂。

对于该区别组分，首先使用申请号作为语义排序基准，在第64位获得另一篇Y类对比文件CN101792542A。使用说明书作为语义排序基准，该对比文件未出现在前400篇文献中。使用权利要求书作为语义排序基准，该对比文件出现在第380位。

可以发现，虽然玉米麸皮纤维素醚是本案例的发明点，但由于空心胶囊包括多达7种成分，若使用申请号、说明书或者权利要求1作为语义排序基准，虽然对比文件排序在前400篇，但噪声很大。因此，可以使用改写文本作为语义排序基准，具体的改写方式为仅保留权利要求1中玉米麸皮纤维素醚的相关描述，删除其他不相关内容。

具体的改写文本如下：

一种玉米麸皮淀粉空心胶囊，包括玉米麸皮纤维素醚，玉米麸皮纤维素醚以玉米麸皮为原料，采用醚化剂，经醚化反应制得；所述醚化剂为环氧丙烷、氯乙酸、氯甲烷、环氧乙烷中的一种或几种。

以改写文本为语义排序基准进行语义检索，在第2位命中上述Y类对比文件CN101792542A。

分别采用不同的语义排序基准，对比文件CN101792542A的位次对比如表6-2-4所示。

表 6 - 2 - 4　不同语义排序基准下的对比文件位次

对比文件	数据库	排序基准	对比文件位次
CN101792542A	CNTXT	申请号	64
		说明书	前 400 篇未检到
		权利要求书	380
		改写文本	2

根据检索主题的变化针对性地调整语义排序基准，能够大幅度提升检索的效率。在检索组合物中的区别组分时，通过改写，保留组合物的区别组分，以该改写文本为语义排序基准，可以聚焦检索主题。

（2）分词及权重调整

1）调整重要组分的分词权重

一般而言，组合物所包含的不同组分的重要程度存在差异，因此可以分为重要组分和非重要组分。虽然智能检索系统会根据领域特点赋予不同的组分对应的权重，但是对于具体的检索主题来说，还需要关注待检索主题的重要组分是否被智能检索系统识别并且赋予合适的语义分词权重。当重要组分的权重较低时，可以提高重要组分语义分词的权重。

【案例 6 - 2 - 5】

申请号：201911212656.9

发明名称：一种处理油田含油污水的陶瓷超滤膜系统的除垢剂及其制备方法

分类号：B01D65/06

权利要求 1：一种除垢剂组合物，由如下质量百分比含量的组分组成：

甲酸 3% ~ 5%，表面活性剂 0.5% ~ 1%，增溶剂 0.5% ~ 1%，助剂 0.5% ~ 1%，余量为去离子水。

发明解读：除垢剂组合物不使用碱性清洗剂成分，酸性成分采用甲酸，从而在彻底除垢的同时，兼具低腐蚀性和不造成水体富营养化的特点，清洗效果好且彻底，使膜通量恢复率在 99% 以上，膜污染周期延长，清洗频率降低，并且清洗方式较为简单，清洗时间较短。

检索策略：根据本案例说明书背景技术的记载，可知目前处理难溶铁锈的酸剂主要包括草酸、氢氟酸以及有机磷酸。本案例提供一种包含甲酸的除垢剂组合物，解决处理油田含油污水的陶瓷膜系统表面水垢难以去除的问题。结合本案例的发明构思，可以确定甲酸是本案例中的重要组分。

使用申请号为语义排序基准进行语义检索，其语义分词中"甲酸"的语义分词权重仅为 2，该语义分词并没有凸显重要组分"甲酸"，如图 6 - 2 - 10 所示。

图6-2-10 申请号为语义排序基准语义分词图

因此，调整重要组分"甲酸"的分词权重，将其语义分词权重从2调整为4，如图6-2-11所示。保存修改权重后的语义分词，并进行语义检索，在第13位可获得Y类对比文件CN1754843A。若不调整甲酸的权重，该Y类对比文件的排位为第215位。

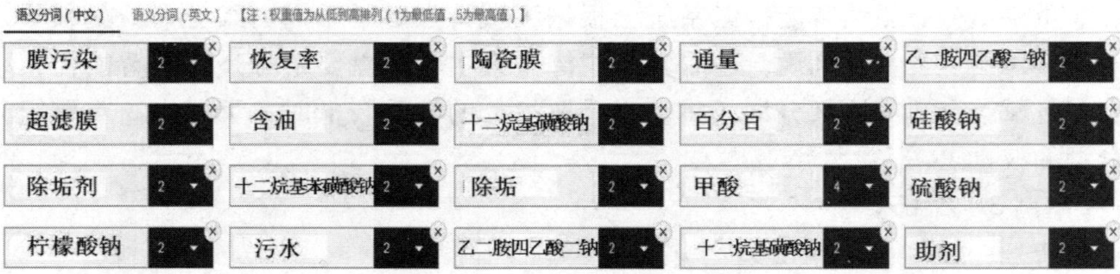

图6-2-11 修改权重后的语义分词图

对于组合物中的重要组分或者关键组分，可根据智能检索系统的语义分词情况，适当调整其权重，使得各组分具有合适的语义分词权重，可以提高检索效率。

2）修改错误表达的语义分词

在组合物的检索主题中，还可能出现组合物中的组分表达不规范、不正确的情形，继而导致系统自动语义分词中出现错误表达的分词。在这种情况下，需修改语义分词并将其调整为合适的分词权重。

【案例6-2-6】

申请号：201611264550.X

发明名称：一种环氧树脂组合物和环氧树脂混合物及其制备方法以及环氧树脂预浸料和复合材料

分类号：C08L63/00

权利要求1：一种环氧树脂组合物，其特征在于，以该环氧树脂组合物的总重量为100重量份计，该环氧树脂组合物包括40～50重量份的环氧树脂、6～10重量份的增韧改性环氧树脂、2～6重量份的固化剂、1～4重量份的促进剂和30～50重量份的阻燃剂，其中所述阻燃剂包括聚磷酸胺和三聚氰胺氰尿酸盐，且所述聚磷酸胺和所述三聚氰胺氰尿酸盐的重量比为1：(0.5～1)。

发明解读：将聚磷酸胺和三聚氰胺氰尿酸盐以特定的比例相互配合所得到的阻燃剂用于环氧树脂组合物，使复合材料具有阻燃性能优异且燃烧时烟密度较低的性质，且不会影响其力学性能。

检索策略：本案例的发明构思在于环氧树脂中聚磷酸胺和三聚氰胺氰尿酸盐的复配使用。由于这两种物质均是本领域常规的阻燃剂，因此在检索时，即使同时出现，很可能是作为阻燃剂的并列下位概念，并不涉及复配使用，检索噪声较大。智能检索系统的语义功能可以通过自动语义匹配对有关复配、协同作用进行补强，进而提升检索效率。

在专利数据库 CNTXT 和非专利数据库 CJFD 中执行自动语义检索，通过浏览第一页的文献，发现非专利数据库 CJFD 中涉及阻燃或阻燃协效的文献更多。因此，尝试在非专利数据库 CJFD 中进一步检索。

通过分析组合物中的组分，发现本案例中组分"聚磷酸胺"并非本领域的规范名称，通常的表述方式为"聚磷酸铵"。

以权利要求 1 作为语义排序基准，其语义分词如图 6 – 2 – 12 所示，其中表述不规范的"聚磷酸胺"的默认权重值为 4，属于高权重分词。

图 6 – 2 – 12　权利要求 1 为语义排序基准语义分词图

将上述分词"聚磷酸胺"修改为规范表达"聚磷酸铵"，分词权重保持不变，其语义分词如图 6 – 2 – 13 所示。以权利要求 1 作为语义排序基准直接进行语义检索，第8 位命中 X 类对比文件"三聚氰胺氰尿酸盐与聚磷酸铵协同作用对环氧树脂阻燃性能的影响"，张卡等，高分子材料科学与工程，2021 年第 28 卷第 2 期，第 49 – 52 页。但当直接以权利要求 1 作为语义排序基准，不对上述分词进行修改的情况下，在第 162 位才能命中该对比文件。

图 6 – 2 – 13　权利要求 1 为语义排序基准修改后的语义分词图

若将权利要求 1 中的"聚磷酸胺"修改为"聚磷酸铵"，并以改写后的文本作为语义排序基准，其语义分词如图 6 – 2 – 14 所示，直接进行语义检索，第 91 位命中 X 类对比文件。

图 6 – 2 – 14　修改文本为语义排序基准的语义分词图

上述通过改写文本作为基准进行语义检索的效果不如直接修改表达不规范的语义分词，其可能的原因在于，当以改写后的文本作为语义排序基准时，聚磷酸铵的分词权重仅为3，与三聚氰胺氰尿酸盐的分词权重4不相匹配。

在组合物领域，组分可能会出现术语的错误或不规范表达，比如"胺"与"铵"、"腈"与"氰"等。通过将分词中的错误或不规范的表述修改为正确、规范的表述，再进行语义检索，一定程度上能够消除术语错误或不规范带来的负面影响。

3. 先布尔检索再语义排序

在智能检索系统中，布尔语义融合检索是非常重要的检索手段。对于组合物领域，当纯语义检索的检索结果不佳时，可采取先布尔检索再语义排序的方式。由于智能检索系统的语义检索是模糊匹配的，因此需要通过明确具体的布尔限定，包括限定组合物的主题名称和组分，精准定位含有上述主题名称和组分的相关对比文件，提高检索结果的精准性。同时，由于智能检索系统的语义分词是相对独立的，各分词之间没有明显的对应关系，因此也需要通过构建相关语境，提高检索结果的有效性。下面分别从精准布尔限定和构建关联语境两个方面介绍组合物领域的先布尔检索再语义排序检索策略。

（1）精准布尔限定

布尔检索的精准程度主要取决于检索要素的选择是否准确、扩展是否充分以及检索要素块的组合是否合适，下面分别从检索要素块的组合方式、检索要素的选择和关键词的扩展3个方面来介绍组合物领域布尔语义融合检索中的精准布尔限定。

1）检索要素块的组合方式

布尔检索式的构建一般是将同一个基本检索要素的不同表达构建成块，结合检索主题的特点和检索情况，运用逻辑运算符对块进行组合。检索要素块的组合方式包括全要素组合检索、部分要素组合检索和单要素检索。与其他检索主题不同，组合物的主题名称和各组分都相对明确，均可以作为独立的检索要素，在实际检索过程中，需要根据待检索主题的特点灵活选用不同的检索要素块组合方式。

① 全要素组合检索

为了充分且全面地检索组合物，采用全要素组合检索是"检准"非常有效的手段，但是为了避免漏检，需要对各检索要素进行充分扩展。

【案例6-2-7】

申请号： 201810332740.3

发明名称： 一种石墨烯复合光催化材料的制备方法

分类号： B01J23/10

权利要求1： 一种石墨烯复合光催化材料，其制备方法包括如下步骤：

S1：将0.5~2mol/L的石墨烯溶液加入去离子水中，两者体积比为1：（25~45），于温度15~25℃下，超声分散25~45min后得到石墨烯分散液；

S2：将4~8份氟钛酸钾、2~5份柠檬酸锌（二水合物）、3~7份锆酸锶和4~9份草酸镧混合，在温度30~40℃下超声搅拌20~40min，然后在-20~0℃的温度下冷冻 4～8h，再加入 1～5 份铋盐，超声搅拌 30～50min，得到分散均匀的胶状液体；

　　S3：取 20～40 份步骤 S1 中所得石墨烯分散液和 10～20 份步骤 S2 中胶状液体混合，以速率 1～4℃/min 升高温度至 80～120℃，反应 2～5h 后得到反应物；

　　S4：待上述反应物自然冷却至室温，过滤并用蒸馏水和无水乙醇洗涤 5～6 次，得到洗涤物；将洗涤物在 80～100℃下烘干 3～6h，研磨后即可得到石墨烯复合光催化材料。

　　发明解读： 以氟钛酸钾、柠檬酸锌（二水合物）、锆酸锶、草酸镧、铋盐得到胶状液体；将石墨烯分散液和胶状液体混合，采用水热法制备出混合体；经过滤、洗涤、干燥、烘干等工艺处理，得到石墨烯复合光催化材料。

　　检索策略： 以申请号作为语义排序基准，在 CNTXT 数据库中直接进行语义检索，在前 400 篇未获得相关对比文件。

　　通过分析检索主题，发现虽然本案例的光催化组合物是通过制备方法进一步限定，但还是可以看出检索主题所涉及的组分包括石墨烯、氟钛酸钾、柠檬酸锌（二水合物）、锆酸锶、草酸镧、铋盐。由于经过水热反应之后，催化剂的活性组分一般是包含金属的化合物，因此，检索主题的基本检索要素包括石墨烯、钛及钛的化合物、锌及锌的化合物、锆及锆的化合物、锶及锶的化合物、镧及镧的化合物、铋及铋的化合物。对于催化剂而言，金属的化合物一般为其对应的氧化物，在本案例中，由于其中的一个组分为锆酸锶，故还需将锶的化合物扩展为常见的锶盐，比如钛酸锶、锆酸锶等。

　　在 CNTXT 数据库中采用全要素组合检索，构建如下检索式：

　　石墨烯 AND（氧化钛 OR 二氧化钛 OR TiO_2 OR TiO OR Ti OR 钛）AND（Zn OR 锌 OR 氧化锌 OR ZnO）AND（La OR 镧 OR 氧化镧 OR 三氧化二镧 OR La_2O_3）AND（Zr OR 锆 OR ZrO_2 OR 氧化锆 OR 二氧化锆）AND（Sr OR 锶 OR 氧化锶 OR SrO OR 钛酸锶 OR $SrTiO_3$ OR 锆酸锶 OR $SrZrO_3$）AND（Bi OR 铋 OR 氧化铋 OR 三氧化二铋 OR Bi_2O_3）

　　检索命中数为 806 篇，以申请号作为语义排序基准，Y 类对比文件 CN104437548A 出现在第 8 位。

　　在全要素组合检索时，对于检索要素的充分全面扩展是非常重要的，在本案例中，若不能将锶的化合物扩展为常见的锶盐，在 CNTXT 数据库中，采用如下检索式：

　　石墨烯 AND（氧化钛 OR 二氧化钛 OR TiO_2 OR TiO OR Ti OR 钛）AND（Zn OR 锌 OR 氧化锌 OR ZnO）AND（La OR 镧 OR 氧化镧 OR 三氧化二镧 OR La_2O_3）AND（Zr OR 锆 OR ZrO_2 OR 氧化锆 OR 二氧化锆）AND（Sr OR 锶 OR 氧化锶 OR SrO）AND（Bi OR 铋 OR 氧化铋 OR 三氧化二铋 OR Bi_2O_3）

　　检索命中数为 794 篇，并未包含对比文件 CN104437548A。

　　由此可见，全要素组合检索可以快速获得公开所有基本检索要素的相关对比文件，但是对于基本检索要素的扩展要求比较高。在不能充分扩展基本检索要素的情况下，可能会导致漏检。

② 部分要素组合检索

部分要素检索是一种性价比较高的检索策略，对于组合物来说，可以仅选择与发明构思密切相关的组分和主题名称进行部分要素检索，节省布尔检索式的构建时间，提高检索效率。

【案例6-2-8】

申请号： 201710114770.2

发明名称： 用于多重 PCR 的引物组合物

分类号： C12Q1/6853

权利要求1： 一种用于多重 PCR 的引物组合物，所述引物组合物由一对以上引物对组成，各引物对包括正向引物和反向引物，其中各引物包括5'端的形成发夹结构的序列和3'端的特异性引物序列。

发明解读： 通过向扩增引物中引入发夹结构序列，减少引物二聚体的产生，从而在利用多重 PCR 扩增制备测序文库时，提高扩增效果。

检索策略： 以申请号作为语义排序基准，在 VEN 数据库中直接进行语义检索，没有获得相关对比文件。

通过分析，本案例涉及一种用于多重 PCR 的引物组合物，该组合物的实质是一种生物测序的引物组合物。检索主题的基本检索要素包括测序引物组合物、发夹结构的序列和特异性引物序列。由于特异性引物序列难以表达，因此，采用部分要素组合检索，在 VEN 数据库中构建如下检索式：

sequencing AND hairpin

检索现有技术命中数为 412 篇，以申请号作为语义排序基准，X 类对比文件 WO2016025878A1 出现在第 38 位。

如果选择"测序"单要素检索，在 VEN 数据库中构建如下检索式：

sequencing

检索现有技术命中数为 44477 篇，以申请号作为语义排序基准，X 类对比文件 WO2016025878A1 出现在第 1334 位。

如果选择"发夹结构的序列"单要素检索，在 VEN 数据库中构建如下检索式：

hairpin

检索现有技术命中数为 12182 篇，以申请号作为语义排序基准，X 类对比文件 WO2016025878A1 出现在第 141 位。不同布尔检索式下对比文件位次如表 6-2-5 所示。

表 6-2-5 不同布尔检索式下对比文件位次

对比文件	数据库	排序基准	布尔检索式	对比文件位次
WO2016025878A1	VEN	申请号	—	无
			sequencing	1334
			hairpin	141
			sequencing AND hairpin	38

本案例的检索难点在于权利要求 1 中的"多重 PCR""引物""发夹""特异性"均是核酸检测技术中的常见术语，在检索时可能带来大量噪声。通过理解发明可知，本案例的组合物实质是一种生物测序的引物组合物，发明构思在于通过向扩增引物中引入发夹结构序列，减少引物二聚体的产生。因此，选择组合物的实质主题名称"测序"和重要组分"发夹结构的序列"作为部分要素组合检索，通过语义排序的功能可以快速获得 X 类对比文件。

③ 单要素检索

在常规检索系统中，采用单要素检索得到检索结果一般比较多，浏览和筛选难度比较大。在智能检索系统中，可利用智能语义进行文献排序，因此对于单要素检索的检索结果，也能有效浏览。对于包含众多组分的组合物，也可以采用单要素检索，结合智能语义排序，快速获得对比文件。

【案例 6 - 2 - 9】

申请号： 201680048134.8

发明名称： 提高基因编辑效率的核酸酶

分类号： C12N15/63

权利要求 1： 一种组合物，其包含：位点特异性核酸酶结构域，其能够切割靶 DNA 序列；和序列特异性 DNA 结合结构域，其能够特异性结合识别 DNA 序列，其中所述位点特异性核酸酶结构域可操作地连接至所述序列特异性 DNA 结合结构域。

发明解读： 现有技术中通过位点特异性核酸酶结构域切割目标序列，然后通过外源的同源片段对切割部位进行同源重组，达到基因编辑的目的，本案例通过在位点特异性核酸酶结构域融合一个另外的序列特异性 DNA 结合结构域，并且在外源的同源片段上添加上述结构域识别的 DNA 序列，可以使同源片段存在于切割位点附近，进而提高基因编辑的效率。

检索策略： 本案例涉及一种用于基因编辑的组合物。在 WPABSC 数据库中以申请号为语义排序基准，前 2000 篇并未获得相关对比文件。

通过分析，该组合物中的"各组分位点特异性核酸酶结构域"和"序列特异性 DNA 结合结构域"并不便于用关键词或者分类号准确表达，若使用上位关键词核酸酶或 DNA，检索噪声又非常大。因此，使用主题"基因编辑"精准进行布尔限定，进行单要素检索。

在 WPABSC 数据库中，以"基因编辑"为布尔检索式，现有技术检索命中数为 101，以申请号为语义排序基准，未获得相关对比文件。

扩展检索要素"基因编辑"的表达，通过智能检索系统中的关键词扩展工具，可将其扩展为"基因打靶"，具体如图 6 - 2 - 15 所示。

在 WPABSC 数据库中，以扩展后的关键词"基因打靶"进行布尔检索，现有技术检索命中数为 252，以申请号为语义排序基准，第 15 位获得 X 类对比文件 EP2796558A1。

不同检索策略的比较如表 6 - 2 - 6 所示。

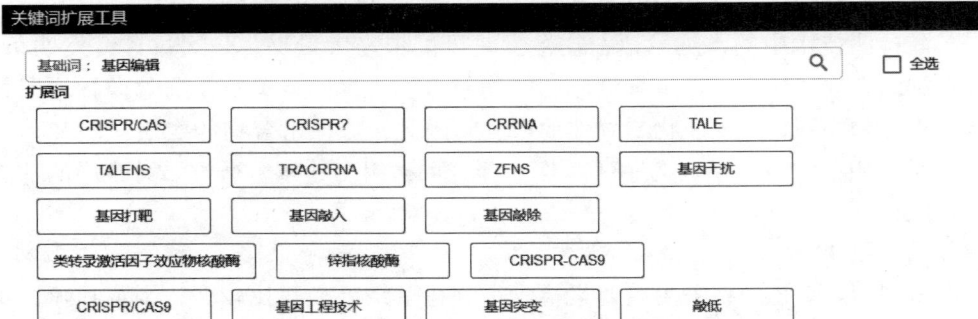

图6-2-15 关键词扩展工具中基因编辑的扩展

表6-2-6 不同检索方式下对比文件位次

对比文件	数据库	排序基准	布尔检索式	对比文件位次
			—	前400篇未检到
EP2796558A1	WPABSC	申请号	基因编辑	无
			基因打靶	15

单要素检索也适用于组合物领域，但需要注意对单要素进行充分扩展表达，在检索结果不佳时，可灵活选择智能检索系统中的关键词扩展工具，充分合理扩展检索要素，结合语义排序快速筛选出目标对比文件。

2）检索要素的选择

在组合物的单要素检索和部分要素组合检索中，选择合适的检索要素非常重要。一般来说，检索要素的选择可包括以下3种：第一，精准的组合物主题名称；第二，重要的组合物组分；第三，特殊的组合物组分。

① 精准的组合物主题名称

组合物一般都会有特定的主题，例如催化剂、陶瓷、铁氧体、涂料、混凝土、合金、玻璃等。但同时也会有一些不含有明确主题的情况，例如以"一种组合物/ti"，在CNTXT中检索，结果命中数为826篇。对于没有明确主题的组合物，可以通过充分理解发明，在智能检索的语义检索部分或者布尔检索部分增加精准的主题。

在检索过程中，组合物的主题名称越具体、明确越好，例如案例6-2-1的主题名称为一种高频抗干扰锰锌铁氧体及其制备方法，以权利要求1为语义排序基准，其包含具体的主题名称锰锌铁氧体，在VEN中直接进行语义检索，对比文件CN108530050A出现在第20位，若将权利要求1中的"锰锌铁氧体"修改为"铁氧体"，其他条件不变，在VEN中检索，对比文件CN108530050A出现在第30位。可见，精准的检索主题名称"锰锌铁氧体"的检索效率高于宽泛的检索主题名称为"铁氧体"。

选择精准的组合物主题名称时，需要关注组合物的主题名称是否能体现该组合物的发明实质。如果组合物形式上存在特定且具体的主题名称，但是该主题名称并不能充分体现该组合物的发明实质，则需要将体现发明构思的主题名称补入检索要素中，以提高检索的准确性。

【案例6-2-10】

申请号：201780044069.6

发明名称：用于湿用短切原丝玻璃纤维的施胶组合物

分类号：E04C2/06，C03C25/28，B32B13/02

权利要求1：施胶组合物，包含：水；聚乙烯吡咯烷酮成膜剂；硅烷偶联剂；润滑剂；以及表面活性剂；其中所述聚乙烯吡咯烷酮成膜剂构成所述施胶组合物的干燥固体的30%重量~50%重量。

发明解读：提供一种施胶组合物，可改善纤维束完整性、纤维流速、纤维流速一致性，以及湿用短切原丝玻璃纤维在石膏基体或浆料中的分散性。

检索策略：本案例涉及玻璃纤维的表面处理，技术方案简单，涉及组合物组分的关键词"聚乙烯吡咯烷酮""成膜剂""偶联剂""润滑剂"较为通用且上位，检索噪声较大，直接检索也容易漏检。

通过理解发明，虽然本案例存在明确的主题——玻璃纤维的施胶组合物，但是该组合物更实质的作用是对玻璃纤维进行浸润，因此，"浸润"这一关键词比本案例限定的"施胶"更能准确表达本案例组合物所起的作用，因此其组合物的主题名称实质应为润湿组合物。

以"浸润"作为布尔检索的关键词，在CNTXT数据库中，以申请号为语义排序基准，采用先布尔检索后语义排序，在第3位获得Y类对比文件CN103833234A，检索效果比以申请号为语义排序基准的直接语义检索的第19位有较大的提升。

本案例与对比文件CN103833234A所不同的是：权利要求1限定的成膜剂为聚乙烯吡咯烷酮及其含量，针对该区别，采用相同的检索思路，以"浸润 AND（聚乙烯吡咯烷酮 OR PVP）"，以申请号为语义排序基准，采用先布尔后语义检索，在第2位获得另一篇Y类对比文件CN103570255A。若仅采用"（聚乙烯吡咯烷酮 OR PVP）"作为布尔检索的关键词，以申请号为语义排序基准，采用先布尔后语义检索，该Y类对比文件出现在第24位；若直接以申请号为语义排序基准，直接语义检索该Y类对比文件出现在第127位。

不同检索方式下对比文件位次如表6-2-7所示。

表6-2-7　不同检索方式下对比文件位次

对比文件	数据库	排序基准	布尔检索式	对比文件位次
CN103833234A	CNTXT	申请号	—	19
			浸润	3
CN103570255A	CNTXT	申请号	—	127
			聚乙烯吡咯烷酮 OR PVP	24
			浸润 AND（聚乙烯吡咯烷酮 OR PVP）	2

精准明确的组合物主题名称对于组合物的智能检索有重要意义，在没有组合物主题名称或组合物主题名称不够具体以及主题名称不能精准确定的情况下，可以先通过理解发明明确主题名称，再在智能检索系统中检索，提高检索效率。

此外，精准的组合物主题名称也可以用分类号表达。以西药组合物领域为例，其经常涉及多种活性成分复配并产生特定治疗用途的情况，对这类具有特定用途的检索主题，用途主题这一基本检索要素的表达上往往存在困难，具体的用途限定容易导致漏检，上位的用途限定需要全面充分扩展。在该领域，组合物用途的分类号通常都比较准确，且 IPC 分类表中 A61P 小类下对各类疾病都有细分，在很多情况下相对于关键词而言噪声较少，检索更加全面。

【案例 6-2-11】

申请号： 202011073143.7

发明名称： 一种用于治疗牙周炎的组合物及其用途

分类号： A61K31/122

权利要求 1： 一种用于治疗牙周炎的组合物，其特征在于，所述组合物包括下列组分：辅酶 Q10、聚乙烯吡咯烷酮、白藜芦醇、阿拉伯半乳聚糖、维生素 C。

发明解读： 该组合物可以使得牙龈肿胀消退，牙龈外观恢复正常，治疗牙周炎效果良好、安全，各组分之间可以协同互补。

检索策略： 本案例的检索要素相对较多，包括疾病（牙周炎）以及 5 种具体活性成分。在初步检索阶段，使用不同语义排序基准进行语义检索或者进行全要素检索均未获得对比文件，因此需要尝试选择部分要素进行检索。

考虑到组合物中排在第一位的物质通常比较重要，且本案例中辅酶 Q10 表达相对单一，但聚乙烯吡咯烷酮、白藜芦醇、阿拉伯半乳聚糖、维生素 C 四个检索要素的异名较多，因此选择"辅酶 Q10"这一检索要素。另外，用途是组合物创造性判断中不可忽略的要素，然而"牙周炎"相关用途在对比文件中可能以"牙周病""牙痛""牙龈发炎"等不同形式出现，但相关疾病在 IPC 分类表中存在准确分类号，即 A61P1/02（口腔用制剂，例如治疗龋齿、口疮或牙周炎的药物）。因此选择使用准确分类号表达相关用途。在 CNTXT 数据库中使用如下检索式进行布尔检索：

（辅酶 Q10 OR （辅酶 1w Q10）） AND A61P1/02/IC

命中 161 篇文献，以申请号为语义排序基准，在第 23 位获得 Y 类对比文件 CN101966165A，公开的包含辅酶 Q10、维生素 C 的组合物能够治疗牙周炎。

部分组合物领域的 IPC 分类表对组合物的用途存在精确细分，在检索要素选择中，优先使用代表用途的分类号进行布尔限定，结合语义排序，能够有效提升检索效率。

② 组合物中的重要成分

在组合物中，重要的成分包括活性成分以及含量较大的基本组分，尤其在催化剂、药物制剂等领域，活性成分往往起到至关重要的作用。为了更精确地进行布尔检索，可以仅使用组合物中的重要成分作为检索要素进行单要素或部分要素组合检索，结合语义排序能够更快获得对比文件。

【案例 6 - 2 - 12】

申请号： 201610404495.3

发明名称： 一种注射用头孢美唑钠药物组合

分类号： A61K9/19

权利要求 1： 一种注射用头孢美唑钠组合物，其特征在于，所述注射用头孢美唑钠组合物含有头孢美唑钠无菌粉 99.1wt% ~ 99.75wt%，水杨酸钠 0.05% ~ 0.1%，葡萄糖 0.1% ~ 0.5%，维生素 C 0.1% ~ 0.3%，其中头孢美唑钠无菌粉为无定型头孢美唑钠。

发明解读： 提供一种稳定性好、复溶澄明度好、制备方法简单、易工业化生产的注射用头孢美唑钠组合物，以克服市售注射用头孢美唑钠的存在的颗粒粒径较大、粒径分布不均一、流动性差、复溶后澄明度差等缺陷。

检索策略： 本案例是对已知活性药物头孢美唑钠的剂型改进。为了更加精确地进行检索，使用"头孢美唑钠"为关键词在 CNTXT 中进行单要素检索，获得 171 篇结果，语义排序后，第 3 位即获得 Y 类对比文件 CN101623285A。

语义排序功能为单要素检索结果的浏览提供了可能。在组合物中存在确定的重要组分时，可以使用该重要组分进行单要素检索，之后配合语义排序。

③ 组合物中的特殊组分

组合物中的特殊组分也是检索要素的重要选择之一。由于特殊组分的独特性，能够高效排除非对比文件。在案例 6 - 2 - 1 中，其发明点在于掺杂组分，但是掺杂组分有 6 种，分别为 CaO、纳米级 $BaTiO_3$、Bi_2O_3、Nb_2O_5、HfO_2 和 Co_2O_3，通过分析可以发现，CaO、Bi_2O_3、Nb_2O_5 和 Co_2O_3 均为所属领域常见的掺杂组分，而 $BaTiO_3$ 和 HfO_2 在铁氧体领域属于较为特殊的不常见组分，可以使用 $BaTiO_3$ 或 HfO_2 进行单要素检索，在 CNTXT 数据库中，以申请号作为语义排序基准，选择不同的组分进行单要素布尔检索的检索结果数以及语义排序后对比文件 CN108530050A 的排序位次如表 6 - 2 - 8 所示，从表中可以看出：当使用 $BaTiO_3$ 单要素时，其检索结果数为 29365 篇，语义排序后，对比文件 CN108530050A 出现在第 2 位。当使用 HfO_2 单要素时，其检索结果数为 35923 篇，语义排序后，对比文件出现在第 3 位。而若选择 CaO、Bi_2O_3、Nb_2O_5 或 Co_2O_3 作为单要素检索组分时，对比文件排序均不如 $BaTiO_3$ 或 HfO_2 作为单要素检索组分的对比文件排序。

表 6 - 2 - 8　案例 6 - 2 - 1 不同检索方式下对比文件位次

单要素	检 索 式	检索结果	对比文件位次
$BaTiO_3$	$BaTiO_3$ OR 钛酸钡	29365	2
HfO_2	HfO_2 OR 氧化铪	35923	3
CaO	氧化钙 OR CaO	209838	8
Bi_2O_3	氧化铋 OR 三氧化二铋 OR Bi_2O_3	25800	16
Nb_2O_5	氧化铌 OR 五氧化二铌 OR Nb_2O_5	27512	16
Co_2O_3	氧化钴 OR 三氧化二钴 OR Co_2O_3	24275	59

3）关键词的扩展

在精准布尔限定检索中，为了避免漏检，对组合物中的各检索要素进行关键词的充分扩展非常重要。组合物中的各组分的关键词表达扩展难度非常大，一般来说，各组分具有中文名称、化学式、CAS号等多种表达形式，中文名称还包括有多种命名的方式，同时，对于氧化物而言，其还具有多种价态，需要根据具体的检索主题内容酌情扩展。

智能检索系统提供了功能强大的辅助工具可用于组合物组分的扩展，包括关键词扩展工具和药剂辅助工具等。关键词扩展工具一般可用于具体中文组分的关键词扩展，例如无机组合物领域的四氧化三铁，关键词扩展工具可给出包括氧化铁黑、磁铁、吸铁石、磁性氧化铁、颜料黑、铁黑、铁氧黑、三氧化二铁等多种表达形式。药剂辅助工具可用于药剂组合物的关键词扩展。

【案例6-2-13】

申请号：201810275020.8

发明名称：一种拉氧头孢钠药物组合物及应用

分类号：A61K31/5365

权利要求：

1. 一种拉氧头孢钠药物组合物，其含有有效量的稳定剂氯化钠。

10. 权利要求1~9所述的任一拉氧头孢钠药物组合物，除了不可避免的杂质外，只含有处方剂量的拉氧头孢钠、有效量的稳定剂氯化钠或氯化钠与甘露醇的组合物、不可避免的溶剂水。

11. 权利要求1~9所述的任一拉氧头孢钠药物组合物，为冻干制剂。

发明解读： 提供一种更加稳定的拉氧头孢钠药物组合物，即拉氧头孢钠与氯化钠或拉氧头孢钠与氯化钠、甘露醇一起溶解得到溶液，溶液经过冻干得到稳定的组合物。该药物组合物与现有拉氧头孢钠单独冻干或拉氧头孢钠添加甘露醇冻干剂相比有更好的稳定性，方便储存。

检索策略： 目前权利要求1概括的范围很大，一方面由于开放式的撰写形式，另一方面由于"稳定剂"这一功能限定不能使得其描述的氯化钠这一组分在结构和/或组成上发生改变。因此，凡是包含拉氧头孢钠与氯化钠的组合物均会落入目前权利要求1的范围。鉴于氯化钠是本领域具备多种功能的常用辅料，通常不作为发明点出现，其出现在发明名称、摘要中的概率较低，可以预期仅通过语义检索、概要浏览的方式难以快速筛出相关对比文件。

本案例的基本检索要素包括拉氧头孢钠、氯化钠，可以使用智能检索系统提供的辅助工具辅助进行关键词的全面表达。其中，"关键词扩展工具"能够帮助扩展得到近义词，"药剂辅助工具"则可以提示药物的中文名称、英文名称、药物登记号、CAS登记号、结构式等信息。本案例涉及药物组合物，因此更加适合使用"药剂辅助工具"进行关键词扩展。在融合检索界面上方，选择辅助工具按钮，在下拉菜单中选择"药剂辅助工具"，如图6-2-16所示。

图 6 - 2 - 16 "药剂辅助工具"入口

本案例两个基本检索要素的扩展情况如表 6 - 2 - 9 所示。

表 6 - 2 - 9 关键词的扩展情况

关 键 词	借助"药剂辅助工具"全面表达关键词
拉氧头孢钠	拉氧头孢钠 OR（LY 1W 12735）OR（"S 1W 6059"）OR Moxalactam OR LATAMOXEF OR 羟羧氧酰胺菌素 OR 噻吗灵 OR 拉他头孢 OR 噻吗氧 OR 拉氢头孢 OR 羟羧氧酰胺霉素
氯化钠	（Sodium 1W Chloride）OR NaCl OR 氯化钠 OR 食盐

在 CNTXT 数据库、CJFD 数据库中，均使用如下检索式进行布尔检索，之后以申请号为基准进行语义排序：

（拉氧头孢钠 OR（LY 1W 12735）OR（"S 1W 6059"）OR Moxalactam OR LATA-MOXEF OR 羟羧氧酰胺菌素 OR 噻吗灵 OR 拉他头孢 OR 噻吗氧 OR 拉氢头孢 OR 羟羧氧酰胺霉素）P（（Sodium 1W Chloride）OR NaCl OR 氯化钠 OR 食盐）

在 CNTXT 数据库中，第 2 位即获得 X 类的对比文件 CN101642432A。在 CJFD 数据库中，第 9 位能够获得另一篇 X 类非专利对比文件："拉氧头孢钠的稳定性考察"，倪海镜等，中国药学杂志，1997 年第 32 卷第 2 期，第 122 页。

关键词的全面表达及合理扩展对于西药组合物检索主题而言十分重要，可利用智能检索系统的辅助工具，结合专业技术知识全面表达检索要素，从而有效避免漏检。

（2）构建关联语境

由于智能检索系统并不能识别各语义分词的关联关系，因此，在布尔限定时构建关联语境，可以弥补智能检索系统的不足。在组合物的智能检索中，常见的构建关联语境的方式包括选取合适分类号，使用频率算符、同在或邻近算符以及"RANGE"和邻近算符的联用。

1）选取合适分类号构建关联语境

对于组合物，智能检索系统能够识别各个组分，但是关于各个组分的作用以及相互之间的关系识别起来难度较大。随着分类体系的不断发展，分类号在一定程度上不仅能体现具体的组合物组成，还能够表达该组成的含量，以玻璃领域为例，在 C03C3/00 下的部分 IPC 专利分类如下：

C03C 3/00 玻璃组成（玻璃配合料组成入 C03C 6/00）

C03C 3/04 · 含二氧化硅

附注

二氧化硅的用量如果在 C03C 3/06、C03C 3/062 或 C03C 3/076 中的两个组所包括的百分数范围内，则应同时分入两个组，如果在 3 个组所包括的百分数范围内，只分入 C03C 3/04 组。

C03C 3/06 · · 用大于 90（重量）的二氧化硅，如石英

C03C 3/062 · · 用小于 40（重量）的二氧化硅

C03C 3/064 · · · 含硼

C03C 3/066 · · · · 含锌

C03C 3/068 · · · · 含稀土元素

C03C 3/07 · · · 含铅

C03C 3/072 · · · · 含硼

C03C 3/074 · · · · · 含锌

C03C 3/076 · · 用 40% 至 90%（重量）的二氧化硅

C03C 3/078 · · · 含二价金属氧化物，例如锌的氧化物

C03C 3/083 · · · 含氧化铝或铁的化合物

C03C 3/085 · · · · 含二价金属氧化物

C03C 3/087 · · · · · 含氧化钙，例如普通的平板玻璃或器皿玻璃

C03C 3/089 · · · 含硼

C03C 3/091 · · · · 含铝

C03C 3/093 · · · · · 含锌或锆

C03C 3/095 · · · 含稀土元素

C03C 3/097 · · · 含磷、铌或钽

C03C 3/102 · · · 含铅

C03C 3/105 · · · · 含铝

C03C 3/108 · · · · 含硼

C03C 3/11 · · · 含卤素或氮

C03C 3/112 · · · · 含氟

C03C 3/115 · · · · · 含硼

C03C 3/118 · · · · · 含铝

C03C 3/12 · 无二氧化硅的氧化物玻璃组成

从上述的 IPC 分类号的释义可以看出，某些分类号不仅可以体现出组分种类，还可以体现各组分的含量，例如 C03C3/06 及其下位组表示用大于 90（重量）的二氧化硅构成的玻璃组合物；C03C3/062 及其下位组表示用小于 40（重量）的二氧化硅构成的玻璃组合物；C03C3/076 及其下位组表示用 40% 至 90%（重量）的二氧化硅构成的玻璃组合物；C03C3/12 及其下位组表示无二氧化硅的玻璃组合物。同时，IPC 分类号

也可以体现各组分同在的关系，例如 C03C3/064 表示用小于 40（重量）的二氧化硅构成的玻璃组合物且含有硼；C03C3/066 表示用小于 40（重量）的二氧化硅组合物含有硼，且含有锌；C03C3/068 表示用小于 40（重量）的二氧化硅组合物含有硼，含有锌，且含有稀土元素。

【案例 6 - 2 - 14】

申请号： 201711350694.1

发明名称： 玻璃组合物

分类号： C03C3/068，C03C3/062，C03C3/095，C03C8/24，G11B5/73，H01L23/29

权利要求 1： 玻璃组合物，其特征在于，其组成按重量百分比表示，含有 SiO_2：30% ~ 46%、B_2O_3：0 ~ 6%、Al_2O_3：10% ~ 30%、CaO：4% ~ 20%、MgO：2% ~ 15%、Y_2O_3：13% ~ 32%。

发明解读： 使用常用的化工原料，通过合理安排各组分的含量，使玻璃的比弹系数高于 34，杨氏模量在 100GPa 以上，耐热性好，化学稳定性好，压型抗析晶性能好，高温黏度小，容易排除气泡，特别适用于制作硬盘基板以及半导体封装领域。

检索策略： 本案例为典型的玻璃组合物，根据分类规则，二氧化硅的用量如果在 C03C3/06、C03C3/062 或 C03C3/076 中的两个组所包括的百分数范围内，则应同时分入两个组，如果在 3 个组所包括的百分数范围内，只分入 C03C3/04 组。对于本案例而言，其玻璃组合物中二氧化硅的含量范围为 30% ~ 46%，在 C03C3/062 和 C03C3/076 两个组包括的范围内，因此上述两个组及其下位组分类号都是检索过程中需要考虑的重点。本案例组合物同时包含硼、锌、铝和稀土元素，根据下位规则，其可能涉及的分类号包括 C03C3/062 的下位组 C03C3/068 以及 C03C3/076 的下位组 C03C3/091 和 C03C3/095，上述分类号既能体现玻璃组合物中二氧化硅与其含量的对应关系，又能体现玻璃组合物中二氧化硅组分与其他组分的同在关系，在检索过程中配合使用上述分类号可实现精准检索。

在 CNTXT 数据库中以上述分类号分别进行布尔检索。以 C03C3/068 进行布尔检索，检索命中数为 723 篇，以申请号为语义排序基准进行排序，在第 21 位获得 X 类对比文件 CN1207086A。以 C03C3/091 进行布尔检索，检索命中数为 1438 篇，排序后上述对比文件 CN1207086A 出现在第 8 位。以 C03C3/095 进行布尔检索，检索命中数为 1039 篇，排序后上述对比文件 CN1207086A 出现在第 19 位。

采用申请号为语义排序基准，直接进行语义检索，对比文件出现在第 55 位，不同检索方式下对比文件位次如表 6 - 2 - 10 所示。

表 6 - 2 - 10　不同检索方式下对比文件位次

对比文件	数据库	排序基准	布尔检索式	对比文件位次
CN1207086A	CNTXT	申请号	—	55
			C03C3/068/IC	21
			C03C3/091/IC	8
			C03C3/095/IC	19

由于智能检索系统不能很好地识别各组分的含量以及各组分之间的相互关系，直接检索效率不高，可采用能表达出组分含量以及各组分之间相互关系的分类号进行布尔检索，与语义排序相融合，进而提高检索的准确率。

现有的分类体系，除 IPC 之外，还有 CPC、ECLA、UC 等多种各具特色的分类体系，在组合物的智能检索过程中，可根据检索主题的特点灵活选用合适的分类号，弥补智能检索系统的不足。

【案例6-2-15】
申请号： 201880065009.7
发明名称： 六方氮化硼/水泥/聚合物复合物及合成法
分类号： C04B14/48，C04B16/06，C04B24/24

权利要求1： 一种包含水泥和六方氮化硼的组合物，其中所述六方氮化硼是官能化的，所述六方氮化硼嵌入在硅酸钙水合物层或水泥水合产物之间。

发明解读： 该复合物包含水泥和六方氮化硼，其中六方氮化硼是经处理的、剥离的和/或官能化的。水泥可为油井水泥、快硬水泥、快凝水泥、铝酸钙水泥、低热水泥、抗硫酸盐水泥、炉渣水泥、高铝水泥、白水泥、有色水泥、火山灰水泥、加气水泥、飞灰基水泥等。六方氮化硼/水泥复合物可用于建筑、运输、固井、钻井液、耐火材料等。

检索策略： 本案例组分仅包括六方氮化硼与水泥，单独使用这两个关键词进行检索，噪声很大。权利要求1限定的氮化硼嵌入或混合在水泥之间，难以用关键词表达。同时，本案例给出的主副分类号也均不能体现发明构思。

本案例属于 CPC 中 CSETS 覆盖的领域，可以使用 CPC 的 CSETS 进行检索。根据 C04B 领域中 CSETS 的分类原则，该组合物属于含有无机黏结剂水泥的组合物，应当分入 C04B28 的大组中，组分中含有水泥，可以优先选择使用 C04B28/+ 表示。在组合物中加入了氮化硼，其属于无机的填料或者活性组分，其中 C04B14/327 有明确的含有氮化硼的颗粒材料作为组合物中的填料，C04B22/0013 表示硼的化合物作为无机材料作为组合物的活性组分。

因此，采用如下检索式在 VEN 数据库中进行布尔检索，结果数为1805篇：

(C04B28/+P (C04B14/327 OR C04B22/0013))/CSETS

以申请号为语义排序基准，对布尔检索结果进行排序，在第4位获得 X 类对比文件 WO2009035743A2。

采用申请号为语义排序基准，直接进行语义检索，对比文件并未出现在前400篇内，不同检索方式下对比文件位次如表6-2-11所示。

表6-2-11　不同检索方式下相关对比文件位次

对比文件	数据库	排序基准	布尔检索式	对比文件位次
WO2009035743A2	VEN	申请号	—	前400篇未检到
			(C04B28/+P (C04B14/327 OR C04B22/0013))/CSETS	4

在分类体系中，除 IPC 之外，其他的分类体系例如 CPC 包括其中的 CSETS 分类，可以快速定位具体组分的作用以及各组分之间的相互关系，检索效率高。

2）使用频率算符构建语境检索

在组合物中，各个组分的作用是不尽相同的，其中的重要组分往往会在说明书中多次出现。虽然智能检索系统能够在语义分词权重部分通过高权重展现相关分词的重要性，但由于以申请号为语义排序基准，相关的语义分词权重均不高，并不能很好地对重要组分进行针对性检索。因此，可以通过使用频率算符来构建相关检索要素出现频次的相关语境，提高检索效率。

【案例 6-2-16】

申请号： 200680030251.8

发明名称： 用于除去氮氧化物的 SCR 催化剂

分类号： B01J23/20，B01J23/18，B01J32/00

权利要求：

1. 一种用于还原氮氧化物的氨 SCR 催化剂，其包含：

载体；和所述载体上作为活性材料的氧化钒，其中使用 0.5wt%～7wt% 的锑作为降低硫中毒和增强低温催化活性的助催化剂。

2. 根据权利要求 1 的催化剂，其中所述载体是选自二氧化钛、硅酸盐、氧化锆、氧化铝及其混合物中的至少一种。

3. 根据权利要求 1 的催化剂，其中使用 1wt%～3wt% 的钒。

发明解读： 提供浸渍到载体中用于还原氮氧化物的催化剂，其含有作为活性材料的钒，并含有作为促进低温还原氮氧化物和提高抗硫中毒能力的助催化剂的锑。加入锑以促进低温下的反应性和抗硫中毒能力。优选加入 0.5wt%～6wt% 的锑。通过加入锑作为助催化剂，可降低钒的加入量，由此可降低硫中毒。优选加入 1wt%～3wt% 的钒。

检索策略： 通过理解发明、明确各组分的作用后可知，本案例的发明构思在于催化剂的活性组分钒和锑，尤其是锑，其作用为降低硫中毒和增强低温催化活性的助催化剂，属于典型的活性组分。在直接语义检索效果不好的情况下，采用布尔检索融合语义排序，可以选择的策略包括：

① 选择重要成分作为布尔检索要素，在 USTXTC 数据库中，构建如下检索式：（钒 OR "V"）AND（锑 OR Sb），布尔检索命中数为 50279，以申请号为语义排序基准，语义排序后在第 10 位获得 X 类对比文件 US5747411A。

② 对于重要成分，采用频率算符限定，在 USTXTC 数据库中，构建如下检索式：（钒/frec＞3 OR "V"/frec＞3）AND（锑/frec＞3 OR Sb/frec＞3），布尔检索命中数为 6417，以申请号为语义排序基准，语义排序后在第 5 位获得上述 X 类对比文件。

各种不同检索方式下对比文件位次情况如表 6-2-12 所示。

表 6 – 2 – 12　不同检索方式下对比文件位次

对比文件	数据库	排序基准	布尔检索式	对比文件位次
US5747411A	USTXTC	申请号	—	102
			（钒 OR "V"）AND（锑 OR Sb）	10
			（钒/frec > 3 OR "V"/frec > 3）AND（锑/frec > 3 OR Sb/frec > 3）	5

3）使用同在或邻近算符构建语境检索

组合物中的某些组分可能会在其中发挥重要作用，该组分及其作用均属于关键检索要素，可合理使用同在或邻近算符表达组分和相关作用之间的位置关系，构建组分与相关作用的关联语境，可以提高检索的准确性。

【案例 6 – 2 – 17】

申请号：201780001246.2

发明名称：脂肪乳剂及其制造方法、提高脂肪乳剂的稳定性的方法以及脂肪乳剂的稳定性提高剂。

分类号：A61K9/10

权利要求 1：一种脂肪乳剂，其含有氟比洛芬酯、水、植物油、蛋黄卵磷脂和甘油且含有组氨酸或其盐，组氨酸或其盐的含量相对于氟比洛芬酯 1 质量份，以组氨酸换算的总量计为 0.025 质量份以上且 0.19 质量份以下。

发明解读：含有氟比洛芬酯的脂肪乳剂的使用期限较短，原因主要是氟比洛芬酯分解以及脂肪乳剂的 pH 降低。通过采用组氨酸或其盐作为含有氟比洛芬酯的脂肪乳剂的 pH 缓冲剂，能够明显抑制将该脂肪乳剂进行过加热加压灭菌处理时的主剂的分解及 pH 的降低，且也能够明显抑制长期保存时的主剂的分解及 pH 的降低。

检索策略：在 CNTXT 数据库中使用申请号作为语义排序基准进行语义检索，第 8 位可以获得 Y 类对比文件 CN102988291A，公开了本案例权利要求 1 的大多数技术特征，但没有公开本案例的发明点，即使用组氨酸或其盐作为脂肪乳剂的 pH 缓冲剂，以实现使得制剂长期保存的有益效果。

为对上述发明点进行针对性检索，使用同在算符"d"构建组氨酸与其功能之间的关系，通过下式进行布尔检索：

组氨酸 6D（pH OR 缓冲）

以申请号为语义排序基准进行语义排序，第 2 位获得另一篇 Y 类对比文件 CN105106115A，公开了采用氨基酸如组氨酸作为缓冲剂，能够稳定脂肪乳剂的 pH，稳定乳剂粒径，即公开了本案例的发明点。

4）"RANGE"和邻近算符联用构建组分和含量的关联语境

除了组分之外，各组分的含量通常也是组合物检索中的重要检索要素，但在实际检索过程中，为提高结果的准确性，需要将组分及其含量之间建立关联。"RANGE"算符可以检索数值范围，邻近算符可以给出不同检索要素之间的邻近关系。因此，联用"RANGE"和邻近算符，可将组合物的组分和含量关联起来。由于组合物中组分和含量的前后关系是不确定的，其中还可能包括有一定的标点符号或者空格，因此，使用邻近算符时推荐选择 nD 的形式。

【案例 6 - 2 - 18】

申请号： 201911406807.4

发明名称： Al - Zn - Mg - Cu 合金及制备工艺

分类号： C22C21/10，C22C1/02，C22C1/06，C22F1/053

权利要求 1： Al - Zn - Mg - Cu 合金，其特征在于，包括以下质量百分比计的制备原料：

Zn：6.7% ~ 7.2%，Mg：1.7% ~ 2.2%，Cu：0.20% ~ 0.45%，Mn：0.15% ~ 0.30%，Zr：0.05% ~ 0.20%，余量为 Al；

所述 Al - Zn - Mg - Cu 合金中，Zn 和 Mg 的质量比 Zn/Mg 为 3.0 ~ 4.0，Zn 和 Mg 的元素总量 ≤ 9.2%。

发明解读： 在进行合金成分设计时，除添加主要合金元素以提高合金的强度外，添加一定的微量元素可以控制材料的晶粒组织，从而最大限度地提高材料的力学性能。在本案例实施例的 Al - Zn - Mg - Cu 合金中，Zn 和 Mg 元素是形成强化相的主要合金元素，两者同时存在会形成 η（$MgZn_2$）和 T（$Al_2Mg_2Zn_3$）等时效强化相，合金随着 Zn、Mg 含量的增加，其抗拉强度随之增加。本案例实施例的 Al - Zn - Mg - Cu 合金按 Zn/Mg 为 3.0 ~ 4.0 的质量比设计，目的是使 Zn 与 Mg 可以充分利用，并能形成细小弥散 $MgZn_2$（η）的析出强化相。并且实施例的 Al - Zn - Mg - Cu 合金规定了 Zn 和 Mg 合金元素的总量在 9.2% 及以下，这样在保证强度的前提下能更好地降低材料的微观和宏观偏析，也能更好地满足阳极氧化及其他表面处理方式的要求，保证高品质的外观效果。

检索策略： 本案例合金组合物涉及各合金成分及其含量，智能检索系统并不能识别组分的含量以及组分和含量之间的对应关系，采用申请号等为语义排序基准，在前 2000 篇均不能获得相关对比文件。因此，采用"RANGE"算符，在 CNTXT 数据库中，构建组分和含量的关联语境，具体检索式如下：

（（（Zn OR 锌）2D RANGE［6.7 ~ 7.2%］）AND（（Mg OR 镁）2D RANGE［1.7 ~ 2.6%］）AND（（Cu OR 铜）2D RANGE［0.2 ~ 0.45%］）AND（（Mn OR 锰）2D RANGE［0.15 ~ 0.3%］）AND（（Zr OR 锆）2D RANGE［0.05 ~ 0.2%］））

检索命中数为 83 篇，由于检索主题除涉及合金组成及其含量之外，还包含有该合金的制备工艺，因此，选择待检索的权利要求 1 作为语义排序基准进行语义排序，第 6 位可以获得 X 类对比文件 CN104745903A。

本案例涉及合金组合物及其含量，采用常规的语义检索以及合金组分检索，相关的噪声比较大，对比文件的筛选难度高，很容易导致漏检，对于本案例百分含量的情况，协同使用"RANGE"和邻近算符，构建组分和含量的关联语境，可以大幅度提高检索效率。

4. 中药组合物的方剂检索

中药组合物是一类较为特殊的组合物，按照 IPC 分类，中药组合物的专利申请主要集中在 A61K35（含有其有不明结构的原材料或其反应产物的医用配制品）和 A61K36（含有来自藻类、苔藓、真菌或植物或其派生物，例如传统草药的未确定结构的药物制剂）大组。

中药组合物专利申请的发明构思往往在于多种中药的复配以达到特定的治疗效果，申请通常以传统的中医药学理论（如四气五味、升降浮沉、性味归经、补泻润燥、配伍反畏等）为指导，结合现代医药学理论和方法进行研究，领域特点鲜明。具体来说，一方面，组成中药组合物的各药味均来源于天然的植物、动物或矿物，每味药物包含的活性物质组成复杂，且构成组合物的各药味之间的相互作用关系并不明确。另一方面，中医潜方用药讲究整体原则，即根据气化论、阴阳五行理论对人体和自然进行取象比类的整体性研究，理论体系与现代医学理论的对应关系较为模糊。

以上领域特点使得中药组合物专利申请在检索中存在以下难点：①中药的异名以及简化名称较多，同音的错误拼写常常出现，如果对中药熟悉程度不足，则容易因关键词扩展不充分导致漏检；②基本检索要素通常较多，命中影响新颖性的对比文件概率较低，使用部分检索要素检索创造性类对比文件时，若对中医药理论了解不够，则可能因为关键词取舍盲目、排列组合方式过多，造成检索缺乏目的性，效率较低。

智能检索系统提供了具有中药领域特色的检索工具"方剂检索"，是精确检索中药组合物的首选方法。在融合检索界面上方，选择特殊领域检索按钮，在下拉菜单中选择"方剂检索"，如图 6 - 2 - 17 所示。

图 6 - 2 - 17　方剂检索入口

进入方剂检索界面，如图 6 - 2 - 18 所示。

方剂检索是根据中药数据特点设定的专题检索方式，支持在中国药物专利数据库（CNMED）、中国药物非专利数据库（MEDNPL）、中医古籍数据库（ZYNPL）3 种数据库中进行检索，其中 CNMED 与 MEDNPL 数据库最为常用，分别用于检索中药领域的专利及非专利文献。检索界面提供表格检索、高级检索两种检索模式。用户可以设置中药方剂中药物数量、必含药物、可选药物、结果相似度、限制条件等检索条件，从而方便地检索出包含部分相同原料药、大小合适、功能相符的组方，大大简化中药组合物的布尔检索步骤。

浏览区域位于方剂检索界面的下方，用户设置检索条件并单击检索后，检索结果将显示于此，如图 6 - 2 - 19 所示。浏览区域将概览性地显示相关文献的申请号、公开

图 6 – 2 – 18　方剂检索界面

号、标题、处方包含药味数、公开日、命中药味数、相似度、方剂组成、方剂功效等基本信息。命中药物将被自动高亮为红色，便于浏览识别。系统能够自动对药物的正名异名进行扩展，如"麦门冬"将会自动显示其正名"麦冬"。单击检索结果的申请号能够推送概览，选中检索结果条目可以推送详览。检索结果的排列支持按公开日排序、按命中数排序、按相似度排序 3 种方式，其中后两者较为常用。按命中数排序，是指按照相关文献命中"中药方剂中必含药物"与"中药方剂中可选药物"的药物总数由高到低排序，特别适合针对开放式主题的检索，以及作为技术启示的相关文献检索。按相似度排序，是指按照相关文献命中药物总数与其处方所包含药物总数的百分比由高到低排序，特别适合检索相似度高的中药组合物。

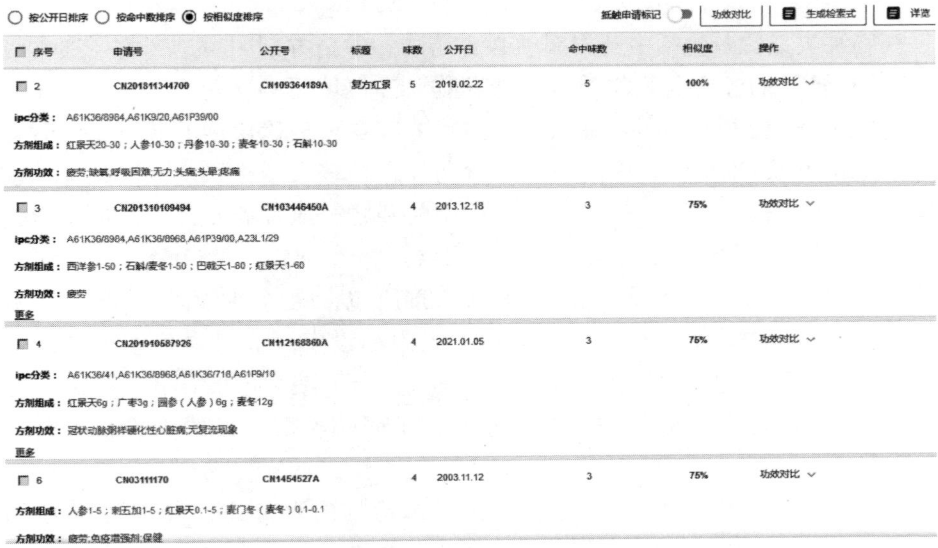

图 6 – 2 – 19　方剂检索的浏览界面

此外，方剂检索嵌入了智能检索系统配备的多种辅助工具，对用户理解发明构思、筛选对比文件等各个环节大有裨益。例如，药物功效统计分析功能可以帮助了解检索主题组合物的潜方用药规则，常用药材表功能可以帮助快速输入正确的中药名称，功效对比功能可以帮助识别检索主题与现有技术的药物种类差异等。

以下结合具体案例，从表格检索、高级检索、进阶功能3个方面详细说明智能检索系统中方剂检索的使用技巧。

（1）表格检索

【案例6-2-19】

申请号：201811344700.7

发明名称：复方红景天丸剂及其制备方法

分类号：A61K36/8984

权利要求1：一种复方红景天丸剂，其特征在于由下列重量份的原料药制成：红景天20~30份、人参10~30份、丹参10~30份、麦冬10~30份、金钗石斛10~30份。

发明解读：提供一种复方红景天丸剂，对经方"生脉饮"进行加减化裁而来，并增加了红景天和丹参，具有益气活血、养阴润肺功效，以用于高原缺氧症，如头痛头晕、呼吸困难、胸闷气短、疲倦乏力等。

检索策略：本案例权利要求1是封闭式撰写形式，涉及红景天、人参、丹参、麦冬、金钗石斛5味中药。相关对比文件涉及的中药组合物，应当尽可能多地公开这5味药物，或者尽可能多地公开与这5味药物性能类似的药物，同时尽可能少地包含其他类别的药物。若采用传统的布尔检索方法，从全要素检索到部分要素检索将需要尝试难以计数的组合方式，并且无法排除包含其他类别中药的噪声文献。因此选择能够快速精准检索中药组合物的方剂检索。

方剂检索中各检索条件的设置方法及策略如下：

① 药物种类设置。包括中药方剂中必含药物、中药方剂中可选药物。通常将待检索权利要求中涉及的各个药物均填入可选药物，谨慎填写必含药物。原因在于，同一中药通常具备正名和多个异名，临床实践中普遍存在可替代使用的药对，同时方剂检索有赖于数据标引的准确性，因此设置必含药物存在较大漏检风险。当某种药物是检索主题中明确的君药，或者是位于主题名称中的药物，或者需要针对性地检索包含特定药物的文献时，可酌情设置中药方剂中的必含药物。

② 药物数量设置。旨在限定相关文献中方剂所包含的药物数量，该数量需依照检索主题所包含的药物数量合理设定。其中，上限的设定还需考虑检索主题的撰写形式。例如，当检索主题为封闭撰写形式且大小适中的中药组合物时，建议上限药物数量设置为检索主题药物数量的1.5倍左右，下限药物数量设置为检索主题药物数量的1/2左右。

③ 相似度设置。即检索结果至少包含可选药物的百分比，设置区间为20%~100%。需结合本领域的一般知识对检索结果进行预期，若检索主题包含的药物类别较为常见，存在相似组方的可能性较高，该条件可设置为50%以上。此外，还需根据检

索结果的情况适应性调整相似度设置。

④ 限制条件设置。对于不同数据库而言，方剂检索提供了不同的限制条件类型，如表 6 - 2 - 13 所示。可见选择多库并检时，限制条件的使用将会明显受限，当同时选择 CNMED 和 ZYNPL 数据库时，限制条件功能将不可用，因此建议选择单库检索。限制条件的输入支持截词符 ";"，可设置其运算关系为 "AND" 或者 "OR"。

表 6 - 2 - 13　方剂检索中的限制条件种类

限制条件	数据库				
	CNMED	MEDNPL	ZYNPL	CNMED + MEDNPL	MEDNPL + ZYNPL
治疗应用/功效	√	√	√	×	√
IPC 分类	√	×	×	×	×
生物方法	√	×	×	×	×
方剂剂型	×	√	×	×	×
公开/发表日期	√	√	×	√	×

在各类限制条件中，治疗应用/功效最为常用。但需注意，中药领域病名证名存在多种表达形式，与西医病名之间亦存在不能明确对应的情形，对治疗应用/功效的表达应注意全面性和准确性。由于方剂检索针对限制条件进行的是模糊检索，因此可以仅输入关键词的一部分作为限制条件。此外限制条件也有赖于数据库标引的准确性，某些仅出现在实施例中的病名可能不被标引，因此应尽量避免使用过于下位的病名进行限制。

在本案例中，权利要求 1 涉及 5 味药物，将它们均设置为中药方剂中可选药物。根据说明书的记载，本案例权利要求 1 组合物的用途为 "用于高原缺氧症，如头痛头晕、呼吸困难、胸闷气短、疲倦乏力等"，因此全面地将治疗应用表达为 "高原、缺氧、呼吸困难、头晕、乏力"。相关现有技术以小处方为宜，因此将 "中药方剂中药物数量" 设为 3～6 味。检索主题包含的 5 味药物均较为常见，可预期检索到相似处方的概率较高，将 "检索结果至少包含可选药物" 设为 50%。在 CNMED 数据库中检索，结果设置为按相似度排序，第 4 位获得 X 类对比文件 CN105250372A，如图 6 - 2 - 20 所示。

在本案例中，若将检索主题中的红景天设置为中药方剂中必含药物，同时限定治疗应用，X 类对比文件 CN105250372A 仍为第 4 位。但若设置红景天为中药方剂中必含药物，不限定治疗应用，该对比文件则下降至第 11 位。原因在于，红景天是中医药领域治疗高原反应的要药，检索条件中限定的治疗应用能够紧密地关联到中药红景天。而红景天自身除了用于缓解高原反应外，还具有通脉平喘等其他用途，仅使用中药红景天进行限定将存在噪声文献。因此，当检索主题中的重要药物与所针对疾病之间存在紧密关系时，限制治疗应用的检索效率更高。

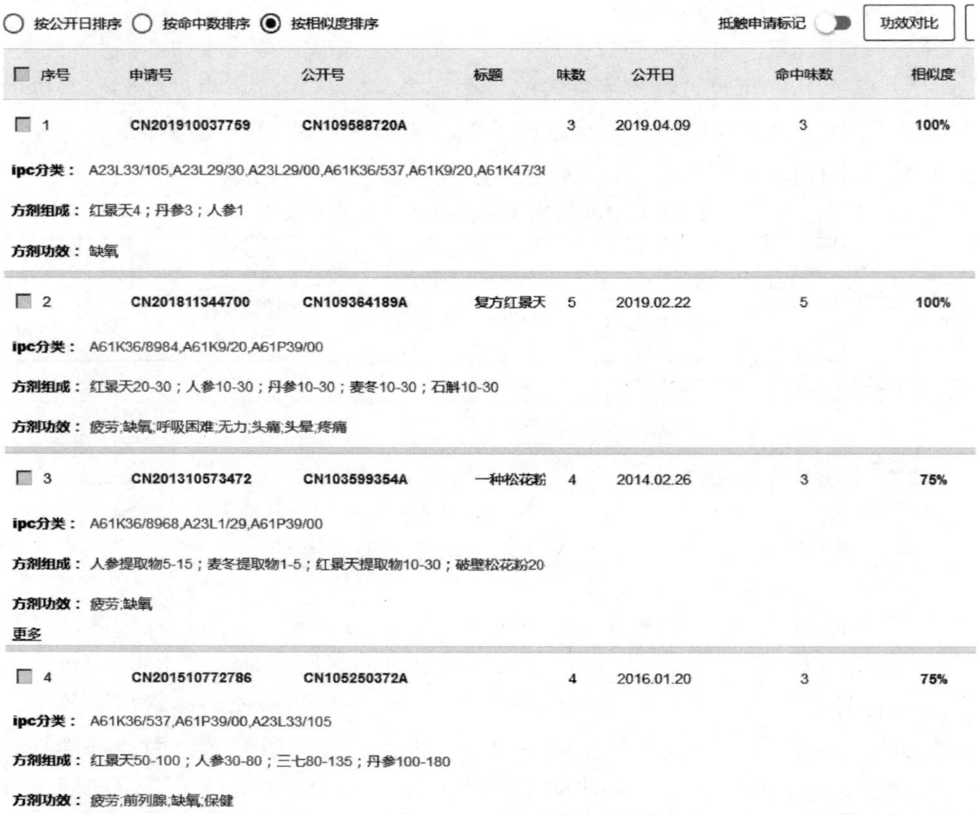
按公开日排序 按命中数排序 按相似度排序
抵触申请标记
功效对比
序号 申请号 公开号 标题 味数 公开日 命中味数 相似度
1 CN201910037759 CN109588720A 3 2019.04.09 3 100%
ipc分类：A23L33/105,A23L29/30,A23L29/00,A61K36/537,A61K9/20,A61K47/3
方剂组成：红景天4；丹参3；人参1
方剂功效：缺氧
2 CN201811344700 CN109364189A 复方红景天 5 2019.02.22 5 100%
ipc分类：A61K36/8984,A61K9/20,A61P39/00
方剂组成：红景天20-30；人参10-30；丹参10-30；麦冬10-30；石斛10-30
方剂功效：疲劳;缺氧;呼吸困难;无力;头痛;头晕;疼痛
3 CN201310573472 CN103599354A 一种松花粉 4 2014.02.26 3 75%
ipc分类：A61K36/8968,A23L1/29,A61P39/00
方剂组成：人参提取物5-15；麦冬提取物1-5；红景天提取物10-30；破壁松花粉20
方剂功效：疲劳;缺氧
更多
4 CN201510772786 CN105250372A 4 2016.01.20 3 75%
ipc分类：A61K36/537,A61P39/00,A23L33/105
方剂组成：红景天50-100；人参30-80；三七80-135；丹参100-180
方剂功效：疲劳;前列腺;缺氧;保健

图 6-2-20　方剂检索结果

（2）高级检索

智能检索系统的方剂检索提供了高级检索模式，该模式能够实现表格检索的全部条件控制功能，检索条件的设置方法及策略如前所述。一方面，高级检索适合习惯使用命令方式进行检索的用户。另一方面，高级检索提供了组合使用限制条件的可能，可实现更为精准的方剂检索。通过方剂检索界面右侧的“高级检索”按钮进入，如图 6-2-21 所示。

方剂检索中的高级检索有其特有的命令，分别用来实现表格检索中检索条件控制区的各项功能，具体如表 6-2-14 所示。

表 6-2-14　方剂检索的高级检索命令

命　令	命令含义
a/fc	中药方剂中必含药物 a
include［a b c/n］/fc	中药方剂中可选药物 a、b、c；$n \leq 20$ 意为结果至少包含 n 味可选药物，$n > 20$ 意为结果至少包含 n% 可选药物
between［n/m］/fnum	中药方剂中药物数量从 $n \sim m$ 味
x/thef	限制治疗应用为 x（CNMED 数据库）

命 令	命 令 含 义
x/ic	限制 IPC 分类为 x（CNMED 数据库）
x/bio	限制生物方法为 x（CNMED 数据库）
x/fth	限制功效为 x（MEDNPL 数据库）
x/fds	限制中药方剂剂型为 x（MEDNPL 数据库）
x/pd	限制公开日期为 x（CNMED 及 MEDNPL 数据库）

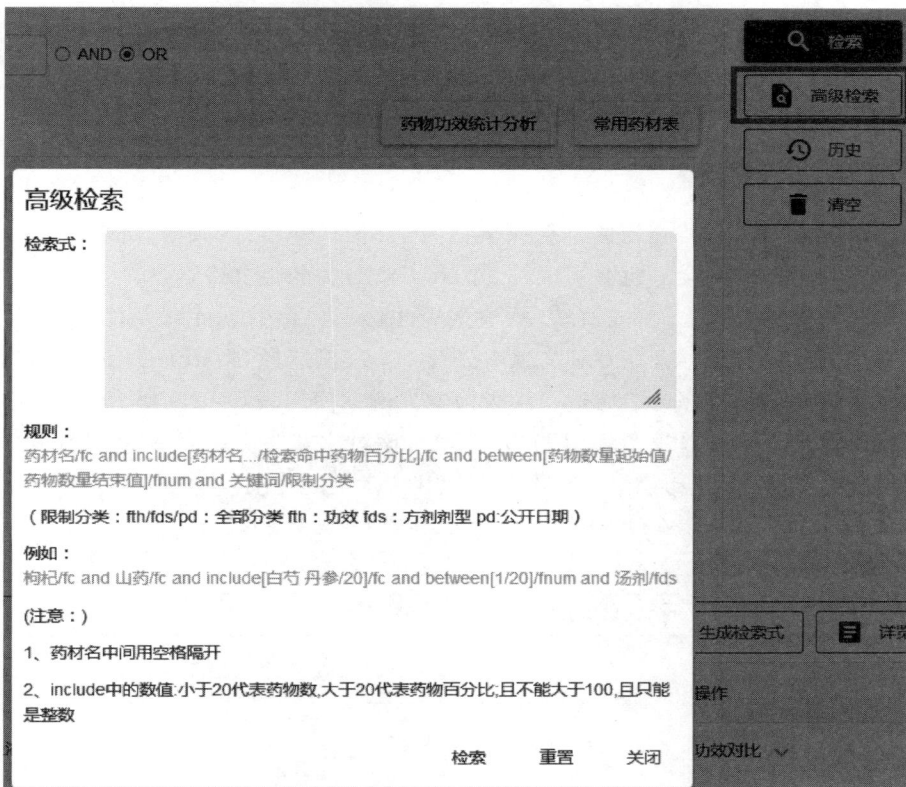

图 6 - 2 - 21　方剂检索的高级检索

【案例 6 - 2 - 20】

申请号：201710775961.3

发明名称：一种活血化瘀的药物

分类号：A61K36/9066

权利要求 1：一种活血化瘀的药物，其特征在于由以下重量份数的中药为原料药制备获得：人参 5～10，白术 10～15，茯苓 10～20，当归 10～15，川芎 10～15，赤芍 15～30，熟地黄 10～20，黄芪 10～20，桃仁 5～15，红花 5～10，川牛膝 5～15，五味子 10～15，姜黄 3～5，地龙 5～20，水蛭 3～5，降香 1～5，三棱 10～20，甘草 10～12，三七 5～

15，丹参 5 ~ 10，绞股蓝 10 ~ 15。

发明解读：提供一种活血化瘀的药物，补气、活血、化瘀，无毒副作用，对冠心病和脑梗塞的效果明显。

检索策略：本案例权利要求 1 涉及由 21 味药物组成的中药组合物，方剂检索是适宜的检索方法。由于说明书中没有明确处方的君臣佐使关系，也没有强调某一味药物必不可少，因此将 21 味药物均纳入可选药物。本案例涉及的药物均为临床常见药物，没有生僻药，因此设置可选药物中公开 10 味或者检索结果至少包含可选药物 50%。本案例检索主题针对的治疗应用为中医药领域的"活血化瘀"，根据本案例说明书的记载，其可能涉及心脑血管疾病、妇科疾病、癌症等多种疾病的治疗，因此治疗应用的全面表达是本案例检索的难点。

由于方剂检索对限制条件采用的是模糊检索方式，因此可以提取各类疾病中共有的关键字进行检索，如可将各种癌症概括为"癌"。此外，IPC 分类表中对特定治疗活性进行了精确细分，对于难以提取共同关键字的疾病类别，也可使用相应分类号进行检索，如可将各种栓塞类心脑血管疾病概括为"A61P 9/10"。同时，高级检索提供了组合使用限制条件的可能，能够实现关键词和 IPC 分类的组合检索。

使用高级检索功能之前，需在方剂检索界面选择目标数据库以及检索结果的排序方式。考虑到大处方通常会在专利文献中公开，本案例选择 CNMED 数据库，设置文献排列顺序为按相似度排序，之后进入高级检索界面，使用表 6 - 2 - 15 所示检索式进行检索，能够获得 X 类对比文件 CN103463425A。该对比文件公开了一种治疗瘀血内阻的中药提取物，其中 17 味药物落入检索主题权利要求 1 的范围。

表 6 - 2 - 15　不同方剂检索式下对比文件位次

对比文件	检索式（AND）		对比文件位次
	药物种类设置	治疗应用设置	
CN103463425A	include ［人参 白术 茯苓 甘草 当归 川芎 赤芍 桃仁 红花 熟地黄 丹参 三七 降香 黄芪 牛膝 五味子 地龙 姜黄 水蛭 三棱 绞股蓝/10］/fc AND between ［10/25］/fnum	不设置	12
		（活血/thef）	—
		（癌/thef OR 妇/thef OR 血管/thef）	3
		（癌/thef OR 妇/thef OR A61P9/10/IC）	6

上述检索结果表明，方剂检索中对"方剂功效"的整合并不涉及活血化瘀、清热解毒等中医药领域传统的功效描述方式。对于此类治疗应用，应概括为相应功效所涉及的具体疾病种类。可以充分利用方剂检索默认的模糊检索方式，仅提取疾病名称中的共同关键词进行检索，也可以利用 IPC 分类表中针对特定治疗活性的分类号进行检索。

（3）进阶功能

1）药物的自动提取及快捷键入

智能检索系统的方剂检索提供了自动提取药物的快捷功能，帮助用户快速输入中药名称。单击案件信息导入区的"提取药物",在弹出的对话框中输入案卷信息,案卷信息可以使用"案件号"或"文本"两种方式,如图6－2－22所示。其中,"案件号"输入格式仅支持如下两种:①CN＋12位申请号;②CN＋9位公开号＋A。"文本"可以输入待检索权利要求。

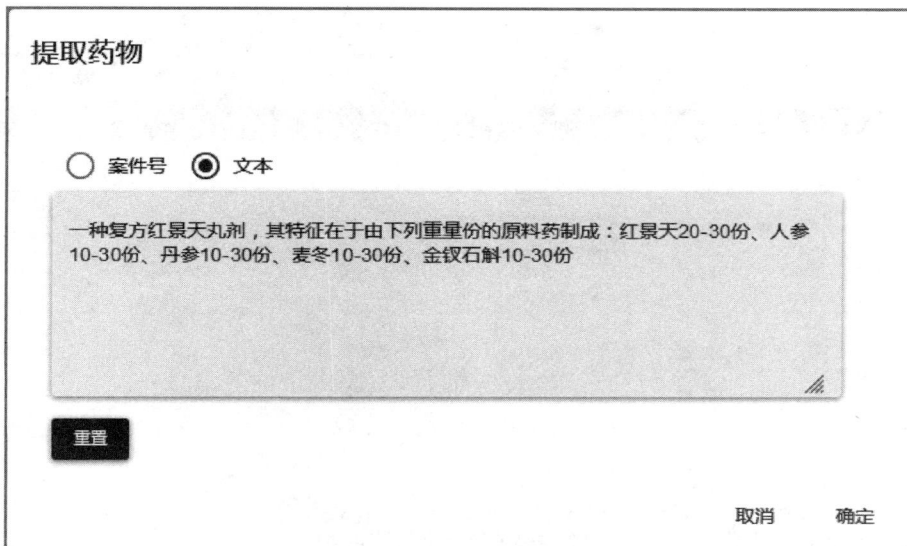

图6－2－22 自动提取药物信息输入框

以案例6－2－19为例,在"案件号"栏输入"CN201811344700"或"CN109364189A",或在"文本"栏输入"一种复方红景天丸剂,其特征在于由下列重量份的原料药制成:红景天20～30份、人参10～30份、丹参10～30份、麦冬10～30份、金钗石斛10～30份",单击"确定",再单击案件信息导入区的"提取",系统会自动将"案件号"对应权利要求1包含的药物或者文本中包含的药物自动填入"中药方剂中可选药物"栏。图6－2－23为在"文本"栏输入待检索权利要求1后的自动导入结果。

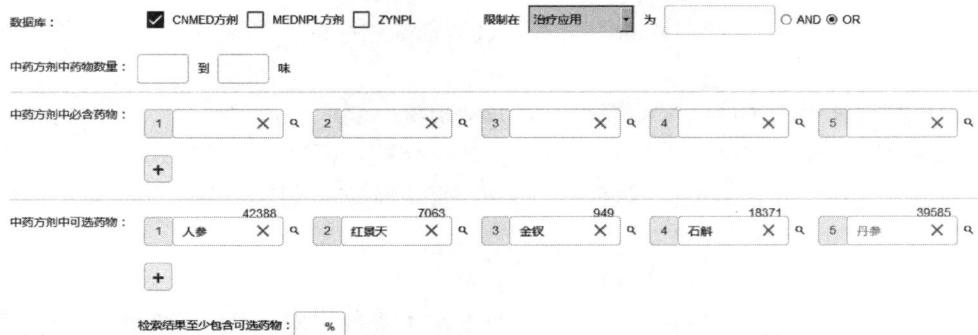

图6－2－23 案例6－2－19自动提取药物界面

用户需要核查系统自动提取的药物是否存在错误或遗漏。本案例系统自动提取过程遗漏了"麦冬"，将金钗石斛拆分为"金钗"和"石斛"，需要手动进行相应修正。

可通过常用药材表快速键入药物。在弹出的常用药材表中单击麦冬的首字母"M"，之后单击"麦冬"，如图 6-2-24 所示，该药物将自动填入"中药方剂中可选药物"栏。

图 6-2-24 常用药材表

2）确认药物名称的辅助功能

智能检索系统的方剂检索提供了药物实时命中数量显示、药物正名显示、药剂辅助工具链接等辅助功能，帮助用户在检索条件输入区准确填写药物名称。

以案例 6-2-19 为例，药物右上方的数字为药物实时命中数量显示，含义为在相应数据库中以该药物名称为检索词进行单要素布尔检索能够命中的文献数量。如果数量过少，则提示药物名称输入不妥，如图 6-2-25 中，系统自动提取的"金钗"仅能命中 949 篇文献，提示该名称可能提取错误。

智能检索系统的方剂检索能够自动对系统中的药物正名异名通过颜色进行区分。如图 6-2-25 所示，自动提取的"丹参"被特别颜色标记，提示用户关注该药物的正名异名。

借助药剂辅助工具可以帮助核查上述异常现象。例如单击"丹参"右侧的搜索按钮，系统将链接至药剂辅助工具并自动搜索"丹参"，如图 6-2-25 所示。

经核查可知，异名中包含"丹参"的药物并非检索主题涉及的药物，可以确定自动提取的"丹参"无误。

3）药物功效统计分析及功效对比

中药组合物中通常会包含分属不同功效主治类别的多味药物，这就要求相关对比文件应尽可能公开待检索主题所包含药物的每一个功能类别。然而，检索主题的说明书中并不一定会对所涉及各味中药的性味归经、功效主治进行详细介绍，这就需要用户自行对检索主题所包含的各味中药的基本性能进行了解。

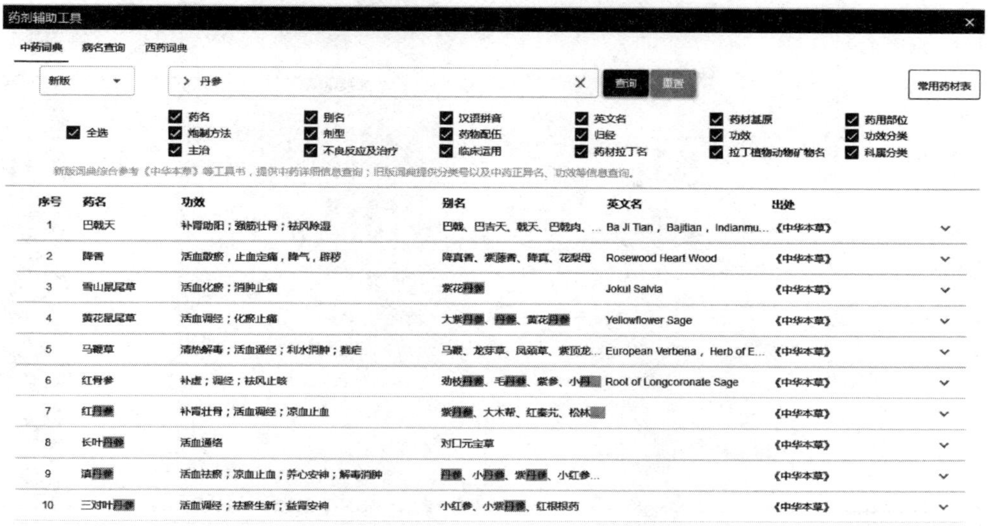

图 6-2-25　方剂检索链接药剂辅助工具

智能检索系统的方剂检索提供了"药物功效统计分析"功能，可以使用户快速了解检索主题所包含各味中药的功效主治，帮助理解发明构思。此外，浏览界面还提供了"功效对比"操作，可以直观地对比待检索权利要求与相关文献中方剂组成的功能类别差异，帮助更快地筛选对比文件。

【案例 6-2-21】

申请号： 201911026375.4

发明名称： 一种治疗妇科炎症的组合物及其制备方法

分类号： A61K36/896

权利要求 1： 一种治疗妇科炎症的组合物，其特征在于，所述组合物由以下原料制备而成：月见草、乳香、没药、蛇床子、苦参、黄柏、枯矾、冰片、金刚藤、石榴皮、儿茶、硼砂和珍珠。

发明解读： 纯中药制剂，能够有效治疗各种原因引起的妇科炎症，对金黄色葡萄球菌、大肠杆菌、霉菌、念珠菌均有良好的抑制效果。

检索策略： 通过阅读申请文件发现，本案例说明书中并未记载权利要求 1 中各药物的基本性能，也没有公开方剂的君臣佐使配伍关系或组方原则。此时可借助方剂检索中的药物功效统计分析功能，帮助理解组方原则。进入方剂检索并自动导入相关药物，单击"药物功效统计分析"，弹出图 6-2-26 所示的表格，该表格归类列举了本案例所涉及中药的功效，能够帮助快速理解本案例的组方原则。本案例中药组合物所涉及的药物即可归纳为活血祛瘀、清热燥湿、解毒杀虫、收敛固涩几类。

此外，方剂检索的浏览界面增加了"功效对比"功能，可以直观地对比检索主题与相关文献的方剂中各药物功能类别的差异。

在本案例中，将权利要求 1 包含的 13 味药物输入"中药方剂中可选药物"栏，设

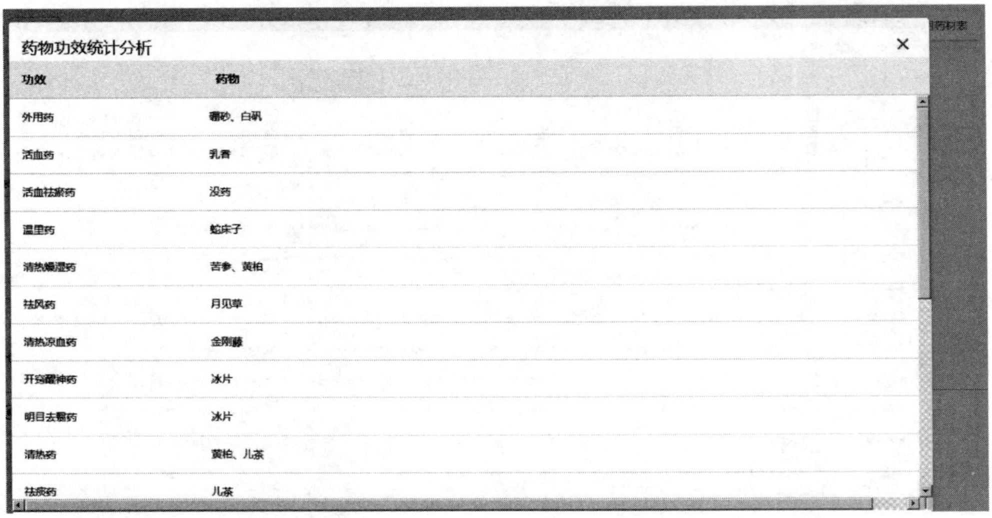

药物功效统计分析

功效	药物
外用药	硼砂、白矾
活血药	乳香
活血祛瘀药	没药
温里药	蛇床子
清热燥湿药	苦参、黄柏
祛风药	月见草
清热凉血药	金刚藤
开窍醒神药	冰片
明目去翳药	冰片
清热药	黄柏、儿茶
祛痰药	儿茶

图 6－2－26　药物功效统计分析表格

置中药方剂中药物数量为 5～15 味，检索结果至少包含可选药物 40%。同时，考虑到本案例中药组合物的治疗应用“妇科炎症”涵盖了大量疾病种类，难以预期相关用途在对比文件中的表述形式，而权利要求 1 包含的大部分药物均是治疗妇科炎症的常用药物，可以预期相似度高的组方将会涉及相关治疗用途，因此不限制治疗应用。在 CNMED 数据库中检索，结果按相似度排序，第 6 位即命中 Y 类对比文件 CN102727799A，该对比文件公开了用于治疗女性子宫颈糜烂的中药组合物，其公开了本案例权利要求 1 中的 7 味药物。

为了直观地了解该对比文件与本案例方剂在功效类别上的差异，单击该检索条目后的“功效对比”，如图 6－2－27 所示。由弹出的表格可以清晰看出两个方剂之间的药物差异以及功效类别异同。

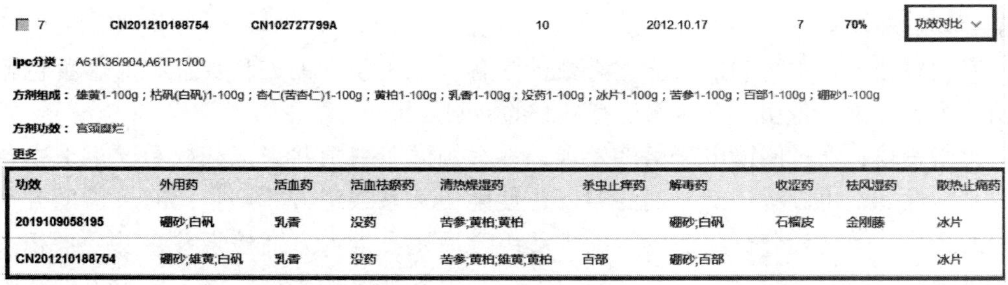

7　CN201210188754　CN102727799A　10　2012.10.17　7　70%　功效对比

ipc分类：A61K36/904,A61P15/00

方剂组成：雄黄1-100g；枯矾(白矾)1-100g；杏仁(苦杏仁)1-100g；黄柏1-100g；乳香1-100g；没药1-100g；冰片1-100g；苦参1-100g；百部1-100g；硼砂1-100g

方剂功效：宫颈糜烂

更多

功效	外用药	活血药	活血祛瘀药	清热燥湿药	杀虫止痒药	解毒药	收涩药	祛风湿药	散热止痛药
2019109058195	硼砂;白矾	乳香	没药	苦参;黄柏;黄柏		硼砂;白矾	石榴皮	金刚藤	冰片
CN201210188754	硼砂;雄黄;白矾	乳香	没药	苦参;黄柏;雄黄;黄柏	百部	硼砂;百部			冰片

图 6－2－27　功效对比

4）推送融合检索

智能检索系统的方剂检索能够将检索的结果集推送至融合检索界面，结合融合检索界面的语义排序或者布尔干预，能够进一步提升文献的筛选效率。

【案例 6 − 2 − 22】

申请号：201910871305.2

发明名称： 可防治多种慢性阻塞性肺气肿的中草药口服片及制备方法

分类号： A61K36/8968

权利要求 1： 一种可防治多种慢性阻塞性肺气肿的中草药口服片，其特征在于，以质量份数计，由如下组分原料制备而成：炒桑白皮 180 ~ 200 份、沙苑子 80 ~ 100 份、黄芪 180 ~ 200 份、丝瓜络 40 ~ 50 份、麦冬 40 ~ 50 份、杏仁 20 ~ 30 份、黄芩 20 ~ 30 份、葶苈子 70 ~ 80 份、百合 20 ~ 30 份、紫苏 20 ~ 30 份、半夏 20 ~ 30 份、莱菔子 50 ~ 60 份、款冬花 40 ~ 50 份。

发明解读： 提供一种疗效确切的可防治多种慢性阻塞性肺气肿的中草药口服片，通过具有泻肺平喘、利水消肿之功效的炒桑白皮为君药，辅以温补固表的沙苑子与黄芪为臣药，佐之以丝瓜络、麦冬、杏仁、黄芩、葶苈子、百合、紫苏、半夏、莱菔子、款冬花，有清热祛湿、泻火解毒、止咳平喘、清心安神、通经活络等功能，相互协调作用，共奏清热解毒、祛痰止咳、化瘀消肿之功效。

检索策略： 在方剂检索界面，设置权利要求 1 包含的 13 味中药为中药方剂中可选药物，检索结果至少包含可选药物 40%，中药方剂中药物数量为 5 ~ 20 味。限制治疗应用为"肺气肿、阻塞性肺"，在得到的 12 篇结果中未获得相关对比文件。

取消治疗应用限制，其他条件不变，再次检索获得 125 篇结果。阅读发现，检索结果涉及的疾病大多为咳嗽、气喘、咳痰等，这些症状均可能作为肺气肿的具体病理表现，但无法确认相关文献的实施例部分是否涉及肺气肿患者。如前所述，限制条件的检索有赖于数据库标引的准确性，某些仅出现在实施例中的病名可能不被标引，这将对使用下位病名进行方剂检索带来障碍。此时可以将方剂检索获得的 125 篇结果推送至融合检索界面进行布尔干预。单击浏览区域的"生成检索式"，如图 6 − 2 − 28 所示，系统将把方剂检索获得的 125 篇结果推送至融合检索界面。

图 6 − 2 − 28 将方剂检索结果集推送至融合检索

使用"肺气肿 OR 阻塞性肺"在 CNTXT 数据库中进行二次检索，之后语义排序，第 3 位即获得 X 类对比文件 CN103919992A。其公开了一种治疗慢性支气管炎的中药组合物，公开了本案例权利要求 1 中的 6 味药物，临床试验使用的患者即存在肺气肿症状。

5. 一站式浏览提升文献浏览效率

对于组合物类权利要求而言，智能检索系统中的"一站式浏览"是一种非常有效的浏览工具，在获得检索结果集之后可通过一站式浏览中的关键词、关系式特征画像以及文献定 Y 的功能，大幅度提高文献浏览和筛选效率。

（1）特征画像的设置

以案例 6 - 2 - 4 为例，使用申请号作为语义排序基准，在 CNTXT 数据库中语义检索，在第 31 位得到 Y 类对比文件 CN1687203A。若将以申请号为语义排序基准检索获得的 400 篇文献推送至一站式浏览，使用本案例从属权利要求提示的下位概念，在"关键词"画像区域对"原淀粉""改性淀粉"等关键词进行相应扩展，在"关系式"画像区域使用关系式"麸皮 4D 纤维素醚"表达本案例的发明构思，如图 6 - 2 - 29 所示。上述 Y 类对比文件的位次提升至第 13 位，可见利用一站式浏览的特征画像功能能有效提升浏览效率。

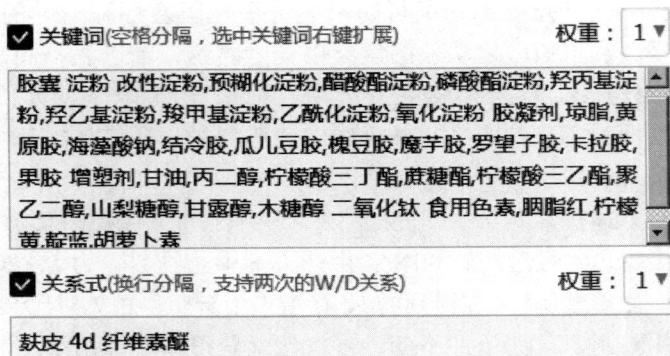

图 6 - 2 - 29　案例 6 - 2 - 4 一站式浏览特征画像

（2）文献定 Y 功能的使用

在组合物的检索过程中，在获得最接近的现有技术之后，通常还需要检索另一篇相关的对比文件，并且这篇对比文件最好能尽可能多地补充在前最相关对比文件未公开的组分。这一过程可以借助一站式浏览的"定 Y"功能轻松实现。

对于案例 6 - 2 - 2，直接采用申请号为语义排序基准在 CNTXT 数据库进行语义检索，第 2 位即获得 Y 类对比文件 CN105412282A，该对比文件公开了一种同样治疗山羊胸膜肺炎的中药组合物，由麻黄、苦杏仁、金银花、甘草、生石膏 5 味中药制成，5 味中药全部落入权利要求 1 的药物种类范围内。在获得该 Y 类对比文件后，仍需要检索另一篇 Y 类对比文件，期望其能够更多地公开权利要求 1 中黄芩、连翘、鱼腥草、桃仁、赤芍、麦冬、牛蒡子、桔壳、瓜蒌几味药物，并用于治疗相关疾病。在以申请号为语义排序基准的检索结果集中继续浏览，在第 113 位能够获得另一篇 Y 类对比文件 CN103550582A，虽然通过常规的浏览方式能获得上述文献，但文献排序相对靠后，浏览的效率不高，可使用一站式浏览的"定 Y"功能提高浏览效率。

将语义检索的 400 篇文献推送至一站式浏览，单击 CN105412282A 公开号后的"定 Y"按钮，系统对语义检索的 400 篇文献重新进行排序，如图 6 - 2 - 30 所示。

□	序号	公开号	操作	全文公开 ▾	文摘公开	相关度	黄芩	连翘	鱼腥草	麦冬	牛蒡子	瓜蒌	赤芍	桃仁	桔壳
□	0	总计	操作	400	400	--	233	192	174	135	122	112	93	80	1
□	1	CN110237177A	本	9	16	100%	1	1	1	1	1	1	1	1	1
□	2	CN105412282A	Y	0	7	79%	0	0	0	0	0	0	0	0	0
□	3	CN104587436A	定Y	6	10	71%	1	1	1	0	1	1	0	1	0
□	4	CN106692831A	定Y	6	9	67%	0	1	1	0	1	1	1	1	0
□	5	CN108578626A	定Y	6	8	65%	1	0	1	1	0	1	1	1	0
□	6	CN104189544A	定Y	6	8	65%	1	1	1	1	1	1	0	0	0
□	7	CN108578625A	定Y	6	5	65%	1	0	1	1	0	1	1	0	0
□	8	CN1857707A	定Y	6	7	64%	1	1	1	1	0	1	1	0	0
□	9	CN103550582A	定Y	6	10	64%	1	1	1	1	1	0	1	0	0
□	10	CN105963647A	定Y	6	8	63%	1	1	1	0	1	1	1	0	0

图 6 – 2 – 30　一站式浏览"定 Y"功能

重新排序将不再考虑 CN105412282A 公开的 5 味药物。简单浏览即可在第 9 位获得另一篇 Y 类对比文件 CN103550582A，其公开了一种治疗小儿支原体肺炎的中药组合物，其中包含权利要求 1 的鱼腥草、黄芩、连翘、麦冬、桃仁、瓜蒌。

第三节　制备方法和用途

化学领域的检索主题除了化合物、聚合物以及组合物等产品类主题外，还有方法类主题。方法类的检索主题既包括各种化学产品（例如化合物、组合物）的特征，又包括具体的制备方法步骤特征，还可能涉及参数特征。方法类检索主题包括制备方法、分析方法、纯化方法、改性方法、用途等。其中制备方法和用途是最常见的方法类检索主题。下面从制备方法和用途两个方面分别介绍检索主题的特点、检索难点以及智能检索策略。

一、制备方法的特点

与产品类检索主题不同的是，制备方法类检索主题技术方案涵盖的细节化技术特征通常较多，组成要素通常包括原料、产物、操作步骤、工艺条件以及所采用的专用设备等，基于发明构思的不同，主要可分为以下两种类型：

第一种类型为检索主题相对于现有技术的改进仅在于产品结构或组成上，其制备方法则为本领域常用的方法；

第二种类型为检索主题相对于现有技术的改进在于方法本身，例如涉及合成路线、应用场合、反应机理的变化，催化剂、介质的选择，操作步骤的优化，条件参数的调整等。

对于第一种类型的制备方法，通常主要围绕原料、产品作为检索要素进行检索。第二种类型的制备方法需要梳理出相对清楚、明确的发明构思，针对发明构思进行检索。

由于制备方法类主题可能涉及的创新点较多，涵盖的技术特征较细，表达方式也多种多样，在常规的布尔检索方式下，由于可浏览文献量的限制，通常难以兼顾"检准"和"检全"。

二、制备方法的检索

智能检索系统突破了浏览量的限制，用户可以通过纯语义检索或者布尔检索结合语义排序的方式实现高效检索。下面结合案例具体介绍制备方法的智能检索策略，主要内容包括数据库的选择、纯语义检索和先布尔检索后语义排序等。

1. 数据库的选择

纯语义检索对用户的背景技术知识储备要求较低，可以快速上手检索。而基于制备方法检索主题的技术特点以及非技术特点，例如撰写是否规范、分类号是否准确、申请人的特点等，用户可以选择适当的数据库进行纯语义检索，提高检索效率。常见的检索策略包括：基于高校申请优先选择非专利数据库；基于技术的演进规律合理选择中文或外文数据库。

1）基于高校申请优先选择非专利数据库

制备方法检索主题经常会涉及高校申请，对于该类型的案例，在智能检索系统中可以优先选择非专利数据库。

【案例6-3-1】

申请号：201610972646.5

发明名称：从石榴皮中提取熊果酸的方法

分类号：C07J63/00

权利要求1：从石榴皮中提取熊果酸的方法，其特征在于，包括以下步骤：（1）石榴皮清水洗净后烘干，再粉碎至粒径为1~2mm，得到石榴皮粉末；（2）按照重量份计，将石榴皮粉末1份与饱和食盐水3~5份混合得到悬浮液，将悬浮液加入微波反应器中，微波功率为800~900W，微波时间为5~10min，微波处理结束后转移至超声反应器中，在超声功率为55~65kHz、温度为50~70℃的条件下处理1~2h，过滤得到超声提取液；（3）将超声提取液用孔径为300~500nm的超滤膜过滤，收集超滤膜透过液；（4）在超滤膜透过液中加入1~3倍的不溶于水的有机相，震荡1~2h后，把有机相和水相分开，收集有机相，有机相经过减压蒸馏，即得产品。

发明解读：采用超声和微波法提取石榴皮中的熊果酸，提取速率快，缩短了操作时间，具有产率高、溶剂用量少、无污染等优点。

检索策略：本案例分类号为C07J63/00，较为准确，可首先直接语义检索，并且本案例的申请人是高等院校，可对非专利数据库进行重点检索，选择CJFD作为检索数据库，直接采用申请号作为语义排序基准进行纯语义检索，在第1位获得Y类对比文件："微波法提取石榴皮中熊果酸的工艺研究"，冯伟等，化工科技市场，2010年第33卷第7期，第16-19页。第2位获得Y类对比文件："超声波辅助提取石榴皮中熊果酸工艺研究"，陶亮亮等，云南化工，2010 年第 37 卷第 2 期，第 81 - 82、86 页。

对于制备方法类的检索主题，由于其涉及内容既包括化学产品，还涉及具体的制备步骤，检索要素表达和选择难度较大。在检索伊始，可以选择整体模糊匹配的纯语义检索。对于高校申请，可优先使用 CJFD 数据库进行检索。

2）基于技术的演进规律选择中文或外文数据库

一般而言，某项技术的演进是遵循一定的发展规律的，每个阶段的研究侧重点也不尽相同，并且国家和地区之间的技术水平和研究重点也通常会存在显著差异，尤其是某些经济效益显著的产品，发达国家对其制备技术的研究往往非常活跃，相应地，涉及的专利技术文献也会较多。因此，在实际检索中可根据技术主题的特点及其区域发展的差异针对性选择适合的中文或外文数据库。

【案例 6 - 3 - 2】

申请号：202010198099.6

发明名称：一种防水性聚合物杀菌剂及其制备方法和应用

分类号：C08F226/10

权利要求 1：一种防水性聚合物杀菌剂的制备方法，其特征在于：该制备方法包括：将 N - 乙烯基吡咯烷酮与 α - 烯烃聚合后，再与精碘络合，制得所述防水性聚合物杀菌剂。

发明解读：将 N - 乙烯基吡咯烷酮与 α - 烯烃聚合后，再与精碘络合，制得所述防水性聚合物杀菌剂；α - 烯烃基团用于提高杀菌剂的防水性能，N - 乙烯基吡咯烷酮基团利于与碘的络合作用，碘元素提供杀菌作用。

检索策略：通过全面了解现有技术，发现 N - 乙烯基吡咯烷酮/α - 烯烃共聚物的主要生产商为美国企业。因此，在数据库的选择上，优先选择外文数据库，选择 WPABS 数据库，以申请号作为语义排序基准直接进行纯语义检索，在第 5 位获得 X 类对比文件 CA887143A。

若选择 WPABSC 数据库，以申请号作为语义排序基准直接进行纯语义检索，可在第 11 位获得上述 X 类对比文件。

若选择 WPABSC 数据库，基于该制备方法中的反应试剂 "N - 乙烯基吡咯烷酮" "α - 烯烃" 和 "精碘" 构建如下布尔检索式：

（（乙烯 S 吡咯烷酮）OR VP OR PVP OR 维酮）AND 碘 AND（烯烃 OR 己烯 OR 癸烯 OR 碳烯）

以申请号作为语义排序基准进行语义排序，在第 2 位即可获得上述 X 类对比文件。

需要提醒的是，在选择外文翻译数据库进行先布尔检索后语义排序时，应注意对检索要素进行充分扩展，例如本案例中 X 类对比文件 CA887143A 将乙烯基吡咯烷酮命名为 "N - vinyl - 2 - pyrrolidone"，中文翻译为 "N - 乙烯基 - 2 - 吡咯烷酮"，如果仅采用 "乙烯基吡咯烷酮" 构建布尔检索式，将会导致漏检。

本案例选择英文数据库 WPABS 或其中文译文数据库 WPABSC，通过简单的检索思路，例如直接纯语义检索或者反应试剂的全要素检索即可快速获得 X 类对比文件。可见，通过站位本领域技术人员，基于检索主题技术的发展，尤其是区域发展差异来针对性选择数据库，对于提升检索效率大有裨益。

2. 纯语义检索模式下语义排序基准及分词的调整

由于制备方法类检索主题包含的技术特征较多较细，智能检索系统在对其进行语义分词时可能存在准确度不高、重点不突出等缺陷，因此，在进行纯语义检索时，选择合适的语义排序基准以及对系统自动语义分词和默认权重进行调整是非常重要的检索手段。

【案例6-3-3】

申请号：201811635069.6

发明名称：一种邻氯苯甘氨酸的制备方法

分类号：C07C227/18

权利要求1：一种邻氯苯甘氨酸的制备方法，其特征在于，包括以下步骤：

（1）将水、氰化盐溶液与邻氯苯甲醛混合，在相转移催化剂的作用下进行亲核加成反应，得到包括2-氯-α-羟基苯乙腈的亲核加成反应液；

（2）将步骤（1）得到的亲核加成反应液和碳酸盐混合进行布赫雷尔-伯格反应，得到包括邻氯苯海因的布赫雷尔-伯格反应液；

（3）将步骤（2）得到的布赫雷尔-伯格反应液依次进行碱水解、脱色和酸化，得到邻氯苯甘氨酸。

发明解读：采用分步合成邻氯苯海因的方法来制备邻氯苯甘氨酸，解决了原有"一锅煮"的方法易产生有色杂质、使产品色泽及收率受到影响的问题。

检索策略：本案例为典型的制备方法的检索主题。在CNTXT数据库中，以申请号作为语义排序基准进行纯语义检索，第4位获得Y类对比文件CN106380415A。检索主题与其所不同的是：步骤（1）的亲核加成反应条件不同：检索主题采用水、氰化盐溶液为反应试剂在相转移催化剂作用下反应，而Y类对比文件CN106380415A采用液体氢氰酸为反应试剂进行反应。

针对上述区别进行检索，在CNTXT数据库中，以申请号为语义排序基准进行纯语义检索，前400篇并不能获得相关对比文件。改变语义排序基准，以区别内容即步骤（1）的技术特征"将水、氰化盐溶液与邻氯苯甲醛混合，在相转移催化剂的作用下进行亲核加成反应，得到包括2-氯-α-羟基苯乙腈的亲核加成反应液"作为语义排序基准，直接进行语义检索，浏览前100篇文献并未获得相关对比文件，进一步研究该语义排序基准的语义分词，其语义分词情况如图6-3-1所示。

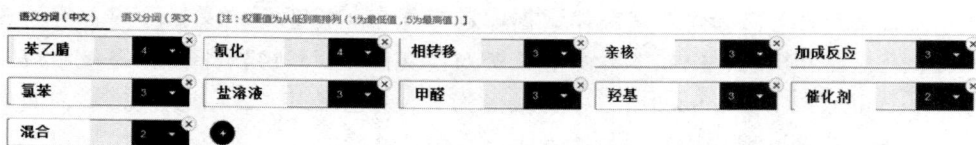

图6-3-1 区别内容为语义排序基准的分词

从中可以看出，其将本案例中的原料"邻氯苯甲醛"识别为分词"氯苯"和"甲醛"，上述两个分词并不能体现本案例中的苯甲醛类的原料。因此，对语义分词进行调整，删除分词"氯苯"和"甲醛"，新增分词"苯甲醛"。同时，为了聚焦发明构思，将制备方法中的反应体系及原理、原料和目标产物所对应的分词的权重设置为5，调整后的分词情况如图6-3-2所示。

语义分词（中文）　语义分词（英文）　已删除的语义分词　【注：权重值为从低到高排序（1为最低值，5为最高值）】

| 苯乙腈 5 | 氰化 5 | 相转移 5 | 亲核 3 | 加成反应 3 |
| 盐溶液 3 | 羟基 3 | 催化剂 2 | 混合 2 | 苯甲醛 5 |

图6-3-2　区别内容为语义排序基准调整后的分词

基于调整后的语义分词，以区别内容作为语义排序基准直接进行语义检索，在第17位获得Y类对比文件CN103502205A。

对于制备方法的检索，一般来说，由于说明书能够聚焦于检索主题的技术方案，推荐使用申请号作为语义排序基准。但是对于区别内容的检索，以相关区别内容作为语义排序基准，可以提高检索的针对性。由于智能检索系统对于化学领域的原料和产物识别程度不高，并且容易错误分词，因此，在语义检索时还需要关注语义排序基准所对应的语义分词，修改其中的错误分词，并将基本检索要素的语义分词权重进行调整，提高检索效率。

3. 先布尔检索后语义排序

对于制备方法类检索主题，由于其通常涉及的技术特征很多，当基本检索要素在整个检索主题的技术方案中文字占比不高时，仅进行纯语义检索可能难以聚焦基本检索要素。此时，从检索主题中提取检索要素进行关键词或分类号的表达和扩展，构建布尔检索式进行布尔语义融合检索，有助于精准圈定相关对比文件，提高相关对比文件的排位。需要注意的是，布尔检索式不具有容错性，因此在检索要素的选择和表达上要考虑其准确性和全面性。通常技术领域、技术效果的表达相对准确，而有些原料、产物、方法步骤的关键词表达形式多样，需要对相关文献中最可能出现的字、词作出预判，适当选择精炼的关键词或通过邻近、同在算符构建语境来表达。

下面结合案例分别从单要素或部分要素组合、检索要素的分组检索以及利用RANGE算符构建关联语境等几方面介绍制备方法类检索主题的智能检索策略。

（1）单要素或部分要素组合检索

一般来说，在开始检索时，智能检索系统默认的纯语义检索一般是最先进行的，通过对纯语义检索排序靠前的文献的概要浏览，可以初步判断检索结果与检索主题的相近程度。若纯语义检索能够获得相关度较高的文献，但无法聚焦技术方案中某一个或几个关键技术特征，此时，可选取该技术特征作为检索要素以相应的准确分类号或关键词扩展表达进行单要素布尔检索或部分要素组合布尔检索。另一方面，也可通过查看语义分词确认系统是否提取到该关键技术特征。此外，如果预期某一个或者几个技术特征必然出现在相关对比文件中，也可以直接选取该特征进行单要素布尔检索或部分要素组合布尔检索。

在制备方法领域，常见的单要素或部分要素组合布尔检索的检索要素选择可包括以下3种：第一，精准的分类号；第二，明确且重要的原料/反应试剂/目标产物；第三，关键工艺或步骤。

1）精准的分类号

在制备方法类检索主题中，某一关键检索要素不易采用关键词进行精准全面的表达时，可选择分类号进行单要素布尔检索。

【案例6-3-4】

申请号：201711052393.0

发明名称：包被恩诺沙星可溶性粉的制备方法

分类号：A61K9/14

权利要求1：一种包被恩诺沙星可溶性粉的制备方法，其特征在于，包括如下步骤：（1）将高聚物置80℃水浴40min，至熔融完全，所述高聚物为聚乙二醇4000或聚乙二醇6000；（2）趁热加入恩诺沙星，迅速搅拌至混合均匀，形成混合物；（3）将混合物在临界温度、高压条件下形成固体，所述临界温度为-20℃，高压条件为3~5MPa；（4）将形成的固体用超高压纳米均质机进行纳米级粉碎，使其粒径粉碎到1nm以下，形成包被恩诺沙星；（5）加入辅料，搅拌均匀，制得混合料，所述辅料为无水葡萄糖；（6）将所述混合料进行分装，即得所述包被恩诺沙星可溶性粉。

发明解读：利用高聚物聚乙二醇与恩诺沙星均匀混合制备可溶性粉，使恩诺沙星在水中能均匀分布。

检索策略：本案例属于药物制剂领域，具体涉及一种利用高聚物聚乙二醇与恩诺沙星混合制备包被恩诺沙星可溶性粉的制备方法，相关检索要素众多，完整准确表达难度比较大。首先在CNTXT数据库中以申请号作为语义排序基准进行纯语义检索，浏览前100篇文献并未获得X类对比文件，效果并不理想。

经分析，纯语义检索的检索结果中，排位靠前的文献的主题均涉及同一活性成分恩诺沙星不同的剂型，例如注射液、混悬液、泡腾分散片、肠溶微丸等。但是本案例的发明点在于以聚乙二醇为主要辅料制备恩诺沙星的可溶性粉，聚乙二醇以及粉末剂型是本案例技术方案的核心。对于剂型而言，本案例给出了非常准确的分类号，即A61K 9/14（细粒状，例如粉末）。因此，可以在CNTXT数据库中构建布尔检索式"A61K9/14/IC/CPC"进行单要素布尔检索，再结合申请号为语义排序基准进行语义排序，第53位获得X类对比文件CN101919804A。

在药物制剂相关的制备方法领域，针对剂型的分类号通常较为准确，并且A61K9/00大组对各种剂型都进行了细分，表达相对准确，相对于关键词，在检索时会降低噪声，检索结果也更有针对性。再结合语义排序，能够有效提升检索效率。

2）明确且重要的原料/反应试剂/目标产物

制备方法类检索主题中相对明确的关键要素通常选自原料、产物、反应试剂、技术领域、技术效果等，检索时可尽可能选择明确重要的、涉及发明构思的关键要素，根据检索结果灵活调整单要素或部分要素组合布尔检索，要素之间如果存在联系，可以适当采用同在算符构建检索式。

【案例 6 - 3 - 5】

申请号： 201610921349.8

发明名称： 一种杀螺胺乙醇胺盐的制备方法

分类号： C07C231/14

权利要求 1： 一种杀螺胺乙醇胺盐的制备方法，其特征在于，包括以下步骤：

（1）将摩尔比为 1∶（1.0~1.4）的杀螺胺和一乙醇胺为原料加入到溶剂中，所述溶剂为甲醇、乙醇或甲醇水溶液，升温至 50~64℃，保温回流反应 3~5h，得到反应产物；

（2）将步骤（1）中所述反应产物降温冷却至室温，抽滤，得到滤液和滤饼，所述滤饼离心除去残余的溶剂，然后洗涤，干燥，得黄色结晶性粉末，即为杀螺胺乙醇胺盐。

发明解读： 采用杀螺胺和一乙醇胺为原料在甲醇、乙醇或甲醇水溶液中反应在温和条件下制备杀螺胺乙醇胺盐，提高了产品的质量和收率。

检索策略： 直接采用申请号为语义排序基准在 CNTXT 数据库中进行纯语义检索，浏览前 100 篇文献，未获得相关的对比文件。

先布尔检索后语义排序：在纯语义检索未获得相关对比文件的情况下，考虑调整检索模式，引入常规的布尔检索。

本案例采用杀螺胺和一乙醇胺为原料制备杀螺胺乙醇胺盐，可采用原料、产物作为关键词进行检索，但并未获得相关对比文件。通过阅读说明书，"杀螺胺"又名"氯硝柳胺"，需要对其进行扩展，关键词扩展工具同样能将"杀螺胺"扩展为"氯硝柳胺"，进一步检索，在第 26 位获得 X 类对比文件 CN1626506A。

本案例声称相对于现有技术的改进之处在于使用沸点较低的甲醇或乙醇作为溶剂，因此"甲醇"和"乙醇"同样是重要的关键词。但由于原料关键词之一为"乙醇胺"，因此引入"乙醇 OR 甲醇"进行检索并不会对检索结果产生任何影响，仍然可在第 26 位获得上述对比文件。进一步地，可通过邻近算符构建检索式"溶剂 10D（乙醇 OR 甲醇）"进行限定，并结合以申请号为语义排序基准的语义排序，在第 6 位获得上述对比文件。不同检索方式下对比文件位次如表 6 - 3 - 1 所示。

表 6 - 3 - 1 不同检索方式下对比文件位次

对比文件	排序基准	数据库	布尔检索式	对比文件位次
CN1626506A	申请号	CNTXT	—	191
			杀螺胺 AND 乙醇胺	—
			（杀螺胺 OR 氯硝柳胺）AND 乙醇胺	26
			（杀螺胺 OR 氯硝柳胺）AND 乙醇胺 AND（乙醇 OR 甲醇）	26
			（杀螺胺 OR 氯硝柳胺）AND 乙醇胺 AND（溶剂 10D（乙醇 OR 甲醇））	6

对于制备方法而言，原料是首选关键词，但需要注意对原料关键词进行全面扩展。此外，由于方法权利要求的细节化特征较多，需注意分析发明构思，从中提取重要的关键词进行限定，可快速命中对比文件。

【案例6-3-6】

申请号：201810691028.2

发明名称：一种N-烷基-氰基吡唑的合成方法

分类号：C07D231/14

权利要求：一种N-烷基-氰基吡唑的合成方法，其特征在于，以1-烷基-1H-吡唑甲醛或者其衍生物、氨水、溴酸钠和醋酸为原料，以水为反应溶剂，得到N-烷基-氰基吡唑。

发明解读：采用氨水、溴酸钠和醋酸作为反应试剂，以水为反应溶剂制备N-烷基-氰基吡唑。

检索策略：直接采用申请号为语义排序基准在CNTXT数据库中进行纯语义检索，浏览前200篇文献，未获得相关对比文件。

先布尔检索后语义排序：在纯语义检索未获得对比文件的情况下，考虑调整检索模式，引入常规的布尔检索。

本案例采用吡唑甲醛或者其衍生物为原料制备氰基吡唑，说明书背景技术部分记载了现有技术制备氰基吡唑时均采用氰化物作为试剂，本案例创新之处在于使用氨水+溴酸钠+醋酸的体系合成，因此，在CNTXT数据库中构建如下检索式进行布尔检索：

氨水 AND 溴酸钠 AND（醋酸 OR 乙酸）

检索命中数为305篇，以申请号作为语义排序基准进行语义排序，在第18位获得X类对比文件CN1714074A。

若仅选择其中部分的反应试剂作为布尔检索的检索要素，例如在CNTXT数据库中构建如下检索式进行布尔检索：

氨水 AND（醋酸 OR 乙酸）

检索命中数为83479篇，以申请号作为语义排序基准进行语义排序，前400篇不能获得相关对比文件。

在CNTXT数据库中构建如下检索式进行布尔检索：

溴酸钠

检索命中数为2260篇，以申请号作为语义排序基准进行语义排序，在第72位获得X类对比文件CN1714074A。

对于发明构思在于反应试剂、催化剂的制备方法，检索时可采用反应试剂或催化剂作为关键词进行检索。若反应试剂的组合体系是关键之处，则尽可能在布尔检索中全面体现整个组合体系。

3）关键工艺或步骤

对于发明构思在于某一关键工艺或步骤的制备方法类检索主题，可基于关键工艺或步骤进行单要素检索。尤其是在智能检索系统不能识别关键工艺或步骤时，通过精准的布尔检索之后再语义排序，可以显著提高对比文件的排序位次。

【案例6-3-7】

申请号：99106819. X

发明名称：生竹纯酒的制备方法及由该方法制备的生竹纯酒

分类号：C12G3/00

权利要求1：生竹纯酒的制备方法，包含以下步骤：1）将含酒精饮用品注入处于生长中的竹的竹节内；2）使所述的含酒精饮用品在竹生长的同时贮存在其竹节内，并使所述的注入了含酒精饮用品的竹继续生长一段时间；3）采集获得所述的生竹纯酒，其中将含酒精饮用品注入竹节内后，让竹继续生长10~90天；所述的含酒精饮用品为国标二级或以下的白酒、酿造酒或配制酒。

发明解读：通过将白酒注入竹节内，随后让竹继续生长使竹汁与酒相溶，从而提高酒的口感和品味。

检索策略：本案例以申请号为基准进行语义检索时，查看系统默认的语义分词，如图6-3-3所示，发现主要分词中并没有与关键工艺"将含酒精饮用品注入竹节内后，让竹继续生长"相关的分词内容。

语义分词（中文）　语义分词（英文）

酿造酒 3	配制酒 3	生竹 3	麻竹 3	蒸馏酒 3
刚竹 3	含酒精 3	酒度 2	淡竹 2	绿竹 2
白酒 2	水竹 2	毛竹 2	调配 2	贮存 2
竹节 2	口感 2	注入孔 2	无毒 2	包装容器 2

当检索目标数据库为中文语种时，请调整中文语义分词及权重值

图6-3-3　以申请号为语义排序基准的语义分词

在智能检索系统不能识别关键工艺时，纯语义检索效果也不是很好。在CNTXT数据库中，以申请号作为语义排序基准直接进行语义检索，前400篇并不能获得相关对比文件。

使用关键工艺进行布尔限定，在CNTXT数据库中构建如下布尔检索式：

继续 S 生长

现有技术布尔命中数为600篇。以申请号为语义排序基准，在第1位获得X类对比文件CN1143674A。不同检索方式下对比文件位次如表6-3-2所示。

表6-3-2　不同检索方式下对比文件位次

对比文件	数据库	排序基准	布尔检索式	对比文件位次
CN1143674A	CNTXT	申请号	—	前400篇未检到
			继续 S 生长	1

基于对案例的充分理解和默认语义分词的分析，以高权重语义分词未提取到的关

键工艺作为布尔检索要素，可纠正智能检索系统语义排序的偏差。

某些制备方法的发明构思在于"条件判断"，即如果某一参数达到目标，则方法按照某一步骤进行，如果未达到目标，则按照另一步骤进行，此时，该"条件判断"可认为是关键工艺步骤，以其为检索要素进行布尔检索可大幅度提升检索效率。

【案例6-3-8】

申请号： 201811271298.4

发明名称： 一种聚己内酯高聚物及制备方法

分类号： C08G63/08

权利要求1： 一种聚己内酯高聚物的制备方法，其特征在于，包括如下步骤：检测己内酯（CL）单体的含水量 a，单位为 mg/g，

若 $a < 18000/M_n$，则向 CL 单体的反应体系中添加引发剂进行聚合反应；

若 $a \geqslant 18000/M_n$，则向 CL 单体的反应体系中添加四氯化钛，除去多余水分后再实施聚合反应；

其中，M_n 表示所述聚己内酯高聚物的目标数均分子量。

发明解读： 通过特定的公式，计算己内酯单体的含水量与分子量的关系，从而确定是否需要除去多余水分再进行聚合反应，解决现有技术中没有考虑己内酯单体中含水量的因素导致合成的聚己内酯高聚物出现分子量不足的问题。

检索策略： 权利要求1基于公式来确定反应路线，检索要素难以提取，也难以准确表达。与发明构思紧密联系且相对能够准确表达的关键词是产物聚己内酯高聚物及条件判断涉及的单体含水量，并且中文表达是相对好扩展的。比如聚己内酯，如果从单体角度进行扩展可表达为己内酯、内酯，如果从上位概念的角度进行扩展可表达为聚内酯、聚酯。含水量一般表达为含水量或水含量。

在 WPABSC 数据库中构建如下布尔检索式进行布尔检索：

（聚酯 OR 内酯） AND （含水量 OR 水含量）

检索命中数为1179篇，以申请号为排序基准进行语义排序后，第6位获得X类对比文件 JPH10158371A。

若单以目标产物进行布尔检索，在 WPABSC 数据库中构建如下布尔检索式进行布尔检索：

聚酯 OR 内酯

检索命中数为516366篇，以申请号为排序基准进行语义排序后，前400篇不能获得上述对比文件。

上述案例的发明构思在于"条件判断"，关键工艺在于对单体的含水量进行判断，需要对其进行重点检索，但智能检索系统一般难以识别上述目标产物与条件的对应关系，因此，将产物和条件判断都作为检索要素进行布尔检索，可以提高检索的精准性。

（2）检索要素的分组检索

对于部分原料/反应试剂种类较多或者长路线、多步骤的制备方法，通常难以获得公开了所有原料/反应试剂或路线/步骤的相关对比文件，此时，需要对制备方法中的各检

索要素进行分类分组，根据主题特点以及检索结果灵活选择检索要素进行组合检索。

1）基于制备步骤或路线进行分组检索

对于长路线、多步骤的制备方法，如果不能获得 X 类对比文件，则可考虑检索要素的分组搭配来检索 Y 类对比文件。

【案例6－3－9】

申请号：201410522001.2

发明名称：一种利伐沙班的制备方法

分类号：C07D413/14

权利要求1：一种利伐沙班的制备方法，其特征在于：所述制备方法的合成路线包括以天然手性甘露醇即 D－甘露醇为起始原料，经多步反应制得 D－甘油醛缩丙酮，即化合物 LF－3；化合物 LF－3 与（4－氨基苯基）吗啉－3－酮反应制得如式 LF－4 所示化合物；化合物 LF－4 经多步反应制得最终产物利伐沙班，合成路线如下：

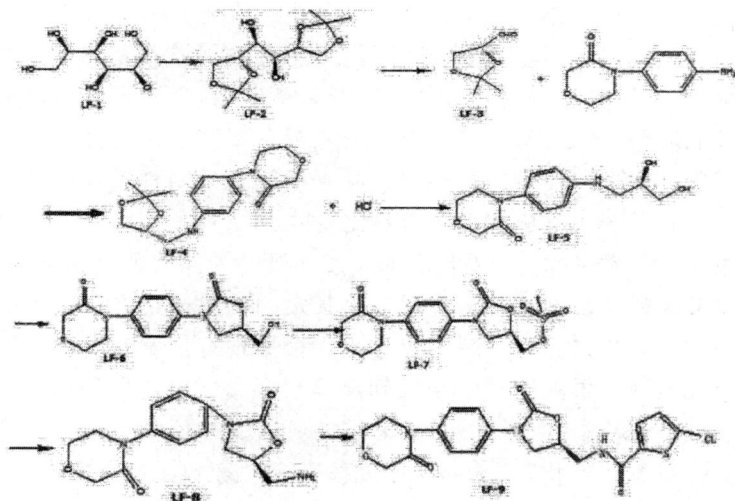

发明解读：以天然手性甘露醇即 D－甘露醇为起始原料，经多步反应制得 D－甘油醛缩丙酮，手性率高，手性成本低。

检索策略：本案例涉及多步骤制备方法，反应路线较长，通过理解发明，确定现有技术中已有采用化合物 LF－5 为原料制备利伐沙班的方法，本案例的发明构思在于采用天然手性甘露醇为原料经过反应制得化合物 LF－3 甘油醛缩丙酮，再进一步制备化合物 LF－5，因此检索重点在于前 3 步反应。

直接采用申请号为语义排序基准在 CNTXT 数据库中进行纯语义检索，浏览前 100 篇文献，未获得相关对比文件。

先布尔检索后语义排序：本案例起始原料是甘露醇，可作为关键词进行布尔检索，但无论是采用"甘露醇"还是采用"甘露醇 AND 利伐沙班"进行检索结合语义排序，均未获得相关对比文件。

对前 3 步化学反应进行分析，即采用甘露醇为原料，与乙烷和丙烷反应制备得到中间体 LF-2，再采用高碘酸钠进行氧化制得化合物 LF-3 甘油醛缩丙酮，再与吗啉-3-酮进行亲核加成反应制得化合物 LF-4。

因此，可采用原料+中间体作为关键词进行检索，构建检索式"甘露醇 AND 甘油醛 AND 吗啉"并结合以申请号为基准的语义排序，在第 5 位获得 Y 类对比文件 CN1673224A，公开了采用丙酮保护的（S）-甘油醛与吗啉基苯胺进行亲核加成的反应，类似于本案例中的 LF-3 制备 LF-4 的反应步骤，虽然该对比文件中提及了甘露醇，但其并未公开由甘露醇为原料制备甘油醛，因此仍然需要进一步检索前两步反应。

前两步反应的原料是甘露醇，反应试剂为乙烷、丙烷、高碘酸钠，产物是甘油醛缩丙酮，直接采用"甘露醇 AND 甘油醛缩丙酮"进行检索，并未获得相关对比文件，由对比文件 CN1673224A 可看出"甘油醛缩丙酮"的表述方式是"丙酮保护的（S）-甘油醛"，因此可对产物名称进行扩展，构建检索式"甘露醇 AND（甘油醛 5D 丙酮）"进行检索，仍然未获得相关对比文件。

在"原料+产物"的检索方式未获得对比文件的情况下，采用"原料+试剂"的检索方式，构建检索式"甘露醇 AND 乙烷 AND 丙烷 AND 高碘酸钠"进行检索并结合语义排序，在第 22 位获得 Y 类对比文件 CN102417533A，公开了与本案例完全相同的由甘露醇制备甘油醛缩丙酮的前两步反应，经分析发现该对比文件中对于中间体产物甘油醛缩丙酮仅用结构式和代号进行表述，并未使用化学名称进行表述，因此采用前述"原料+产物"的检索方式未能命中该对比文件。

通过上述案例的检索过程可以看出，对于多步骤、长路线的制备方法类检索主题，通常涉及多种反应原料、试剂、多类型反应，其发明构思通常在于其中的某一步骤或某几步骤，在检索前需要先充分了解现有技术，根据现有技术状况确定涉及发明构思的某一步骤或某几步骤，再由该关键步骤确定检索要素，可选择的检索要素通常是反应原料、产物、试剂。检索过程中根据检索结果灵活调整检索策略，对检索要素进行组合检索，例如"原料+产物""原料+中间体"和"原料+反应试剂"等。

2）基于原料进行分组检索

对于使用多种原料进行的制备方法，也可基于原料进行分组检索。

【案例 6-3-10】

申请号：201711065695.1

发明名称：一种全氟离子膜的制备方法

分类号：C08L 27/16

权利要求 1：一种全氟离子膜的制备方法，包括以下工艺步骤：

（1）制备 PVDF 母料，由下列组分组成：

A 组分：PVDF 85~90 重量份、PMMA 3~8 重量份、改性滑石粉 3~5 重量份、增塑剂 1~3 重量份、富勒烯 0.5~3 重量份；

B 组分：二甲基丙烯酸 1,4-丁二醇酯：对苯二酮：十二异戊烯醇单磷酸二铵盐：偏钒酸铵 =（1~2.5）:（0.1~0.3）:（3~6）:（5~10）；

其中，以重量份计，A 组分：B 组分 =10:1；

将所有组分充分混合，形成干混料，再在 150～170℃ 下，在双螺杆挤出机挤出造粒，制备得到母粒；

（2）将步骤（1）中母粒溶解于有机溶剂中形成浓度 5wt%～10wt% 的溶液，用流延成型法制成薄膜，烘干，得到 PVDF 膜层；

（3）将含有磺酸基团的单体溶解在有机溶剂或水中，溶液浓度 20wt%～25wt%，喷涂于 PVDF 膜层表面，置于烘箱中烘干得到全氟离子膜。

发明解读：通过调整 PVDF 的配方，加入了离子传导增强剂，在提高了全氟离子膜的力学强度的同时，增强了膜体的离子交换能力，降低了内阻。

检索策略：通过系统默认条件下的纯语义检索在第 2 位获得 Y 类对比文件 CN103012826A，所不同的是 PVDF 母料的制备原料。由于本案例没有对比例和详细的原理分析，基于组分和技术效果推断离子传导增强剂应与富勒烯有关，力学强度与 PMMA 有关。因此，有针对性地检索富勒烯与离子传导、PMMA 与力学强度，并匹配氟、膜的主题。

采用不同的原料分别构建布尔检索式。

以原料"富勒烯"在 CNTXT 数据库中构建如下检索式：

富勒烯 AND 离子传导 AND （氟 AND 膜）/BA

检索命中数为 116 篇，以申请号为排序基准进行语义排序后，第 13 位获得 Y 类对比文件 CN102473933A。

以原料"PMMA"在 CNTXT 数据库中构建如下检索式：

（PMMA OR 甲基丙烯酸甲酯）/BA AND （力学 OR 强度 OR 机械）/BA AND 膜/TI AND C08L27/16/IC

检索命中数为 98 篇，以申请号为排序基准进行语义排序后，第 9 位获得公开了 PVDF 与 PMMA 共混改善力学性能的 Y 类对比文件 CN106147089A。

对于涉及多种原料的制备方法，可在充分理解发明的基础上对原料类和效果类的检索要素进行适当组合，再配合体现主题的关键词或分类号进行布尔检索。还可根据关键词可能出现在文献中的位置选择 BA、TI、BI 索引的组合进行检索。

（3）利用 RANGE 算符构建关联语境

化学领域的制备方法经常会涉及反应试剂用量的数值范围、反应条件参数的数值范围以及化学产品性能的数值范围，因此，合理使用 RANGE 算符构建关联语境，可以提高检索效率。

1）利用 RANGE 算符构建反应试剂与其用量的关联语境

在制备方法中如果涉及反应试剂，则一般会限定其含量或用量，在反应试剂属于关键检索要素的情况下，可利用 RANGE 算符构建反应试剂与其用量或含量的关联语境。

【案例 6－3－11】

申请号：200980105547.5

发明名称：用于乙烷转化成芳烃的方法

分类号： C07C2/76

权利要求 1： 一种用于生产芳烃的方法，该方法包括：

（a）使乙烷与脱氢芳构化催化剂接触，所述催化剂包含：

（1）基于金属计 0.005wt%～0.1wt% 的铂；

（2）基于金属计重量含量等于或大于铂量、优选不超过 1wt% 的镓；

（3）10wt%～99.9wt% 的铝硅酸盐；和

（4）粘合剂；

（b）收集来自（a）的产物和分离并回收 C6＋芳烃；

（c）任选回收甲烷和氢；和

（d）任选将 C2－5 烃再循环到（a）。

发明解读： 采用包含金属铂和镓的催化剂催化乙烷发生脱氢芳构化反应制备芳烃。

检索策略： 直接采用申请号为语义排序基准在 CNTXT 数据库中进行纯语义检索，浏览前 100 篇文献，未获得相关对比文件。

先布尔检索后语义排序：本案例涉及一种采用乙烷为原料，在脱氢芳构化催化剂存在下生产芳烃的方法，发明构思在于催化剂中包含金属铂和镓，并分别对其含量做了具体限定，因此可基于金属铂和镓构建布尔检索式，由于权利要求中限定了具体的含量，因此可利用智能检索系统中的 RANGE 算符将金属和其含量之间建立关联，检索式构建如下：

（（铂 OR Pt）3D RANGE ［0～0.1%］）AND （（镓 OR Ga）3D RANGE ［0～1%］）

在 CNTXT 数据库中进行布尔检索之后采用申请号为语义排序基准进行语义排序，在第 28 位获得 X 类对比文件 CN1070847A，公开了检索主题中的脱氢芳构化催化剂。

具体的检索效果对比如表 6－3－3 所示。

表 6－3－3　不同布尔检索式下对比文件位次

对比文件	排序基准	数据库	布尔检索式	对比文件位次
CN1070847A	申请号	CNTXT	—	202
			（铂 OR Pt）AND （镓 OR Ga）	131
			（（铂 OR Pt）3D RANGE ［0～0.1%］）AND （（镓 OR Ga）3D RANGE ［0～1%］）	28

对于发明构思中涉及百分含量的制备方法类检索主题，可利用 RANGE 算符将物质和其含量之间建立关联，进行相关数值范围检索，能大幅度提高检索效率。

2）利用 RANGE 算符构建反应条件的关联语境

在制备方法类检索主题中，具体的工艺参数例如时间、温度、压力等反应条件往往也是需要重点检索的内容，其经常会涉及相关的数值范围，因此，也可利用 RANGE 算符构建反应条件的关联语境。

【案例 6－3－12】

申请号： 201811251354.8

发明名称：新疆药桑叶茶及其制备方法

分类号：A23F3/34

权利要求1：一种新疆药桑叶绿茶的制备方法，其特征在于，所述制备方法包括下列步骤：

（1）采摘新疆药桑鲜嫩叶子，用蒸馏水洗涤干净，4℃保存24h以上备用；

（2）称取备用的药桑叶，在室温30℃下经24h自然萎蔫；

（3）将萎蔫的药桑叶切成条状，先杀青2~3min，后揉捻20min后取出；

（4）重复步骤（3）4~5次；

（5）将所得物经120~135℃烤制20~30min后即得新疆药桑叶绿茶。

发明解读：提供一种新疆药桑叶绿茶的制备方法，通过冷冻处理使得茶叶更加鲜活，利用药桑叶里丰富的营养物质和多种生物活性成分、蛋白质、矿物质、维生素、多糖、多酚、黄酮、叶绿素等制成茶饮，具有降血压、降血脂、抗衰老、抗病毒、抗肿瘤、抑制病原菌生长等功效。

检索策略：直接语义检索，采用申请号为语义排序基准在CNTXT数据库中进行纯语义检索，浏览前400篇文献，未获得相关对比文件。

对于"4℃保存24h以上"这一方法特征，如果采用"低温保存"作为检索要素，关键词很难表达全面，可能会导致漏检。由于该方法特征限定了温度和时间，因此使用RANGE算符进行检索，在CNTXT数据库中，采用如下检索式：

RANGE［4~4℃］S RANGE［24~24h］

现有技术的命中数为56801篇，以申请号为语义排序基准，在第20位获得Y类对比文件CN104106670A，公开了"将采摘后的新鲜茶叶摊凉后，在-20~6℃温度条件下冷冻6~24h"，并公开了该操作的技术效果"将采摘的茶叶先进行冷冻处理，冷冻处理可以使茶叶更加鲜活"。

对于制备方法中的工艺参数，使用RANGE算符可以提高检索效率。需要注意的是，由于现阶段的智能检索系统的RANGE算符并不能进行单个点值的数值范围检索，因此，也可以使用本案例的方式来构建检索式。

三、用途的特点

用途类检索主题的基本要素是产品和具体用途，具体用途可以仅是应用领域或应用形式，也可以进一步限定具体的使用方法。基于发明构思的不同，用途类检索主题通常包括两种类型：

第一种类型是用途本身仅是产品的常规用途，发明构思体现在产品或与产品相关的制备方法上。例如一种聚合物水性分散体在涂料或油墨中的应用，而涂料和油墨是聚合物水性分散体的常规用途。这类用途检索主题一般附属于产品或制备方法。

第二种类型是用途本身作为创新点的，例如一种已知产品在改善某组合物的某性能中的用途，而现有技术未知该产品与该性能的改善有关。这类用途检索主题通常作为独立的检索主题出现。

对于第一种类型的用途，通过对产品或制备方法的检索往往可以获得相应的对比文件。而第二种类型的用途，则需要关注新用途的检索。这类用途中非常典型的检索主题就是制药用途。

制药用途申请是医药领域特有的一类专利申请，其权利要求通常撰写为"化合物 X 在制备治疗 Y 病的药物中的应用"或与之类似的形式。在国际专利分类表中，制药用途的主分类号通常分到相应活性化合物下，包括 A61K31（含有机有效成分的医药配制品）、A61K33（含无机有效成分的医用配制品）、A61K35（含有其有不明结构的原材料或其反应产物的医用配制品）和 A61K36（含有来自藻类、苔藓、真菌或植物或其派生物，例如传统草药的未确定结构的药物制剂），同时也涉及 A61K9（以特殊物理形状为特征的医药配制品）和相关的医药用途分类号 A61P（化合物或药物制剂的治疗活性）。

从制药用途权利要求的撰写形式不难看出，在对这类检索主题进行检索时涉及的检索要素主要为两个：①采用的活性药物 X；②涉及的疾病 Y。基本检索策略为将这两种检索要素以"与"的逻辑联系方式关联检索。因此，此类检索主题在检索中的重点、难点非常明确：①涉及药物化合物自身的检索难点，包括表达形式多样、命名方式不统一造成的关键词难以表达等问题；②经常出现以不同形式对疾病进行表达或概括的情形，例如仅以致病原理或治病机理描述所要治疗的疾病，这类描述方式涵盖的疾病种类众多，难以提取准确关键词，给检索的全面性带来了很大困难，即便是对于具体适应证，在现有技术与检索主题之间还往往存在不同的表达角度和方式，对用户的专业技术水平要求较高，如何找到不同的表达方式以避免漏检，也是检索的关键；③许多检索主题包含给药途径、给药方法、给药剂量、给药对象、疾病指标变化等特征，这些特征是否会对制药用途本身造成影响以至于成为第三个检索要素，同样是检索时需要充分考虑的因素。

四、用途的检索

药物用途是非常典型的用途类检索主题，一方面能够体现一般化学产品用途的检索特点，另一方面还具有药物独特的检索特点。因此，下面通过药物用途的案例介绍用途的检索策略。

药物用途检索主题的检索重点即在于对涉及的药物产品、疾病两个要素进行全面准确的表达，并适时进行合理扩展。对于药物产品，需要检索并表达具体的活性成分或者与之结构相似的化合物。对于用途，需要检索并表达具体疾病或者上下位概念，必要时需要扩展至治疗机理相同而疾病不同的相关领域。

1. 单要素布尔检索

在药物用途检索主题中经常会出现使用致病机制、作用靶点、治疗效果等功能性特征描述疾病的情况，使得这类检索主题在表达"疾病"这一检索要素时存在很大困难。此时可以采用单要素检索的方法，只表达确定的"药物"这一要素，而将难以表达的"疾病"交给语义排序。

【案例 6-3-13】
申请号： 202010897045.9

发明名称：2-溴棕榈酸在制备防治骨丢失相关疾病的药物中的应用

分类号：A61K31/20

权利要求1：一种2-溴棕榈酸在制备防治骨丢失相关疾病的药物中的应用。

发明解读：利用抗酒石酸酸性磷酸酶染色、鬼笔环肽荧光染色、骨板骨吸收功能评价、逆转录实时荧光定量PCR、蛋白质免疫印迹等多种实验手段，首次明确2-溴棕榈酸可抑制BMMs在RANKL刺激下破骨细胞分化过程。并通过构建小鼠去卵巢骨质疏松模型，明确2-溴棕榈酸在体内也具有抑制破骨细胞分化、活化的功能，可显著缓解雌激素缺失导致的大量骨丢失病理过程，提供了可防治骨丢失相关疾病的体内实验数据基础。

检索策略：本案例药物特征"2-溴棕榈酸"非常明确且易表达，但疾病特征"骨丢失相关疾病"非常上位，并且所涉及具体疾病的边界不清晰，难以进行有效表达和全面检索。在USTXTC数据库中以申请号作为语义排序基准进行语义检索，前400篇未发现相关对比文件。通过概览发现，相关度高的专利申请均涉及不同药物对骨质疏松、骨质减少、调节破骨细胞分化等相关疾病的治疗，智能检索系统的语义检索能够对"骨丢失相关疾病"进行有效检索。

基于上述发现，可以选择使用"溴棕榈酸"进行布尔检索、之后语义排序的检索策略。在USTXTC数据库中使用"溴棕榈酸"进行单要素布尔检索，命中数为95篇，以申请号为语义排序基准进行语义排序，第1位获得X类对比文件US2004171692A1。

对于用途类检索主题中难以表达的要素，可以通过智能检索系统进行模糊匹配，选择可精准表达的要素进行布尔检索、再进行语义排序。

2. 检索要素的全面表达

由于用途类检索主题中经常会出现用于特定用途的化学产品，具体的化学产品是多种多样的，或者某一特定的物质的用途是同一类型且多种多样的。因此，检索过程中需要注意检索要素表达的全面性，避免漏检。

【案例6-3-14】

申请号：201310547607.7

发明名称：糖类在制备治疗血小板数量相关疾病的药物中的应用

分类号：A61K31/7008

权利要求：

1. 糖类在制备治疗血小板数量相关疾病的药物中的应用。

2. 根据权利要求1所述的应用，其特征在于：所述的糖类是单糖、寡糖、多糖和糖苷中的一种或多种。

3. 根据权利要求2所述的应用，其特征在于：所述单糖为N-乙酰-D-葡糖胺、β-N-乙酰-D-葡糖胺、甲基-β-D-葡糖苷、D-葡萄糖。

4. 根据权利要求1所述的应用，其特征在于：所述的血小板数量相关疾病包括原发性或继发性血小板增多症、原发性或继发性血小板减少症。

5. 根据权利要求4所述的应用，其特征在于：所述的血小板数量相关疾病为免疫性血小板减少症。

发明解读：提出糖类在制备治疗血小板数量相关疾病药物中的应用，拓展了糖类的新用途。糖类可以是单糖类、所述单糖类的氧化还原衍生物、寡糖、多糖、复合多糖和糖苷类中的一种或多种。血小板数量相关的疾病包括原发性或继发性血小板增多症、原发性或继发性血小板减少症。实验发现抗血小板 GPIbαN 端抗体可诱导血小板活化、凋亡，可导致血小板在肝脏被巨噬细胞迅速清除，而糖类能显著抑制抗血小板 GPIbα 抗体导致的血小板清除，调控血小板数量。

检索策略：本案例的检索要素非常明确，即"糖类"和"血小板数量相关疾病"。以申请号为语义排序基准在 CNTXT 数据库中进行语义检索，未能获得相关对比文件。分析发现，位次靠前文献的申请人均为苏州大学，涉及与糖类不同的化合物在制备治疗血小板数量相关疾病的药物中的应用，由于同一申请人在撰写专利申请文件时的习惯相对一致，且经常采用相同实验针对相同疾病进行效果确认，导致实质不相关的文献具备较高相似度。因此需要进一步使用布尔检索。

本案例两个检索要素都很上位，请求保护的范围非常大。而根据说明书的记载，仅仅验证了几种特定的糖（即从属权利要求 3 中限定的几种糖）N－乙酰－D－葡糖胺、β－N－乙酰－D－葡糖胺和甲基－β－D－葡糖苷具有抑制血小板破坏、调控血小板数量的活性。从发明实质出发，提取下位关键词，以权利要求 3 中的具体糖类涉及的关键词"葡糖胺""葡糖苷""乙酰""甲基"作为关键词结合疾病种类进行初步检索，获得的文献量较少，仍未获得相关对比文件。

在前期精确检索并未获得相关对比文件的情况下，需要对概括范围非常大的权利要求 1 进行重点检索。由于"糖类"和"血小板数量相关疾病"均非常上位，在实际检索过程中对其进行全面、准确的扩展是本案例检索的关键点，也是难点。智能检索系统提供的关键词扩展功能能够帮助攻克上述难点。在关键词扩展工具中输入基础词"糖类"，既可以获得"葡萄糖""果糖"等常见的糖类关键词，也可获得"淀粉""纤维素""环糊精"等字面不包含"糖"的关键词，如图 6－3－4 所示。

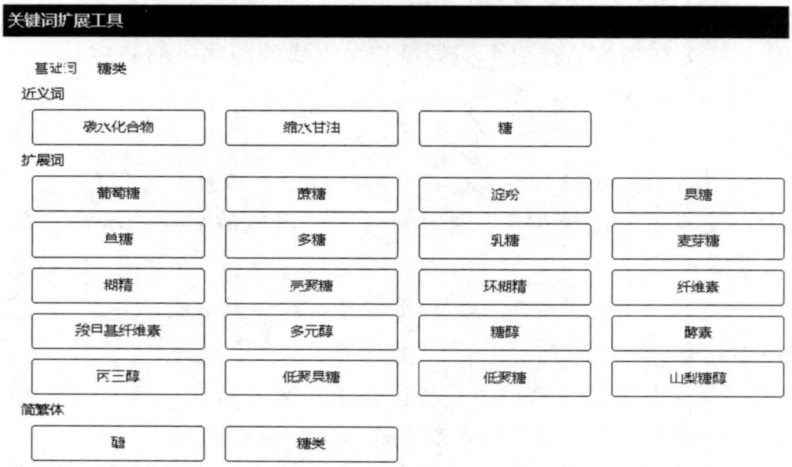

图 6－3－4　利用关键词扩展工具扩展"糖类"

在使用"血小板"进行关键词扩展时发现，系统自动推荐的可使用的近义词仅有"血栓细胞"，其他扩展词例如"陶瓷盘"与本检索主题无关。因此选择较为相关的"血栓细胞"，继续使用"血栓"作为基础词进行二次扩展，此时系统帮助推荐许多相关扩展词，例如"栓塞""抗凝"等。也可以使用上述关键词作为基础词进一步扩展，实现更充分的关键词扩展。通过关键词扩展工具扩展得到的关键词如表6-3-4所示。

表6-3-4 关键词的扩展

关键词	借助"关键词扩展工具"全面表达关键词
糖类	葡萄糖、蔗糖、淀粉、果糖、单糖、乳糖、麦芽糖、纤维素、多糖、糖醇、低聚糖、二糖
血小板数量相关疾病	血栓、凝血、血凝、抗凝、止血、促凝、血稠、血小板、血小板粘附、血小板凝聚、卒中、血块、血凝块

对基本检索要素进行充分扩展后，即可以在数据库中进行布尔检索。在CNTXT中使用如下检索式进行布尔检索：

（葡萄糖 OR 蔗糖 OR 淀粉 OR 果糖 OR 单糖 OR 乳糖 OR 麦芽糖 OR 纤维素 OR 多糖 OR 糖醇 OR 低聚糖 OR 二糖）S（血栓 OR 凝血 OR 血凝 OR 抗凝 OR 止血 OR 促凝 OR 血稠 OR 血小板粘附 OR 血小板凝聚 OR 血块）

得到6825篇现有技术，采用申请号为基准进行语义排序，浏览前60篇的发明名称、摘要，获得表6-3-5所示多篇X类对比文件。

表6-3-5 X类对比文件列表

位次	对比文件	发 明 名 称
3	CN1554360A	玉足海参多糖在制备抗凝血药及血管生成抑制剂中的应用
35	CN1657053A	石莲花多糖抗凝血与抗血栓功能
36	CN1657052A	圣塔景天多糖抗凝血与抗血栓功能
42	CN1657051A	燕子掌多糖具有抗凝血、抗血栓的功能
50	CN102552308A	美洲凌霄花多糖可用于制备抗凝血药物
57	CN103251647A	应用硫酸多糖治疗出血障碍的方法

制药用途检索主题的基本检索要素少，检索要素的提取相对容易，检索重点和难点在于检索要素的扩展，尤其是当检索主题中对技术特征的表述较为上位时，如何准确、全面地扩展检索要素是检索的关键所在。智能检索系统的关键词扩展功能能够帮助全面扩展关键词，必要时还需进行二次扩展或结合普通技术知识进行扩展。

由于制药用途检索主题涉及的检索要素较少，因此检索过程往往存在大量噪声文献。例如药物与疾病分别处于申请文件的不同部分，导致其关联性并不大。此时配合一站式浏览的关系式画像功能可以大幅度提高文献浏览效率。

在本案例中，分析语义排序后的专利文献可知，部分相关度高的专利申请中"糖类"仅出现在背景技术部分，与"血小板数量相关疾病"的关系不够紧密。将语义排序后的结果集推送至一站式浏览，并进行如图6-3-5所示的特征画像，以增强药物与疾病之间的关联程度。

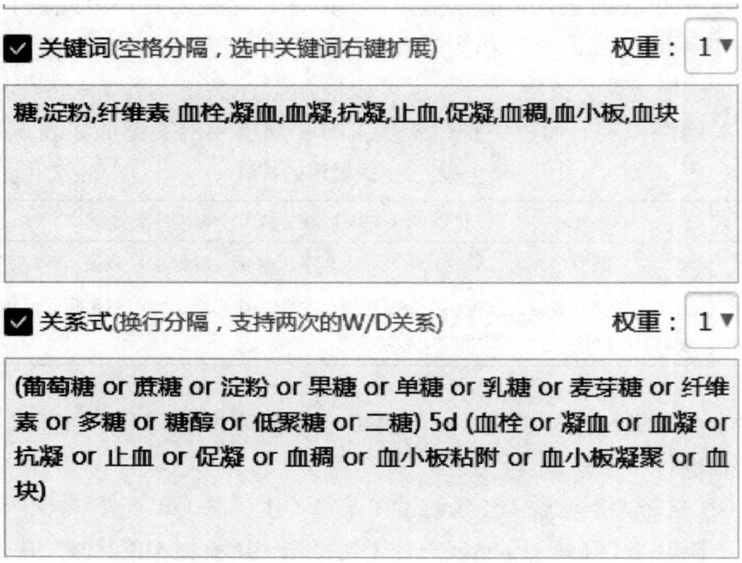

图 6 - 3 - 5　一站式浏览特征画像

通过摘要模式浏览发现，前述对比文件的排位大大提前，均处于前 20 位，如表 6 - 3 - 6 所示，可见使用扩展后的关键词构建关系式增强特征之间的关联性，可以显著提升对比文件排序。

表 6 - 3 - 6　推送至一站式浏览后对比文件位次

对比文件	智能语义排序位次	利用"一站式浏览"后位次
CN1554360A	3	2
CN1657053A	35	7
CN1657052A	36	8
CN1657051A	42	10
CN102552308A	50	12
CN103251647A	57	14

3. 利用 STN 转换工具提高文献筛选效率

在检索西药领域的检索主题时，常会因为药物化合物自身表达形式多样、命名方式不统一的问题导致漏检。为避免这种情况，使用 STN 检索一直是西药领域必不可少的检索步骤。但 STN 数据库在文献浏览方面存在明显缺陷，例如不能直接阅读全文，检索结果默认按日期排序，以聚焦检索词判断文献相关度的 "FOCUS" 命令排序结果不理想等。智能检索系统在辅助工具中提供了 STN 转换工具，可以提取 STN 检索记录中的专利文献或非专利文献并进行检索，在融合检索界面显示 STN 检索到的文献结果。结合智能检索系统强大的语义排序以及浏览功能，可以有效提高文献浏览和筛选效率。

【案例6-3-15】

申请号： 201910330178.5

发明名称： 酚酸类化合物在制备抗类风湿性关节炎药物中的用途

分类号： A61K31/192

权利要求：

1. 酚酸类化合物在制备预防和/或治疗类风湿关节炎的产品中的应用。

2. 如权利要求1所述的酚酸类化合物在制备预防和/或治疗类风湿关节炎的产品中的应用，其特征在于：酚酸类化合物为3,4-二羟基-5-甲氧基苯甲酸。

发明解读： 发现3,4-二羟基-5-甲氧基苯甲酸能够明显抑制类风湿关节炎滑膜细胞的增殖，诱导类风湿关节炎滑膜细胞的凋亡。因此，该化合物可用于制备预防和/或治疗类风湿关节炎的药物，具有较高的临床应用价值和开发前景。

检索策略： 本案例权利要求1中涉及的活性药物"酚酸类化合物"涵盖了大量结构、名称无法确定的化合物，使用具体的酚酸类化合物名称作为检索词难以穷尽检索，极易导致漏检。因此首先选择在STN数据库中进行检索。结合说明书记载具体化合物的特点，在REGISTRY数据库中绘制3、4、5位可变取代的酚酸母核进行结构检索，之后转入CAPLUS数据库使用下式进行检索：

（3、4、5位可变取代结构扩展检索（L）THU/RL）AND（"RHEUMATOID ARTHRITIS"+UF，OLD/CT）

获得46篇检索结果。使用"D BIB HIT"命令逐一浏览，第22位才能获得X类对比文件CN103893161A。使用"FOCUS"命令进行聚焦排序后再使用"D BIB HIT"进行浏览，该对比文件排位下降至第23位。

智能检索系统提供的"STN转换工具"能够大大提高上述浏览效率。将STN检索记录的RTF格式保存至本地。在智能检索系统融合检索界面上方，选择辅助工具按钮，在下拉菜单中选择"STN转换工具"，上传STN检索结果文件，并选择专利文献，对结果文件中的专利文献进行提取并检索，能够导入STN结果集中包括的专利文献。采用申请号作为语义排序基准进行语义排序，第1位即为X类对比文件CN103893161A，不同检索方式下的对比文件位次如表6-3-7所示。

表6-3-7 不同检索方式下的对比文件位次

对比文件	浏览数据库	浏览命令	位次
CN103893161A	STN	D BIB HIT	22
	STN	FOCUS→D BIB HIT	23
	STN转换工具导入智能检索系统	申请号为基准语义排序	1

智能检索系统的STN转换工具能将STN检索记录中的文献转换至融合检索界面显示并排序，可将STN检索平台在结构检索方面的优势与智能检索系统在语义排序方面的优势相结合，大幅度提高文献浏览和筛选效率。

第四节　性能、参数、用途或制备方法限定的产品

产品权利要求通常应当用产品的结构或组成特征进行描述。特殊情况下，当产品权利要求中的一个或多个技术特征无法用结构特征予以清楚地表征时，允许借助物理或化学参数表征。当无法用结构特征并且也不能用参数特征予以清楚地表征时，允许借助方法特征表征。随着科技的发展，专利申请中对产品的表征手段愈发丰富，采用性能、参数、用途或制备方法等特征限定的产品权利要求较为常见，这也给检索工作带来了更大的挑战。下面将结合具体案例，介绍性能、参数、用途或制备方法等特征限定的产品权利要求的智能检索策略。

一、性能、参数限定的产品的特点

在化学领域专利申请中经常出现以性能、参数限定的产品权利要求。性能、参数特征大致可以分为两类：一类是表征产品宏观或微观结构的参数，即结构参数，例如在药物制剂领域经常会采用粒径来表征特定辅料的结构，在药物化合物领域经常会采用X射线衍射图表征晶体化合物的结构，在催化剂组合物领域经常会采用载体的晶相、比表面积、孔容、粒径、酸值等结构参数对催化剂进行限定。另一类是表征产品性能的参数，例如在药物制剂领域经常会出现活性成分的释放性能、辅料的黏度等性能参数，在高分子组合物领域经常会出现分子量、熔体流动指数、黏度等性能参数，在微波介电材料领域经常会出现相对介电常数、品质因数、谐振频率温度系数等介电性能参数。除上述常见的通用型参数外，还可能出现申请人自定义的各种参数。

对于性能、参数限定的产品，在检索过程中存在两方面的难点。第一，当产品权利要求中包含性能、参数特征时，应当考虑权利要求中的性能、参数特征是否隐含了要求保护的产品具有某种特定结构和/或组成。因此需要充分理解发明，厘清性能、参数特征与产品之间的关系，准确判断其是否隐含了要求保护的产品具有某种特定结构和/或组成。如果涉及性能、参数特征没有隐含产品具有某种特殊的结构和/或组成，则直接以组成和结构为基本检索要素进行检索。第二，当性能、参数会对检索主题产生影响时，由于性能、参数特征的表达形式多样，其在对比文件中出现的形式也存在不确定性，能否对该检索要素进行准确提取和全面表达在很大程度上有赖于用户的本领域技术水平。此外，性能、参数特征在对比文件中出现的频次通常不高，出现的位置通常在实施例部分，且可能仅以表格、图片等非文字形式呈现，因而在检索式中合理构建性能、参数特征与相关结构、组分之间的关系存在困难。

二、性能、参数限定的产品的检索

1. 数据库的选择
【案例 6 - 4 - 1】
申请号：201680031177.5

发明名称：用于治疗疼痛的塞来昔布口服组合物

分类号：A61K9/08

权利要求1：稳定的口服液体药物组合物，其包含治疗有效量的塞来昔布；至少一种增溶剂，基于所述组合物的总重量，所述增溶剂的含量为10重量%至70重量%；至少一种中链甘油酯，基于所述组合物的总重量，所述中链甘油酯的含量为5重量%至75重量%；至少一种极性溶剂，基于所述组合物的总重量，所述极性溶剂的含量为20重量%至80重量%；以及至少一种药学上可接受的赋形剂，其中当在具有沉降器的USP 2型仪器中在50r/min和37℃的条件下测试时，在900mL的包含0.5%十二烷基硫酸钠的0.01N HCl中，所述组合物：

a) 在10min的时间内释放不少于约70%的塞来昔布；或

b) 在15min的时间内释放不少于约80%的塞来昔布。

发明解读：塞来昔布是一种基本上不溶于水的中性分子，这导致吸收的高度差异，因此在口服给药后具有有限的生物利用度。因此提供稳定的口服液体药物组合物，以达到特定的释放效果和药代动力学特性。

检索策略：本案例的权利要求1不仅使用组分、含量特征限定请求保护的药物组合物，还限定了特定的释放性能特征。在药物领域，由于释放性能是由药物制剂的具体组成决定的，与组合物中的辅料选择以及用量均息息相关，因此该性能参数隐含了药物组合物具有特殊的结构及组成，是检索过程中需要考虑的要素。

使用纯语义检索，以申请号为语义排序基准，在中文全文数据库CNTXT和原始英文全文数据库OETXT中进行语义检索，没有获得相关对比文件。

然后使用先布尔检索后语义排序。OETXT数据库是按照申请整合的原始公布语言为英文的专利检索库，是全文检索原始英文文献的有力工具。在OETXT数据库中构建如下检索式进行布尔检索：

celecoxib P release?

现有技术命中数为34773篇，以申请号为语义排序基准进行语义排序，第19位获得X类对比文件WO2010150144A2，涉及一种塞来昔布胶囊组合物，实施例中公开了相应的释放效果参数。

值得指出的是，对比文件WO2010150144A2并无其他同族信息，因此选择USTXT等全文数据库均无法获得该对比文件。同时，塞来昔布的释放性能仅记载在对比文件的实施例中，因此选择WPABS等摘要数据库同样无法获得相关对比文件。

由此可见，应当基于性能参数特征在相关对比文件中高概率出现的位置特点选择适宜的数据库。通常而言，性能特征会记载在对比文件的实施例中，在基于相应性能特征提取关键词进行布尔检索时，则需要选择合适的全文数据库例如CNTXT或OETXT在全文中进行检索。

2. 纯语义检索

由于性能、参数在专利文献中出现的频次并不高，同时性能、参数等特征容易出现自定义词，表达形式多样，基于智能检索系统的语义原理，其可能对性能、参数的语义分词准确度以及权重分配不佳。因此，针对此类检索主题在进行纯语义检索时，可以着重进行下述两方面调整：第一，根据实际案情选择适宜文本作为语义排序基准；第二，通过调整分词及其权重增加性能、参数在语义排序中的影响力。

（1）选择适宜文本作为语义排序基准

根据智能语义排序原理，由于智能检索系统对于性能参数的识别程度不高，语义排序基准中过多的性能参数内容可能会给排序结果带来负面影响，实际检索中可以根据案例特点选择系统识别程度高的内容作为语义排序基准。

【案例6-4-2】

申请号： 200710158366.1

发明名称： 一种复合氧化物载体及其制备方法

分类号： B01J21/12

权利要求1： 一种复合氧化物载体，以重量计含有氧化铝20%～95%，二氧化硅5%～75%和氧化锆1%～15%，载体的比表面为300～500m²/g，孔容为0.6～1.2mL/g，平均孔径为6.0～14.0nm，NH_3-TPD总酸量为0.3～0.8mmol/g。

发明解读： 复合氧化物载体，其具有大孔容和高比表面积，且酸碱性可调控，生产工艺简单，载体制备成本低，对环境友好。催化剂载体用于制备加氢精制催化剂。

检索策略： 本案例涉及催化剂载体的相关参数，与催化剂组合物的结构相关，是检索过程中需要考虑的要素。选择不同的语义排序基准，在CNTXT数据库中进行语义检索，以申请号为语义排序基准时，X类对比文件CN1350888A排序为第20位。以权利要求1为语义排序基准时，对比文件排序为第48位。对于选择权利要求1中仅包含组成信息的语义排序基准，简称权利要求1组分部分，具体如下："一种复合氧化物载体，以重量计含有氧化铝20%～95%，二氧化硅5%～75%和氧化锆1%～15%"，对比文件排序为第17位。对于选择权利要求1中仅包含参数性能信息的语义排序基准，简称权利要求1参数部分，具体如下："一种复合氧化物载体，载体的比表面为300～500m²/g，孔容为0.6～1.2mL/g，平均孔径为6.0～14.0nm，NH_3-TPD总酸量为0.3～0.8mmol/g"，对比文件并未出现在前400篇内。不同语义排序基准下的对比文件位次如表6-4-1所示。

表6-4-1　不同语义排序基准下的对比文件位次

对比文件	数据库	排序基准	对比文件位次
CN1350888A	CNTXT	申请号	20
		权利要求1	48
		权利要求1组分部分	17
		权利要求1参数部分	前400篇未检到

在先布尔检索后语义排序时，合适的语义排序基准也非常重要。在本案例中，以参数作为布尔检索的检索要素，在CNTXT数据库中构建如下检索式：

比表面 AND 孔容 AND 孔径 AND （酸量 OR 酸度 OR 酸强度）

其现有技术的命中数为157篇，不同语义排序基准下的对比文件位次如表6-4-2所示。从中可以看出，以申请号作为语义排序基准时，X类对比文件CN1350888A排序为第15位；以权利要求1作为语义排序基准时，对比文件排序为第13位；以权利要求1参数部分作为语义排序基准时，对比文件排序为第21位；以权利要求1组分部分作为语义排序基准的检索效果最好，对比文件排序为第2位。

表6-4-2　不同语义排序基准先布尔后语义检索对比文件位次

对比文件	数据库	排序基准	布尔检索式	对比文件位次
CN1350888A	CNTXT	申请号	比表面 AND 孔容 AND 孔径 AND（酸量 OR 酸度 OR 酸强度）	15
		权利要求1		13
		权利要求1组分部分		2
		权利要求1参数部分		21

对于包含性能、参数的组合物，由于智能检索系统对组合物中的组分识别准确度较高，对于性能参数的识别准确度不高，在纯语义检索或先布尔后语义排序时，可直接选择组分内容作为语义排序基准。

【案例6-4-3】

申请号：201910268415. X

发明名称：一种蔗糖细颗粒及其制备方法、设备与应用

分类号：A61K47/26

权利要求1：一种蔗糖细颗粒，其特征在于：所述蔗糖细颗粒由纯蔗糖为原料制成，所述蔗糖细颗粒的粒径为20~120目，表观密度为0.4~0.6g/mL，休止角为30°~38°。

发明解读：蔗糖作为药用辅料，其颗粒粒径、表观密度和休止角参数对性能影响很大，提供一种表观密度0.4~0.6g/mL，休止角为30°~38°的蔗糖细颗粒，具有流动性好、可压性好的性能，可用于直接压片。

检索策略：本案例的发明构思在于制备得到流动性好、可压性好的蔗糖细颗粒，并采用粒径、表观密度、休止角对请求保护的产品进行表征，上述特征隐含了蔗糖细颗粒的组成，具有限定作用，是检索过程中需要考虑的要素。

以申请号或权利要求为语义排序基准进行语义检索，没有获得相关的对比文件。

通过分析可以发现：现有技术中制备流动性好的辅料颗粒例如三氯蔗糖、乳糖等都是利用流化床的方法制备，而本案例也是采用流化床制备，蔗糖细颗粒的产品性能与制备方法息息相关，故利用说明书所记载的蔗糖的制备方法作为语义排序基准，在WPABSC数据库中直接进行语义检索，在第33位获得X类对比文件GB1168692A。不同语义排序基准下的对比文件位次如表6-4-3所示。从中可以看出，与以申请号和权利要求1作为语义排序基准相比，以改写文本制备方法相关内容作为语义排序基准检索效果显著提升。

表 6 - 4 - 3　不同语义排序基准下的对比文件位次

对比文件	数据库	纯语义排序基准		对比文件位次
GB1168692A	WPABSC	申请号		—
		权利要求		495
		来自说明书的制备方法："蔗糖细颗粒的制备方法，包括以下步骤：将蔗糖粉碎制得糖粉，流化床内用热气流将所得糖粉吹起，同时喷水即得。"		33

　　对于检索主题为以性能、参数限定的产品，在正面直接检索以性能参数限定的产品效果不佳时，可分析特定参数的产品是否由特定的制备方法带来，并可选择相关的制备方法作为语义排序基准，智能检索系统对其识别准确度也比较高，可快速获得相关的对比文件。

　　（2）分词及其权重的调整

　　在智能检索系统对性能、参数的识别准确度不高，分词权重设置不合理的情况下，可以对性能、参数分词及其权重进行调整。

　　【案例 6 - 4 - 4】

　　申请号： 201680068416.4

　　发明名称： 基于二氧化硅的抗菌口腔用组合物

　　分类号： A61K9/14

　　权利要求 1： 一种口腔用组合物，包含：

　　（i）载体；

　　（ii）0.02 重量% ~ 2 重量% 的阳离子抗微生物化合物；和

　　（iii）0.1 重量% ~ 4.5 重量% 的二氧化硅和/或硅酸盐材料，该材料具有以下特征：

　　平均粒度为 0.1 ~ 20μm；

　　CTAB 表面积为 145 ~ 550m^2/g；和

　　对所述阳离子抗微生物化合物的吸收容量为 200 ~ 400mg 阳离子抗微生物化合物/克二氧化硅和/或硅酸盐材料。

　　发明解读： 通常认为二氧化硅和/或硅酸盐材料是高度不相容的，使得唾液水平无法提供充分的抗微生物效果。因此提供改进的二氧化硅/硅酸盐体系以用于抗微生物剂在口腔中的控释，所述口腔用组合物可用于减少或抑制微生物生长。

　　检索策略： 本案例的发明点在于使用改进的二氧化硅和/或硅酸盐材料制备口腔组合物，且该发明点是用平均粒度、CTAB 表面积这两个参数进行表征的，上述参数隐含了二氧化硅和/或硅酸盐材料的结构和/或组成，是检索时需要考虑的要素，并且是非常重要的检索要素。

　　在 CNTXT 数据库中以申请号为语义排序基准进行语义检索，第 50 位获得 X 类对比文件 CN102753137A。其公开了一种包含二氧化硅的牙膏制剂，二氧化硅的粒度、

CTAB 数值均落在权利要求 1 限定的数值范围内。

上述检索虽然获得了对比文件，但排序情况仍不太理想，进一步分析语义分词，可以发现系统默认的高权重语义分词为"清新片""口腔喷""西吡氯铵""漱口液""洁齿"等，如图 6 – 4 – 1 所示。主要的语义分词均没有包括二氧化硅和/或硅酸盐材料的参数内容，其中的"口腔喷"属于错误的分词，高权重的"清新片"和"薄荷糖"属于与检索主题不相关的分词。

图 6 – 4 – 1　系统默认语义分词

为了增加前述重要的参数特征在语义排序中的影响程度，对语义分词进行调整，如图 6 – 4 – 2 所示。具体而言，增加参数特征内容，例如"粒度""粒径""表面积""比表面积""CTAB"，并将其权重设置为 3。删除与发明点不相关或明显错误的分词，例如"清新片""口腔喷""薄荷糖"等。基于调整后的语义分词进行纯语义检索，第 11 位即可获得上述 X 类对比文件。

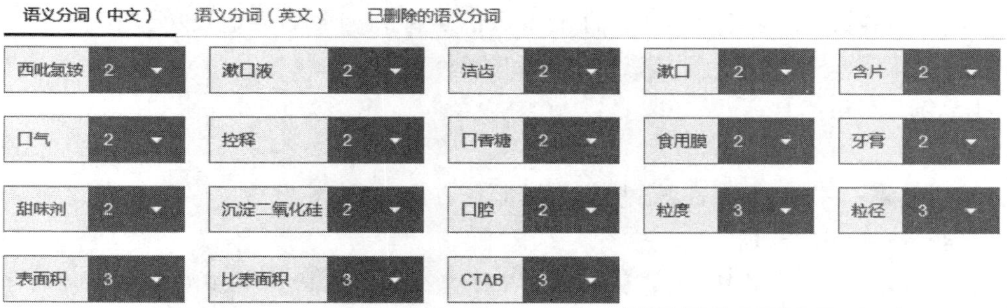

图 6 – 4 – 2　调整后的语义分词

在智能检索系统的默认语义分词没有包括性能、参数等内容时，可以通过调整分词及其权重的方式增加性能、参数在语义排序中的影响力，聚焦检索主题，提升检索效率。

（3）先布尔检索后语义排序

在纯语义检索未获得较好结果的情况下，为了获得更精准的检索结果，可以选择先布尔检索后语义排序的检索方法。当参数对产品具备限定作用且作为发明点时，需要将特定参数作为基本检索要素，在智能检索系统中，结合其语义检索/排序功能以及数据库的整合，可以采用的检索策略包括以下 3 种：第一，直接使用参数特征；第二，应用 RANGE 算符；第三，使用合适的分类号。下面结合具体案例分别详细介绍。

1）直接使用参数特征

性能参数一般涉及参数名称和相关数值，由于不同单位下的数值是不同的，但是参数名称一般是固定和明确的，因此，在使用参数特征进行布尔检索时，可直接构建与参数名称相关的布尔检索式，提高检索的准确性。

以前述案例 6 - 4 - 4 为例。除了通过调整分词及其权重的方法增加重要性能、参数在语义排序中的影响力，还可以从重要的参数名称及定义中提取检索要素，通过构建相应布尔检索式的方式提升检索效率。

本案例针对二氧化硅和/或硅酸盐材料涉及两个重要参数，即"平均粒径"和"CTAB 表面积"。其中"平均粒度"可以提取关键词"粒度"并扩展至"粒径"。"CTAB 表面积"可基于说明书的记载以及本领域的常规理解，其表达含义应为采用 CTAB 法测定的比表面积，因此可以将其表达为"CTAB S 表面积"。在 CNTXT 数据库中构建如下布尔检索式：

（CTAB S 表面积）AND（粒度 OR 粒径）

检索命中数为 798 篇，以申请号作为语义排序基准进行语义排序后，第 10 位获得 X 类对比文件 CN102753137A。

可见，通过精准布尔限定性能、参数内容，基于本领域的常规理解和说明书中所记载的性能参数的具体含义，合理表达性能参数相关内容，结合语义排序基准，可以快速获得相关对比文件。

2）应用 RANGE 算符

性能、参数的主要表达形式为性能参数的名称和相关的数值及单位。因此，也可应用 RANGE 算符同时表达性能参数名称和数值范围。

【案例 6 - 4 - 5】

申请号：201810655903.1

发明名称：一种 PMMA 磨砂树脂及其制备方法

分类号：C08L33/12

权利要求 1：一种 PMMA 磨砂树脂，其特征在于：包括如下按质量份数计的组分：聚甲基丙烯酸甲酯 80～96 份，有机硅微球或玻璃微球 4～20 份，分散剂 0.1～1 份，偶联剂 1～2 份，所述有机硅微球或玻璃微球的直径在 30～80μm。

发明解读：通过在聚甲基丙烯酸甲酯中引入直径在 30～80μm 的有机硅微球或玻璃微球，获得 PMMA 磨砂树脂。

检索策略：在 CNTXT 等数据库中进行纯语义检索，未获得相关对比文件。

通过分析可知，现有技术中通常在 PMMA 里添加有机硅微球作为光扩散剂，粒径远小于本案例限定的范围，因此本案例的检索难点在于特定粒径的微球。由于粒径与磨砂这一技术效果是密切相关的，因此选择"磨砂"和"粒径"作为布尔检索的检索要素。为了更为精准地圈定包含特定粒径数值范围的对比文件，可利用 RANGE 算符进行粒径数值范围检索，并使用同在算符 S 限定粒径与数值范围的同在关系，在 CNTXT 数据库中构建如下布尔检索式：

磨砂 AND （（粒径 OR 粒度） S RANGE ［30～80 微米］）

检索命中数为 1363 篇，以申请号作为语义排序基准进行语义排序后，第 13 位获得 X 类对比文件 CN1267678A。

对于发明构思涉及性能参数数值范围的检索主题，通过使用 RANGE 算符，精准圈定包含性能参数数值范围的文件，通过语义排序，可快速筛选得到相关对比文件。

3）使用分类号

随着分类体系的不断发展，某些分类号不仅能体现具体的化学产品，还在一定程度上包含性能参数的信息，因此，在对包含性能参数的产品进行先布尔检索后语义排序时，可以选择合适的分类号进行布尔限定。

【案例 6 - 4 - 6】

申请号：201711387918.6

发明名称：一种高韧性 PA/ABS 合金材料及其制备方法

分类号：C08L77/00

权利要求 1：一种高韧性 PA/ABS 合金材料，其特征在于，由原料组合物制成，所述原料组合物包括：PA 树脂 1 10～50 重量份；PA 树脂 2 10～60 重量份；ABS 树脂 15～75 重量份；增韧剂 5～22 重量份；润滑剂 0.3～0.8 重量份；相容剂 2～5 重量份；抗氧剂 0.3～0.7 重量份；其中，所述 PA 树脂 1 的相对黏度为 1.9～2.2，所述 PA 树脂 2 的相对黏度为 2.7～3。

发明解读：两种黏度不同的聚酰胺树脂共用，提高材料的混合均匀度和韧性。

检索策略：本案例需要检索两种不同黏度的聚酰胺树脂，该检索要素不易表达，表达得过于具体则容易漏检，表达得过于上位则检索结果数太多，浏览和筛选难度较大。

智能检索系统的 CNTXT 数据库覆盖 CNABS 所有字段，可以直接检索 CPC 和 CSETS。对于检索主题中的性能参数部分，通过查阅，可以获得细分 CPC 分类号 C08L2205/025，其表示含有同一 C08L 等级结构的两种或更多种的聚合物，不同之处仅在于诸如密度、共聚单体的含量、分子量、分子结构这样的参数。由于 CSETS 中的"%n"（n 为大于 1 的整数）能够表示分类号出现的频次，故可以使用"%2"来表示本案例中的两种同类型的聚酰胺（PA）树脂。在 PA 树脂的 CSETS 表达上，C08L77/00（由在主链中形成羧酸酰胺键合反应得到的聚酰胺的组合物）涉及上位的聚酰胺树脂，C08L77/02（由 ω - 氨基羧酸或它的内酰胺得到的聚酰胺）涉及本申请说明书实施例中具体型号的聚己内酰胺树脂。在 CNTXT 数据库中使用分类号构建如下布尔检索式：

C08L2205/025/CPC AND （C08L77/00%2 OR C08L77/02%2）/CSETS

检索命中数为 234 篇，以申请号为语义排序基准进行语义排序后，第 15 位获得 X 类对比文件 CN107312327A。

对于不便于用关键词来表达的性能参数，使用能够表达参数的分类号可以大幅度提升检索效率，特别是一些细分的 CPC 分类号。同时，合理使用 CPC 分类号 + "%n"的表达检索 CSETS，可以表达同一组 CSETS 中同一分类号出现的频次，体现包含两种以上的同类组分这一要素。在分类号表达过程中，全面合理地选择分类号也非常重要，对于上述案例来说，若不能将 CSETS 分类号扩展至具体下位的 PA 树脂，将会导致相关对比文件漏检。

三、用途、制备方法限定的产品的特点

在化学领域专利申请中，也经常存在使用用途、制备方法限定的产品权利要求。例如在中药领域，经常可见到使用特定制备方法表征的天然提取物；在材料领域，经常可见到用原料组成、制备方法表征的陶瓷产品。对于这类产品权利要求，在检索时同样需要判断相应特征与检索主题之间的关系。当权利要求中通过用途或制备方法限定产品时，如果用途或制备方法使产品具有区别于现有技术的产品的结构和/或组成，或者如果其他用途或制备方法不能得到与权利要求中所述的用途或制备方法得到的产品相同结构的产品，那么该用途或制备方法对该权利要求的技术方案具有限定作用，在检索过程中应当予以考虑。对于以不同用途、制备方法限定的一般化合物而言，由于其化学组成及其结构是相对固定的，因此不同用途或制备方法通常不会导致该化学产品的结构产生实质改变。在例外情况下，制备方法会引起化学产品晶相改变，例如 $\alpha - Al_2O_3$、$\beta - Al_2O_3$。但对于以制备方法限定的组合物尤其是化学混合的组合物而言，不同的制备方法往往会导致组合物的物质组成发生变化，或会导致组合物产品在微观结构上发生改变，因此制备方法经常会对这类主题产生实质影响。

对于用途、制备方法限定的产品，在检索过程中也存在两方面的难点。第一，当产品权利要求中包含用途、制备方法限定特征时，应当考虑权利要求中的用途、制备方法限定是否隐含了要求保护的产品具有某种特定结构和/或组成。因此要求充分理解发明，厘清用途、制备方法限定特征与产品之间的关系，准确判断其是否隐含了要求保护的产品具有某种特定结构和/或组成。如果涉及用途、制备方法限定没有隐含产品具有某种特殊的结构和/或组成，则直接以化学产品为基本检索要素进行检索。第二，当用途、制备方法限定对检索主题产生影响时，还需特别考虑用途、制备方法的检索特点。对于用途，现有技术与检索主题之间往往存在不同的表达角度和方式，对用户的专业技术水平要求较高，以药物为例，许多权利要求中也存在使用给药途径、给药方法、给药剂量、疾病指标变化等特征限定的用途，需要结合本领域技术知识充分考虑。对于制备方法，通常会存在较多细节化的技术特征，准确提取、全面表达关键词较为困难，检索噪声较大。

四、用途、制备方法限定的产品的检索

1. 纯语义检索

在纯语义检索中，合适的语义排序基准对于检索效果有重大影响。对于以用途、制备方法限定的产品，由于其包含的内容较多，既涉及具体的产品，还涉及相关的用

途和制备方法，可通过充分理解发明，以明确、具体且丰富的涉及发明实质的相关内容作为语义排序基准。

【案例6-4-7】

申请号： 201410648925.7

发明名称： 王枣子总萜有效部位及其提取方法、应用、组合物

分类号： A61K36/53

权利要求1： 一种王枣子总萜有效部位，其特征在于：其含有齐墩果酸和熊果酸，按原料重量百分比组成含有0.02%～0.5%的齐墩果酸、0.05%～1%的熊果酸；其中，该王枣子总萜有效部位采用以下步骤提取：

（1）取干净的王枣子粉碎，加15～35倍重量、70%～95%的乙醇，50～80℃超声提取40～100min，提取液过滤，滤液用盐酸调pH＝1～3，对滤液加热回流水解20～40min，向水解液里加入0.5～1.0倍体积的水充分混匀，再用等体积的三氯甲烷萃取若干次，合并萃取液；

（2）将所得的王枣子萃取液减压浓缩，进行柱分离，以水及乙醇洗脱，收集相应流份，冻干。

发明解读： 王枣子含有很多化学成分，其中总萜类成分对刀豆蛋白A（ConA）诱导的免疫肝损伤具有显著的保护作用，然而王枣子总萜有效部位并不容易提取，这对王枣子总萜的应用起到了一定的阻碍作用。因此提供一种从中药材王枣子中提取的总萜类有效部位，以药物的主要成分生产加工成为适宜的药物制剂作为治疗免疫肝损伤疾病，能改善肝脏状态，无副作用，经药效学试验证明其疗效显著。

检索策略： 本案例的检索主题为"王枣子总萜有效部位"，权利要求1中使用组分含量以及制备方法两类特征对该主题进行限定。由于制备方法的改变会造成有效部位所包含的物质结构、组分含量等发生变化，并且特定制备方法是本案例的发明点之一，因此制备方法是检索时需要考虑的要素。

考虑到中药有效部位的提取方法在中文非专利文献中记载较多，因此选择CJFD数据库进行检索。分别以申请号、说明书、权利要求1、说明书部分内容（说明书涉及制备方法的全部描述）作为语义排序基准进行纯语义检索。

当以明确、具体且丰富的说明书部分内容作为语义排序基准时，在第47位获得Y类对比文件"王枣子三萜成分的研究"，崔佳等，安徽中医学院学报，2011年第30卷第3期，第57-59页。当使用具体明确但不丰富的权利要求1作为语义排序基准时，对比文件排序为第239位。当使用申请号或说明书作为语义排序基准，在前400篇未出现对比文件，这是由于说明书中存在大量关于疾病发生发展、药理试验的描述，导致语义排序基准与检索主题的相关度不高，难以获得相关对比文件。

通过上述案例的分析可知，对于以用途、制备方法限定的产品，检索主题的技术特征一般较多，选取合适的语义排序基准对于语义检索有重要影响。申请号和说明书等作为语义排序基准，虽然其技术内容丰富，但是可能不聚焦于检索主题，存在干扰信息。以具体明确的制备方法或者权利要求作为语义排序基准，由于其技术内容不够

丰富，也可能会导致相关对比文件的位次不够靠前。由于说明书的相关内容一般对检索主题进行丰富且有针对性的介绍，因此，也可以使用说明书涉及检索主题的全部内容作为语义排序基准。

2. 先布尔检索再语义排序

当用途、制备方法等特征对于产品存在限定作用时，为了凸显特定用途、制备方法的重要性，可基于相应用途、制备方法提取部分检索要素，采用先布尔检索后语义排序的方法。

【案例6-4-8】

申请号： 201910970396.5

发明名称： 一种低成本特厚耐磨型海洋平台齿条用钢板及其生产方法

分类号： C21D8/02

权利要求1： 一种低成本特厚耐磨型海洋平台齿条用钢板，其特征在于，该钢板的各化学成分质量百分例如下：C：0.30%～0.40%、Si：0.15%～0.35%、Mn：0.5%～0.6%、P：≤0.012%、S：≤0.002%、Ni：0.5%～0.6%、Cr：0.8%～0.9%、Mo：0.50%～0.60%、TAl全铝：0.020%～0.045%，余量为Fe和不可避免的杂质。

发明解读： 传统的自升式平台桩腿用齿条钢采用低碳高镍的思路设计，其齿面硬度主要靠钢板原始调质性能，硬度较低，另外添加大量的贵重金属而导致成本较高。本案例的目的在于提供一种低成本特厚耐磨型海洋平台齿条用钢板，该钢板的厚度为180mm，且该钢板具有抗拉强度大、硬度高、耐低温冲击韧性和耐磨性好等特点。该低成本特厚耐磨型海洋平台齿条用钢板的化学成分设计合理，C、Mn具有固溶强化作用。为进一步减少贵重合金成分降低成本，采用低Ni的设计思路，另外淬火采用循环阶梯温度淬火，尽可能改善力学性能，开辟了一条新的热处理工艺。

检索策略： 本案例的发明构思在于提供一种低成本特厚耐磨型海洋平台齿条用钢板，其中包含应用场景"海洋平台齿条"，该应用场景需要该钢板具有一定的厚度、强度、韧性以及耐磨耐腐蚀性能等，因此，该应用场景对于该钢板组合物有限定作用。

在CNTXT数据库中，选择权利要求1作为语义排序基准，前400篇未获得相关对比文件。查看系统自动给出的语义分词可以发现，其语义分词并没有很好地表达"海洋平台齿条"这一应用场景，相关分词的权重也不高，如图6-4-3所示。

图6-4-3 以权利要求1为语义排序基准的语义分词

选择布尔检索的方式提高应用场景的重要性。在CNTXT数据库中构建如下检索式进行布尔检索：

海洋平台 AND 齿条

检索命中数为 516 篇，以权利要求 1 作为语义排序基准进行语义排序，第 23 位获得 Y 类对比文件 CN109881092A。

本案例比较特殊，齿条除了可以看作是钢板的应用之外，还可以是一种具有特殊性能的钢板——齿条钢。因此，还可以基于该钢材的性能"齿条钢"在 CNTXT 数据库中构建如下检索式进行布尔检索：

齿条 3d 钢

检索命中数为 2472 篇，以权利要求 1 作为语义排序基准进行语义排序，该 Y 类对比文件 CN109881092A 排序第 15 位。不同检索方式下对比文件位次如表 6-4-4 所示。

表 6-4-4 不同检索方式下对比文件位次

对比文件	数据库	排序基准	布尔检索式	对比文件位次
CN109881092A	CNTXT	权利要求 1	—	前 400 篇未检到
			海洋平台 AND 齿条	23
			齿条 3d 钢	15

对于以用途或制备方法限定的产品，选择合适的部分要素甚至单要素进行先布尔检索再语义排序也是有效的检索手段。在检索要素的选择上，可关注基于语义排序基准所展现的语义分词，基于语义分词的内容及其相关权重，选择没有被智能检索系统所重点识别的发明点作为布尔检索的检索要素。

3. 构建用途或制备方法与组分之间的关联语境

对于包含用途、制备方法的组合物，智能检索系统往往不能识别限定内容与组分之间的关联关系。此时，通过合适的方法构建限定内容与组分之间的协同语境非常重要。具体的语境构建方法包括使用同在算符、邻近算符、RANGE 算符等。

【案例 6-4-9】

申请号：201810616090.5

发明名称：生物滤料及其制备方法、曝气生物滤池

分类号：C04B33/135

权利要求 1：一种生物滤料，其特征在于，按照重量份包括：

粉煤灰 15~30 份；

黏土 18~25 份；

硅藻土 12~20 份；

造孔剂 8~12 份；

镁橄榄石 7~15 份；

陶瓷废料 35~50 份。

其制备方法，包括：

（1）将烘干的黏土粉碎至粒度小于 80 目，然后称取粉煤灰、黏土、硅藻土、造孔剂、镁橄榄石、陶瓷废料预混合获得粉料，加入水进一步地混合，混合料中粉料的质

量比为 90% ~95%；

（2）半干压法成型，获得直径为 10 ~20mm 的颗粒；

（3）在 50 ~60℃条件下干燥 2 ~3h，然后升温至 110 ~120℃条件干燥 2 ~3h；

（4）在马弗炉中进行烧结，烧成温度为 1100 ~1150℃，保温时间为 7 ~15min。

发明解读：提供生物滤料，气孔率达到 47.6%，孔隙主要分布在 0.05 ~0.1mm 范围，且孔径分布相对均匀，表面粗糙，便于生物膜生长，抗压强度接近 22MPa，颗粒表面无分层、裂缝现象，外表无明显缺陷，COD 与 $NH_3 - N$ 去除率分别达到 92.1% 和 97.6% 左右。

检索策略：从检索主题的发明构思可以看出，对于生物滤料，其组分和制备方法对于最终的滤料性能有重要影响；在检索过程中，也应该注重这两方面的检索。

在产品方面，陶瓷废料是滤料中的主要组分，在制备工艺方面，烧结温度对于最终滤料产品的性能影响最大。因此，可通过构建二者同在一句话中的关联语境，同时使用 RANGE 算符限定温度范围，在 CNTXT 中构建如下布尔检索式；

废料 S RANGE［1100 ~1150℃］

现有技术检索命中数为 927 篇，以申请号为语义排序基准进行语义排序，第 1 位即为 Y 类对比文件 CN104058781A。若直接使用申请号作为语义排序基准进行纯语义检索，对比文件的排序为 376 位。

对于组分和制备方法等之间具有协同效应的检索主题，使用同在算符，可以在检索时构建二者的关联语境，从而快速检索到合适的对比文件。

第五节　生物序列

生物序列是生物领域所特有的检索主题，通常包括蛋白质和核酸分子的序列，即氨基酸和核苷酸的排列顺序。随着近代生物学众多分支研究的发展，全基因组测序技术、高产率的寡核苷酸合成技术、核酸扩增技术、蛋白质杂交技术、基因编辑技术等各种先进技术被广泛应用，新的核酸分子、蛋白质分子源源不断地从生物体中分离出来，用于检测或治疗的基因载体、引物、探针和抗体等分子也源源不断地被合成出来。生物序列相关的专利申请量逐年攀升，对生物序列的检索需求也日益精确化和专业化。

一、生物序列的特点

生物序列相关的检索主题具有以下特点：①生物序列的表现形式多样化，主题分支涉及广泛，包括引物或探针序列、小干扰 RNA（siRNA）序列、单核苷酸多态性（SNP）序列、微小 RNA（miRNA）序列、抗体或抗原序列、酶或酶突变体、基因载体、多肽药物等，既涉及新的核酸或新的蛋白质，也可能涉及已有基因或蛋白质的新功能、新用途；②在生物序列相关的研究中，国外创新主体现阶段处于相对领先地位，相较于中国专利库而言，中文期刊、外文专利、互联网资源、外文非专利文献、基因库等均构成重要的检索资源，例如检索生物序列常用免费公共数据库 GenBank/EMBL/DDBJ 和商业数据库 STN；③检索难度大，一方面受限于序列的文本化、数据库对序列的提取和二次加工等数据格式因素，另一方面也受限于 SNP、基序、突变体等序列表现形式过于多样的特点。特别地，短序列检索又是生物序列检索中的难点，因为常用的序列比对算法例如 BLAST 等难以支持过短序列的检索。

二、生物序列的检索

智能检索系统以其全面友好的数据收录、特色领域检索工具、智能语义排序功能，为用户提供了方便高效的检索方式和较好的检索效果。在智能检索系统中需要结合生物序列本身的特点进行检索，既可以采用通用的语义检索、布尔检索结合语义排序，同时也可利用一些特色工具检索。下面结合案例分别从生物序列检索、结构式检索、利用 STN 转换工具联合检索、纯语义检索和布尔语义融合检索等几方面介绍智能检索系统中的生物序列检索。

1. 生物序列检索

智能检索系统的特殊领域检索菜单中，提供"生物序列检索"工具和"生物序列检索（新）"工具。

"生物序列检索"包含中国专利生物序列检索系统，该平台应用生物序列检索程序 BLAST（Basic Local Alignment Search Tool），可在中国专利生物序列数据库中检索序列相似度较高的序列，支持核酸序列、核酸短序列、蛋白质序列、蛋白质短序列 4 种检索模式，如图 6-5-1 所示。中国生物序列数据库中收录来自国家知识产权局受理的中国专利申请文件中提取的生物序列项数据，其收录的中国专利序列信息全面准确，对未收录中国专利数据的公共数据库 GenBank/EMBL/DDBJ 起到较好的补充作用。

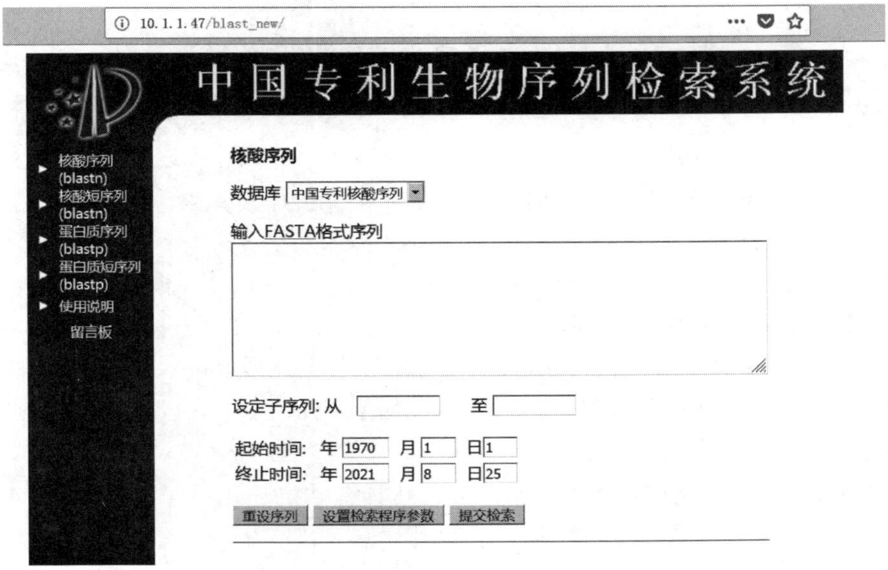

图 6-5-1　特殊领域检索——生物序列检索

"生物序列检索（新）"不仅包括中国专利生物序列检索系统，还提供常用生物序列检索资源及生物序列处理工具网站的链接。其中中国专利生物序列检索系统支持 4 种检索方式：核苷酸检索、蛋白质检索、翻译核苷酸检索蛋白质、蛋白质检索翻译核苷酸，如图 6 – 5 – 2 所示。

图 6 – 5 – 2　特殊领域检索——生物序列检索（新）

【案例 6 – 5 – 1】
申请号： 200810030039.2
发明名称： 一种 CXCR4 拮抗剂重组蛋白 SDF – 1βP2G 及其制备方法和应用
分类号： A61P9/10

权利要求 1： 一种 CXCR4 拮抗剂重组蛋白 SDF – 1βP2G，其特征在于：SDF – 1βP2G 的氨基酸序列如下：Lys Gly Val Ser Leu Ser Tyr Arg Cys Pro Cys ArgPhePhe Glu Ser His Val Ala Arg Ala AsnVal Lys His Leu Lys Ile Leu AsnThr Pro AsnCys Ala Leu Gln Ile Val Ala Arg Leu Lys AsnAsnAsn Arg Gln Val Cys Ile Asp Pro Lys Leu Lys Trp Ile Gln Glu Tyr Leu Glu Lys Ala Leu AsnLysArgPhe Lys Met。

发明解读： 合成重组蛋白 SDF – 1βP2G，其具有拮抗趋化因子受体 CXCR4、促进缺血后血流恢复和血管再生的生物活性。

检索策略： 将权利要求 1 中的氨基酸序列由三字母缩写格式转换为单字母缩写格

式，选择特殊领域检索：生物序列检索工具，打开生物序列检索界面，选择蛋白质序列（blastp）工具，输入权利要求 1 中氨基酸序列的单字母缩写形式序列，默认参数提交检索，即可获得相似性 100% 的序列：> pat｜china｜02129301.5｜2，从而获得 X 类对比文件 CN1319021A，其序列 2 与检索主题中的氨基酸序列完全相同。

2. 结构式检索

短肽也是生物序列的常见形式，当生物序列为短肽且氨基酸数目较小时，可将该短肽视为小分子化合物。此时，可利用智能检索系统中的结构式检索平台，快速检索短肽类生物序列的相关对比文件。

【案例 6 - 5 - 2】

申请号： 202011264167.0

发明名称： 多肽及其衍生物和水凝胶以及在制备预防和/或治疗 I 型糖尿病药物中的应用

分类号： C12Q1/689

权利要求 1： 一种多肽，其特征在于，所述多肽序列如 SEQ ID NO：2 所示；

所述如 SEQ ID NO：2 所示序列的结构式为：

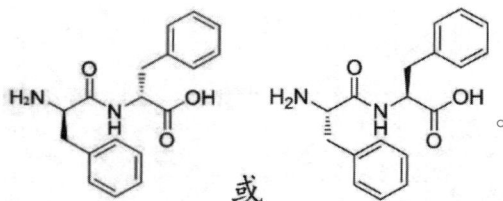

发明解读： 提供特定结构的多肽，所述多肽能够模拟胰岛素抗原表位，从而防治 I 型糖尿病。

检索策略： 权利要求 1 中以化学结构式表示多肽的结构，如果将该化学结构表述为常规的氨基酸序列形式，相当于二肽 Phe - Phe，或 FF，或苯丙氨酸 - 苯丙氨酸。二肽序列较短，在生物序列检索平台中并不支持如此短的序列检索，在全文库中检索 Phe - Phe 或 FF 又会产生过多包含 FF 的更长蛋白质序列所致的噪声。因此，本案例中可将二肽 FF 序列视为小分子化合物进行检索。选择特殊领域检索：结构式检索工具，进入结构式检索界面，如图 6 - 5 - 3 所示。

在输入区域画出权利要求 1 中的 SEQ ID NO：2 的结构式，生成检索式，即可获得大量公开了该二肽分子的文献，如图 6 - 5 - 4 所示。

以申请号作为语义排序基准，可以快速得到 5 篇 X 类对比文件，其分别为 CN102993264A、CN106242995A、CN106581645A、CN106890135A、CN109876152A。蛋白质短肽由于其结构特殊性以及申请文件撰写表述多样性，在数据库加工的过程中既可以被标引为氨基酸序列，也可以被标引为化学小分子的结构。智能检索系统提供了结构式检索的特色功能，可基于短肽的结构式进行相关序列的检索。

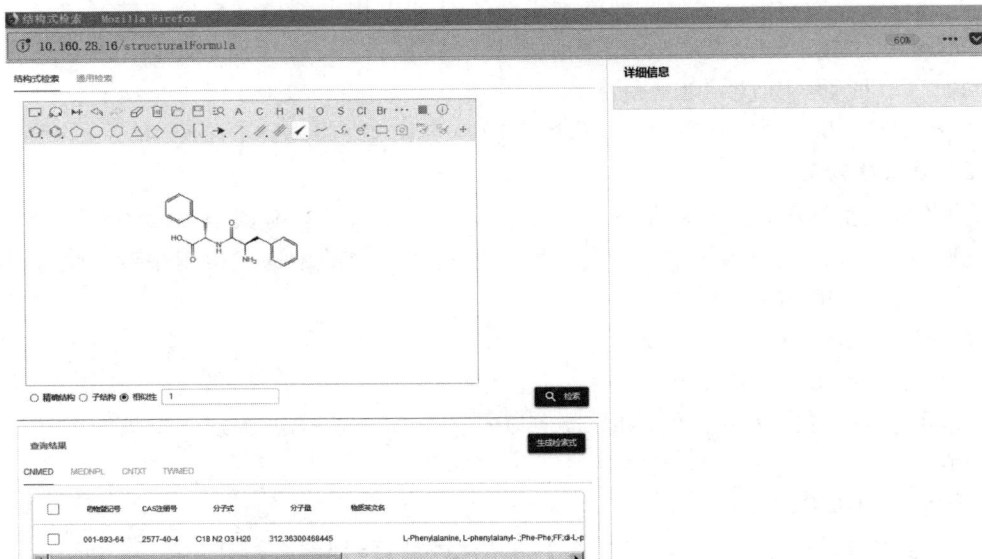

图 6-5-3　结构式检索界面

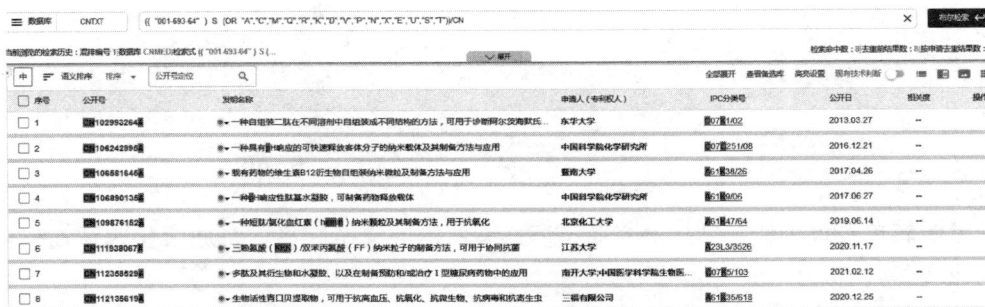

图 6-5-4　结构式检索命中结果

3. 利用 STN 转换工具联合检索

　　智能检索系统在辅助工具中提供的"STN 转换工具"在生物序列相关主题的检索中也能够使用。基于生物序列提取其对应的 RN 号，在 STN 中进行检索，然后使用"STN 转换工具"，提取 STN 检索记录文件中的文献号并检索，进而结合语义排序、浏览或进一步检索等操作，实现了 STN 检索与智能化系统内检索的完美融合。

　　【案例 6-5-3】

　　申请号：201410785169.2

　　发明名称：三肽囊素规模化制备方法及在防控畜禽重大疾病上的应用

　　分类号：A61K39/39

　　权利要求 1：三肽囊素、其衍生物或其药学上可接受的盐，在制备药物中的用途，其特征在于，所述药物用于：

（1）提高动物血清中 IL－6 的水平；和/或

（2）提高动物血清中 IL－2 的水平。

发明解读：利用三肽囊素制备提高动物血清中 IL－6 或 IL－2 水平的药物。

检索策略：三肽囊素 Lys－His－Gly－NH$_2$ 在现有技术的名称非常多样，例如囊素三肽、三肽囊素、法氏囊三肽、Bursin、Lys－His－Gly－NH$_2$ 等，为避免扩展不充分，选择 STN 平台检索。首先在 STN 中获得所述囊素三肽的 RN 号 60267－34－7 或 952615－19－9，在 CAPLUS 数据库基于 RN 字段检索获得 106 篇结果文献，保存检索记录为 bursin. rtf。利用智能检索系统的辅助工具：STN 转换工具，上传所述 rtf 检索记录文件，并选择专利文献，对结果文件中的专利文献进行提取并检索。提取得到 98 篇专利文献，结合以申请号为基准语义排序后，在第 1 位即获得 X 类对比文件 CN101045745A。

智能检索系统的 STN 转换工具将 STN 检索与智能检索系统的浏览和排序功能有机统一，极大地提高了文献浏览和筛选效果。

4. 纯语义检索模式下语义排序基准及分词的调整

生物序列比对、结构式检索、利用 STN 转换工具联合检索等检索方式适用于检索已标引目标序列的相关对比文件。但是文献中的序列标引往往存在一定的局限性，尤其是对于短序列的标引并不尽如人意。例如中国专利生物序列数据库，其仅提取作为单独的"说明书核苷酸和氨基酸序列表"单元所提交的序列表的数据，不包括仅出现在全文中或未代码化为文本的图表中的短肽序列或短核酸序列。由于智能检索系统可基于检索主题进行全文语义检索。因此，同样也可采用纯语义检索。

【案例 6－5－4】

申请号：200680031862.4

发明名称：主要包含 GLCNACMAN3GLCNAC2 糖形式的免疫球蛋白

分类号：A61K39/395

权利要求 1：包含多种免疫球蛋白或片段的组合物，每种免疫球蛋白或片段包含与之连接的至少一种 N－聚糖，从而其中所述组合物包含多种 N－聚糖，其中主要 N－聚糖基本上由 GlcNAcMan$_3$GlcNAc$_2$ 组成。

发明解读：通过 N－聚糖化的修饰改变免疫球蛋白对 Fcγ R 受体的亲和性。

检索策略：N－聚糖的序列没有收录于生物序列库中，可使用智能检索系统中的纯语义检索。采用申请号作为语义排序基准，前 400 篇并未获得相关对比文件。分析申请文件可以发现，说明书的篇幅过于冗长，包含大量的术语定义、一般技术、附图说明且制备例中涉及的操作均属常规。考虑到干扰信息过多，改变语义排序基准，仅采纳说明书中的"发明内容"中的文本作为语义排序基准，不包含"发明背景""定义""附图的简要说明""发明的详细说明""实施例 1－6""序列说明"等部分的内容。改变语义排序基准后，在第 6 位获得 X 类对比文件 WO2004074458A2，检索结果如表 6－5－1 所示。

表 6 – 5 – 1　不同语义排序基准的比较

对比文件	数据库	语义排序基准	对比文件位次
WO2004074458A2	VEN	申请号	前 400 篇未检到
		说明书中"发明内容"部分	6

生物序列的相关主题也可以采用智能检索系统的纯语义检索。但是在检索过程中，需要关注语义排序基准的选择。尤其是对于说明书中包含大量技术信息的检索主题，虽然提供了全面丰富的技术信息，同时也给语义检索引擎带来过多干扰信息，从而难以聚焦检索主题。在此情形下，可考虑调整语义排序基准，在充分理解发明的基础上，选择说明书中的部分段落为基准，例如发明内容，或技术效果、实施例等，排除干扰信息，提高语义检索效率。

【案例 6 – 5 – 5】

申请号： 202010780655.0

发明名称： 靶向 AFP 全抗原的 DC 细胞、CTL 细胞及其制备方法和应用

分类号： C12N15/12

权利要求 1： 编码一种 AFP 全抗原的基因，其中所述 AFP 全抗原为包括 SEQ ID No. 2 所示氨基酸序列组成的蛋白片段和 SEQ ID No. 4 所示氨基酸序列组成的蛋白片段这两条蛋白片段的组合物。

发明解读： 针对 AFP 的疫苗免疫原性较弱的问题，分析其原因之一是 AFP 完整抗原具有抑制树突状细胞、NK 细胞以及 T 细胞等免疫相关细胞的副作用。因此将 AFP 全抗原分成两段在树突细胞内同时表达，从而减少或避免 AFP 全抗原蛋白对树突细胞及其效应细胞的免疫抑制作用。

检索策略： 权利要求 1 中限定的 SEQ ID NO：1 与 SEQ ID NO：2 均是 AFP 全抗原的一部分，发明点在于将 AFP 抗原分成重叠的两段子序列分别在 DC 细胞中表达。采用智能检索系统中的纯语义检索，以申请号作为语义排序基准，前 400 篇并未获得相关对比文件。查看申请号作为语义排序基准默认的语义分词，如图 6 – 5 – 5 所示，系统显示的 20 个语义分词的权重设置极为均衡，均为 2。

图 6 – 5 – 5　默认语义分词

基于对发明的充分理解可知"AFP"一词为关键检索要素，因此需调整"AFP"的分词权重。当将"AFP"分词权重调整为 3 时，以申请号作为语义排序基准，第 61

位获得 X 类对比文件 CN102268457A。当将"AFP"分词权重调整为 4 时，以申请号作为语义排序基准，第 3 位即可获得 X 类对比文件 CN102268457A。

不同检索方式下对比文件位次如表 6 – 5 – 2 所示。

表 6 – 5 – 2　不同语义分词权重下对比文件位次

对比文件	数据库	语义分词	对比文件位次
CN102268457A	CNTXT	默认："AFP"权重 2	前 400 篇未检到
		调整："AFP"权重 3	61
		调整："AFP"权重 4	3

对于生物序列相关主题的语义检索，还需要关注语义排序基准的语义分词及其权重，对于生物序列的主题名称等关键检索要素，当其语义分词权重较低时，需要对其进行调整，在语义分词权重适配时，语义检索效果比较好。

5. 先布尔检索后语义排序

在纯语义检索模式下未能获得较好的检索结果时，同样可通过先布尔检索后语义排序来获取相关对比文件。考虑到序列表达方式的多样性，可在布尔检索式构建时灵活使用算符、通配符以及多方变换序列的表达形式，例如采取截短序列、调整序列中空格位置（三联、五联、十联）、简并碱基替换为具体碱基、RNA 的 T/U 互换、氨基酸序列的中/英名称、三字母/单字母缩写形式，核酸序列的正义/反义形式等。

【案例 6 – 5 – 6】

申请号： 01123684.1

发明名称： 一种短肽及以其为活性成分的药物

分类号： C07K7/06

权利要求 1： 一种短肽，它的氨基酸残基序列为 N' – YGFGG – C'。

发明解读： 以特定结构的多肽作为活性成分，促进骨形成。

检索策略： 所述短肽的序列过短，不支持在中国专利生物序列库中进行 BLAST 比对，直接进行纯语义检索也未获得相关对比文件。因此，尝试使用布尔语义融合检索。在中文全文数据库 CNTXT 中，使用氨基酸的中文缩写方式，构建如下检索式"酪 – 甘 – 苯丙 – 甘 – 甘"，布尔检索命中数为 0。使用氨基酸的中文全称，构建检索式"酪氨酸 – 甘氨酸 – 苯丙氨酸 – 甘氨酸 – 甘氨酸"，布尔检索命中数为 1，没有获得相关对比文件。使用氨基酸的序列构建检索式"YGFGG"，布尔检索命中数为 6，没有获得相关对比文件。

在英文原文全文数据库 OETXT 中，使用氨基酸的英文缩写方式，构建检索式"Tyr – Gly – Phe – Gly – Gly"，布尔检索命中数为 73 篇，以申请号为语义排序基准，第 23 位获得 X 类对比文件 US5814610A。对于氨基酸的缩写方式，采用不同的氨基酸连接表达形式，布尔检索命中数也各不相同，当构建检索式"Tyr Gly Phe Gly Gly"时，布尔检索命中数为 0。当构建检索式"Tyr W Gly W Phe W Gly W Gly"时，布尔检索命中数为 0。使用氨基酸的序列构建检索式"YGFGG"，布尔检索命中数为 25 篇，没有获得相关对比文件。

不同检索方式下对比文件位次如表 6 - 5 - 3 所示。

表 6 - 5 - 3　不同检索方式下对比文件位次

对比文件	数据库	布尔检索式	对比文件位次
US5814610A	CNTXT	酪 - 甘 - 苯丙 - 甘 - 甘	—
		酪氨酸 - 甘氨酸 - 苯丙氨酸 - 甘氨酸 - 甘氨酸	—
		YGFGG	—
	OETXT	Tyr - Gly - Phe - Gly - Gly	23
		Tyr Gly Phe Gly Gly	—
		Tyr W Gly W Phe W Gly W Gly	—
		YGFGG	—

对于短肽或短核酸序列的检索，由于专利文献中的全文文本信息也记载生物序列，因此，数据库可以选择全文类数据库例如 CNTXT 和 OETXT 等。在布尔检索式的表达方面，除采用相关序列来检索之外，还可将其扩展为不同的氨基酸缩写采用 " - " 相连的方式。

【案例 6 - 5 - 7】

申请号： 201210240201. X

发明名称： 寡核苷酸引物对、寡核苷酸组合物和包括寡核苷酸组合物的试剂盒及其检测方法

分类号： C12N15/11

权利要求 1： 寡核苷酸引物对，其特征在于由序列为 TGAYGGGCGACAATGTCC 的上游引物 PRRSV NSP2 - F 和序列为 CGCAGACAAATCCAGAVG 的下游引物 PRRSV NSP2 - R 组成。

发明解读： 设计特异性引物对，实现猪繁殖与呼吸综合征病毒（PRRSV）的经典株和高致病性变异株的一步检测，如样本中含有 PRRSV 经典株则扩增出 330bp 条带，如样本含有高致病性变异株则扩增得到 240bp 条带。

检索策略： 权利要求 1 中的上、下游引物均包含一个简并碱基，其中上游引物中 Y 代表 C/T，下游引物中的 V 代表 G/A/C。如果将简并碱基一一替换为具体碱基检索，则需要进行多次检索。此时，可使用通配符代替简并碱基，实现快速检索，构建如下检索式：

TGA？GGGCGACAATGTCC/TXT AND CGCAGACAAATCCAGA？G/TXT

在 CJFD 数据库中进行检索，现有技术的命中数为 8 篇，以申请号为语义排序基准，获得 X 类对比文件 "多重 RT - PCR 同时检测 CSFV、PRRSV、HP - PRRSV 方法的建立及其临床应用"，广西农业科学，韦正吉等，2009 年第 40 卷第 11 期，第 1476 - 1480 页。

对于包含有可变碱基的生物序列，在构建布尔检索式时需灵活运用通配符。

参考文献

［1］ 于仁涛，孙薇. CJFD 数据库在生物领域序列检索中的应用［J］. 审查业务通讯，2014（2）.

［2］ 国家知识产权局专利局专利审查协作北京中心. 生物技术领域文献实用检索策略［M］. 北京：知识产权出版社，2012.

［3］ 国家知识产权局专利局专利审查协作北京中心. 电子器件领域文献实用检索策略［M］. 北京：知识产权出版社，2011.

附　录

附录1　智能检索系统数据库及释义表

序号	类　别	数据库	缩写
1	整合综合检索库	中国专利文摘数据库	CNABS
2		中国专利全文数据库	CNTXT
3		世界专利文摘数据库	WPABS
4		世界专利文摘中文翻译数据库	WPABSC
5		原始英文全文数据库	OETXT
6		翻译英文全文数据库	TETXT
7		国外英文全文数据库	ENTXT
8		国外专利中文翻译全文数据库	ENTXTC
9	逻辑检索库	外文专利文摘数据库	VEN
10		世界专利中文全文库	VCN
11	原始综合检索库	德温特世界专利索引数据库	DWPI
12		律商联讯世界专利全文数据库	LEXTXT
13	原始国和地区检索库	日本专利全文数据库	JPTXT
14		澳大利亚专利文摘数据库	AUABS
15		德国专利全文数据库	DETXT
16		韩国专利全文数据库	KRTXT
17		中国香港专利文摘数据库	HKABS
18		中国澳门专利文摘数据库	MOABS
19		中国台湾专利全文数据库	TWTXT
20		新加坡专利全文数据库	SGTXT
21		以色列专利文摘数据库	ILABS
22		波兰专利文摘数据库	PLABS
23		法国专利全文数据库	FRTXT
24		俄罗斯专利全文数据库	RUTXT
25		美国专利全文数据库	USTXT

序号	类　别	数　据　库	缩　写
26	原始国和地区检索库	美国专利全文中文翻译数据库	USTXTC
27		欧洲专利全文数据库	EPTXT
28		国际专利全文数据库	WOTXT
29		马来西亚专利文摘数据库	MYABS
30		捷克专利文摘数据库	CZABS
31		智利专利文摘数据库	CLABS
32		英国专利全文数据库	GBTXT
33		瑞士专利全文数据库	CHTXT
34		奥地利专利全文数据库	ATTXT
35		比利时专利全文数据库	BETXT
36		欧亚专利全文数据库	EATXT
37		西班牙专利全文数据库	ESTXT
38		加拿大专利全文数据库	CATXT
39		中国外观专利数据库	CNDG
40		德国外观数据库	DEDG
41		EUIPO 外观数据库	EUDG
42		法国外观数据库	FRDG
43		中国香港外观数据库	HKDG
44		日本外观数据库	JPDG
45		韩国外观数据库	KRDG
46		中国澳门外观数据库	MODG
47		俄罗斯外观数据库	RUDG
48		中国台湾外观数据库	TWDG
49		美国外观数据库	USDG
50		WIPO 外观数据库	WODG
51		智利外观数据库	CLDG
52	非专利文摘数据库（NPABS）	万方中文期刊论文数据库	WFCJ
53		万方中文会议论文数据库	WFCC
54		万方中文学位论文数据库	WFCD
55		万方外文期刊论文数据库	WFFJ
56		万方外文会议论文数据库	WFFC
57		万方外文学位论文数据库	WFFD
58		万方中文图书数据库	WFCB
59		万方标准数据库	WFSD
60		欧洲专利局非专利著录项目数据库	EPONPL
61		中国科学引文数据库	CSCD
62		文献收集数据库	LC
63		中国药物非专利数据库	MEDNPL
64		中医古籍数据库	ZYNPL

序号	类　别	数　据　库	缩　写
65	非专利文摘中文翻译数据库（NPABSC）	万方中文期刊论文数据库	WFCJ
66		万方中文会议论文数据库	WFCC
67		万方中文学位论文数据库	WFCD
68		万方外文期刊论文中文翻译数据库	WFFJC
69		万方外文会议论文中文翻译数据库	WFFCC
70		万方外文学位论文中文翻译数据库	WFFDC
71		万方中文图书数据库	WFCB
72		万方标准数据库	WFSD
73		欧洲专利局非专利著录项目数据库	EPONPL
74		中国科学引文数据库	CSCD
75		文献收集数据库	LC
76		中国药物非专利数据库	MEDNPL
77		中医古籍数据库	ZYNPL
78	非专利全文数据库（NPTXT）	中国期刊全文数据库	CJFD
79		在先技术全文文本数据库	IPCOM
80	非专利技术标准数据库（NPSTD）	国际互联网工程任务组	IETF
81		第三代合作伙伴计划	3GPP
82		欧洲电信标准化协会	ETSI
83	非专利技术标准中文翻译数据库（NPSTDC）	国际互联网工程任务组中文翻译	IETFC
84		第三代合作伙伴计划中文翻译	3GPPC
85		欧洲电信标准化协会中文翻译	ETSIC
86	方剂数据库	方剂数据库	CNMEDFM
87	医药领域文献深加工信息库	中国药物专利数据库	CNMED
88		中国台湾医化中草药数据库	TWMED
89	分类数据库	第 1 版国际专利分类法数据库	IPC1
90		第 2 版国际专利分类法数据库	IPC2
91		第 3 版国际专利分类法数据库	IPC3
92		第 4 版国际专利分类法数据库	IPC4
93		第 5 版国际专利分类法数据库	IPC5
94		第 6 版国际专利分类法数据库	IPC6
95		第 7 版国际专利分类法数据库	IPC7
96		第 8 版国际专利分类法数据库	IPC8
97		欧洲专利局专利分类法数据库	ECLA
98		美国专利分类法数据库	USPC
99		日本专利文件索引分类法数据库	FI

序号	类 别	数 据 库	缩 写
100	分类数据库	日本专利技术主题分类法数据库	FT
101		德温特专利分类数据库	DC
102		手工代码分类法数据库	MC
103		联合专利分类体系数据库	CPC
104		联合专利分类体系中文数据库	CPCCN
105		实用分类数据库	PPC
106		国民经济行业分类	NIC
107	复审无效数据库	复审无效数据库	PFW
108	词典数据库	汉英词典数据库	CED
109		英汉词典数据库	ECD
110		中文关联词数据库	RW
111		技术术语词典数据库	TWT
112		中药词典数据库	CNMEDD
113		西药词典数据库	MEDD
114		中国中药数据库	CMD
115		中西医病名对照大辞典数据库	CWMD
116	扩展词数据库	扩展词数据库	SYND

附录 2　智能检索系统字段、索引及释义表（CNTXT）

字段类型	索引代码	索引内容释义
申请号	AP	母案申请号、子案申请号、其他分案申请号、PCT 申请流水号，包括公开、审定、授权等类型
申请类型	APTY	申请专利类型
申请日	APD	申请日期、PCT 申请日期、PCT 进入国家和地区阶段日期，包括公开、审定、授权等类型
优先权号	PR	优先权号，包括公开、审定、授权等类型
优先权日	PRD	优先权日期，包括公开、审定、授权等类型
	OPRD	最早优先权日
申请人	PA	申请人、申请人机构代码、专利权人，包括公开、审定、授权等类型
申请国家地区地址	PAA	申请人地址，包括公开、审定、授权等类型
	CCODE	国省代码
	CNAME	国省名称
	PRC	优先权国家和地区
发明人	IN	发明人，包括公开、审定、授权等类型
代理人机构	AG	代理人、代理机构，包括公开、审定、授权等类型
公开号	PN	公开（告）号、修正文献号、PCT 申请公开流水号，包括公开、审定、授权等类型
	GN	公报号/卷期号，包括公开、审定、授权等类型
公开日	PD	公开日期，包括公开、审定、授权等类型
IPC 分类号	IC	IPC 分类、IPC 再分类、IPC 主分类号、IPC 标准分类、交叉分类号，包括公开、审定、授权等类型
CPC 分类	CPC	CPC、CPC 附加、CPC 发明、CPC 再分类、CPC 补充分类号，包括公开、审定、授权等类型
其他分类	FI、FT	FI、FT 分类，包括类型
	CSETS	CSETS，包括公开、审定、授权等类型
	EC	EC 分类
	UC	UC 分类
	DC	DC 分类
	MC	MC 分类
	UTLC	实用分类
	LN	洛迦诺分类号
发明名称	TI	标题，包括公开、审定、授权等类型

字段类型	索引代码	索引内容释义
摘要	AB	摘要，包括公开、审定、授权等类型
	MDAC	药物－活性
	MDDE	药物－给药
	MDEF	药物－作用机制
	EFFECT	解决的技术问题和有益效果
	TECH	技术方案
	USE	用途或技术领域
	ATTACH	附加信息
	NOVELTY	发明点
关键词	KW	关键词
权利要求	CLMS	权利要求说明，包括公开、审定、授权等类型
说明书	DESC	说明书正文，包括公开、审定、授权等类型
	DETP	技术方案
	DEST	解决的技术问题和有益效果
	DEUT	用途或技术领域
	DEIT	发明创造标题
	DETF	技术领域
	DEBA	发明的背景技术
	DEDI	发明的详细说明
	DEIS	发明概述
	DEDD	图像的简要说明
	DEED	实施例描述
	DEBM	最佳应用模式或应用方法
	DEIM	发明的应用模式或应用方法
	DEIA	工业实用性
	FM	附图标记字段
基本索引	BI	申请基本索引
	BI	全文基本索引
	BA	文摘基本索引
引文	CT	引证文件、包括专利、非专利等
其他	FAMN	简单族号
	ETC	法律状态
	CMID	统一化学物质 ID
	IERNO	化学式 ID 号

附录3　智能检索系统检索命令及释义表

序号	命令	命令释义	举例（支持的参数）	举例说明
1	. . FI	为检索选择数据库	. . FI	列出所有数据库列表
2			. . FI CNABS	选择检索数据库
3			. . FI CNABS STAT	查看所选择数据库内容的统计情况
4			. . FI CN +	查看 CN 开头的数据库
5			. . FI CNABS SV	激活另一个数据库并保存在前一个数据库中执行的检索式（默认选项）
6	. . SE	执行检索	. . SE VIDEO（equals VIDEO）	检索特定项（可以被隐式使用）
7	. . HI（Hitory）	显示检索历史	. . HI	查看当前数据库的检索式历史记录
8			. . HI 5 – 8	显示指定条数的检索（式）历史
9			. . HI 12 FROM CNABS	使用相同的参数对非当前数据库进行操作
10			. . HI FROM BEGIN	显示所有单库已注册的检索式
11	. . ER（Erase）	删除检索式	. . ER 3 – 6 8	删除指定范围内的检索式以及指定的检索式
12			. . ER 2 – 7 FROM CNTXT	删除指定数据库中相应的检索式
13			. . ER SSZERO	删除所有结果为 0 的检索式
14			. . ER ALL	删除当前库中所有检索式
15			. . ER ALL FROM CNABS	删除指定库中所有检索式
16	. . LI（List）	列出获取记录的详细内容	. . LI	列出当前库最后一条检索式结果集内容
17			. . LI 1 – 5 8	列出当前结果集中指定的记录
18			. . LI SS 7	列出指定检索表达式的记录列表
19			. . LI SS 7 1 – 5 8 FROM CNABS	列出指定检索库中指定检索式中指定的记录
20			. . LI 1 – 5 FROM CNABS	列出指定数据库中最后一条检索式结果集中指定的记录
21			. . LI /AP /PN	按照指定字段浏览当前库最后一条检索式结果集内容
22			. . LI MAX	按照指定格式进行浏览
23			. . LI MAX PLUS gk_pcpl	按照指定格式增加某个字段浏览
24			. . LI MAX MINUS apd	按照指定格式去除某个字段浏览
25			. . LI PRIV	按照用户自定义格式进行浏览（PRIV 为用户自定义格式名）

序号	命令	命令释义	举例（支持的参数）	举例说明
26	．．LIM（limit）	将检索限定在一个检索式的检索结果集内	．．LIM 3	将检索限制在一个检索式号所表示的检索式的检索结果内
27			．．LIM PHONE/TI AND JP/PN	将检索限定在一个检索语句的执行结果中
28			．．LIM ALL	将检索重新限制在整个数据库中（解除当前库所有限定）
29			．．LIM/R/SD：CN201810243132	对当前数据库下最后一条布尔检索式的检索结果集进行语义排序显示并取前2000篇进行限定检索；SD为指定排序基准文献号，可不输入，不输入时使用当前可配置的排序基准进行排序
30			．．LIM/RP/SD：CN201810243132	基于本检索主题的语义排序显示并取前N篇进行限定检索（N可以进行设置100，200，400，1000，2000）；SD为指定排序基准文献号，可不输入，不输入时使用当前可配置的排序基准进行排序
31	．．UNLIM	解除最近一次的检索限制	．．UNLIM	解除最近一次的检索限制
32	．．VIEW	推送到融合检索界面查看文献详情	．．VIEW	推送当前数据库的最后一条检索式的记录集到融合检索
33			．．VIEW SS 1	推送当前数据库的第一条检索式的记录集到融合检索
34			．．VIEW FROM CNABS	推送CNABS数据库的最后一条检索式的记录集到融合检索
35			．．VIEW SS 1 FROM CNABS	推送CNABS数据库的第一条检索式的记录集到融合检索
36	．．CLR	清除屏幕内容	．．CLR	清除屏幕内容
37	．．CL（Cluster）	创建簇数据库	．．CL PRIV CNTXT USTXT	创建一个数据库的簇：①簇的名称长度为12个字符；②每个簇最多包含8个数据库；③每个用户最多定义12个簇
38		列出簇数据库	．．CL	列出用户定义的个人簇数据库名称
39			．．CL PUB	列出预定义的公有的簇数据库名称
40			．．CL PRIV	列出定义在指定私有数据库簇中的数据库名称
41			．．CL TXTUS PUB	列出定义在指定公有数据库簇中的数据库名称
42		删除簇数据库	．．CL ER PRIV	删除指定的私有数据库簇定义

续表

序号	命令	命令释义	举例（支持的参数）	举例说明
43	..FICL	为检索选择一个簇数据库	..FI CL PRIV	选择用户定义的个人数据库簇
44			..FI CL TXTUS PUB	选择预定义的公有的数据库簇
45	..IND（Index）	列出数据库索引名称	..IND	列出当前数据库的相关索引名称
46			..IND FROM DB	列出与指定数据库相关的索引的名称
47			..IND /TI PHONE	列出与检索项：PHONE 相似的索引项列表，索引项在 TI 字段中抽取
48	..FIEL	列出数据库中的字段名称	..FIEL	列出组成当前数据库的字段名称
49			..FIEL A +	列出当前数据库中以 A 开头的字段名称
50			..FIEL FROM CNABS	列出组成 CNABS 数据库的字段名称
51	..MEM（Memorize）	从记录中抽取检索项保存到存储器中	..MEM SS 6 /PN	从指定的检索式中提取内容项
52			..MEM 1－50 100 /PN	从指定记录号的记录中提取内容项
53			..MEM /IC	从指定的字段中提取内容项： 1. 从最后一个检索式； 2. 所有的记录； 3. 存储在默认的存储器 M1 中； 4. 所有包含在字段中的项
54			..MEM /PN /PA /IN	从多个字段中提取内容项（最多四个字段）
55			..MEM M1 /PN	将选定内容存储在指定的存储器中（M1，M2，M3，M4）
56			..MEM /PN PRG 1	抽取指定的段落； 最小：1；最大：255
57			..MEM /PN SEN（TENCE）3	抽取每段指定的句子； 最小：1；最大：255
58			..MEM /PN RK 2 or ..MEM /PN RANK 3	抽取每段中每个句子的指定位置； 最小：1；最大：255
59			..MEM /PR WITH "US"	包括指定字符串的内容； 最多 12 个字符
60			..MEM /AP NOT "EP"	不包括指定字符串的内容； 最多 12 个字符
61			..MEM /EC LG 8 or ..MEM /EC LEN（GTH）8	指定长度的字符串； 最小：1；最大：255
62			..MEM /AP BO（UNDS）"/"	指定字符（不包括）前的字符串；
63			..MEM /PA BO（UNDS）7－15	在两个指定位置之间的字符串； 最小：1；最大：255
64			..MEM M1 SS 2 1－50 /AP PRG 1 RK 1 WITH "PN" /CT SEN * FROM CNABS	组合使用参数

序号	命令	命令释义	举例（支持的参数）	举例说明
65	. . ER Mn	删除存储器 Mn 中的内容	. . ER M1	删除指定存储器中的内容
66			. . ER M2 1 – 10 15	删除指定存储器中的指定内容
67			. . ER M3 WITH "FR"	删除指定存储器中的项：含有指定字符串的内容（最多不能超过 12 个字符）
68			. . ER M2 NOT "EP"	删除指定存储器中的项：不含有指定字符串的内容（最多不能超过 12 个字符）
69			. . ER M1 1 – 20 LG 8 or . . ER M1 1 – 20 LEN（GTH）8	删除存储其中指定的项并且：将剩余项截取到指定的长度
70			. . ER M2 10 – 30 BO（UNDS）"/"	删除存储其中指定的项并且：将剩余项截取到指定的字符位置前（不包含该字符）
71			. . ER M3 2 4 10 BO（UNDS）9 – 12	删除存储其中指定的项并且：将剩余项截取指定两个位置之间的字符
72	. . MEMS（Memsort）	从记录中抽取检索项进行分析并保存到存储器中	. . MEMS（MEMSORT）/IC	从指定的字段中分析并存储内容项：①从最后一个检索式；②500 条记录的子集；③存储在默认的存储器 M2 中；④按倒序频度进行排列；⑤分析字段中加入的每一个检索项
73			. . MEMS /PN /PA	从多个字段中分析并存储内容项（最多 4 个字段）
74			. . MEMS SS 1 /PA	从指定的检索式中分析并存储内容项
75			. . MEMS 1 – 100 /IC	从指定记录号的记录中分析并存储内容项
76			. . MEMS SET 1000 /IC	分析平均分布在检索式结果的指定子集中的项；默认子集：500 条记录
77			. . MEMS M1 /IC	将选定内容存储在指定的存储器中（M1，M2，M3，M4）
78			. . MEMS /PN PRG 1	按以下几处分析：分析指定的段落；最小：1；最大：255
79			. . MEMS /PN SEN（TENCE）3	按以下几处分析：分析每段指定的句子；最小：1；最大：255
80			. . MEMS /PN RK 2 or . . MEMS /PN RANK 2	按以下几处分析：分析每段中每个句子的指定位置；最小：1；最大：255
81			. . MEMS /PR WITH "FR"	分析：包括指定字符串的内容；最多 12 个字符
82			. . MEMS /AP NOT "NN"	分析：不包括指定字符串的内容；最多 12 个字符

续表

序号	命令	命令释义	举例（支持的参数）	举例说明
83	. . MEMS（Memsort）	从记录中抽取检索项进行分析并保存到存储器中	. . MEMS /IC LG 8 or . . MEMS /IC LEN（GTH）8	分析指定位置的内容：指定长度的字符串；最小：1；最大：255
84			. . MEMS /IC BO（UNDS）"/"	分析指定位置的内容：指定字符（不包括）前的字符串
85			. . MEMS /PN BO（UNDS）5 – 15	分析指定位置的内容：在两个指定位置之间的字符串；最小：1；最大：255
86			. . MEMS M1 SS 2 1 – 50 /AP PRG 1 RK 1 WITH "PN" /CT SEN ＊ FROM CNABS	组合使用参数
87			. . MEMS FRQ /IC or . . MEMS FREQ（UENCY）/IC	将检索内容在内存中排序按照频度倒序排列（默认）
88			. . MEMS OCC /PN	将检索内容在内存中排序按照出现次数倒序排列
89			. . MEMS ALPHA /TI	将检索内容在内存中排序按照字母顺序排列
90	＊MN	用存放在存储器中的内容进行检索	＊M1	在基本索引（BI）中检索
91			＊M2 /PN	在指定的索引中检索存储器中的项
92			＊M3 /PN /IC /AP /AB	在多个指定的索引中检索存储器中的项
93			＊M4 1 – 10 30 – 40 /PN	选择指定的内容项进行检索
94			＊M1 /PN /S（ELECT）	从存储器中抽取的项中选择部分进行检索（可以导航和选择）
95			＊M2 /PN /A（LL）	检索所有在存储器中的项
96	. . LI Mn	显示存储器 Mn 中的内容	. . LI M1	列出指定存储器中的内容，以 15 × 15 的矩阵列出被抽取的项（可以导航）
97			. . LI M2 10 – 20	列出指定序号的项
98			. . LI M2 NONST（OP）	不间断地连续地在一次执行中列出指定存储器的整个内容
99			. . LI M4 1 – 20 25 NONST（OP）	组合使用参数
100	. . DET（DETAIL）	从簇数据库搜索获取详细信息	. . DET ON	在簇库中检索后显示出簇库中每个数据库的命中结果数与总结果数
101			. . DET OFF	在簇库中检索后只显示总体结果数

序号	命令	命令释义	举例（支持的参数）	举例说明
102	. . FOR（FORMAT）	数据库的显示格式的创建、查找、显示、打印、列表	. . FOR	列出当前数据库中预定义的格式
103			. . FOR FROM dbname	列出指定数据库中预定义的格式
104			. . FOR US	列出当前库下用户创建的自定义格式
105			. . FOR US FROM DBName	列出指定库下用户创建的自定义格式
106			. . FOR GGK AP APD	在当前库下创建自定义格式 GGK
107	. . ER FOR	删除一个用户自定义格式	. . ER FOR for_name	删除一个指定的用户自定义格式
108	. . BR（Browse）	按结果记录分页浏览，可以定位到具体结果集的记录行	. . BR	浏览当前库下的最后一条检索结果记录
109			. . BR SS 8	浏览特定检索式的结果记录
110			. . BR PN PR IC	浏览结果记录的指定字段
111			. . BR MAX	使用指定浏览格式进行浏览
112			. . BR gs	按照用户自定义格式进行浏览
113			. . BR gs plus bi	按照用户自定义格式 gs 和附加一个 bi 字段进行浏览
114			. . BR gs minus ap	按照用户自定义格式 gs 和减少一个 ap 字段进行浏览
115			. . BR pset 10	按照用户自定义的页面设置 10 进行浏览
116	. . OP（OPTION）	显示和设置临时的选项	. . OP	显示临时选项
117			. . OP NL 20	检索结果的行数设置，当显示到设置的行数时才出现"continue Y/N"的提示，该命令的默认值：24；最大值：50
118			. . OP DET OFF	在数据库簇检索中，直接显示总的检索结果数量
119			. . OP DET ON	在数据库簇检索中，显示各个数据库的检索结果数量和总的检索结果数量
120	. . POP（POPTION）	永久设置参数	. . POP	显示永久设置的参数列表
121			. . POP NL 10	检索结果的行数设置，当显示到设置的行数时才出现"continue Y/N"的提示，该命令的默认值：24；最大值：50
122			. . POP DET OFF	在数据库簇检索中，直接显示总的检索结果数量
123			. . POP DET ON	在数据库簇检索中，显示各个数据库的检索结果数量和总的检索结果数量

序号	命令	命令释义	举例（支持的参数）	举例说明
124	..PREP （PREPAR- ATION）	查询和 执行批 处理文件	..PREP	显示公有批处理文件
125			..PREP PUB	显示公有批处理文件
126			..PREP ××× PUB	执行指定公有批处理文件×××
127			..PREP ×××	执行指定公有批处理文件×××
128			..PREP ××× US	执行指定的私有批处理文件×××
129	..ROOT	同根词检索	..ROOT PHONE	检索出与 phone 为同根词的词语
130			..ROOT PHONE EN	在指定语种范围之内列出检索词的同根词
131	..HE （Help）	在线给出 命令的语法 和使用提示	..HE	提供一个在线的帮助信息，通过菜单引导 用户
132			..HE LI	给出参数指定命令的语法提示：此时应该输 入命令的简称
133			..HE LIST	给出参数指定命令的语法提示：此时应该输 入命令的简称
134	..SP （SPELL）	拼音查询	..SP shouji	检索出中文拼音与之发音相近的中文词
135			..SP 机械	检索出中文拼音与之发音相近的中文词
136	..CPCLIST	显示当前 案卷相关 CPC 分类 号（由审 查模块登 录才能显 示正确数 据）	..CPCLIST	查看当前案卷相关的 CPC 分类号
137	..ST （STOP）	终止会话	..ST	

附录 4 智能检索系统检索运算符及释义表

序号	命 令		命 令 释 义
1	截词符	+	"＋"表示包含任何长度任何字符的字符串
2		？	"？"表示任何一个字符或没有字符
3		＃	"＃"表示任何一个强制存在的字符
4	查询符	＝YES	检索指定字段中的内容不为空的记录
5		！＝YES	检索指定字段中的内容为空的记录
6	位置运算符	SEN	查询出现在指定位置的检索词
7	布尔运算符	OR	包含第一项或第二项，或者两项都有
8		AND	包含第一项且第二项
9		NOT	包含第一项但不包含第二项
10	邻近运算符	W	W 相当于 0W
11		nW	以正确的先后顺序出现，且中间最多有 n 个字符串分割
12		＝nW	以正确的先后顺序出现，且中间有指定的 n 个字符串分割
13		D	D 相当于 0D
14		nD	以任意的先后顺序出现，且中间最多有 n 个字符串分割
15		＝nD	以任意的先后顺序出现，且中间有指定的 n 个字符串分割
16	同在运算符	F	出现在同一个字段（field）中
17		P	出现在同一个段落（paragraph）中
18		S	出现在同一个句子（sentence）中，用户反馈最多的是 S 检索结果不准确，再次开发时应重点关注
19		NOTF	出现在不同字段（field）中
20		NOTP	出现在不同段落（paragraph）中
21		NOTS	出现在不同句子（sentence）中
22	关系运算符	＝	与一个指定的时间/数值相等
23		＜	在一个指定的日期之前（不包括）或小于一个指定的数值（不包括）
24		＞	在一个指定的日期之后（不包括）或大于一个指定的数值（不包括）
25		＜＝	在一个指定的日期之前（包括）或小于一个指定的数值（包括）
26		＞＝	在一个指定的日期之后（包括）或大于一个指定的数值（包括）
27		：	在一个时间段内或在一个数值段内
28	相对限定符	＊n	用于引用最后一个项，例如：最后一个检索式，最后一个记录，最后一段，最后一句，或最后一个位置
29	限定符	""	限定特殊字符或保留项

序号	命 令		命 令 释 义
30	分类号扩展符	HIGH	检索该分类号及小组分类下所有上级分类号
31		LOW	检索该分类号及小组分类下所有下级分类号
32	分割符	;	在一条查询语句中分割多个检索表达式
33	频率运算符	FREC	查询出现一定次数的检索词
34		%n	查询出现指定次数的检索词，只能用于 CSETS 字段中
35	布尔运算符	XOR	文档中包含第一个操作数或第二个操作数，不会同时包含两个操作数
36	同在运算符	L	出现在同一个段落（paragraph）中
37		NOTL	检索的记录段落中包含至少一次第一个项，而该段落中没有第二个项内容
38	截词限定符	/ALL	若检索项使用后缀/S 或/ALL，则使用自动模式进行检索，将检索满足截词符的所有词；自动模式为系统默认模式，即使不使用/S、/ALL 也会只用自动模式进行检索
39	相对限定符	*n	相对限定符用于引用最后一个项，例如：最后一个检索式，最后一个记录，最后一段，最后一句，或最后一个位置
40	包含算符	INCLUDE	包含算符作用于药物检索中的方剂检索模块中，检索结果至少包含其中：n 味药（药的数量 $<=n$），并且药物名称之间有空格
41	范围区间算符	BETWEEN	范围区间作用于药物检索中的方剂检索模块中，中药方剂中药物的数量
42	数值范围算符	RANGE	范围算符用于数值范围检索中，可以命中文本中的数值范围；默认在基本索引中检索

附录 5 3GPP 标准数据库的索引和字段

字段名称	索引名称	字段类型	中文描述
ABBR	ABBR	TEXT	缩略语
ABS	ABS	TEXT	摘要
AGD	AGD	TEXT	议程内容
AI	AI	TEXT	议程编号
CT	CT	TEXT	参考文献
CTT	CTT	DATE	首次入库时间
DDO	DDO	TEXT	文档名（提案号）
DEFIN	DEFIN	TEXT	定义
DERC	DERC	TEXT	议程发起人或组织
DESC	DESC	TEXT	全文
PRG	PRG	TEXT	项目组
REL	REL	TEXT	发布领域
RRT	RRT	TEXT	信号
SCOPE	SCOPE	TEXT	范围
SER	SER	TEXT	所属标准分组
SPART	SPART	TEXT	子分册
SRG	SRG	TEXT	子项目组
SST	SST	TEXT	标准状态
STA	STA	TEXT	标准号
STTY	STTY	TEXT	类型
SYMB	SYMB	TEXT	信号
TI	TI	TEXT	标题
UID	UID	CODE	文献唯一标识
UT	UT	DATE	数据更新时间
VERN	VERN	TEXT	版本号
WG	WG	TEXT	工作组
FLN	FLN	FLN	文件名
PA	PA	PA	申请人